탐욕의 경쟁으로 얼룩진 빈부 격차는 지구화의 어두운 그림자다. 전 역사에 걸쳐 자행되어 온 종교 간 전쟁은 더 어두운 세계종교의 그림자다. 그렇기에 건강하고 감동적인 지구화와 종교는 인간 번영에 꼭 필요한 요소이며 그것이 가능하다는 것이 볼프의 주장이다. 얼핏 현실과 동떨어진 거대담론 같아 보이지만, 볼프의 실제 경험에 근거한 실존적 주장일 뿐 아니라 인간 삶에서 우러나오는 적절한 예시가 더해져 매우 설득력 있다. 더 나은 지구의 미래를 위해 우리에게는 새로운 비전이 필요하고 볼프는 그 비전을 제시한다. 특히 트럼프의 등장으로 나쁜 지구화보다 더 나쁜 파시스트적 포퓰리즘이 우리를 위협하고 있는 이때, 볼프의 예언자적 외침에 우리는 귀를 기울여야 한다.

한완상 전 통일부총리, 사회학자

오늘날 종교는 문화의 세속화로 인해 설 자리를 잃어버렸고, 그나마 생존을 위하여 씨름하는 세계종교들도 다원주의의 확산으로 정체성을 유지하기가 어려운 실정이다. 이런 상황에서 기독교 신학자 볼프는 세계종교가 종교적 다원주의에 빠지지 않으면서도 여전히 인간의 번영에 중요한 공헌을 할 수 있다고 역설한다. 특히 지구화 현상과 연결하여 주장을 펼친다는 점이 매우 흥미롭다. 기독 지성인들에게 좋은 자극을 줄 책이다.

손봉호 서울대학교 명예교수, 윤리학자

모든 인간은 행복, 즉 번영을 추구한다. 그런데 그 답을 빵에서만 찾으려 한 것이 지구화의 길이었다. 예수님은 사람이 빵으로만 살 것이 아니라 하나님의 말씀이 필요하다고 하였다. 볼프는 이 진리의 말씀이 모든 세계종교들 가운데 들어 있다고 천명한다. 다만 시간의 흐름에 따라 천박해진 자기 신앙의 깊이를 재구성하지 못한, 즉 개혁하지 못한 종교가 그 길을 막고 있다. 하나뿐인 이 세상에서 반목과 전쟁을 추동하는 종교가 평화와 번영을 향해 나아가기 위해서 신앙인인 우리는 무엇을 고민하고 어떻게 실천할 것인가? 볼프의 재촉에 우리가 응답해야 할 때다.

김선욱 숭실대학교 철학과 교수, 『행복의 철학』 저자 지금 인류가 통과하고 있는 역사의 풍경은 모순적이다. 기술혁신과 첨단 자본주의 덕분에 편리함이 증대하고 쾌락의 도구들이 넘쳐나지만, 한편에서는 불안과 권태와 냉소가 만연하고 불평등이 심화되며 사회 갈등이 폭발하고 있다. 종교는 이런 상황과 어떻게 만나고 있는가. 곳곳에서 초월적 영역의 의미를 곡해하면서 현실의 부조리와 고통을 방치하고 균열을 증폭시키는 모습을 보이는 것이 사실이지만, 종교를 시대착오적인 것으로 폐기할 수는 없다. 볼프는 말씀과 떡을 즐겁게 나누고 삶의 진정한 번영을 실현하는 일에 기독교를 포함한 다양한 종교가 기여할 수 있다고 역설한다. 저마다의 진리에 충실하면서도 다름에 열려 있는 존중의 미덕이 평화로운 지구화를 일궈 낼 수 있다는 것이다. 특별히 이 책은 거대한 변화 속에서 길을 잃은 기독교가 어떻게 스스로 갱신해 나가야 할지에 대한 예리한 통찰을 준다.

김찬호 성공회대학교 교양학부 초빙교수, 「모멸감」, 「돈의 인문학」 저자

우리는 급격한 지구화의 시대를 살아왔다. 수만 년의 변화를 응축해 놓았다고 할 정도의 격변이었다. 이 과정에서 종교의 지구화도 체험했다. 세계종교들은 이 변화에 큰 위로를 주었지만, 배타와 갈등, 폭력의 기재가 되기도 했다. 특히 한국에서는 그 중심에 개신교가 있었다. 볼프는 배타적이고 이기적인 종교 속에서 그 본질을 추구해 간다. 그리고 기독교 신앙이 세상에 저주가 아닌 복의 근원이 되려면 자신의 깊은 진리에 부합하여 정기적으로 개혁하고 갱신되어야 함을 강조한다. 종교개혁 500돌을 맞아 거듭나고자 하는 한국 기독교에 꼭 필요한 책이다.

조현 「한겨레」 종교전문기자 겸 논설위원

나는 민주주의라는 세속적 주제를 다루는 정치학자이지만, 인간이 만든 체제와 제도 그리고 인간이 만든 이론과 학문의 한계를 늘 생각한다. 인간은 존재의 궁극적 목적에 대해 질문하는 유일한 피조물로서, 건강한 육체뿐 아니라 영혼을 신실하게 가꾸는 일 또한 소중하다. 서로 다른 원리로 움직이는 육체와 영혼의 조화가 중요하듯이, 시장 주도의 지구화가 우리에게 주는 기회와 도전에도 불구하고 종교가 지닌 보편적 가치의 역할을 새롭게 해석하는 일은 정신적으로 좀더 풍요로운 삶을 살고자 하는 사람들에게는 회피하기 어려운 과업이자 소명이다. 볼프의 이 책이야말로 그런 소명을 깊이 들여다볼 수 있는 더없이 좋은 독서의 기회를 가져다줄 것이다.

박상훈 정치발전소 학교장, 「정치의 발견」, 「정당의 발견」 저자

오늘날 지구화된 세상은 참으로 놀라운 광경을 보여 준다. 한편에서는 종교적 증오에서 비롯된 끔찍한 행위가 발생하는가 하면, 다른 한편에서는 서로 다른 종교를 가진 사람들이 전례 없는 상호 존중, 심지어는 우호적이기까지 한 교류를 하며 지내기도 한다. 자신의 기독교 신앙의 근원을 깊이 파헤치며 볼프는 이 두 가지 현실에 대한 통찰력 있고도 예리한 설명을 제시한다.

찰스 테일러 캐나다 맥길 대학교 명예교수, 템플턴상 수상자

볼프는 21세기의 가장 중요한 이슈 중 하나인, 평화로운 종교적 다원주의와 아울러 건강한 지구화를 어떻게 이룰 것인가 하는 문제를 설득력 있게 다룬다. 그는 상황에 대한 사실과 분석을 지각 있게 제시할 뿐 아니라, 현실적이고도 매력적인 실천 방향을 제시할 만큼 여러 종교를 깊이 이해하고 있다.

데이비드 포드 케임브리지 대학교 조직신학과 교수

볼프의 예언적 목소리는 '지구화의 영향을 받으며 잘 산다는 것의 의미는 무엇인가'라는 질문에 새로운 관점을 제시한다.

존 디지오이아 조지타운 대학교 총장

『인간의 번영』에서 볼프는 지구화와 세계의 위대한 종교들 사이의 상호작용을 매우 흥미롭게 분석한다. 그는 위대한 신앙들이 다양성을 위협으로 느끼기보다는 어떻게 하면 다양성을 통해 더 확장될 수 있는지에 대해 영감 있는 비전을 제시한다. 우리 시대의 위대한 신학자 중 한 사람의 탁월한 그리고 시의적절한 작업이다.

조너선 색스 영연방 유대교 최고 지도자, 『차이의 존중』 저자

인간의 번영

IVP(InterVarsity Press)는
캠퍼스와 세상 속의 하나님 나라 운동을 지향하는
IVF(InterVarsity Christian Fellowship)의 출판부로서
생각하는 그리스도인을 위한 문서 운동을 실천합니다.

Copyright ⓒ 2016 by Miroslav Volf
Originally published in English under the title
Flourishing by Yale University Press.
All rights reserved.

Used and translated by the permission of Yale University Press
through rMaeng2, Seoul, Republic of korea.

This Korean edition ⓒ 2017 by Korea InterVarsity Press
156-10 Donggyo-Ro, Mapo-gu, Seoul 04031, Republic of Korea.

이 한국어판의 저작권은 알맹2 에이전시를 통하여
Yale University Press와 독점 계약한 IVP에 있습니다.
신 저작권법에 의하여 한국 내에서 보호받는 저작물이므로
무단 전재와 무단 복제를 금합니다.

미로슬라브 볼프

인간의 번영

FLOURISHING

양혜원 옮김

지구화 시대, 진정한 번영을 위한
종교의 역할을 묻다

Ivp

제시카에게

차례

한국어판 서문 13
서문 17
감사의 글 21
들어가는 글 나의 입장 27

1부
    1. 지구화와 종교의 도전 57
    2. 종교와 지구화의 도전 91

2부
    3. 존중의 정신, 존중의 체제 131
    4. 종교적 배타주의와 정치적 다원주의 175
    5. 갈등, 폭력, 화해 203

나가는 글 하나님, 허무주의, 번영 239

주 253
인명 찾아보기 325
주제 찾아보기 329

한국어판 서문

이 책이 한국어로 출간되어 무척 기쁘다. 한국은 작지만 세계를 선도하는 나라 중 하나다. 종교, 특히 세계 기독교를 비롯해 세계경제에서도 그러하다. 한국에서 일어나는 일은 세계적으로 중요하다.

　오늘날 우리는 위태롭고 불확실한 암울의 시기에 깊이 빠져 있다. 지금의 세계 질서는 지속 불가능하다. 그렇다고 대안이 있는 것도 아니다. 구체적으로 행동하기 위한 현실적 대안을 제시하기는커녕, 상상조차 못 하고 있다. 실제적이고 복구 불가능한 손상들이 하나님의 선한 창조물인 우리가 사는 별뿐 아니라, 하나하나가 고유한 보석으로 창조된 수십억 명의 사람들에게 가해지고 있다. 가장 심각한 손상은 부의 격차다. 어마어마한 부를 누리는 소수의 사람과 말 그대로 수십억 명의 가난한 사람들 사이의 격차가 날이 갈수록 커지고 있다. 이 손상이 특별히 문제인 이유는 원래 지구적 질서는 건강, 장수, 부 혹은 성경의 용어로 표현하자면 인간에게 풍성한 '빵'을 제공해 주어야 하기 때문이다.

　이 책의 핵심 논제는 예수가 사탄의 첫 유혹을 물리치면서 하신 말씀처럼, 우리는 "빵으로만 사는 게 아니라, 하나님의 입에서 나오는 모든 말씀으로 산다"는 것이다. 하나님의 입에서 나오는 말씀이 무엇인지는 위대한 종교 전통들마다 견해가 서로 다르다. 근본적으로는 신의 성격, 말씀의 근원, 말씀과 이 세상의 관계에 대해서도 견해가 다르다. 그럼에도 모든 종교는 (하나님의 입에서 나오는 말씀인) 초월적 영역이 (빵이라고 하는) 범속의 영역보다 우선한다고 강조하며, 우리가 초월적 영역의 우선성을 알아보고 그 영역을 우리 삶의 구조에 통합시킬 때만 범속의 영역에서 진정으로 번영할 수 있다고 강조한다. 기독교 용어로 표현하자면, 하나님을 사랑하고 이웃을 우리 자신처럼 사랑할 때 우리는 번영한다. 위대한 종교 전통들이 인간의 번영을 위해서 할 수 있는 주된 기여는 빵으로만 살면 쇠락할 수밖에 없다는 진리에 사람들이 민감해지도록 만드는 것이다. 빵으로만 살면 빵이 많건 적건 만족을 느끼지 못한다. 빵으로만 살면 가난한 사람들과 연대하기 힘들다. 후대를 생각해서 환경을 잘 돌보기 위해 욕망을 제한하는 것도 힘들다. 이와 달리 세계종교는 빵으로만 살지 말라고 명령한다. 종교는 우리가 이 세상에만 전적으로 빠져 있지 못하게 하고, 역설적이게도 그렇게 함으로써 우리가 이 세상에서 잘 살고 더 나은 지구의 미래를 열어 갈 수 있도록 도와준다.

위대한 세계종교들은 더 나은 지구의 미래를 위해 이러한 기여를 **할 수 있다**. 궁극적 선의 본질, 인간의 성격, 인간 사이의 관계, 그들의 운명에 대한 입장이 **심하게 충돌하더라도** 이러한 기여를 할 수 있다. 1부에서 내가 주장하는 바가 바로 이것이다. 그러나 대부분의 세계종교는 자신이 할 수 있는 기여를 하지 않고 있다. 더 심각한 문제는, 자신을 위해서만 빵을 아주 많이 확보하기 위해 관심을 쏟는 사람들의 치명적 갈등을 정당화해 주는 데 종교가 지나치게 빠져 있다는 점이다. 2부에서는 인간 존재—범속의 영역을 위해서 초월적 영역의 우선성을 단언하는 인간 존재—의 진리를 위해서 세계종교는 자신의 고유한 자원을 사용하여 평화롭게 논쟁하는 법을 배울 수 있다고 주장한다. 지구화된, 따라서 다원적인 세계에서 종교가 선을 위한 세력이 되기 위해서는, 모든 인간의 근본적 평등과 종교적 자유를 지지하고, 이러한 도덕적 신념을 제도화하는 정치 질서를 지원하는 것이 가장 중요하다.

들어가는 글에서 나는, 삼위일체 하나님, 예수 그리스도의 신성, 죄인을 대신하여 고통받는 자들과 연대해서 죽으신 그리스도의 죽음, 죄인의 의롭게 됨과 같은 기독교의 기본 신념을 따르는 그리스도인으로서 이 책을 쓴다는 사실을 밝혔다. 가능하지도 않은 "입장 없는 관점"(view from nowhere)을 가장하는 대신, 바로 이러한 입장에 서서 어떻게 하면 세계종교들이 함께 평화롭게 살면서 더 나은 지구의 미래를 위해 기여할 수 있는지 보여 주고자 했다.

이 책이, 번영하는 유일한 길은 빵으로만 살지 않는 것이라고 가르치신 그리스도의 신실한 제자로서 한국의 그리스도인들이 공적인 일에 관심을 가지고 참여하도록 영감을 불어넣어 주기를 바란다. 또한 이 책이 다른 종교, 세속 이데올로기들과 비판적이고 건설적인 대화를 계속하면서도 인류의 열쇠인 그리스도의 진리를 증언하도록 영감을 주기를 바란다.

서문

이 책의 제목은 『인간의 번영』(*Flourishing*)이다. 번영이라는 단어는 잘 사는 인생, 잘 풀리는 인생, 기분 좋은 인생 등 서로 밀접하게 얽혀 있는 세 가지를 대표한다. 이 책에서는 '좋은 인생', '가치 있는 인생'이라는 말과 번갈아 사용했다. '번영'은 생물체가 맞춤한 환경에서 번성하는 이미지를 떠오르게 한다. 시냇가에 심겨 "철을 따라 열매를 맺으며 그 잎사귀가 마르지" 않는 나무(시 1:3), 혹은 "푸른 풀밭에" 눕거나 "쉴 만한 물가"를 걷는 양(시 23:2), 혹은 "날개가 크고 깃이 길고 털이 숱한" 큰 독수리(겔 17:3)처럼 말이다. 물론 어떤 사람들은 이런 이미지가 속도감 있는 현대인의 삶에 비해 너무 목가적이라고 생각할지 모르지만, 대개는 이 이미지가 대변하는 사상을 수용한다. 곧, 좋은 인생이란 크건 작건 자신이 노력하는 일에서 성공하는 것이 아니라 인간으로서 충만하게 사는 것, 한마디로 번영을 누리는 인생임을 인정하는 것이다.

이 이미지는 호소력이 강하다. 하지만 많은 사람, 특히 젊은이들은 인류가 몰락하고 있다고, "사망의 음침한 골짜기"(시 23:4)와 "사망의 그늘진 땅"

(사 9:2)에서 꼼짝을 못 한다고 생각한다. 물론 그들이 시편 기자나 선지자의 말을 빌려 그들의 느낌을 표현하지는 않겠지만 말이다. 우리 시대가 인류 역사상 가장 어두운 시대는 결코 아니지만, 이러한 비관주의를 나는 이해한다. 기후변화가 환경에 치명적인 영향을 미치고, 전염병이 전 세계로 퍼질 가능성이 있고, 권력과 부와 기술의 불평등이 갈수록 심화되고, 새롭게 부상하는 인공지능이 인간을 무용하게 만들려 하고, 적을 불사르고 참수하고 위대한 문명 유산을 파괴하는 야만적 테러가 세계적으로 확산되는 것과 같은 위협들은 많은 사람을 우울하게 만든다. 각각의 위협이 무엇인지 규명할 수는 있지만, 그것은 동시에 미지의 위협이기도 하다. 때로 "알지만 알 수 없는"것으로 불리기도 하는 이러한 위협들은 우리의 미래를 불안하게 만든다. 그것은 바로의 꿈에 나온 흉하고 파리한 소로 이뤄진 첫 번째 무리에 불과할 뿐이다(창 41장). 더 많은 흉하고 파리한 소들, 그러니까 "알지만 알 수 없는" 아직 인식도 못 하는 위험들이 뒤따를 것이라는 생각이 우리를 괴롭힌다. 어떤 사람들은 라스 폰 트리에(Lars von Trier)의 영화 〈멜랑콜리아〉(Melancholia)에 나오듯이, 인간이 멸종되고 세상도 끝날 것이라는 생각에 사로잡히기도 한다. 또 다른 사람들은 종말 이후의 디스토피아적 미래, 곧 황무지가 된 도시와 사막에서 생존자들이 서로 갈등을 빚으며 어떻게든 자신의 인간성과 문명적 연대를 회복하기 위해 애쓰는 암울한 미래를 두려워한다. 이 같은 악몽의 시나리오가 아니더라도, 오늘날의 세상을 보면서 많은 사람이 인간의 삶은 의미가 없고, 무작위의 우주적 불빛 쇼의 한 소절처럼 무의미한 빛과 어둠의 교차에 갇혀 있을 뿐이라고 생각한다. 당신이 만약 이러한 비관주의자라면, '번영'이라는 말은 꿈나라에나 있음 직한 말이라고 생각할 것이다.

서구의 문화 전통에서 인간의 번영을 상징하는 가장 강력한 두 이미지는 성경에서 나왔다. 성경의 첫 책 첫 장들과 마지막 책 마지막 장들에 나오는 이미지다. 하나는 인간이 "경작하고 보존하는" 거주지이면서 그들의 하나님과 대화하는 녹음이 우거진 아름답고 풍요로운 성전이고(창 2장), 다른 하나는 성전 도시로서 "새 땅"에 생긴, 나라들의 영광과 명예가 가득하고 완벽하게 안전한 "새 예루살렘"이다(계 21장). 믿는 사람들에게 이 이미지는 종교적 환상의 허황된 구름이 아니다. 히브리 성경과 기독교 성경에 나오는, 이 세상의 창조에서 시작하여 새 하늘과 새 땅으로 끝나는 거대 서사이며, 이 거대 서사와 번영의 비전은 모두 접근할 수 없는 빛 가운데 거하시는 그분의 실존에 대한 신념에 근거한다. 번영에 대한 약속은 기독교 신앙의 보고 가운데 최고의 보석이며, 이 세상에 주는 최상의 선물 중 하나다. 다른 종교나 세속 인본주의를 믿는 사람들도, 사용하는 이미지는 다를 수 있지만 비슷한 희망의 약속을 받는다.

폰 트리에의 〈멜랑콜리아〉는 지구를 멸망시킬 행성이 빛을 발하며 다가오는 가운데, 두 자매와 한 아이가 모여 볼품없는 나무 막대로 어설프게 지은 성전에 앉아 있는 장면으로 끝난다. 이것은 빛으로 믿음의 도약을 하는 이미지인가? 아니면 정복할 수 없는 어둠, 즉 종교는 이 세상에서 어리석을 뿐임을 상징하는가? 폰 트리에는 답을 제시하지 않는다. 어떤 의미에서 나도 이 질문에 열려 있다. 인간의 번영에 대한 종교적 비전을 지지하는 신념들은 진실인가? 아니면 아름답긴 하지만 결국은 속임수일 뿐인가? 그러니까 보호와 번영을 약속하지만 사실은 약하고 무의미한 인생을 아름답게 포장한 것일 뿐인가? 실재란 견고한 과학에 기반을 둔다고 보는 세속적 설명과는 어떻게 비교가 되는가? 번영에 대한 종교적 신념과 비전이 옳다면 모든 종교적 신념은 옳은가? 만약 단 하나의 종교만 옳다면 어느 종교가 옳은가? 왜 그런가?

이 질문은 중요하지만, 이 책에서는 완전히 건너뛰고 있다. 그 대신 나는 이러한 질문에 먼저 의미를 부여할 뿐 아니라 그 진위를 두고 씨름하라고 요구하는 어떤 주장에 초점을 맞춘다. 그 주장은 바로, 많은 사람이 그렇게 믿고 더러 경험하듯이 종교는 인류의 질병이 아니라, 번영의 비전을 제시하는 강력한 매개라는 것이다. 이 책에서 나는 세계종교들이 제시하는 비전의 핵심 요소들을 강조하고, 지구화된 세상에서 이러한 비전이 왜 필요한지 설명하며, 어떻게 여러 종교가 자신의 진리 주장을 진지하게 받아들이면서도 서로 협력하여 평화롭게 그 비전을 지지하고 구현할 수 있는지 탐구한다.

감사의 글

이 책은 예일 대학교에서 2008년부터 2011년까지 가을 학기마다 열린 '신앙과 지구화' 세미나에서 비롯되었다. 나와 함께 그 세미나를 이끈 선생들께 감사드린다. 첫 세 번의 세미나에서 나와 함께 가르친 토니 블레어 전 영국 총리에게 감사드린다. 그는 이 주제로 함께 작업하도록 나를 끌어 주었고, 목요일 아침마다 오후 세션을 준비하면서 열띤 토론을 벌였다. 네 번째 세미나에서 같이 가르친 내 동료 사회학과 필립 고스키 교수에게 많은 빚을 졌다. 특히 지구화의 복잡성, 민족주의와 폭력의 복잡성에 대해 내가 눈뜨게 해 주어서 감사하다. 2010년 여름에 유사한 세미나를 칼빈 칼리지 초임 교수들을 위해서 진행했다. 그리고 3년 후, 이 책의 초고에 기초하여 코소보의 아메리칸 대학교, 코소보 외무부, 토니블레어신앙재단(Tony Blair Faith Foundation)에서 신임 외교관과 종교정치학자들을 위해 국제 세미나를 했다. 이 세 장소에서 나는 세계 각국에서 다양한 분과를 대표하여 모인 참여자들의 놀라운 문제의식과 통찰을 경험하는 복을 누렸다.

이 책에서 다루는 주제들로 세계 여러 학교와 회의에서 강의를 했다. 여러 도시 중 몇 군데만 나열하면 다음과 같다. 호주의 애들레이드, 중국의 베이징, 매사추세츠 주의 보스턴(Annual Prophetic Voices Lecture at Boston College), 루마니아의 부쿠레슈티(ITP Annual Lectures at Theological Pentecostal Institute), 뉴욕 주의 버펄로(Joseph J. Naples '41 Conversations in Christ & Culture Lecture and Performance Series at Canisius College), 텍사스 주의 댈러스, 영국의 에든버러(Cunningham Lectures at the University of Edinburgh), 워싱턴 D.C.의 조지타운, 미시간 주의 홀랜드, 중국의 홍콩, 텍사스 주의 휴스턴, 조지아 주의 메이컨(Harry Vaughan Smith Lectures at Mercer University), 독일의 마르부르크, 호주의 멜버른(Hughes-Cheong Lectures at Trinity College), 크로아티아의 오시예크(Annual Lectures at Evangelical Theological Seminary), 캘리포니아 주의 패서디나(Payton Lectures at Fuller Theological Seminary), 보스니아 헤르체고비나의 사라예보, 대한민국의 서울, 워싱턴 주의 시애틀, 인디애나 주의 사우스벤드, 호주의 시드니, 타이완의 타이베이. 강연 기획자들, 또 나의 주장에 관심을 가지고 참여해 준 동료와 청중에게 감사드린다. 이들의 질문, 항의, 제안을 통해서 많은 것을 배웠고, 분명 내가 지금 인식하는 것 이상까지도 배웠다고 확신한다.

세 부류의 학자들이 들어가는 글과 나가는 글을 제외한 이 책 전체의 초고를 읽고 나와 함께 토론해 주었다. 첫 번째 토론은 2013년 5월에 홍콩 대학교의 음악학과 대니얼 추아 교수가 자리를 마련해 주었다. 추아 교수 외에 이 활기찬 다종교 다학제 그룹에는 우즈마 아슈라프, 응 와이 항, 식 힌 형, 찬 젠린젠린, 개러스 존스, 루이 킨, 데이비드 파머, 코난 펑인, 시몬 로디노, 캉 피 셍, 베니 타이, 앙 스 웨이, 루이 긴 입, 에스더 야우, 웬디 윈, 량 위안위안이 참여했다. 두 번째 토론은 2013년 미국 종교학회(American

Academy of Religion) 연례 회의가 열리기 직전, 예일 신앙과문화연구소(Yale Center for Faith and Culture)의 자문위원이자 신학자인 내 친구 필 러브가 준비해 주었다. 친구의 아낌없는 지원으로 열린 만찬에서 사람들은 열띤 토론을 벌였다. 평소의 소크라테스보다 와인은 적게 마시고 음식의 질은 분명 더 좋았던 그 모임은 '향연'보다 나았는데, 거기에는 호세 카사노바, 윌리스 젱킨스, 찰스 매슈어스, 외르크 리거, 모나 시디키가 참석했다. 세 번째 그룹의 학자들은 예일의 내 동료들인데 감사하게도 2013년 12월의 어느 날, 저녁 시간까지 모두 비워 주었다. 나얀 찬다, 필립 고스키, 사리나 그레왈, 제니퍼 허드, 캐스린 로프톤, 알렉산다르 산트락, 캐스린 태너, 린 톤스타드가 그들이다. 이 세 그룹에서 배운 내용은 감사의 글에 다 쓸 수 없을 만큼 길다. 많은 학자들, 특히 캐스린 로프톤, 모나 시디키, 린 톤스타드는 나의 신념과 입장을 더 분명하게 할 것을 촉구했고, 그래서 이 책의 앞과 뒤를 감싸는 두 개의 장인 들어가는 글과 나가는 글이 탄생했다. 3장은 원래 내가 예일 신앙과문화연구소에서 기획한 프로그램 분과 중 하나인 '신과 인간의 번영'(God and Human Flourishing)에서 존중에 대해 발표한 논문이다. 이 기획을 지원해 준 맥도널드아가페재단(McDonald Agape Foundation) 알론조 맥도널드에게 감사드리고, 비판적이고 건설적인 피드백을 해 준 참석자들 알론 고센고트슈타인, 존 헤어, 제니퍼 허드, 길버트 메일랜더, 마이클 페퍼드에게 감사드린다. 이 세 그룹의 학자들 외에도 옥스퍼드 대학교의 모니카 더피 토프트는 1장 초고를 읽고 논평해 주었고, 마르부르크 학습교육청(Marburger Bildungs- und Studienzentrum)의 토비아스 펙스와 토비아스 쿤클러는 1장과 2장 초고를, 노터데임 대학교 대니얼 필포트는 5장 초고를 읽고 논평해 주었다.

이 코스를 가르치는 것을 처음 고려하기 시작한 때부터 나가는 글의 마지막 문장을 쓸 때까지 나는 이 책의 주제가 학자 한 사람이 다루기에는 너무 크다는 것을 절감했다. 그래서 전 세계에 있는 동료, 청중, 학생들의 기여는 이 프로젝트를 완성하는 데 꼭 필요했다. 나는 또한 기독교 외의 종교 전통에 대해서 그 분야 전문가들에게 도움을 구했다. 관대하게 시간을 내준 세 명의 전문가 세인트 올라프 대학교의 종교학 교수 아난타난드 람바찬(힌두교), 예루살렘 엘리야 연구소의 알론 고센고트슈타인 박사(유대교), 철학 교수이자 요르단 압둘라 2세의 종교 및 문화 사안 최고 자문관인 가지 빈 무함마드에게 감사드린다. 유교에 대해서는 지금은 은퇴한 케니언 칼리지의 동아시아 종교학 교수 조세프 아들러의 도움을 받았다. 때로 그들의 전문적 조언에서 내가 벗어나기도 했기 때문에, 이들의 종교에 대해서 이 책이 서투른 발언을 했다면 그것은 전적으로 나의 책임이다.

가르치고 연구하고 글을 쓰는 내내 나는 많은 강의 및 연구 조교들의 도움을 받았다. 닐 아너, 리사 테퍼 베이츠, 스콧 돌프, 오스만 해니프, 존 하틀리, 나탈리아 마란디우크, 제프 모리스, 크리스티아나 페파르드, 존 슈퍼는 위대한 닐로 불린 닐 아너와 함께 조교로 일해 주었다. 닐은 놀랍도록 효율적으로 일했고, '신앙과 지구화' 강좌 운영에 필요한 초기의 지적이고도 교수법적인 작업을 상당 부분 감당해 주었다. 전이현, 카린 프란센, 브래드 게이블, 재나 곤와, 존 하틀리, 조던 카사바움은 연구 조교로 일했고, 존 하틀리만 마지막 집필 단계에서 빠졌다. 집필 마지막 단계에서 연구 코디네이터이자 비판적 독자 역할을 한 맷 크로아스문은 체제들의 행위성에 대해서 요약 정리했고, 그중 짧은 부분이 이 책의 들어가는 글에 통합되었다.

두 명의 연구 조교는 따로 언급할 필요가 있겠다. 인간적으로도 탁월하고 뛰어난 학자인 그들에게 깊이 감사드린다. 저스틴 크리스프는 틀을 잡도록 도와주었고, 2장에서 유교에 대한 미주 두 개를 썼으며, 특히 3장의 아우구스티누스/로크/프로스트의 논쟁, "관용", "다른 종교에 대한 존중" 부분을 위해 폭넓은 자료 조사를 해 주었다. 그는 또한 호세 카사노바, 라이너 포르스트, 모리스 메를로퐁티의 사상을 요약 정리했고, 볼티모어와 예일대에서 열린 토론 모임의 피드백을 전부 취합해 주었다. 6년 전부터 나와 여러 프로젝트를 함께하면서 이제는 연구 조교를 넘어 나의 대화 상대가 되어 버린 박사생 라이언 매커널리린츠를 가장 마지막에 언급하는 이유는 그가 제일 많이 기여했기 때문이다. 그는 들어가는 글의 논점 구성, 1장의 "종교, 시장, 일상적 삶의 긍정", "종교가 만드는 차이" 부분에 대한 자료 조사, 2장의 "일상적 삶을 사는 방식"(아우구스티누스에 대한 긴 주를 쓴 것 포함)과 "기능장애와 논쟁"(2장에서 이 부분을 어디에 두는 게 좋을지 결정하는 것 포함) 부분, 3장의 "세계종교와 종교의 자유"와 "배교와 개종"(이 부분에 대해서는 그와 논쟁을 많이 했다) 부분에 대한 자료 조사, 4장의 논점 구성을 도와주고 "양립할 수 있는가, 없는가?" 부분을 쓰는 데 상당한 기여를 했다.

연구 조교들 대부분이 그들의 특별한 기여에 대해 예일 신앙과문화연구소 자문이사회의 넉넉한 도움을 받았다. 자문이사회는 예외적 모임으로서, 그들이 없었다면 이 책을 비롯해 연구소가 지지하는 많은 프로젝트를 수행하기 어려웠을 것이다. 예일 신앙과문화연구소 '외부' 후원자 한 명이 내 연구를 상당 부분 지원해 주었다. 내 친구 워너 디퓨인데 그는 윌리엄 피트 재단과 재단의 회장 로버트 심세스를 독려해서 재정 후원을 하게 했다. 심세스 회장과 그 재단에, 예일 신앙과문화연구소 자문이사회에 감사를 드린다.

이 책의 대부분은 한 차례의 안식년 기간에 썼고 또 한 차례의 안식년 기간에 편집을 했다. 내가 강의 업무에서 자유로울 수 있게 해 준 예일 대학교, 예일 신학대학원 학장 헤럴드 애트리지와 그레고리 스털링에게 감사를 드린다. 마감이 임박했던 위기의 시간에 예일 신앙과문화연구소 관리이사인 내 좋은 친구 스킵 마스백은 특별한 능력으로 연구 활동을 포함해서 연구소의 운영을 맡아 주었을 뿐 아니라, 내 글쓰기 동굴(사실은 복도 끝에 있는 사무실)의 문을 단 한 번도 두드리지 않고 그 일을 해냈다. 그가 나의 협력자인 것은 참으로 축복이다. 편집자 제니퍼 뱅크스, 교정 편집자 로빈 두블랑, 예일 대학교 출판사의 나머지 직원 모두는 저자로서, 특히 미국 태생이 아닌 저자로서 더는 바랄 수 없는 사람들이다. 그들의 능력과 이 프로젝트에 대한 열정에 감사드린다.

이 책 『인간의 번영』을 날카로운 지성과 특별한 감수성을 지닌 나의 아내 제시카 드웰에게 헌정한다. 우리의 연애는 내가 이 책을 쓰는 것에 대해 생각하기 시작한 2010년 가을에 시작되었다. 결과적으로 이 책의 작업과 우리의 놀라운 사랑이 함께 엮였다.

들어가는 글
나의 입장

세계종교와[1] 지구화의 기원은 인류의 역사가 기록되기 시작한 시점까지 거슬러 올라간다. 오늘날 세계종교와 지구화의 복합적이고 다면적인 현상은 전 세계에 퍼져 있고 매우 다양한 모습으로 각 지역에 나타난다.

종교 그리고 지구화는, '그리고'라는 접속사를 중심으로 두 개의 명사가 분리된 문구로, 이 두 가지가 서로 별개의 것임을 의미할 수도 있다. 그러니까 종교는 지구화 과정의 외부에 있으면서 지구화에 대해 거절, 긍정, 양가감정, 외면, 공격 등 다양한 방식으로 반응할 뿐이고, 지구화도 종교 외부에 있으면서 종교가 설 자리를 빼앗거나, 종교에 활력을 주거나 종교를 변화시키는, 그러니까 예를 들어 종교의 도피적 세계관이나 어떤 종교의 비평등주의나 비관용주의 성향에 도전하는 세력으로 보는 것이다. 그러나 이러한 관점은 옳지 않다. '그리고'라는 접속사는 사실 이 두 명사를 하나로 묶어 준다. 종교와 지구화는 높은 벽을 사이에 두고 따로 떨어져 살면서 협력하거나 경쟁하거나 따지거나 하는 두 이웃이 아니다. 세계종교는 역동하는 지구화의 일부다. 어떤 의미에서 세계종교는 지구화의 동인이며 지금도 여전히 지구화 과정을 촉진시키는 요소다. 지구화 또한 종교 역동, 즉 종교의 도덕적·교리적 자기표현, 문화적·정치적 형성, 대물림과 선교 활동의 일부다. 지구화 안에 종교가 있고, 세계종교 안에 지구화가 있다.

이 책의 목표는 종교와 지구화가 어떻게 서로 상호작용을 해 왔는지 보여 주고, 이 둘의 관계가 어떠해야 하는지 내 나름의 제안을 하는 것이다. 이 두 가지의 강력한 현상을 서로 연관 지어 이해하지 않는 한 우리 자신에게 혹은 이 세상에 무슨 일이 일어나는지 우리는 이해하지 못할 것이고, 책임 있게 행동하지도 못할 것이다. 어쩌면 기술혁신을 제외하고 그 어떤 것도 지구화와 세계종교만큼 우리 삶에 영향을 미치는 것은 없을 것이다. 그 영향은 정치 지도자의 공공 정책과 산업계의 경영자, 투자자, 일반 직원들의 경제적 결정에서부터 대학의 교과 과정과 우리 마음의 깊은 갈망에까지 미친다. 나가는 글에서 간략하게 설명하겠지만, 내 주장의 핵심은 서로 티격태격하는 세계 여러 종교가 제시하는 번영의 비전은 개인의 번창과 지구적 공공선에 반드시 필요하다는 것이다.

크고 복잡한 것을 가늠할 때 우리는 한 발짝 물러서서 방해 요소들을 차단하기 위해 눈을 가늘게 뜨고 윤곽을 파악한다. 이 책에서 내가 한 작업이 대체로 그런 것이다. 종교와 지구화의 여러 측면을 다루는 다양한 분야의 전문가들은 내가 '세부 사항'에 더 관심을 기울이지 않았다고 불만을 토로할 수도 있다. 그들은 이 현상의 중요한 특징들을 더러 간과했다고, 특정한 이슈에 대한 학계의 치열한 논의를 넘어갔다고, 관련된 과거의 모든 인물에 충분한 관심을 기울이지 않았다고 할 것이다. 그러나 내가 보기에는 전문 지식보다는 종합적이고 통합적이며 행동 지침이 될 지식이 절실하게 필요하다. 그리고 오늘날과 같이 매우 전문화된 사회에서 그렇게 하기 위해서 치를 수밖에 없는 대가가 바로 일종의 "아마추어리즘"이다. 이 책을 읽는 전문가들에게 나는 종교와 지구화의 관계에 대해 생각할 때 잠시 나와 함께 눈을 가늘게 뜨고 내가 여기에서 제시하는 대략적 스케치를, 스케치의 장점들을 염두에 두고 검토할 것을 부탁한다(그리고 어떤 판단을 내리기 전에 나의 입장을 뒷받침하는 방대한 주를 먼저 읽기를 당부한다!). 그래도 여전히 나의 주장에 동의하지 않는다면 자기 나름의 통합적이고 규범적인 대안을 제시할 것을 촉구한다.

종교와 지구화의 관계에 대한 기본 윤곽을 제시하면서 나는 여러 면에서 나의 임무를 단순화시켰다. 예를 들어, 지구화의 경우 나는 그것의 경제적·정치적 영역과 거기에 내재하는 인간 번영의 암묵적 비전에 초점을 맞추었고, 생태학, 기술, 법 등 지구화의 다른 주요 영역들은 중요하게 다루지 않았다. 종교의 경우 부적절하게 "이차적인" 혹은 "세계" 종교라고 불린 종교들 중에서도 불교, 유교, 힌두교, 유대교, 기독교, 이슬람을 중점적으로 다루었다. 마찬가지로 부적절하게 "일차적인", "토착의" 혹은 "지역" 종교라고 지정된 종교들은 다루지 않았다. 지역 종교들은 자기 나름의, 대체로 불행한, 지구화의 역사를 지니고 있다. 또한 지구화의 방향에, 특히 지구화와 지역 자연환경의 관계, 지구 전반의 관계에 나름의 기여를 한다.[2] 그러나 그 이야기는 다른 사람의 몫으로 남겨 두었다.

한 가지 주제를 깊이 파는 학술 연구서라기보다는 계획적인 에세이에 가까운 이 책은 토니 블레어와 내가 예일대에서 2008년부터 2010년까지 세 학기 동안 가르친 '신앙과 지구화' 강의에 기초하고 있다. 그러나 이 책에서는 교수의 전문성 이상의 것을 제시한다. 서구인이자 그리스도인으로서 나는 특정 입장에서 몇 가지 깊은 신념을 가지고 이 주제를 다뤘다. 지구화 과정과 세계종교 중 하나가 한 인생과 만나는 지점이 바로 내가 서 있는 지점이다. 더 깊은 논의를 하기에 앞서 나의 입장과 신념을 간단하게 설명하는 게 좋겠다.

나는 "역사의 종말" 시대에 사라진 나라에서 태어났다. 냉전 후 프랜시스 후쿠야마(Francis Fukuyama)가 처음 대중화시킨 이 표현[3]을 들었을 때 나는, '내가 알기로 역사는 여전히 힘차게 진행되고 있는데' 하는 생각을 했다. 오히려 우리의 꿈과 두려움에 이끌려 역사는 빠르게 흐른다고 생각했고, 그 역사는 일련의 인상적인 업적들을 이루는 동시에 황폐해진 풍경과 거주지도 그 뒤에 남겼다고 생각했다. 지식과 기술의 진보로 인생들이 풍요로워졌지만, 세계적 경제 시스템의 톱니바퀴에 사람들은 짓밟히고 버려졌으며 시간 속에 묻혔다. 내가 말하는 나라는 바로 유고슬라비아다. 발칸반도에 있던 이 나라는 윈스턴 처칠의 유명하고도 오만한 표현을 빌리자면, 1990년대에도 여전히 자신들이 감당할 수 있는 것 이상의 역사를 만들어 내고 있었다. "역사의 종말" 이후에도 전쟁은 있었고, 거기에서 누군가는 이기고 누군가는 졌으며, 정부가 형성되었다 사라지기도 했고, 경제 제도가 바뀌고, 도시가 파괴되었다가 재건되고, 아이들이 태어나고 죽었으며, 꿈이…글쎄 꿈이 어떻게 되었을까? 보고 바라는 것들이 낳은 수많은 그 꿈의 역사는 도대체 **무엇**이었을까?

물론 후쿠야마가 말한 "역사의 종말"은 시간이 멈추고 영원이 시작되었다거나 인간이 갑자기 과거를 기록하는 데 대한 흥미를 잃었다는 뜻은 아니다. 그는 베를린 장벽이 무너짐과 함께 세계 역사가 변했다는 자신의 주장을 설명하기 위해서 이 표현을 사용했다. 그는 그 사건을 "인류의 이데올로기적 진화의 종착지이자 인간 정부의 최종 형태인 서구 자유민주주의의 보편화"의 상징으로 보았다.[4] 후쿠야마의 역사의 종말에 대한 발언은 오류였고, 그가 말하는 방식의 역사의 종말도 오류였다. 내가 여기에서 지지하는 중요한 입장 중 하나가 특정 형식의 자유민주주의이기는 하지만 어떠한 형태의 자유주의건, 사실 어떠한 형태의 체제라도, 그것을 인류의 "이데올로기적 진화"의 종착지로 보는 것은 심각한 오류다. 자유주의 자체도 그러한 결말을 내리기에는 너무 양가적이다. 자유주의의 인상적인 성공을 퇴색시키는 심각한 실패들이 있고,[5] 인간의 삶과 역사는 자유주의를 고수하기에는 너무 역동적이고 예측 불가능하기 때문이다. 베를린 장벽을 두드리는 망치질이 끝났다고 해서 역사마저 멈춘 것은 아니다.

그러나 1989년 11월에 끝난 게 있기는 있다. 지구화의 두 가지 주요 기획, 즉 하나의 통합된 실재로 인식되었던 삶의 두 방식 사이의 세계적 경쟁이 끝났다. 하나는 20세기에 볼셰비키 혁명으로 시작된, 전체주의적이고 권위주의적인 국가와 계획경제의 특징을 지닌 공산주의고, 또 하나는 15세기 발견의 시대에 시작된, 대체로 민주적 정치 질서와 자유 시장경제의 특징을 지닌 자본주의였다.[6] 내가 보기에 공산주의의 지구화 프로젝트는 결정적으로 패했고 현재로서는 자본주의 프로젝트가 승리했다.

사람들은 공산주의의 지구화 프로젝트에서 고통을 받았다. 전 유고슬라비아에서 자란 나는 경험으로 그것을 안다. 강력한 국가가 우리에게서 시민의 자유를 빼앗아 갔고, 우리가 공유하지 않는 목표의 이름으로 "연합과 형제애"를 강요했으며, 옛 선지자가 표현했듯이 "각각 자기의 포도와 자기의 무화과를 먹을 것이며 각각 자기의 우물물을 마실 것"(사 36:16)에 대한 꿈을 무시하고 환경을 파괴했으며, 종교의 자유와 우리가 옳다고 생각하는 대로 살 권리를 짓밟았다. 예외 없이, 공산주의의 지구화 프로젝트에 묶인 유럽 나라들과 인종 집단들 대다수는 승리에 찬 자본주의의 지구화를 환영했다. 그들은 자유와 민주주의와 인권, 곧 시장경제와 풍요를 갈망했다.

유고슬라비아의 모든 지방은 자본주의 경제를 갖춘 별도의 민주주의 국가를 세웠다. 동시에 각 지방의 다수파는 그동안 마르크스의 세계적 비전에서 비롯된 단일 국가의 이상과 정치적 현실 때문에 억압받았던[7] 자신들의 인종적·종교적 정체성을 다시 세우고자 했다.[8] 그중 더러는 고향에 자금과 군사를 지원한 초국가적 인종 네트워크의 도움으로 1990년대에 치열한 전쟁을 치르기도 했다.[9] 서유럽은 이 사람들의 분리주의에 대한 열망을 이해하지 못했다. 냉전 종식 후 더 큰 통합을 이루는 데 열중해 있었기 때문이다. 그러나 유럽의 연합과 유고슬라비아의 해체는 연결되어 있었다. 소단위 그룹들의 자기주장은 늘어나는 지역 간 통합의 그림자였기 때문이다.

전쟁 후 새로 설립된 국가들은 자본주의 지구화의 주요 세력인 유럽연합(EU)에 통합되고자 했다. 그러나 이 통합은 부정적 반응도 야기했다. 민족 주권과 문화적 정체성 상실에 대한 두려움, 강제 매입과 지역 산업을 침해하는 부당한 경제 조건에 대한 분노, 빈부 격차의 증가와 사회사업 붕괴에 대한 좌절, 그리고—이 모든 반응을 하나로 엮는—개인과 공동체로서 번영의 꿈을 실현할 수 있는 능력의 불확실성 등이 바로 그러한 반응이었다.

이러한 국가의 시민들은, 전 대륙에 사는 대부분의 사람들처럼 자본주의 지구화에 양가적 감정을 느꼈다. 이것은 가능성만큼이나 불확실성과 위험도 컸다. 나는 자본주의 지구화의 양면을 핵심 국가(미국과 독일)의 관점과 그보다 작고 약한 나라(크로아티아)의 관점으로 모두 경험했다. 두 환경 모두 우리가 자본주의 지구화를 단순히 축하하거나 거부해서는 안 된다는 나의 신념을 확인시켜 주었다.

나는 특정 신앙을 물려받았다. 아니, 실제로는 물려받은 게 아니다. 부모님은 하버드 대학교의 위대한 철학자이자 심리학자였던 윌리엄 제임스(William James)가 한 번은 지상의 부모에게서, 또 한 번은 하늘의 성령에게서 "두 번 태어난" 사람들이라고 부르는 종교 공동체에 속한 분들이었다. 부모님은 모든 사람이 참 생명의 근원에서 분리되었기 때문에 중생해야 한다고 믿으셨고, 종교 공동체는 두 번째로 태어난 후에 스스로 가입하는 (막스 베버가 "종파"라고 부른) 자발적 모임이지, 이 세상에 태어난 것만으로 자동 배당되는 (막스 베버가 "교회"라고 부른) "가족"이나 "문화"가 아니라고 확신하셨다.[10]

순진한 사회주의자였던 자신을 공산주의 노동 수용소에서 고통받게 한 하나님에 대해 크게 분노했음에도 아버지는 십대 시절 죽을 고비를 맞았을 때 하나님을 받아들였고—아버지는 하나님이 자신을 받아들이셨다고 했다—오순절파 신자가 되셨다. 나의 가족은 신앙의 섬이었다. 엄숙하지만 아름답고 사람을 자라게 하는 사회적 미시환경이었다. 태어나면서부터 나는 모든 형태의 종교성이 사회적 통제의 도구로 사용되는 편협하고 강압적인 문화 체계를 가진 편협한 "종교"는 아니라는 사실을 배웠다.

오순절 운동은 아버지가 회심하시기 약 40년 전에, 아버지가 자신보다 거의 두 배나 무거운 가마니를 등에 지고 날라야 했던 수용소에서 약 1만 킬로미터 떨어져 있는 로스앤젤레스에서 시작되었다. 오순절파의 창시자인 윌리엄 시모어(William Seymour, 1870-1922)는 노예의 아들인 흑인이었는데, 그는 여러 인종과 종족이 섞여 있는 회중을 맡고 있었고 거기에서 오순절 운동이 시작되어 전 세계로 확산되었다.[11] 시모어의 신앙이 내 아버지의 신앙이 된 이유는 슬로베니아의 이주 노동자가 미국에서 회심한 후 대공황에 밀려서 대서양을 건너 복음을 전파하러 고향으로 돌아왔기 때문이다. 오늘날 전 세계에 2억 7,900만 명의 오순절파 교인이 있고 이는 전체 기독교 인구의 12.8퍼센트다. 게다가 오순절 영성은 가톨릭과 성공회를 포함한 다른 교단의 그리스도인에게도 그 교단에 버금가는 영향을 미쳐 현

들어가는 글

재 오순절파와 은사주의 그리스도인의 숫자는 약 5억 8,500만 명에 이르며 전체 기독교 인구의 26.7퍼센트를 차지한다.[12] 불과 1세기 만에 신세계에서 시작된 억압받은 흑인의 신앙이 전 세계를 휩쓸었고, 5억 명 이상의 삶에 영향을 미쳤으며, 프란치스코 교황(Pope Francis)과 같은 유명한 종교 지도자의 공감을 얻었다.[13] 조금 더 개인적인 차원에서 보자면 그 신앙은 내 아버지를 말 그대로 죽음에서 구했고, 새로운 사람으로 만들었다.

유고슬라비아에는 가톨릭 신자와 정교회 신자들이 압도적으로 많았고, 소수의 무슬림이 있었다. 제2차 세계대전 후 공산주의자들은 모든 종교 공동체를 박해했고, 가톨릭과 정교회는 문화적 지배자의 입장에서 오순절파와 같은 "종파"를 "노란색 신앙"이라는 별명으로 부르며 박해했다. (이 별명은 적어도 807년부터 노란색으로 표시한 옷을 입도록 강요받았던 더 끔찍한 유대인 박해에서 비롯했다.) 서로가 매우 다름에도 불구하고 공산주의와 이 두 개의 주요 종교 집단은 종교/이데올로기, 정치사회는 밀접하게 연관되어 있어야 한다는 깊은 신념을 공유했다.[14] "사회의 신성성"을 규정하는 종교/정치에 속했다면 그는 정치적으로 "인"(in)이었고, 그렇지 않으면 "아웃"(out)이었다.[15] 공산주의자와 지배 종교 단체는 "종파"가 "아웃"이라는 데 동의했다. "종파"는 종교/이데올로기와 정치사회 간의 유대를 깨는 존재였다. 종파에 속한 사람들은 모든 사람의 신이신 한 하나님에 대한 충성이란, 어떠한 정치적·인종적 그룹도 특정 종교 단체에서 배제될 수 없으며, 국가는 특정 종교 단체로부터 자기 정권의 정당성을 구하거나 그 단체에 특혜를 주어서는 안 된다는 것을 의미한다고 보았다. 그들은 종교와 정치를 서로 다른 문화 체제로 이해했다. 정치철학에 대해서는 아주 기본적인 내용도 표현하지 않으셨지만, 오순절파에 속했던 아버지는 전 유고슬라비아뿐 아니라 인류 전체의 역사에 지배적으로 존재했던 종교와 정치와 인종적 정체성 사이의 관계와는 매우 다른 관계를 암묵적으로 대변하는 존재가 되셨다. 아버지는 결코 그렇게 표현하지 않으셨겠지만, 아버지의 정치적 입장은 배타적이기보다는 다원적이었고, 16세기 초에 잉글랜드 침례교인들이 제시한 입장, 그리고 나중에 존 로크(John Locke)가 다소 완화해서 제시한 입장과 흡사했다.[16]

오순절파는 초월성, 즉 기적, 예언, 환상을 무척 좋아하는 것으로 유명하다. 부모님은 뜨겁게 기도하셨고 심지어 이상한 방언으로도 기도하셨다. 부모님은 하나님이 말씀하시는 것도 종종 들었고 기적도 체험했다. 그러나 그분들은 세상에서 도피하여 하나님과 복된 영혼의 신비로운 연합을 이루기를 갈망하는 "피안적" 태도를 취하시지는 않았다. 부모님은 대부분의 사람이 바라는 자연스러운 번영의 요소인 건강, 부, 다산, 장수를 위해서 기도하고 또한 일하셨다. 그분들에게 영혼의 구원이란 복음의 반쪽에 지나지 않았다. 나머지 반쪽은 신체의 건강이었다.[17] 오순절파의 가장 나쁜 관습이라고 한다면 넘치는 부의 낙원으로 인도해 달라고 하나님께 간구하는 것이었는데 부모님은 그 관습을 매우 싫어하셨다. 오순절파의 가장 좋은 면은 밤에는 기도하고 낮에는 병자를 치료하고 배고픈 사람을 먹이신 예수를 모방하는 것이었다. 부모님은 하나님을 삶의 근원이자 목표로 삼으셨고, 일상적 삶의 물질을 얻고, 누리고, 자신보다 형편이 못한 사람들에게 나누어 주는 능력의 통로로 삼으려 하셨다.

결국 훗날 나는 성공회 교인이 되었지만, 많은 그리스도인이 공유하기도 하는 부모님의 신앙의 면모는 지금도 내게 남아 있다. 하나님이 인간과 관계를 맺으시고 인간이 하나님과 관계를 맺는 것은 인간의 생명이 존재하기 위한 조건이자 모든 영역에서 번영하기 위한 조건이다. 신앙과 정치는 두 개의 서로 다른 문화 체제이지만 진정한 신앙은 언제나 사회적 불의, 정치

폭력, 환경 파괴에 저항할 뿐 아니라, 인간의 고통을 덜기 위해 노력한다.

제2차 세계대전이 끝나고 얼마 지나지 않은 때에 나와 함께 자란 오순절파는 혁명가들이었다. 그들은 AK-47과 같은 무기가 아니라 평화의 복음으로 무장한 혁명가들이었다. 소수의 억압받는 단체의 일원으로서 그들은 새로운 세계 질서, **급진적**으로 새로운 세계 질서인 "새 하늘과 새 땅"(계 21:1)을 바랐다. 1세기에 팔레스타인에서 십자가에 달려 죽으시고, 사흘째 되던 날 살아나셔서 하늘로 올라가신 예수 그리스도이신 메시아가 영광 중에 돌아오실 것이고 이 세상의 나라들은 "우리 주와 그의 그리스도의 나라가 되어 그가 세세토록 왕 노릇 하실" 것이다(계 11:15). 그들은 장엄한 성당에서 헨델의 "메시아"에 나오는 "할렐루야 합창"을 부르는 성가대처럼 세련되게 그 바람을 노래로 부르지는 않았지만, 그 말씀을 **믿었다**. 말 그대로 그들은 "역사의 종말"을 기다렸고, 오랜 역사를 지닌 유대교, 기독교, 이슬람의 현세적인 종교적 소망에서 자기들 나름의 해석을 만들어 냈다. 이 종교적 소망은 처음에는 물질성이 제거되고 무한한 영원으로 변했다가, 나중에는 마르크스의 공산주의 혹은 어떤 면에서는 후쿠야마의 자유민주주의처럼 현세적인 지구적 유토피아로 세속화되었다.[18]

왜 그들은 팔을 걷어붙이고 새로운 세상을 이루기 위해 노력하는 대신 그것이 오기를 기다렸는가? 이 질문에는 오류가 좀 있다. 기다림과 노력이 상반된다는 가정이 깔려 있기 때문이다. 곧 설명하겠지만 사실은 그렇지 않다. 기다리면서 노력할 수 있다. 그러나 그들은 인간의 노력으로는 성취할 수 없는 무언가를 소망하며 기다렸다. 왜 그랬는가? 첫째, 소망할 가치가 있는 역사의 종말은 단지 세계 정치 혹은 경제체제의 개혁적인 혹은 심지어 혁명적인 변화가 아니라고 그들은 생각했다. 역사의 종말이란 온전한 "구원", 즉 죽음과 악과 고통에서 벗어나는 자유였고, 영원한 사랑, 아름다움, 진리를 위한 자유였다. 둘째, 전쟁의 폭력이나 노동 수용소의 극심한 고통에서 살아남은 남자들, 강간을 겪거나 전쟁에서 아들과 남편을 잃고 애도해야 했던 여자들로 구성된 소외된 공동체는 가장 취약한 사람들을 짓밟지 않는 정치적이고 경제적인 체제가 고안될 것을 믿기 힘들었기 때문에 기다렸다. 민주적으로 선출되었건 그렇지 않건, 모든 지도자와 지도층은 가난하고 종속되고 박탈당한 사람들이 비참하게 사는 동안 자신의 은행 계좌를 살찌우고 화려함 속에서 뒹굴었기 때문에 의심스러울 따름이었다. 그래서 부모님과 같은 소외된 사람들은 "만왕의 왕이요 만주의 주"가 오셔서 이 세상을 바로잡아 주시기를 기다렸다(계 19:16).

수동적이고 무능해 보이지만 "기다리는 것"은 그 의미를 제대로 이해했다면 바른 자세였다. 십대 때는 그렇게 생각하지 않았지만, 20세기 후반의 가장 위대한 신학자 중 한 명인 위르겐 몰트만(Jürgen Moltmann) 밑에서 수학하면서 생각이 바뀌었다. 초기에는 신비주의 신학자이기보다는 정치 신학자였던 몰트만은 두 종류의 미래를 구분했다. 하나는 '푸투룸'(*futurum*)이고 다른 하나는 '아드벤투스'(*adventus*)다. '푸투룸'은 현재의 원인으로 충분히 설명할 수 있는 미래로서, 현재가 품고 있고 현재가 낳을 미래다. 반면 '아드벤투스'는 하나님의 약속의 성취로서 시공 밖에서 오는 미래다.[19] 역사의 종말은 '푸투룸'이 아니라 '아드벤투스'로서의 미래다. 그 미래는 잘못된 체제를 바른 체제로 바꾸거나, 잘 조작해서 원하는 소리를 내도록 만들 수 있는 기계처럼 현 상태의 세계를 이렇게 저렇게 만진다고 올 수 있는 미래가 아니다. 역사의 종말은 **하나님**이 오실 때 온다. 그리스도인들은 이것을 그리스도의 "재림"이라고 불렀다.

기독교 신앙은 지구화, 곧 상호 연결되고 상호 의존적인 현 세계의 상태, 거기에 도달하게 된 과정 전체, "불만족의 정신"을 동력 삼아 그것과 함께 일하는 자본주의 시장이, 창조에서 시작해서 새 창조로 끝이 나는 역사의 큰 흐름에서 한 순간일 뿐이라고 대범하게 주장한다. 하나님은 태초에 무에서(ex nihilo) 이 세상을 창조하셨고, 마지막에는 옛 세상을 가지고 (ex vetere) 새 세상을 창조하실 것이다.[20] 두 창조 모두 하나님의 행위다. 첫 창조 때 인간은 존재하지 않았고 두 번째 창조는 인간 능력 밖의 일이다. 따라서 우리는 "주여, 오소서!"라고 기도하면서 기다린다.

그렇다면 기다린다는 것은 무슨 뜻인가? 무엇을 기다리는 것은 무엇이 일어나게 하는 것과 대조된다. 오늘날 많은 사람은 종교를, 혹은 자기 자신의 종교 이외의 종교를, 원하지 않는 사람에게 강요하는 비합리적 세력이라고 생각한다. 기독교를 포함한 종교의 역사가 그러한 생각을 정당화한다. 그러나 진정한 기독교 신앙의 핵심이 기다림이라면, 강요하는 것은 적절하지 않다. 하나님이 오심으로써 이루어질 일을, 이 세상을 "기독교화"하는 것과 같은 일로 스스로 이루려고 하지 않는 것이 이 신앙의 중요한 특징이다.[21] 이것이 바로 기다림의 수동성이다.

기다림의 능동성도 있다. 하나님의 오심에는 두 가지 요소가 있다. 하나님이 역사의 종말을 이루시는 재림과, 하나님이 역사 속으로 들어오시는 초림이다. 오셨고 오실 하나님이신 예수 그리스도의 생애는 우리가 기다리면서 해야 할 일의 모범이다. 우리가 태어나면 새로운 가능성이 우리에게도 열리고 세상에도 열린다.[22] 하나님을 가장 사랑하고 이웃을 자기 자신처럼 사랑하라는 하늘의 음성을 우리 존재 깊은 곳에서 듣고 인생이 바뀐다.[23] 우리는 내면과 외면에 있는 선한 것을 축하하고 증진시키며, 깨어진 것은 고치고 결점을 없앨 수 있는 것은 개선하며, 때로 감당하기 어려운 악 앞에서는 (나치가 플로센부르크 포로수용소에서 죽인 디트리히 본회퍼의 어두운 예언에 따라) 물러선다(본회퍼는 이렇게 말했다. "우리 세대의 임무는 '위대한 것을 추구하는 것'이 아니라, 혼돈 속에서 우리의 영혼을 지키고 보존하면서 그것이 불타는 건물에서 우리가 구할 수 있는 유일한 '상'임을 깨닫는 것이다").[24]

영광 가운데 오실 그리스도를 기다리면서 겸손하게 오신 그리스도를 매일의 행위로 나타내는 우리는 게을러서도 안 되고 강압적으로 행동해도 안 되며 언제나 참여해야 한다.[25]

이 책은 세계종교와 지구화에 대한 책이다. 예일 대학교에서 이 주제에 대해 가르칠 때마다 누군가는 이런 질문을 던졌다. "비종교적 신앙은 다루지 않습니까?" 그들은 칼 마르크스(Karl Marx)의 공산주의적 인본주의나 줄리언 헉슬리(Julian Huxley)의 진화론적 인본주의, 그 외 여러 종류의 인본주의를 바탕으로 하는 비종교적 신앙을 염두에 두고 그런 질문을 했다.[26] 세속적 세계관을 가진 일부 학생들은 **종교**와 지구화에 대한 강좌에서 자신들이 소외되었다고 느끼기도 했다. 또 어떤 학생들은 이 강좌의 방향이 잘못되었다고도 생각했다. 왜냐하면 종교란 주로 진보의 장애물이며 잘못을 조장하기 때문에 도덕적 지침은 인간 번영에 대한 세속적 비전에서 나와야 한다고 보았기 때문이다. 그렇다면 왜 이 책에서, 강의에서 그랬던 것과 마찬가지로 세속 인본주의의 관점은 다루지 않고 세계종교만 다루는가? 한 가지 이유는 밀접하게 상호 연관되고 상호 의존적인 세상에서는 종교의 영감을 받은 열성파의 폭력과 비합리적으로 미적대는 대응이 큰 문제이기 때문이다. 종교는 세계적인 문제로서 지속적으로 관심을 보여야 한다. 그러나 종교가 문제인 것만은 아니다. 그것은 해결에 꼭 필요한 것이기도 하다. 이것이 바로 내가 종교에 집중하는 두 번째 이유로서 첫 번째 이유보다 더 중요하다.

어쩌면 세계종교는 도덕적 동기와 성찰의 가장 강력한 근원인지도 모른다. 그것은 또한 좋은 인생의 비전을 전달하는 매개이기도 하다. 수많은 사람이 역사적으로 거기에 매료되었고 오늘도 매료되고 있다. 이러한 비전의 핵심은 초월성, 보이지 않는 영역, (이 세상 밖에 존재하는 신비로운 능력과는 다른) 하나님이다. 이 초월적 영역과의 관계는 우리가 우리 자신과 우리가 사는 세계를 어떻게 이해하고 그것과 어떠한 관계를 맺는지에 근본적인 영향을 미친다.

먼저 이 세상의 본성에 대해서 생각해 보자. 나의 신앙을 예로 들자면, 그리스도인들은 하나님이 창조주라고 믿는다. 개신교의 종교개혁가 마르틴 루터(Martin Luther, 1483-1546)는 『소요리문답』(Small Catechism)에 이렇게 썼다. "나는 하나님이 나와 모든 피조물을 만드셨다고 믿습니다." 하나님이 "모든 피조물"을 만들었다는 주장은 고대 성경의 권위에 기대어 현대의 물리 우주학과 진화 생물학의 발견을 무시하는 것이 아니다. 그것은 자기 자신 그리고 이 세상과 관계를 맺는 특정 방식이다. 예를 들어, 단순히 물질과 에너지의 특정한 형태로서가 아니라 선물로서 이 세상과 관계를 맺는 것이다. 자신이 무척 좋아하는 물건을 하나 생각해 보라. 그것이 좋은 디자인에 탁월하게 세공되었고 감촉이 너무 좋은 가죽 지갑이라고 가정하자. 우선 상점에서 그것을 보고 이리저리 살펴보면서 살까 말까 고민하는 자신과, 사랑하는 사람에게서 첫 데이트 기념으로 그것을 선물받아 손에 쥐고 있는 자신을 생각해 보라. 그것은 같은 물건이지만 같은 물건이 아니기도 하다. 당신과 연인 사이의 사랑은 그 물건을 경험하는 방식의 일부이며 그 물건에 대한 즐거움을 크게 더한다. 첫 번째 예는 우주로서의 세상에 대한 비유고, 두 번째 예는 창조로서의 세상에 대한 비유다.

이제 인간이 하나님의 피조물이라는 것에 대해서 생각해 보자. 가장 중요한 점은 하나님이 우리를 창조하셨다는 사실이 아니다. 하나님은 박테리아도 창조하셨다. 중요한 것은 하나님이 **하나님과의 관계를 위해서 우리를 창조하셨다는** 사실이다.[27] 우리가 우리 자체로 완전하고 거기에 하나님이 덧붙여진 게 아니다. 2장에서도 논의하겠지만, 우리의 의지가 개입하기 전부터 우리 존재 자체가 하나님을 지향하게 되어 있다. 하나님을 지향한다는 것을 받아들이고 그것을 표현하며, 이 세상을 그 구성 요소들의 단순한 합보다 더 큰 무엇으로 보는 사람을 우리는 "종교적"인 사람이라고 부른다. 그리고 그렇지 않은 사람은 "세속적"인 사람이라고 부른다. 그러나 무엇이라 부르건, 무엇을 하건, 사람이 신을 지향한다는 사실에는 영향을 미치지 못한다. 창조된 세계의 현실이 우리가 그것을 신의 선물로 경험하건 하지 않건 달라지지 않는 것과 마찬가지다.

기독교 신앙만 이러한 주장을 하는 게 아니다. 이 세상에 대해서만 이야기하는 여러 세속 인본주의와는 달리,[28] 다른 세계종교들도 자기 나름의 버전으로 이 세상은 단순한 물질 이상이며 인간은 신을 지향한다고 주장한다. 그 이유는 단순하다. 2장에서도 다루겠지만, 세계종교는 실재가 초월적인 것과 범속적인 것, 즉 "두 세계"로 구성되어 있다고 주장하며, 인간이 그 두 세계 사이에 걸쳐 있다고 보기 때문이다. 세계종교는 범속적 영역에서 영위하는 좋은 인생의 열쇠가 초월적 영역에 있다고 본다. 세계종교는 세속 인본주의와는 초월적 영역의 **존재**에 대해서 논쟁하고, 자기들끼리는 (그것이 인격적이냐 아니냐와 같은) 초월적 영역의 **성질**과 (그 관계가 비경쟁적이냐 아니면 이원론에 가까우냐와 같은) 초월적 영역과 범속적 영역의 관계에 대해서 논쟁한다. 그러나 그들이 모두 동의하는 내용은 초월적 영역이 인간 존재, 경험 세계의 성격, 좋은 인생에 매우 중요하다는 사실이다. 이러한 신념은 지구화에 대한 세계종교의 핵심 입장이다.

그리스도인으로서 나는 지구화의 형태, 방향, 의미를 포함해서 세계 역사는 궁극적으로 사람의 마음에서 경쟁하는 두 열망에 따라서 결정된다고 믿는다. 한 가지 마음은 이 세상 "위에" 계시는 하나님을 열망하고(따라서 하나님의 창조물인 이 세상을 열망한다), 다른 한 가지 마음은 이 세상의 우상을 열망한다(따라서 궁극적으로 이 세상과 대립한다). 또한 두 지상명령이 지구화에 대한 내 입장에 영향을 미친다. 유대인의 율법 중에서 무엇이 더 위대하냐고 묻는 율법학자에게 예수는 이렇게 대답하셨다. "네 마음을 다하고 목숨을 다하고 뜻을 다하여 주 너의 하나님을 사랑하라 하셨으니 이것이 크고 첫째 되는 계명이요, 둘째도 그와 같으니 네 이웃을 네 자신같이 사랑하라 하셨으니"(마 22:37-39. 신명기 6:5과 레위기 19:18을 인용하신 말씀이다). 그리스도인들이 유대인들에게서 배운, 그리고 어쩌면 무슬림과도 공유하는[29] 이 두 명령은 초월적 영역의 우선성(하나님에 대한 사랑)과 범속적 영역의 중심성(이웃에 대한 사랑)을 나타낸다. 따라서 규범적으로 지구화에 접근하면서 나는 다음의 질문을 던진다.

- 지구화는 어떤 방법으로 하나님에 대한 사랑을 방해하거나 가능하게 할 수 있는가? 여기에서의 관심은 (1) **종교의 자유**(주어진 지구화 양식의 조건에서 사람들은 어떻게 자신의 양심에 따라 하나님을 사적 혹은 공적으로 예배할 수 있는가?) 그리고 (2) **우상숭배**(지구화는 어떻게 이 세상을 "평면화"하고 거짓 신에 대한 인간의 열망을 부추기는가?)다.
- 지구화는 어떤 방법으로 이웃에 대한 사랑을 방해하거나 가능하게 할 수 있는가? 여기에서의 관심은 (1) **인간의 능력과 미덕**(주어진 지구화 양식의 조건에서 각 사람은 사랑의 하나님의 형상으로 창조된 자신의 능력을 얼마나 잘 개발하여 하나님과 이웃을 더 잘 사랑하는 데 사용할 수 있는가?) 그리

고 (2) **삶의 조건**(주어진 지구화의 양식은 지구상에서 가장 취약한 시민에게 어떠한 사회적·경제적·생태적 영향을 미치는가?)이다.

조금 다르게 표현하자면, 하나님과 이웃에 대한 사랑이 나타나는 삶, 인간의 번영하는 삶이 목적이며 지구화는 그 수단이다. 따라서 그러한 목적에 도달하게 해 주는 한에서만 지구화는 가치가 있다.

지구화는 우리가 일상에서 하는 일과 비슷한 면이 있다. 우리는 번영하는 삶을 위해 일한다. 일이 번영을 침해하는 것이 아니라, 일이 번영을 이루어 주는 것이 가장 좋다. 지구화도 마찬가지다. 우리가 지구화 과정에 참여함으로써 지구화의 목적을 제대로 이룰 때만 지구화는 부차적으로 가치가 있다. 그러나 세계 체제가 인간의 진정한 목적에 **반**하는 쪽으로 작동할 수도 있다. 그럴 경우 지구화에 대한 우리의 평가는 조정되어야 한다. 실제로 세계시장과 통신망이 오랜 시간에 걸쳐 개발되는 동안, 특히 식민지 시기에 수많은 사람이 다치거나 희생되었다. 지구화가 성취한 많은 목적이 유익했고 지금도 유익하지만 그 과정 자체는 억압적이고 치명적이었다. 오늘날에도 많은 사람이 지구화의 이득을 누리는 반면 많은 사람이 또한 지구화 때문에 고통받고 있다.

번영하고 사랑받는 인생과 약하고 멸시받는 인생—빵, 물, 우정이 가장 취약한 사람에게 주어지는 것과 그 귀중품들이 그들에게 주어지지 않는 것—모두가 지구화를 평가할 때 고려되어야 한다. 세계 역사에 대한 평가는 우리 인생을 평가하는 방식과 같은 방식으로 이루어져야 한다. 우리는 종종 무엇이 정말 중요한지 잊어버리고 정신없이 살다가 죽음 앞에서야 명백하게 깨닫기도 한다. 수의에는 주머니가 없듯이, 이 세상을 떠날 때는 소유, 명성, 권력, 경험, 성취 모두 별로 중요하지 않다. 얼마나 사랑했고

들어가는 글

사랑을 받았으며, 다른 사람들이 잘되고 의미 있는 삶을 살도록 얼마나 도왔는지가 중요하다. 예수 그리스도가 참된 인간성의 척도이자 하나님과 이웃에 대한 사랑의 육화라고 믿는 그리스도인으로서 지구화에 대한 나의 규범적 평가는 기본적으로 이렇다. 지구화가 나와 다른 사람들이 예수 그리스도의 성품과 사명에 동참하게 돕는 한 그것은 좋은 것이다. 그렇지 않으면 그것은 결함이 있는 것이다. 다른 종교를 믿는 사람은 예수 그리스도 대신 붓다, 공자, 무함마드, 혹은 다른 현인이나 성자, 도덕적 이상의 이름을 댈 것이다. 이들 모두 현인들이 정의한 진정한 인간성을 실현하는 수단으로서 지구화를 평가할 것이다.

이즈음에서 (나름대로 예수 그리스도를 반영하는) 삶의 성격과 (그 성격을 만들어 주거나 방해하는 지구화라는) 삶의 정황 사이의 관계에 대해 이야기하는 게 적절할 것 같다. 우리가 어떠한 상황에 처하건 우리의 열망, 헌신, 재능, 노력이 예수 그리스도를 통해 계시된 하나님에게 부합하도록 하는 것은 가능하다.[30] 로마제국의 그리스도인들에게 쓴 편지에서 바울은 이렇게 말했다. "우리가 알거니와 하나님을 사랑하는 자 곧 그의 뜻대로 부르심을 입은 자들에게는 모든 것이 합력하여 선을 이루느니라." 그는 이어서 말했다. "하나님이 우리를 위하시면 누가 우리를 대적하리요." 하나님의 사랑을 받고 하나님을 사랑하는 사람들은 궁극적으로 "환난…곤고…박해…기근…적신…위험…칼"로도 꺾을 수 없다(롬 8:28, 31, 35). 그러나 상황이 궁극적으로 지배하지 못한다고 해서 그것의 영향을 받지 않는 것은 아니다. 부정적 경험으로 얼룩진 삶은 원래 삶의 모습이 아니며, 번영하는 삶이 아니다.

사회적 규약은 인생을 편하게 할 수도 있고 힘들게 할 수도 있다. 예를 들어, 국제무역 협약이나 국제 환경 규약과 같은 사회적 규약들은, 가장 취약한 사람들의 기본적 필요에 주의를 기울이고 그들을 공정하게 대하여 하나님과 이웃을 향한 사랑을 구현할 수도 있고, 자기 이익을 추구하는 무관심한 강자들의 편이 되어 하나님과 이웃과 우리 자신에 대한 경멸을 구현할 수도 있다. 우리가 "권세 있는 자를 그 위에서 내리치셨으며 비천한 자를 높이셨고, 주리는 자를 좋은 것으로 배불리[신]" 하나님을 사랑한다면(눅 1:52-53), 우리도 비천한 자를 높이고 주린 자를 좋은 것으로 배불릴 것이다. 궁극적으로 상황의 지배를 받지 않을 것이기 때문에 우리는 그것을 바꾸기 위해, 그 안에 하나님과 우리의 사랑을 육화시키기 위해 노력할 수 있다. 역사의 종말에, 수천 년 동안의 일이 끝나고 지구화된 세상의 모든 상호 연결된 길 위의 교류가 멈추면, 하나님과 이웃과 우리 자신을 향한 황금 같은 사랑은 은혜의 심판의 불에 정화될 것이고, 아무리 창의적이고 생산적이었다 할지라도 사랑이 아니었던 쭉정이들은 타버릴 것이다(고전 3:10-15을 보라).

 이것이 바로 내가 살아온 환경의 주물에서 형성되고 내가 받아들인 기독교 신앙에서 비롯된 나의 헌신이고 소망이다. 그리고 이것이 바로 신앙과 지구화에 대한 글을 쓰는 나의 입장이다.

지금까지 나는 나의 관점을 구성하는 확고한 기독교적 신념을 대략 제시했다. 그러나 이 책은 단지 기독교와 지구화가 아니라 **종교와 지구화**에 대한 책이다. 따라서 이 책의 주요 목적과 주장을 제시하기에 앞서 내가 믿는 종교가 아닌 다른 종교들은 여기에서 어떤 자리를 차지하는지 설명할 필요가 있겠다.

 앞의 내용이 보여 주듯이 나는 한 가지 가능한 접근 방법만 취하지 않았다. 편견이나 관심사는 하나도 없는 기계 드론처럼 나의 신앙과 문화의 특징을 생략하고 종교와 지구화 과정을 공정하게 비추려 할 수도 있었다. 그러나 "입장 없는 관점"은 불가능하다. 드론도 누군가의 명령을 받고 움직이고 누군가의 목적을 위해서 날아다닌다. 시간과 공간에 묶인 피조물로서 우리는 모두 자기 자신의 관점에서 생각하고, 말하고, 글을 쓴다. 다른 사람의 세계로 들어가 그들에게서 배우려 할 때조차도 그렇게 한다. 그러나 세계종교와 지구화에 대해 생각할 때는 모든 사람의 신념과 관습에 대한 포괄적 주장을 할 수밖에 없고, 지구상에서 함께 영위하는 삶에 대한 주장을 할 수밖에 없다. 따라서 이러한 책을 쓰는 저자들은 난처해진다. 특정한 입장에서 책을 쓰면서도 보편적 주장을 해야 하기 때문이다. 이 난제를 나는 어떻게 다루었는가? 간단하다. 내가 서 있는 위치에서 시작해서 지구화라 불리는 지구적 과정과 다른 종교들에 대한 보편적 주장으로 나아갔다.

그렇다면 내가 단지 종교와 지구화에 대한 기독교의 입장만을, 즉 지구화의 맥락에서 종교들 사이의 관계에 대한 설명뿐 아니라, 지구화와 종교의 관계에 대해서 한 가지 종교의 설명만을 제시하는 것이라고 독자들은 생각할 수 있다. 특별히 지구화에 대해서 쓴 책은 아니지만 그러한 접근법을 나는 『광장에 선 기독교』(A Public Faith)라는 책에서 취했다. 나는 그리스도인으로서 그리스도인을 위해서 그 책을 썼고, 기독교 자료를 주로 사용해서 신앙의 공적 역할을 다루었다. 그리고 그 책에서 나는 종교적이건 세속적이건 그리스도인이 아닌 사람들과의 대화를 염두에 두고 기독교의 비전을 제시했다.[31] 그러나 이 책은 다르다. 여기에서는 이중의 제안을 한다. 기독교 신앙을 가진 사람들이 다른 종교, 지구화와 관계 맺는 방법뿐 아니라, 다른 종교를 가진 사람들이 서로서로 관계 맺는 법, 지구화와 관계 맺는 방법을 제시한다. 그리스도인이건 아니건 우리 모두가 어떻게 하면 다양성 논쟁을 하면서도 지구라는 한 지붕 아래에서 살 수 있는지를 다룬다. 이러한 이중의 제안을 하려면 "입장 없는 관점"을 거부하는 나 같은 사람들이 일반적으로 취하는 방법인, 기독교 자료에 기초하여 기독교 밖의 사람들과 대화하여 더 풍성해진 비전을 제시하는 것으로는 부족하다. 게다가 나는 다른 세계종교를 믿는 사람들이 나의 제안을 받아들이거나 혹은 적어도 진지하게 고려할 만한 이유가 자신들의 종교 신념 안에 어떻게 그리고 왜 존재하는지를 보여 주어야 했다. 이 두 가지 일을 동시에 하는 것이 내가 이 책에서 취하는 제3의 방법이다. 사실상 내가 이 책에서 세계 여러 종교의 신자들에게 하는 말은 다음과 같다. "내가 여기에서 제시하는 것은 기독교의 제안이지만, 다른 종교를 신실하게 믿는 여러분도 그 기본 요소들에 동의할 수 있는 길을 나는 제시할 수 있다. 내가 옳다면 이 방법은 우리가 공동의 세상에서 사이좋게 지내고 더 잘 사는 데 도움이 될 것이다."

이 방법에는 위험이 따른다. 다른 종교를 믿는 사람들은 내가 자신들의 신앙을 완전히 오해하고 있으며, 19세기 때처럼 기독교의 외알 안경을 쓰고 삐딱하게 그들을 보면서 해석한다고 생각할 수 있다. 그러나 다른 대안들을 생각할 때 그러한 위험은 감수할 가치가 있다. 다른 대안이란, 각각의 종교 공동체가 공존하기 위해서 자신의 깊은 신념을 억압하거나, 공존 방법에 대한 자신의 관점을 다른 모두에게 강요하는 방법이다. 전자는 종교를 배제하고 세속의 관점에서만 논의하는 방법이고, 후자는 다른 종교뿐 아니라 여러 세속적 삶의 방식도 배제하고 단 하나의 종교만 강요하는 것이다. 또한 내가 감수하는 위험은 완화가 가능하다. 다른 종교 전통을 해석할 때 19세기 제국주의적 관점을 반복할 필요는 없다. 21세기에는 지구라는 한 지붕 아래에 사는 모든 세계종교가 한 탁자에 둘러앉아 공공 토론에 참여하거나 동등한 입장에서 공동의 프로젝트를 계획하는 것을 쉽게 상상할 수 있다. 이 책은 그러한 공공 토론의 장에 내가 들고 갈 문서다. 즉, 나는 이 책에서 세계종교들이 상호 연결되고 상호 의존적인 단 하나의 세상에서 지구화 그리고 각 종교 간 관계 맺는 법에 대한 비전을 뒷받침하는 기독교 신앙의 특징을 분석했고 그에 상응하는 다른 종교들의 특징 또한 분석했다. 다른 종교를 믿는 사람들이 이와 같은 방식으로 그들 나름의 제안을 하면 좋겠다. 그러면 우리는 인간의 번영과 그것의 사회적·정치적·법적 함의에 대한 각자의 비전뿐 아니라, 우리의 상호 관계에 대한 이 제안에 대해서도 논쟁하고 조정할 수 있을 것이다.

2장에서 나는 세계종교의 여섯 가지 공통된 특징을 제시했다. 이 특징들은 각 종교 안에서 서로 다른 우선순위를 차지하면서 다양한 방식으로 나타난다. 나는 모든 종교에 이러한 특징이 있다고 주장하지 않는다. 이러한 특징이 있다고 **해석될 수 있고**, 다른 종교를 신실하게 믿는 사람들도 세계종교에는 그러한 특징이 있다고 해석해 왔다고 주장한다. 이러한 특징들은, 지구화 과정에서 우리가 무엇에 함께 관여하는지 이해할 수 있는 구조를 제시할 뿐 아니라, 좋은 인생에 대한 서로 더러는 경쟁하고 더러는 중복되는 비전을 포함해서 종교들 사이의 관계를 협상할 수 있는 틀이 된다는 것이 나의 주장이다. 이 여섯 가지 특징은 모든 세계종교의 보편적 핵심이 아니다. 그러한 핵심은 없다. 또한 그것은 앞으로 생길 것이라고도 하는 하나의 지구적 종교의 핵심 요소도 아니다. 그러한 종교는 부상하지 않을 것이다.[32] 세계의 종교는 서로 다르다. 공통의 특징들을 이해하는 방식도 서로 다를 것이다. 각 종교는 서로 부분적으로 겹치는 진리 주장을 하고, 가치 있는 인생에 대해서 서로 다른 설명들을 제시하며, 자기 나름의 방식으로 추종자들의 충성심을 유발하고 그들의 행동에 동기를 부여한다. 그럼에도 이러한 특징들은 여러 종교가 공존을 위한 정치적 틀을 마련하고, 함께 행동하거나 그럴 수 없을 때는 평화롭게 서로의 차이에 대해 협상할 수 있게 도와준다.

이러한 입장을 바탕으로 쓴 이 책의 목표는 무엇인가? 물론 앞에서도 말했듯이 나는 세계종교와 지구화 사이의 관계를 더 잘 이해하고 싶다. 결국 나는 학자이고, 직업 때문이 아니더라도 나는 안개 속에서 운전하는 것을 싫어하기 때문이다. 이해하지 못하는 삶은 안개 속에서 하는 운전과 같다. 이해하게 되면 안개가 걷히고 충돌을 피할 수 있다. 하지만 나는 충돌을 피하는 것 이상의 일을 하고 싶다. 내가 어디로 향하고 있는지를 알고, 구부러진 길이건 우회하는 것처럼 보이는 길이건 어떤 길이 나를 거기로 데려갈지 알고 싶다. 아직 표현되지는 못했지만 우리의 제도와 사회 관습에 뿌리박혀 있고 우리 영혼의 깊은 곳에 축적되어 있는 번영의 비전뿐 아니라, 우리가 말로 표현해 낸 번영의 비전이 그 방향을 제시하기 때문에 우리는 어디로 가는지 알 수 있는 것이다.

   이 책은 세계종교, 지구화, 인간의 번영에 대한 설명 혹은 좋은 인생의 비전에 대한 책이다. 경제, 정치, 문화적 관습, 사회 윤리도 다루지만, 핵심은 번영의 비전이다. 나의 주장은 간단하다. 모세가 광야에서 40년을 떠돈 후에 이스라엘 자녀들에게 명한 히브리 성경에 기록된 말, 광야에서 40일간의 금식을 마친 후에 쇠잔해진 예수가 스스로를 지키기 위해 유혹자에게 던지신 말로 나의 주장을 대신할 수 있다(신 8:3; 마 4:4). "사람이 떡으로만 살 것이 아니요 하나님의 입으로부터 나오는 모든 말씀으로 살 것이라." 가장 큰 유혹은 일신론자들의 생각처럼 거짓 신을 섬기는 게 아니다. 풍요할 때나 가난할 때나 가장 큰 유혹은 인간이 떡으로만 사는 것처럼 믿고 사는 것, 마치 그들의 삶 전체가 세상의 상품을 생산, 개선, 분배하는 것을 중심으로 돌아가야 하는 것처럼 믿고 사는 것이다. 거짓 신을 섬기는 것, 혹은 한 분이신 참 하나님을 단순한 식량 공급자로 만드는 것은 바로 이 큰 유혹에 굴복한 결과다.

사람이 떡으로만 살면 떡은 늘 부족하다. 심지어 더러 썩어 나갈 정도로 많은 떡을 만들어도 마찬가지다. 떡으로만 살면 누군가는 늘 배가 고프며, 떡으로만 살면 한 입 베어 물 때마다 뒷맛이 쓰고, 떡을 먹을수록 쓴맛은 강해진다. 떡으로만 살면 늘 더 많은 떡, 더 나은 떡을 바란다. 그 씁쓸함이 떡으로만 살기 때문에 생긴 게 아니라 떡 자체가 문제여서 생긴다고 생각하기 때문이다. 이러한 비유를 더 나열할 수 있지만 요점을 이해했으리라 생각한다. "일상적 실재"로만, 그리고 그것만을 위해서 살면 우리는 안절부절못하게 되고, 안절부절못함으로써 더 정의롭고 자비롭고 자상한 인간적 실천과 사회적 환경 조성을 방해할 뿐 아니라, 경쟁과 사회적 불의와 환경 파괴를 낳는다.

"떡으로만" 살려고 하면 우리 자신과 이웃 모두를 죽이게 된다.[33] 성경 본문과 나의 논제 모두에서 '만'은 중요한 단어다. 떡으로만(혹은 다른 무엇보다 떡으로). 우리는 떡으로도 살고, 떡이 없으면 다 죽는다. 그러나 거룩한 말씀이 없으면 우리는 활력이 넘칠 때도 위축되고, 싸우고 파괴하며, 소멸해 버린다. 말씀은 생명의 떡이며, 토라에서 암시하고 복음서에 기록된 것처럼 풍성한 생명을 준다(신 8:1-20; 요 6:35; 10:10).

지구화는 복잡한 현상이고 다면적이며 역사의 형태도 다양하다. 1장에서 논의하겠지만, 지나간 공산주의의 형태로든 현재 지배적인 자본주의의 형태로든 지구화는 (전적으로는 아니고) 우선적으로 '떡'에 대한 것이며, 일상적 삶을 특정한 방식으로 강화한다. 지구화는 마치 말씀이 풍성한 삶의 근원이 아닌 것처럼 진행되며, 더 많은 떡을 만드는 데 우리의 시선을 고정시킨다. 반면 세계종교는 확고하게 말씀을 대변한다. 좀더 정확하게는, 말씀에 대해 서로 경쟁하는 다양한 이해들을 대변한다. 세계종교가 우리로 하여금 매일의 떡을 잊어버리고 순전히 말씀만을 먹고 사는 신의 영역으로 도망가게 부추길 것이라고 예상할 수도 있다. 그런 경우도 있지만, 적어도 오늘날 자주 있지는 않다. 그보다 세계종교는 떡을 확보하는 단순한 도구나 떡을 놓고 벌이는 세계적 다툼에 쓰이는 무기로 자주 전락하는데, 그것이 세계종교를 자주 굴복시키는 가장 큰 유혹이다.

이 책의 부차적 논제를 나열하기 전에 지구화와 세계종교와 관련해서 내가 "행위성"(agency)을 어떻게 이해하는지 먼저 이야기하는 게 중요할 것 같다. 지구화와 세계종교는 인간 행위의 대상이자 그것 자체가 행위자로서 인간에게 영향을 미친다. 마찬가지로 인간도 지구화와 종교에 영향을 미치는 행위자인 동시에 지구화와 종교의 영향을 받는 대상이다. 개인과 사회구성체의 관계는 변증법적이다. 피터 버거(Peter Berger)와 토머스 루크만(Thomas Luckmann)이 『실재의 사회적 구성』(The Social Construction of Reality)에서 지적하듯이, "생산물은 다시 생산자에게 영향을 미친다.…**사회는 인간의 산물이다. 사회는 객관적 대상이다. 인간은 사회적 산물이다.**"[34] 인간과 세계종교와 지구화 사이의 물고 물린 관계를 인식하는 것은 종교와 지구화의 논의에서 무엇이 관건인지 이해하는 데 도움이 된다. 한편 지구화와 세계종교는 인간의 성품과 행위성을 포함해서 인간의 삶에 좋게 혹은 나쁘게 큰 영향을 미친다. 반면 개인과 작은 공동체들은 개혁에 참여하거나, 종교를 갱신하거나, 지역적·지구적 차원에서 세계 재편 프로젝트에 참여함으로써 종교와 지구화에 영향을 미칠 수 있다.

내가 이제 막 설명한, 지구화와 세계종교 사이의 복합적인 밀고 당김이 이 책의 핵심적인 부차적 논제의 배경이다. 1부에서 나는 이 주제를 변호한다.

- 종교가 종종 폭력을 정당화하고 때로 과학과 기술의 발전을 방해하기도 하지만, 종교는 비종교인들이 더러 우려하듯이 지구화 과정의

장애물이 아니다.
- 세계종교는 번영의 비전을 제시하고, 그 비전의 핵심에는 궁극적으로 신과의 관계가 있다. 그렇기 때문에 사람들이 더러 생각하듯이 세계종교는 단순히 지구화의 윤활제가 아니다.
- 지구화는 인간 번영의 비전과 도덕적 틀에 의해 형성될 때만 '이 세상의 상태를 개선하는' 데 기여할 수 있다.
- 시장이 주도하는 지구화는 주로 '떡'에 초점을 맞춘다. 그러나 많은 종교인이 우려하듯이 그것이 반드시 고귀한 영적 삶을 침해해서 사람들로 하여금 떡으로만 살게 만드는 것은 아니다.
- 잘 관리한다면 지구화의 과정은 인류의 연합이나 (예를 들어, 개인의 능력을 확대하거나, 건강을 개선하거나, 삶의 고단함을 없앰으로써) 모든 사람의 인생이 잘 풀리게 하는 것과 같은, 진정한 인간 번영에 부합하는 목표를 성취하는 수단이 될 수 있다.
- 지구화는 세계종교가 특정 공동체의 정체성이나 정치 세력과 문제되는 동맹을 맺지 않고 그들 스스로의 진정한 보편성을 재발견하게끔 도울 수 있다.

주요 논제를 포함해서 이러한 주제들은 모두 논쟁의 여지가 있다. 많은 세계 지도자와 지성인은 세계종교에 대해, 지구화의 병폐들을 치료하는 것은 차치하고서라도, 무엇이라도 치료할 수 있는 약으로 보지 않는다. 그들은 종교를 치료가 필요한 질병으로 본다. 내 논제를 비판하는 사람들은 이렇게 말할지도 모른다. "지구화에 문제가 많긴 하지만, 그래도 지구화는 세계종교처럼 사람들을 서로 다른 그룹으로 나누어 대립하게 하지 않고 인류를 상호 의존의 네트워크로 연합시키지 않는가?" 그래서 2부에서는 분리와 분쟁의 원인이 되는 경우가 많긴 하지만 세계종교가 정치적 다원주의, 존중의 문화, 화해를 발전시킬 수 있는 자원을 지니고 있다는 논의를 펼칠 것이다.

- 초월적 목표에 대한 확고한 종교적 헌신이 반드시 배타적 태도를 키우는 것은 아니다. 다른 신앙을 가진 사람들이나 신앙이 전혀 없는 사람들에 대한 관용 심지어 존중도 보장할 수 있고 보장하기도 한다.
- 자신이 믿는 종교만이 진리라고 믿는 종교적 배타주의자들이 반드시 권위주의나 전체주의 정부를 지지하는 것은 아니다. 적극적인 정치적 다원주의자들이 될 수 있고 그러한 예들이 역사에 있다.
- 세계종교가 '본질적으로' 폭력적인 것은 아니다. 종교가 폭력성을 띠는 주된 이유는 정치권력과 밀접하게 연결되거나 정체성의 표지로 작용하기 때문인데, 이는 종교에서 '비본질적인' 것이다. 세계종교는 화해를 주도하고 정의로운 평화를 촉구해 왔으며 계속해서 그렇게 할 수 있다.

논제들에 나타난 신념은 기독교 신앙의 경우나 기독교 신앙과 지구화의 관계의 경우에서도 모두 사실이다. 좀더 정확하게 말하면, 기독교 신앙은 앞의 주장이 기독교의 경우도 마찬가지라고 말할 수 있게 해석될 수 있고 그렇게 해석되어 왔다. 다른 종교의 경우에도, 외부자로서 내가 최대한 해석해 낼 수 있는 선에서 볼 때 이 논제를 적용할 수 있다. 그렇다면 나는 모든 종교가 동일하게 진리라고 생각하는가? 각자의 주장이 서로 다른 경우가 많은데 어떻게 그럴 수 있겠는가? 모든 종교가 똑같이 인간의 궁극

들어가는 글

적 운명에 도달하도록 사람을 잘 인도하는가? 궁극적 운명에 대한 개념이 확실하게 다른데 어떻게 그럴 수 있겠는가?

각각의 세계종교는 한 형태가 아닌 여러 형태로 존재한다. 내가 앞에서 한 말이 오늘날 세상에 존재하는 **모든** 다양한 기독교 신앙의 구현에 해당하는 것은 아니다. 대다수가 그 모습에 해당하는 것도 아니다. 시간과 공간을 지나면서 기독교 신앙은 자기 자신의 깊은 진리에 부합하도록 정기적으로 재구성할 필요가 있다. 그러한 재구성을 개혁이라고 한다. 그리스도인은 기독교의 신념뿐 아니라 자신의 신앙의 진정성을 위해 스스로 재구성할 필요도 있다. 이러한 재구성은 갱신이라고 한다. 나는 그리스도인이 부르심에 부합하는 삶(엡 4:1)을 살 수 있도록 우리의 신앙을 개혁하고 갱신할 것을 권한다. 그렇게 하지 않으면 기독교 신앙은 이 세상에서 복의 근원이 아니라 저주가 될 수 있다. 떡으로만 살라는 유혹을 거절하는 수단이 아니라 그 유혹에 빠질 수 있다. 자기 의에 빠져 교만하게 자기를 내세우며 다른 사람을 통제하고 복속시키는 신앙, 확고한 겸손과 창의적 자비와 정의로운 평화의 샘이 아니라 재물을 놓고 벌이는 분쟁의 근원이 될 수 있다.

모든 세계종교가 자기 나름의 방식으로 개혁하고 갱신하여 각자 최고의 모습으로 계속해서 돌아가기를 바란다. 이 과정에서 많은 부분을 논쟁할 것이다. 특히 인간 번영의 비전, 좋은 인생, 초월성을 제대로 설명하는 '말씀', 우리에게 필요한 '떡'의 종류, '떡'과 '말씀'의 관계 등에 대해서 논쟁할 것이다. 그러나 개혁과 갱신에 헌신한다면 그 논쟁은, 그들의 긍정적인 신념과 관습만큼이나, 이 세상에 복이 될 수 있다. 각 종교가 인간 번영의 진리를 각자 표현하면서 서로서로 그리고 지구화의 과정에 잘 대응하고 조화를 이루면 세계종교는 인류의 유익을 위해 지구화를 이끄는 세력이 될 수 있다. 지금의 지구화는 그것이 절실하게 필요하다.

1부

1. 지구화와 종교의 도전
2. 종교와 지구화의 도전

1장
지구화와
종교의 도전

그때의 지구화

1848년 2월 22일, 파리의 관료들이 보통선거권을 지지하는 모금 만찬을 취소시킴으로써 전 세계적으로 확산된 첫 혁명에 불을 지폈다. 이틀 후 프랑스의 왕 루이 필리프는 파리를 빠져나갔다. 혁명의 불길은 치솟는 식료품값, 열악한 경제 조건, 급진적인 정치적 태도의 바람을 타고 빠르고 넓게 확산되었다. 이는 유럽 대부분에 영향을 주었고, 나중에 "민중의 봄"으로 불렸다. 이 혁명은 심지어 대서양을 건너 브라질과 콜롬비아에까지 영향을 미쳤다.

혁명이 일어나기 전날, 서른이 안 된 독일의 철학자이면서 활동가인 두 명이 런던에서 작은 책을 한 권 펴냈다. 이 책이 출간되기 전에도 그렇고, 이후 백 년이 지나기까지 지구화를 이보다 더 잘 설명한 책은 없었다. 지구화라는 단어 자체가 그 책에 나오지는 않는다. 『옥스퍼드 영어 사전』(The Oxford English Dictionary)에 따르면 **지구화**라는 단어는 1930년에 처음 사용됐고, 구소련을 비롯하여 공산주의의 비전에 영감을 받은 나라들이 붕괴하고 냉전이 종식된 1989년 이후 널리 쓰였다.[1] 1848년에 이 단어가 존재하지는 않았지만, 지구화 자체는 빠르게 진행되고 있었다. 이 두 젊은이에게는 지구적 차원에서 일어나고 있는 급진적 변화를 볼 수 있는 예리한 눈과 뛰어난 글솜씨가 있었다. 그들의 이름은 바로 칼 마르크스와 프리드리히 엥겔스(Friedrich Engels)다. 주로 마르크스가 쓴 그 책의 제목은 『공산주의 선언』(The Communist Manifesto)이다. 이 책은 훗날 수많은 사람에게 일종의 세속 '성경'이 되었다.

『공산주의 선언』에서 지구화에 대해 말하는 여섯 군데 핵심 본문을 읽어 보기 바란다. 그 내용이 지구화의 한 대안인 공산주의 지구화, 즉 개인과 공동의 이해가 일치하고 기술적으로 매우 진보한 번영과 자유의 유일한 세계 체제를 주장하기 위한 설명이라는 것은 잠시 접어 두고, 세계 변혁을 어떻게 묘사하는지 집중해서 보라. 『공산주의 선언』이 제시하는 19세기 세계 질서의 핵심 요소는 21세기 지구화의 중요한 특징이기도 하다.

- "생산의 지속적 혁명, 모든 사회 조건의 지속적 교란, 영원한 불확실성과 불안이 이전의 다른 모든 시대와 부르주아 시대를 구분한다. 숭상받던 고대의 편견과 의견으로 점철된 모든 고정된 관계들이 사라지고, 새로 형성된 관계들은 굳어지기도 전에 이미 낡은 것이 되어 버린다. 모든 견고한 것은 공기로 사라지고, 모든 신성한 것은 불경해진다."[2]
- "아메리카의 발견으로 세계시장의 길이 닦였고 현대 산업이 그 시장을 확립했다. 이 시장은 상업, 항해, 육상 교통을 크게 발전시켰다.… 상품을 팔기 위해서는 계속 시장을 확장해야 하기 때문에 부르주아들은 세계 곳곳으로 내몰린다. 그들은 어디에나 자리 잡아야 하고, 어디에나 정착해야 하고, 어디에서나 인맥을 만들어야 한다."[3]

- "부르주아는 세계시장을 착취함으로써 모든 나라의 생산과 소비에 세계적 성격을 부여했다.…과거 개별 국가의 산업들은 모두…현지의 원료를 사용하는 산업이 아니라 가장 멀리 떨어진 지역에서 가져온 원료를 사용하는 산업들에…의해 붕괴되었다. 이 산업들이 만들어 낸 생산품은 현지에서뿐 아니라 세계 곳곳에서 소비된다. 한 나라의 생산품으로 충족이 되었던 과거의 필요 대신에 새로운 필요가 생겨나고, 그 필요를 만족시키려면 먼 나라와 지방의 산물이 있어야 한다."[4]
- "물질적인 생산에서도 그렇고 정신적인 생산에서도 그러하다. 개별 국가들의 정신적 창작물은 공동의 재산이 되었다. 국가 중심의 일방성과 편협성은 갈수록 더 불가능해지고, 다양한 국민 문학과 지방 문학이 모여 하나의 세계 문학을 이룬다."[5]
- "지역적·국가적으로 격리되어 자족하던 옛 시대와 달리 나라들은 사방으로 교류하고, 모두 상호 의존한다."[6]
- "독립적이지만 느슨하게 연결된, 서로 다른 이해관계와 법률과 정부와 세금 체계를 가진 지방들이 하나의 나라로 뭉쳐져 하나의 정부, 하나의 법규, 하나의 민족적 계급 이해, 하나의 국경, 하나의 관세를 가지게 되었다."[7]

빠른 속도와 심오한 변화가 특징인 삶의 모습을 제시한 세계시장, 세계 통신, 지구적 상호 의존, 기술적 진보, 세계문학에 대한 앞의 인용은 『공산주의 선언』 중 "부르주아와 프롤레타리아" 부분에 나온다. 마르크스에게 지구화는 단지 놀라운 기술적·경제적·정치적·문화적 변화를 의미하지 않았다. 그것은 또한 부와 권력의 심한 불균형으로 분리된 두 개의 사회적 그룹의 충돌을 의미하기도 했다. 더 근본적으로 그것은 모든 가치가 금전의 가치에 종속되는 것, 실재의 소모품화, 인간성 상실을 의미하는지도 모른다. 마르크스에게는 지구화가 무너뜨리는 것과 세우는 것, 유발하는 고통과 가능케 하는 편리함, 확장하는 시야와 야기하는 충돌이, 지구적 공산주의라는 새로운 시대의 도래를 알리는 거창한 준비였다.

현재의 자본주의 지구화가 해결할 수 없는 모순들 때문에 내폭하면, 새로운 공산주의 지구화를 잉태하고 있다가 탄생시킬 거라고 믿는 사람은 오늘날 거의 없다. 마르크스의 바람은 틀렸다는 판명이 났고, 그는 실력 없는 예언자가 되었다. 그러나 그의 거창한 기대와 가치 판단에는 동의하지 않아도 그의 뛰어난 관찰력에는 동의할 수 있다. 마르크스가 처음 이 글을 썼을 때보다 한 세기하고도 반세기가 더 흘렀고 이제는 기술도 빠르게 개선되고 있지만 오늘날의 지구화는 그가 묘사한 것과 놀라울 만큼 비슷하다.

지금의 지구화

이 책을 집필한 2014년, 애플의 아이폰은 전 세계 누구라도 알아보는 전자기기 중 하나였다. 세계시장과 유통 네트워크는 이 날렵한 기기에 대한 엄청난 갈망을 키웠고, 약 50억 대의 아이폰이 소비자의 손에 들어갔다. 그러나 기기의 유통보다 아이폰을 만들고 사용하는 과정이 현재 진행 중인 지구화를 더 분명하게 보여 준다. 아이폰은 세계적 혁명을 일으키고자 한 천재의 세심한 감독하에 미국에서 디자인되었고, 타이완이 소유한 중국 소재 공장에서 (온 세계가 그 노동 관행을 지켜보는 가운데) 놀라운 속도로 조립되었다. 독일, 한국, 타이완, 영국, 미국의 약 70만 명의 국제 노동력이 이 기기의 부품을 생산하고, 이 기기의 원료 역시 그만큼 다양한 나라에서 공급된다. 아이 하나를 키우는 데 한 마을이 필요할지 모르지만, 아이폰 하나를 만드는 데는 전문화된 산업의 복합적인 지구적 네트워크로 연결된 세계가 필요하다.

아이폰의 생산과 유통 작업은 많은 사람을 가난에서 구해 주었고 소수를 큰 부자로 만들어 주었다. 그러나 아이폰의 디자인에서부터 아이폰의 사용으로 가는 길은 억압, 착취, 파괴의 계곡으로 이루어져 있다. 그것은 경쟁적 환경에서 일하는 아이폰 생산자와 수많은 소비자 모두가 최소의 가격으로 최고의 성과를 얻고자 한 결과다. 콩고민주공화국에서는 보호받지 못하는 어린아이들이 군 지휘관의 감시하에 비참한 환경에서 전자기기의 핵심 재료인 콜탄을 채취한다. 군 지휘관은 끝나지 않을 듯한 내전을 치르기 위해 군자금을 대려고 큰 이윤을 남기고 그것을 수출한다.[8] 아이폰 제조사인 폭스콘은 중국에서 가장 규모가 크고 노동 착취로 악명이 높은 기업이다. 비평가들은 그 회사가 노동 착취와 불법을 일삼는다고 비판한다.[9] 디자인과 기능이 뛰어난 아이폰 10억 대 전부가 피와 눈물로 얼룩진 길을 지나 세계 무대에 등장했다. 이러한 관습은 2012년까지 지속되다가 마침내 세계 여론의 압력에 못 이겨 애플은 생산방식을 개선하기 위해 공정노동협회(Fair Labor Association)와 함께 일하기 시작했다.[10]

2007년에 처음 선보인 아이폰은 5년 만에 어디에나 있게 되었다. 새롭게 개선된 버전의 아이폰이 나올 때마다 잠재적 소비자들은 지난 버전은 이제 끝났다고 생각하기 때문에 교체 주기가 평균 1년 미만이다. 한동안 애플의 경쟁사인 삼성이 모든 애플 제품을 삼성 제품으로 대체하려고 부단히 애를 썼다.[11] 아이폰이 이 경쟁에서 진다면 생산과 유통 네트워크의 모든 사람이 그 결과를 느낄 것이다. 그리고 전 세계인으로 이루어진 애플의 주주들도 느낄 것이다. 이것이 바로 상호 의존적 세계경제이며, 전 세계인의 행운과 불운이 여기에 얽혀 있다.

아이폰의 앞선 버전에서는 초기 잠금 화면이 우주에서 찍은 지구의 이미지였다. 물리적으로 하나인 세계가 시간, 공간, 문화, 민족, 종교를 넘어 사회적 연합을 이룬다는 상징이었고, 이 기기가 그 연합을 매개한다는 설정이었다. 나는 세계 어디에 있는 그 누구와도 이 기기를 통해 연결될 수 있다. (내가 여름에 종종 그렇게 하듯이) 크로아티아의 어느 섬 한가운데 떠 있는 배 위에서도 호주에서 출간된 책을 순식간에 받아서 읽을 수 있고, 뭄바이나 나이로비에서 만든 영화를 볼 수 있으며, 리우에서 공연된 음악을 들을 수 있다. 카이로의 교외에서 독재자를 무너뜨릴 혁명을 조직하고 지도할 수 있고, 타흐리르 광장에서 경찰과 군대의 폭력 영상을 전 세계로 보낼 수 있으며, 상트페테르부르크에서 출발해 모스크바로 가는 기차에서 런던, 뉴욕, 상하이, 혹은 두바이에 있는 주식을 사고팔 수 있고, 어디에 있든 세계 어느 곳에 있는 친구나 협력자들과 대화할 수 있다.

그러나 이러한 연결성은 혜택만 주는 게 아니라, 개인적·사회적·문화적 비용도 치르게 한다. 아이폰을 사용하는 동안에는 디너파티, 함께 있는 친구들, 교실, 사무실 등 자신이 현재 점하고 있는 물리적·사회적 공간에서 잠시라도 자신을 분리시켜야 하고, 상대방도 현재 처한 환경에서 자신을 분리시켜야 한다. 예를 들어 페이스북이나 트위터를 사용한다면, 친구나 교류의 성질이 미묘하게 달라질 것이다. 짧아진 집중력 주기가 보여 주듯이, 개인의 습관과 심지어는 성격까지도 달라진다. 만약 신앙이 있는 사람이라면 종교도 달라질 것이다. 성경을 펼치는 대신 달라이 라마, 프란치스코 교황, 조이스 마이어(Joyce Meyer), 혹은 그 외 자신에게 필요한 말을 한다고 생각하는 사람, 그 사람의 지위보다는 그가 제공하는 '상품'의 유용성을 '카리스마 있게' 호소하는 데서 권위가 느껴지는 사람들이 올린 글을 읽을 것이다. 많은 사람에게 아이폰은 (혹은 전 세계적으로 14억 대에 이르는 그와 비슷한 모바일 기기는) 일상에서 뗄 수 없는 부분이어서 그것이 없으면 옷을 다 입지 않은 것처럼 느낀다. 어떤 사람들은 아이폰이 없으면 세상이 멈춘 것처럼 느끼기도 한다. 아마 전 세계를 누비며 다니는 사람보다 오히려 평범한 십대가 더 심할 것이다.

아이폰과 인간의 '로맨스'가 보여 주듯이, 우리는 지구화를 다음과 같은 특징을 지닌 지구적 과정으로 볼 수도 있을 것이다.

- 정보, 상품, 서비스가 갈수록 자유롭게 오가는 고도의 상호 연결성
- 전 지구적 상호 의존성과 아울러 쉽게 사라지는 소수의 독립적 지역성
- 지구 전체가 "새로운 지역성"이 되고 개인들은 "뿌리 없는 세계인"이 되는 사회적 공간의 축소[12]
- 기술적·문화적 혁신이 갈수록 빨라지고 거기에 오랜 전통이 밀려나면서 가속되는 시간의 흐름[13]
- 세계는 단일체라는 의식의 확산. 하나의 연합체임을 예민하게 인식하면서도 문화, 종교, 인종 등의 다양성을 당연하게 받아들인다.[14]

상호 연결성과 상호 의존성, 빨라지는 시간의 흐름과 축소되는 공간, 연합체에 대한 우리의 인식이라는 이 무해해 보이는 다섯 가지 요점들이 지구화의 전부는 아니다. 지구화의 조건은 긴장을 심화시키는 특징이 있다.

- 위계와 분리는 갈수록 상관이 없어지고("평평한 세계"), 지구적 상호 연결성은 "어떤 사람은 앞서 나가게 하고", 어떤 사람은 "출발점에 서 보려고 안간힘을 쓰게 하는" 구조로 자리를 잡는다.[15]

1장. 지구화와 종교의 도전

- 전례 없는 경제 성장은 부의 불평등을 심화시키는데, 부유하고 힘 있는 엘리트가 가난하고 과로하고 권리를 잃은 수많은 극빈자와 나란히 산다.[16]
- 법, 안정성, 평화의 통치가 확산되는 동시에 지구적 범죄 네트워크와 국지적 폭력도 강화되면서 서로 충돌한다.[17]
- 문화적 동질화의 결과 마을이나 지역 무역이 붕괴되거나, 언어, 문화가 통째로 사라지는 등, 사람들이 소중하게 여기던 삶의 방식들을 잃게 되는 한편 특정한 지역 문화 형태들이 부흥하기도 한다.[18]
- 전통이 부활하기도 하지만 갈수록 개인화되는 속도 빠른 세상에서 그것이 다음 세대로 전수되지는 못한다.[19]
- 환경의 파괴와 개선이 동시에 진행된다.[20]
- 개인들은 개인적 즐거움과 고통에 몰두하는 한편 지구 반대편 사람들이 겪는 고통에도 연루된다.[21]
- 사회 네트워크는 사생활의 상실을 촉진하면서 커뮤니케이션을 쉽게 만들어 준다. 기업이나 국가가 엄청난 양의 개인 정보를 수집한다.[22]
- 생명을 구하거나 건강을 증진시키는 기술혁신이 인간이 기술을 통해 스스로를 파괴할 수 있는 방안들과 동시에 부상한다.[23]

이러한 특징들과 더불어 지구화의 또 다른 모호성들에 대해서는 뒤에 가서 다시 이야기할 것이다. 그러나 먼저 현재와 같은 형태로 이행해 온 지구화의 오랜 과정에서 맞이한 중요한 두 분기점을 먼저 지적해야겠다. 하나는 종교 그리고 문화적 재생산의 혁명과 연결된 것이고, 또 하나는 경제 그리고 물질적 재생산의 혁명과 연결된 것이다. 지구화의 여러 역동은 지구화의 여러 모호성과 마찬가지로 이 두 혁명의 교차로에서 나타난다.

세계종교, 지구적 비전

『세계화, 전 지구적 통합의 역사』(Bound Together)에서 나얀 찬다(Nayan Chanda)는 지구화가 기원전 6천 년경부터 시작되었다고 주장한다. 그보다 수천 년 전에 인류는 인류의 진원지였던 아프리카를 떠나 식량을 찾아 나섰다. 그리고 "농업이 등장하고 전문 수공예업자, 사제, 마을 우두머리들을 먹여 살리는 농부들의 정착 공동체가 부상한" 이후, 지구적으로 서로 다시 연결되는 과정이 시작되었다. 거기에는 네 가지 인간적 동기가 있었다. 바로 "무역을 통해서 이윤을 남기고자 하는 욕구, 종교적 신앙을 전파하고자 하는 동기, 새로운 땅을 탐험하고자 하는 욕망, 무기의 힘으로 남을 지배하고자 하는 야심"이다.[24] 이러한 욕망에 근거해서 무역가, 설교자, 모험가, 전사들은 천여 년의 기간에 걸쳐 전 세계인과 다시 연결되는 과정에 참여했고, 경제, 정치, 문화적 상호 의존의 네트워크 속에서 서로 섞이고 엮이면서 지구화된 세계를 만들었다.

지구화가 고대 제국과 세계종교 이전으로 거슬러 올라갈 만큼 오래되었다는 찬다의 주장에 모든 학자가 동의하지는 않는다. 어떤 사람들은 지구화의 기원을 유럽이 자기들끼리 세계를 나누어 가지고 진정한 세계시장을 확립한 19세기 말로 보기도 하고,[25] 또 다른 사람들은 마르크스와 엥겔스의 『공산주의 선언』처럼 스페인과 포르투갈이 미대륙을 탐험하면서 식민주의가 등장한 15세기로 그 시작을 잡기도 한다. 하지만 여기에서 지구화의 시작에 대한 논쟁에 내가 끼어들 필요는 없다. 내 목적과 관련해서는 지구화 역사의 두 가지 핵심 분기점을 (혹은 지구화를 좀더 최근의 현상으로 본다면 지구화된 세계로 가는 두 가지 주요 갈림길을) 이해하는 것이 더 중요하다.

첫 번째 분기점은 세계종교의 기원과 연결되어 있다. 찬다는 신앙을 전파하고자 하는 동기가 지구화의 중요한 동력이라고 지적한다.[26] 깨달음을 얻은 후 붓다는 61명의 승려를 내보내며 다음과 같이 말했다. "오 비구들이여, 이제 가서 많은 사람의 유익을 위하여, 많은 사람의 복지를 위하여, 이 세상과 선과 유익과 신들과 인간의 복지를 향한 연민을 가지고, 떠돌아라. 어느 두 명도 같은 방향으로 가지 말라. 오 비구들이여, 영으로나 글로나, 처음도 영화롭고 중간도 영화롭고 마지막도 영화로운 교리를 설교하라."[27] 마찬가지로 죽음과 부활 이후 예수 그리스도는 사도들에게 '지상명령'을 주셨다. "그러므로 너희는 가서 모든 민족을 제자로 삼아 아버지와 아들과 성령의 이름으로 세례를 베풀고 내가 너희에게 분부한 모든 것을 가르쳐 지키게 하라"(마 28:19-20).

비구들과 사도들이 세상으로 뻗어 나가려면 먼저 그들이 전해야 하는 메시지가 있어야 했다. 온 세상을 위한 메시지를 언어로 구체화하는 일은 지구화의 발전에서 빠질 수 없는 중요한 분기점이었다. 불교와 기독교를 포함한, 그러나 거기에만 국한되지 않는 세계 여러 종교의 창시자들은 이러한 세계적 메시지의 주요 진원지였다(물론 철학자들도, 특히 소크라테스의 경우 그러한 메시지의 진원지가 되기도 했다). 그 메시지는 세계 최초의 보편적 '이데올로기', 즉 자기, 사회적 관계, 모든 인간을 위한 선에 대한 첫 설명이었다.

보편 종교는 모든 사람을 위한 것이고, 따라서 모든 사람에게 선포되어야 한다. 그래서 붓다는 비구들에게 **이 세상**을 향한 연민을 가지고 사명을 수행하라고 했고, 그리스도는 **모든 민족**을 제자로 삼으라는 지상명령을 주었다. 세계종교의 선교사들은 정치적·인종적 경계를 넘어서 전 세계인을 대상으로 믿음을 가질 것과 정치와 인종을 넘어서는 종교적 연대를 형성할 것을 촉구한다. 세계종교는 좋은 인생에 대한 비전을 전 세계적으로 공유함으로써 사람들을 서로 연결시키는 네트워크를 세운다.

그러나 세계종교는 지구화의 역사에서 세계적 사명을 주고 문화의 경계를 넘어서는 네트워크를 설립하는 것 이상의 중요한 일을 한다. 그 일은 바로 각 종교가 자기 나름의 방식으로 모든 인류의 근본적 연합성을 가르친다는 사실이다. 그러니까 각 사람은 어떤 부족, 인종, 왕국의 일원으로서가 아니라 무엇보다도 인간으로서 자기 자신을 이해해야 하고, 이 세상에는 모든 사람이 수용해야 하는 단 하나의 옳은 길, 하나의 진리가 있어야 한다는 것이 세계종교의 입장이다. 어떤 종교의 경우에는 하나의 신만 있고 외부인도 내부인과 똑같이 대우해야 한다. 왜냐하면 결국에는, 세계종교의 일부 경전에 나오는 주장에도 불구하고, 같은 도덕적 규범이 모두에게 적용되므로 세계종교에는 도덕적 외부인이 없기 때문이다.[28] 세계종교는 개인에게 제시되는 보편적 상징체계로서 인류가 하나라는 인식을 처음으로 하게 해 주었다.[29] 인류가 하나라는 인식이 없다면, 서로 연결될 수도 있고, 경제적으로 상호 의존할 수도 있고, 다인종의 제국도 있을 수 있지만, 진정한 세계성은 가지지 못한다. 지구화는 경제적·정치적 프로젝트가 되기에 앞서 먼저 종교적 구상이었다. 결론적으로 말해서 세계종교는 지구화의 첫 주동자,[30] 즉 각자가 생각하는 인간의 보편적 가치에 대해 서로 다른 설명을 제시하는 문화 형성 세력이며, 현재의 지구화는 거기에서 비롯되었다.[31] 이것이 바로 지구화 역사의 첫 번째 중요한 분기점이다. 두 번째 분기점은 세계시장의 형성인데, 이것은 첫 번째 분기점에서 비롯되는 동시에 그것과 충돌한다.

세계시장

인간은 주로 식량을 찾아 세계로 나갔다. 인간이 서로 다시 연결되기 시작했을 때 핵심 역할을 한 것은 '식량' 찾기—생활필수품과 편의품에 대한 욕망—와 소득에 대한 기대였고, 그것이 탐험과 정복과 신앙 전파 활동을 지원했으며 또 역으로 이러한 활동들이 식량에 대한 욕망과 소득에 대한 기대를 뒷받침해 주었다. 그로부터 2천 년 후, 15세기의 미대륙 탐험에 이어 세계시장이 형성되자 무역상의 중요성은 더욱 커졌다. 그리고 그들은 설교자와 모험가와 전사를 대체하지 않으면서 지구화의 주요 동력이 되었다.

오늘날 시장이 지구화의 동력이라는 것은 공산주의나 자본주의 전통 모두가 공통으로 믿는 바다. 이러한 신념은 두 전통의 창시자인 애덤 스미스(Adam Smith)와 칼 마르크스에게서 찾을 수 있다. 두 사람 모두 시장을 지구상에서 가장 혁명적인 세력이라고 보았고, 세계 전역의 사람들을 서로 연결시키고 엮어 주는 유일한 엔진으로서 전례 없는 부를 창출하고 인간의 삶을 근본적으로 바꾼다고 보았다. 그러나 그들은 시장이 정치, 법률, 문화에 미치는 영향을 과대평가했다. 근대 시장의 부상에 있어 근대국가의 중요성을 과소평가한 것이다.[32] 그들은 또한 국가와 시장 모두가 특정한 종교 신념의 영향을 받는다는 점을 과소평가했다.[33] 그럼에도 스미스와 마르크스는 근대 세계의 모든 영역에 영향을 미치는 시장의 특수한 중요성은 바르게 이해했다. 미대륙의 발견 후부터 강화된 지구화의 과정은 시장이 주도했다.

스미스와 마르크스는 둘 다 혁명적 세력인 시장을 도덕적으로 중립적인 교환의 도구로 보기보다는 도덕적 현상으로 보았다. 마르크스는 시장을 부정적으로 보았다. 그는 시장이 인간까지 소모품으로 왜곡시키고 대다수를 극빈의 상태로 내몬다고 보았다. 반면 스미스는 시장을 긍정적으로 보았다. 그는 개인의 이기적 행동이 사회를 파괴하지 못하게 시장이 막는 역할을 하며, 협동과 부의 창출과 같은 사회에 유익을 주는 쪽으로 기능한다고 보았다.[34] 이에 대해서도 그들은 옳았다. 시장의 작동, 한계, 효과는 인간의 존재 의미와 인간으로서 어떻게 살아야 하는가에 대한 도덕적 비전을 전제하기도 하고 촉진시키기도 한다.[35] 시장의 도덕적 성격에 대해서 좀더 자세히 설명해 보겠다. 시장이 정치적·법적 제도와 문화적 산물에 미치는 큰 영향과 더불어 인간의 자기 이해와 번영에 대한 비전에 미치는 영향도 이 책의 핵심 논제이기 때문이다.

첫째, 시장의 **작동**은 인간 본성에 대한 특정 관점을 전제하고 또한 만들어 낸다. 즉, 시장은 인간의 자유로운 선택, 평등, 개인적 책임과 능력을 중요하게 여기고, 비용과 이익을 계산해서 인간이 교류하게 하며, 이윤과 소비 상품에 대한 갈망을 충족시키지 못하는 탐욕스러운 존재로 인간을 대한다.[36] 시장이 전제하는 이러한 인간의 본성은 중립적인 "자연적 사실"이 아니다. 전부가 논쟁의 여지가 있고 논쟁이 되고 있는, 가치를 담고 있고 문화적으로 형성된 인간의 특징이다.[37]

둘째, 시장의 **한계**는 인간 삶의 근본 특징이 무엇이고 이것의 도덕적 가치가 무엇인지에 대한 신념에 영향을 받는다.[38] 시장의 **범위**를 생각해 보라. (인터넷 사용, 한 끼 식사, 공자의 탄생지 취푸를 여행하는 것처럼) 돈으로 살 수 있고 돈으로 살 수 있어야만 하는 것들이 있고, (인간, 투표권, 공자의 가르침처럼) 돈으로 사면 안 되는 것들이 있다. 혹은 시장의 **중요성**에 대해서 생각해 보라. 인간 혹은 사회는 시장 활동에 얼마나 많은 시간과 에너지를 들여야 하는가? 이러한 질문들 역시 도덕적 질문이다. 시장의 논리는 공격적이다. 삶의 모든 시간과 공간을 식민화하려 하고, 모든 것을 사고팔 수 있는 상품으로 바꾸려 한다. 시장의 확장이라는 것도 단순히 '중립적'이거나 '기술적'인 사실이 아니라 도덕적 사실이다. 인간을 기본적으로 무역상으로 보는 관점을 강화하기 때문이다. 그러나 이러한 관점과는 다른 매우 중요한 관점이 있다. 종교인뿐 아니라 세속 인본주의자들도 시장이 한도를 넘어서면 인간 존재의 근본적인 무엇, 또 인간이 마땅히 살아가야 하는 방식을 잃어버린다고 주장한다.

마지막으로, 시장의 **효과**는 규범적 평가를 요구한다. 예를 들어, 시장은 내버려 두면 부의 불균형을 크게 심화하는 경향이 있다. (신체적·심리적·지적으로) 약한 사람들은 지고, 강한 사람이 이긴다.[39] 이것은 단지 인생의 "자연스러운" 게임을 한 결과인가, 아니면 이러한 결과를 방지하기 위해서 이 게임을 "인간화"해야 하는가? 어떤 답을 택하든 그것은 도덕적 결정이다. 마찬가지로 상품이 빠르게 무용지물이 되기 때문에 시장은 상당한 유연성과 적응력을 요구한다. 이는 불안정성을 유발하고 인간으로 하여금 한곳에 오래 머물지 못하게 한다. 이러한 효과는 용납할 만한가, 아닌가? 마찬가지로 이 질문에 대한 답도 그 성격상 도덕적이다.

2장에서 논의하겠지만, 세계종교를 무엇이라고 하든 그것은 근본적으로 인간의 번영에 대한, 즉 자기, 사회적 관계, 선에 대한 설명이다. 따라서 지구상에서 가장 혁명적인 세력, 즉 탐험의 시대 이후 지구화의 여러 동력 중에서도 가장 지배적인 세력인 시장이 구현하는 도덕적 비전은 세계종교에 있어 중요한 문제다. 세계종교와 지구화는 이 문제를 놓고 서로 충돌하거나 가능한 삶의 방식을 찾아낼 것이다.

앞으로 이 책에서 "지구화"는 "무엇보다도 시장이 주도하고 시장의 가치를 구현하고 촉진하는" 지구적 상호 연결 및 상호 의존의 형태, 인간의 연합성에 대한 인식을 일컫는 말로 사용될 것이다. 내가 볼 때 이것은 지구화의 한 형태에 불과하지만, 이 형태가 오늘날의 세계를 지배하고 있다. 칼 마르크스의 공산주의 비전과 그것의 다소 어설픈 구현인 레닌(Lenin)의 소련과 마오쩌둥(Mao)의 중국은 패했다. 세계종교의 추종자들은 [타리끄 라마단(Tariq Ramadan)이나 "대안적 지구화" 프로젝트를 중심으로 모인 그리스도인 종교 지도자들처럼] 자기들 나름의 지구화 비전을 홍보한다.[40] 그러나 현재 상황에서는 지구화를 이끄는 일차적 주자는 세계시장이다. 물론 시장 주도의 지구화는 지역마다 그 모양새가 다르다. 문화 관습, 정치제도, 지역 경제체제의 특성에 따라서 시장 주도의 지구화는 특정한 지역 색채를 띨 것이고, 따라서 베이징, 뉴델리, 쿠알라룸푸르, 방콕, 모스크바, 상파울루, 그리고 그런 면에서 베를린, 뉴욕, 런던에서도 서로 다른 모습을 띨 것이다. 하나의 시장이 주도하는 지구화는 여러 층위에서 나타나며, 유교, 힌두교, 이슬람, 불교, 그리스정교회, 로마가톨릭, 개신교 등 종교의 영향을 받는 경우가 많다.[41]

종교, 시장, 일상적 삶의 긍정

스미스의 이론과 마르크스의 이론에서든 아니면 오늘날의 지구화된 세계에서든 시장의 중요성은 "일상적 삶에 대한 긍정"과 연결되어 있다. 찰스 테일러(Charles Taylor)는 그것을 "근대 문명에서 가장 강력한 사상" 중 하나라고 규정했다.[42] 종교적 명상, 철학적 성찰, 공적 논의와 같은 좀더 고상한 삶이 아니라, 일과 가족이 있는 삶, 건강과 부와 장수의 삶, 편안하고 고통이 없는 삶, 이것이 바로 인간이 우선적으로 누리고자 애써야 하는 것이라고 근대성은 우리에게 촉구한다. 일상적 삶은 단순히 고상한 삶의 하부구조가 아니다. 오히려 그 반대다. 애덤 스미스의 말로 표현하자면, "모든 예술, 과학, 법률과 정부, 지혜, 심지어 미덕 자체도" 일상적 삶에 봉사해야 한다.[43]

이러한 일상적 삶에 대한 긍정은 전부 시장이 한 일이고, 세계종교는 이와 아무런 상관이 없다고 생각할 수도 있다. 세계종교의 핵심은 결국 '초월'의 영역과 '범속'의 영역 사이에는 우주적 간극이 있다는 것이고, 초월의 영역과 관련한 것을 추구하는 것이 범속의 영역과 관련한 것을 추구하는 것과는 비교할 수 없을 정도로 중요하지 않은가(이에 대해서는 2장을 보라). 예를 들어, 누가복음에는 마르다와 마리아 자매에 대한 이야기가 나온다. 기독교 역사에서 이 두 사람은 인생의 두 가지 기본 지향과 그 둘 사이의 관계를 상징하는 것으로 여겨졌다. 공급자인 마르다는 일상적 삶의 것들에 관심이 있고, 명상가인 마리아는 그러한 것들을 제쳐 두고 예수의 가르침을 듣고 숙고하는 편을 선호했다. 예수는 마르다를 가볍게 질책하시면서 "오직 한 가지만 필요하다" 하시고 마리아가 그것을 알아보고 바른 선택을 했다고 하셨다(눅 10:38-42). 세계종교는 일상적 삶을 별로 중요하게 여기지 않는 것 같고, 따라서 일상적 삶을 견고하게 긍정하는 시장 주도의 지구화를 강력하게 반대할 것이라고 우리는 생각할 수 있다.

그러나 이는 사실이 아니다. 세계종교는 초월의 영역과 범속의 영역이 마치 늘 경쟁 관계에 있는 것처럼 서로를 대치시키는 이원론적 관점을 우선적으로 지지하지 않는다. 세계종교는 일상적 삶과 복잡한 관계를 맺고 있는데, 다소 역설적이게도 고상한 삶에 종속된 일상적 삶을 긍정한다. 이것이 바로 지구화에 대해서 종교가 취하는 입장을 이해하는 열쇠다. 설명을 위해서 지역 종교, 세계종교, 시장이 주도하는 지구화가 제시하는 좋은 인생을 간략하게 비교해 보겠다. (지역 종교와 세계종교의 차이는 2장에서 더 자세히 논의할 것이다.)

- 지역 종교는 실재를 우주와 신의 단일체로 보며, 부, 건강, 장수, 다산 등 일상적 인간 번영에 최우선 관심을 둔다.
- 세계종교는 초월의 영역과 범속의 영역을 구분하고 전자를 우선하며, 일상적 번영을 능가하는 선에 관심이 있고 초월적 영역과 가까이하는 것이 일상적 번영의 열쇠라고 주장한다.
- 시장 주도의 지구화는 암묵적으로 인간의 번영은 초월적 영역과 무

관하다고 간주하며, 일상적 삶에 쓰이는 상품에만 관심을 둔다.

세계종교와 지구화의 관계에는 구조적 양가성이 있다. 한편으로는 세계종교가 일상적 삶에 쓰이는 상품 구매와 상품의 분배 방식에 관심이 있기 때문에 특정 조건하에서 지구화를 긍정할 수 있다. 사실 유대교와 기독교[특히 개신교의 위대한 개혁가 마르틴 루터와 장 칼뱅(John Calvin)이 16세기 초에 주창한 형식의 기독교]는⁴⁴ 일상적 삶에 대한 근대적 긍정과 현재와 같은 양태의 지구화의 주요 기원 중 하나다. 다른 한편으로는 현재 나타나는 세계종교와 지구화 사이의 갈등의 핵심도 일상적 삶에 대한 것이다. 구체적으로 말하자면, 일상적 삶에 쓰이는 상품이 좋은 인생에서 차지하는 위치에 대한 것이다. 지구화는 사람의 욕망, 에너지, 창조성을 평면적 일상에만 집중시키는 반면, 초월적 영역을 범속적 영역 우위에 두는 세계종교는 우리가 초월적 영역에 마음을 두어야만 일상적 삶을 제대로 향유하고 누릴 수 있다고 주장하기 때문이다.

세계종교는 현재 형태의 지구화를 두 가지 이슈로 공격한다. 첫 번째는 일상적 삶과 직접 연관된다. 지구화는 모든 사람을 잘 살게 해 주는가, 아니면 어떤 사람들에게는 특혜를 주어서 부와 권력을 축적하게 하는 한편 대다수의 사람은 극빈한 삶과 피폐한 환경의 짐을 지게 하는가? 두 번째는 초월적 영역에 대한 것이다. 지구화는 진정한 인간 번영에 기여하는가, 아니면 행복하게 해 주겠다고 유혹하고는 노동과 소비의 끝없는 순환에 갇혀서 더 깊은 의미와 복합적 즐거움은 맛보지 못하게 하는가? 이 질문에 대한 답이 지구화에 대한 종교의 핵심 반응이다. 놀랍게도 오늘날 종교는 주로 첫 번째 문제에 대한 지구화에 관여한다. 지구화에 대한 유명한 종교 지도자 두 사람의 입장을 다룬 다음의 논의에서 그것을 분명하게 알 수 있다. 그들은 자신의 사상을 지배하는 초월성의 문제는 이면에 둔다. 들어가는 글에서 암시했듯이 이 장 끝에 가서 초월성의 문제, 즉 일상적 삶의 '빵'을 여러 차원에서 즐기고 공정하게 분배하는 데 있어 차지하는 '말씀'의 중요성을 전면적으로 다룰 것이다.

두 이슈를 가지고 지구화에 관여하는 세계종교 추종자들은 지구화의 가장 날카로운 비평가이자 (그보다 소수이긴 하지만) 열렬한 지지자가 될 수 있다. 어떤 사람들은 지구화가 하나님과 인류와 싸우는 나쁜 도구라고 외친다(이 사람들은 지구화의 이슈에 공격적으로 뛰어들거나, 거기에서 벗어나 대안 공동체로 들어간다).[45] 또 다른 사람들은 지구화가 신앙의 도덕적 비전을 은혜롭게 육화한 것이며, 약속의 땅으로 가는 길이라고 주장한다(이들은 지구화를 옹호하고 개선하는 데 힘을 바친다).[46] 그러나 대부분의 사람은 종교가 단순히 거절하거나 축하하기에 지구화는 너무 복잡한 현상이라고 생각한다. 종교적이고 도덕적인 관점에서 볼 때, 지구화 **전체** 혹은 심지어 그것의 지배적 방향과 관계를 맺는 단 하나의 바른 길은 없다. 지구화의 다양한 **측면**들을 받아들이거나 변화시키거나, 강화하거나 제한하거나, 거절하거나 축하하거나 하는 여러 방법이 있을 뿐이다.[47] 우리는 현재의 지구화를 악마시하거나 신성시해서는 안 된다. 좋은 인생에 대한 종교의 척도로 지구화를 평가하고, 지구화가 인간의 진정한 번영과 지구적 공공선에 기여할 수 있도록 변화하는 것을 지지해야 한다. 이것이 바로 이 책의 목표이자, 매우 유명하고 세계적으로 영향력이 있는 종교계의 두 인물인 고(故) 교황 요한 바오로 2세, 즉 카롤 보이티와(Karol Wojtyla)와 현 달라이 라마인 텐진 갸초(Tenzin Gyatso)가 하는 일이다. 이제 이 두 사람에 대해서 살펴보자.

지구화, 인간의 번영, 지구적 공공선

자기, 사회적 관계, 선에 대한 단순하지만 깊은 확신이 요한 바오로 2세가 지구화에 대해서 취하는 입장의 근간이다.

- 자기: 모든 인간은 "모든 인권과 [합법적] 사회질서의 근원인" 양도할 수 없는 존엄성을 지니고 있고, 인간 본성은 모두 같기 때문에 "하나의 큰 가족"의 일원이다.[48]
- 사회적 관계: "사랑에 뿌리를 두고 있고" "자비를 통해서 가장 의미 있게 표현되는" 정의가 모든 관계를 다스려야 한다. 따라서 우리는 지구적 공공선을 추구하고 특별히 "가난한 사람, 연약한 사람, 고통받는 사람에 대한 사랑"을 보여 주어야 한다.[49]
- 선: 창조주이신 하나님은 사랑이시며, 모든 인간은 사랑이라는 그리스도의 보편적 사명에 동참할 때 성취감을 느낀다.[50]

요한 바오로 2세의 세 가지 기본 신념 모두 잘 **풀리는** 인생, 혹은 기분 좋은 인생에 대한 것이 아니라 잘 **사는** 인생에 대한 것이다(이 세 범주에 대해서는 2장을 보라). 물론 교황이 수억 명의 인생이 즐거운지 아닌지 관심이 없는 것은 아니다. 그래도 그는 사람이 아무리 부자라 하더라도 인생을 잘 살지 않는 한 그들의 인생과 그들 이웃의 인생이 진정으로 잘되고 기분 좋을 수는 없다고 믿었다. (정의를 행하고 연약한 사람을 돌보는 것과 같은) 잘 사는 인생에 대한 신념이 (경제 발전과 자유와 같은) 잘 풀리는 인생보다 우선이자 전제에 해당한다.

요한 바오로 2세는 시장을 중심으로 하는 지구화가 수많은 사람을 잘 살게 해 준다고 믿었다. 왜냐하면 시장경제는 다른 어떤 체제보다도 "사람들의 경제적 필요를 충족시키는 동시에 그들의 자유로운 의사를 존중하기"때문이다.[51] 그러나 교황은 시장의 미덕뿐 아니라 시장의 악에 대해서도 예리하게 지적했다. 시장은 "방해하고 심지어 침범하는" 세력이다. 시장은 사회적 관계에서 관대함과 자비를 제거하는 대신 비용과 이익의 계산을 집어넣는다. 시장이 "새로운 형태의 배제와 주변화", 무력감, 특히 가난을 발생시키는 것 또한 문제다.[52] 우리는 이러한 파괴적 경향에서 지구화를 구해서 그것이 인간을 섬길 수 있게 해야 한다.

지구화를 개혁하기 위해서 요한 바오로 2세는 단순하면서도 급진적인 지침을 내놓았다. 이 지침의 목표는 상품과 서비스를 만들고 유통하는 세계적 장치가 매끄럽게 잘 돌아가도록 세계 질서를 더 **효율적**으로 만드는 것이 아니라, 지구화를 더 **인간적**으로 만들어서 지구의 모든 거주민의 안녕에 봉사하게 하는 것이다.

- 인간을 "[단순한] 수단이 아니라 목적으로, 무역의 대상이나 소모품이 아니라 주체로" 대한다.
- 문화의 다양성, 특히 종교적 신념과 관습의 다양성을 존중한다. 그 다양성은 "인간 자유의 가장 명백한 표현이다."
- 모든 사람이 "인간성의 고유한 표시이면서 국부의 진정한 근원인 창조성을 자신의 실제적인 정치적·경제적 삶에서 발현할 수 있는" 조건을 만들어 낸다.
- "주변화 없는 지구화"를 추구한다.[53]

지구화에 대한 불교인의 관점도 요한 바오로 2세의 기독교적 관점과 놀랍도록 비슷하다. 달라이 라마는 "지구 공동체와 보편적 연대의 필요성"이라는 강연 서두에서 지구화에 대한 설명을 간단하게 제시했다. 세계는 작아졌고, 세계 인구는 거의 하나의 공동체를 구성하면서 세계경제와 지구적 커뮤니케이션으로 서로 긴밀하게 연결되어 있으며, 거대한 정치적·군사적 동맹체들로 서로 연합되어 있으면서도 분리되어 있다.[54] 지구화는 근심의 원인인가, 아니면 소망의 기회인가? 달라이 라마의 답변은 이도 저도 아닌, 둘 모두라는 것이 핵심이다.

지구화의 결과로 어떤 것들은 더 좋아졌다. 특히, 냉전 종식 후 폭력이 감소했고 국가들은 전에 비해 협력할 자세를 갖추고 있다. 대부분의 민족과 정부는 새로운 생태 질서의 필요성을 인정하고, 과학은 우리가 이 세계를 더 잘 이해하게 도와주었으며, 기술은 우리 삶을 개선시켰다. 대중의 비폭력 운동이 보여 주듯이 사람들은 독재 정권하에 사는 것을 갈수록 거부하며, 상호 의존성의 증가는 "다른 사람의 유익을 고려하는 것이 자기 유익의 가장 좋은 형태라는 것을 확실히" 보여 주기 때문에 "희망의 근원"이 된다. 그러나 지구화와 관련한 또 다른 발전들은 걱정스럽다. 갈수록 심해지는 경제 불평등, 특히 선진국과 개발도상국 간 격차는 "지구상에서 가장 큰 고통의 원인이다." 그리고 과학과 기술은 윤리적 제재에서 벗어나려고 애를 쓰면서 "인생의 복잡 정교한 매트릭스에 큰 해를" 가하려고 위협한다. 또한 "무엇보다도 자신의 이기심을 줄이고 다른 사람을 섬겨야 한다는 원칙을 기반으로" 설립된 종교가 여전히 때때로 "논쟁을 해결하기보다 유발한다."

지구화의 개선 방안에 대한 달라이 라마의 제안은 자기, 사회적 관계, 선에 대한 다음의 설명에 근거한다.

- 자기: 모든 인간은 행복을 추구하고 고통을 피하려 하며, 모든 인간

은 "하나의 위대한 인간 가족"에 속한다.
- 사회적 관계: 모든 인간은 행복을 추구하고 고통으로부터 자유로울 "동등한 권리가" 있다. 그리고 "각 개인이 진정으로 실천하는 사랑과 연민"은 세계 질서의 가장 확고한 기초다.
- 선: 사랑과 연민은 "인간 행복의 궁극적 근원이며, 우리는 존재론적으로 그것을 필요로 한다."

지구화된 오늘날의 세상은 "오직 물질적 발전만 부적절하게 강조함으로써" 사랑과 연민을 질식시킨다. 이타심을 상실한 우리는 지구화의 위험한 그림자로부터 지구화를 구하지 못할 뿐 아니라, 더 크게는 우리 자신의 인간성을 배신한다. "인간성의 본질을 잃고 나면 물질적 발전만 추구하는 게 무슨 의미가 있겠는가?"라고 달라이 라마는 수사적으로 묻는다. 이러한 시나리오에서는 "물리적 욕구만 충족시키면 만족하는 동물과 같아진다." 세계를 재편하려면 지구화 체제가 건강과 부를 증진시키고 생명을 연장하고 창조성을 결집시키도록 주력할 게 아니라, 지칠 줄 모르는 경쟁적 축적을 저지하고 각 사람의 마음에 연민에 찬 자비심을 불러일으키도록 관심을 쏟아야 한다.

달라이 라마나 요한 바오로 2세 모두 시장 주도의 지구화를 확실한 축복으로만 받아들여서는 안 되고, 따라서 종교적 가치로 그것을 지원해야 한다고 본다. 그렇다고 지구화를 저주라고 생각하고 또 다른 지구화로 대체해야 한다고 보지는 않는다. 지구화는 모든 인간의 삶이 잘 풀리도록, 건강하고 창의적이고 장수하는 삶을 사는 데 필요한 것을 제공해 줄 수 있도록 구성되어야 한다. 더 중요하게는 지구화를 잘 길들여서, 우리의 도덕적 삶이 물질적 욕구에 종속당해서 인간성이 박탈될 여지를 줄여야 한다. 그 물질적 욕구가 하루 세 끼의 간단한 식사와 같은 가장 기본적인 것이든 우주여행과 같은 매우 예외적인 것이든 말이다. 요한 바오로 2세나 달라이 라마 모두 종교가 이타주의를 양성하고 지구적 연대를 도모함으로써 이러한 지구화의 변화에 중요한 기여를 할 수 있다고 생각한다. 여기에서 이타주의와 연대가 의미하는 바가 정확히 무엇인지에 대해서도 둘은 합의할 수 있는가? 그렇지는 않다. 그렇다면 부분적인 불일치가 그들이 공동의 입장을 취하는 것을 막을 것인가? 굳이 그럴 이유가 없다. 이런 이유로 여러 종교가 협력하지 않는 것보다 공동의 입장을 취하는 것이 훨씬 더 중요하기 때문이다.

요한 바오로 2세나 달라이 라마 모두 강연에서 지구적 연대와 이타주의가 어디에서 비롯할 수 있는지를 지적한다. 그것은 바로 우리의 일상적 존재를 초월하는 신비와 연결된다. 요한 바오로 2세의 경우는 그것이 예수 그리스도 안에서 계시된 하나님이고, 달라이 라마의 경우는 환생의 순환을 벗어나 욕망이 사라지는 '영역'이다. 모든 세계종교에 따르면, 진정한 초월성과의 연결은 참 인간성에, 그리고 문화와 민족의 경계를 넘어 인간 연대에 반드시 필요하며, 따라서 지구적 공공선 추구에도 반드시 필요하다. 그와는 달리 시장 주도의 지구화는 인간의 관심을 오직 일상적 삶에만 두게 한다. 이 긴장이 바로 종교와 지구화의 관계에서 가장 중요한 문제다.

초월성, 불만족, 필멸성

2장에서도 논의하겠지만, 지구화 자체가 세속화를 뚜렷하게 가져오는 것은 아니다. 지구화는 일상적 삶 너머의 영역에 대해 특별한 논쟁을 가정하거나 야기하지 않는다. 오늘날 지구화의 환경 속에서 종교는 사적·공적 영역에서 모두 부흥하고 있다. 그러나 시장 주도의 지구화가 미치는 문화적 영향 때문에 일상적 삶보다 고귀한 삶을 우선시해 온 세계종교의 유산을 혼란스럽게 하는 게 사실이다. 지구화는 소수의 사람에게는 일상적 삶을 새롭고 신나게 경험하게 해 주고, 다수의 사람에게는 그렇게 해 주지 못함으로써, 지구화가 가정하는 것, 즉 건강하고 활기차고 젊고 아름다운 몸으로 온갖 다양한 음식과 옷과 전자 기기와 게임을 소비하는 것만큼 인생에서 중요한 것은 없다는 생각을, 부자와 가난한 사람을 막론하고 모두에게 강화시킨다.

종교는 이러한 지구화의 암묵적 전제를 문제시하고, 예수가 말씀하신 대로 "목숨이 음식보다 중하다"(눅 12:23)는 것을, 그리고 오직 그럴 때만 음식이 더 깊은 의미를 지니고 따라서 더 풍성하게 즐길 수 있다는 것을 효과적으로 상기시킴으로써, 지구화에 도전한다.

예를 들어 유일신교는 생명은 하나님에게서 비롯하며, 의미도 하나님에게서 얻고, 하나님을 통해서 또 하나님 안에서 인생이 충만해진다고 믿는다. 평범한 삶은 그것 자체로는 너무 찰나적이고, 사소하며, "참을 수 없이 가볍다."[55] 시장 주도의 지구화는 하나의 거대하고 복합적이고 매우 지적인 지구적 기계로서, 하루 24시간을 매일같이 김을 뿜으며 일상적 삶을 강화시킨다. 혹은 적어도 그렇다고 지구화의 지지자들은 주장한다. 그러나 지구화는 자신이 봉사하는 일상적 삶만큼의 가치가 있을 뿐이다.

(그리스도인들이 흔히 전도서로 알고 있는) 고대 유대교 지혜서의 한 저자 코헬렛(Qoheleth)은 일상적 삶을 우울하게 만드는 인간의 조건 두 가지를 지적했다. 첫 번째는 **만족을 모르는 것**(불만족)이다. "모든 강물은 다 바다로 흐르되 바다를 채우지 못하며 강물은 어느 곳으로 흐르든지 그리로 연하여 흐르느니라.…눈은 보아도 족함이 없고 귀는 들어도 가득 차지 아니하도다"(전 1:7-8). 이 글이 기록된 때와 비슷한 시기에 살았던 플라톤(Plato)

처럼, 그리고 그로부터 한참 후에 살았던 이마누엘 칸트(Immanuel Kant)처럼, 코헬렛은 "소유에서든 누림에서든 멈추어서 만족하는 것은" 인간의 본성이 아니라고 생각했다.[56] 우리는 유한하지만 우리의 욕망은 무한하다. 만족을 모르는 성질은 노동과 놀이의 끊임없는 흐름에 단지 억제할 수 없는 역동성만을 주는 것이 아니라 헛됨의 기운도 선사한다.

두 번째 조건은 우리의 **필멸성**, 정확하게는 **필멸성에 대한 우리의 인식**이다. "지혜자도 우매자와 함께 영원하도록 기억함을 얻지 못하나니 후일에는 모두 다 잊어버린 지 오랠 것임이라. 오호라 지혜자의 죽음이 우매자의 죽음과 일반이로다"(전 2:16). 전도자는 이렇게 말한다. "나의 사업을 크게 하였노라. 내가 나를 위하여 집들을 짓고 포도원을 일구며, 여러 동산과 과원을 만들고 그 가운데에 각종 과목을 심었으며, 나를 위하여 수목을 기르는 삼림에 물을 주기 위하여 못들을 팠으며, 남녀 노비들을 사기도 하였고 나를 위하여 집에서 종들을 낳기도 하였으며 나보다 먼저 예루살렘에 있던 모든 자들보다도 내가 소와 양 떼의 소유를 더 많이 가졌으며, 은 금과 왕들이 소유한 보배와 여러 지방의 보배를 나를 위하여 쌓고 또 노래하는 남녀들과 인생들이 기뻐하는 처첩들을 많이 두었노라. 내가 이같이 창성하여 나보다 먼저 예루살렘에 있던 모든 자들보다 더 창성하니 내 지혜도 내게 여전하도다"(전 2:4-9). 그런데 놀라운 깨달음이 온다. "그 후에 내가 생각해 본즉 내 손으로 한 모든 일과 내가 수고한 모든 것이 다 헛되어 바람을 잡는 것이며 해 아래에서 무익한 것이로다"(전 2:11). 모든 것을 얻은 후에 코헬렛은 자신이 아무것도 얻지 못했음을 깨닫는다.[57]

"해 아래에서 무익한 것"이라는 우울한 결론은 인간의 불만족과 필멸성의 결과다.[58] 세계종교의 입장에서는 이 두 가지 인간의 조건이 지구화의 약속에 영향을 미치고 그 약속을 제한한다. 인간의 불만족과 필멸성을 망각하고 일상적 삶을 축하한다면 우리는 실망하게 될 것이다.

다람쥐 쳇바퀴와 낙원에서 온 폭풍

우선 불만족과 시장 주도의 지구화에 대해서 생각해 보자. 존 케네스 갤브레이스(John Kenneth Galbraith)는 고전 『풍요한 사회』(The Affluent Society)에서 자신의 욕구를 만족시키고자 노력하는 근대사회를 "자기가 굴려야 굴러가는 바퀴를 따라잡으려고 애쓰는 다람쥐"에 비유한다.[59] 왜 다람쥐는 계속 달리는가? 다람쥐의 소망은 무엇인가? 갤브레이스는 현대의 경제 시장은 기존의 필요에 대응하기 위해서 상품을 생산하는 게 아니라 "상품이 만족시킬 것이라고 예상하는 욕구를 만들어 낸다"고 주장한다. 즉, "자기 자신이 만들어 낸 공허를 채우는 것이다."[60] 이윤을 내고자 하는 생산자의 만족할 수 없는 갈증이 상품에 대한 만족할 수 없는 소비자의 갈증과 만난다. 그래서 다람쥐는 계속 달린다. 아무리 많이 생산하고 아무리 공정하게 상품을 분배하더라도, 경제적 수단만으로는 "행복"에 도달하기는커녕 경제적 필요조차 결코 충족시킬 수 없다.[61] 경제적 문제에 대한 경제적 해결책은 우리의 근본적인 불만족을 무시하는 것이다. 여기에서 불만족은 "세밀하고 세련된 취향에 따라 편의품"을 찾는[62] 인간 지각의 불만족뿐 아니라, 진보의 약속이 부추기는 우리의 내적 비전의 불만족도 포함한다. 우리의 불만족은 욕망의 대상을 있는 그대로 좋게 받아들이지 못하게 하고 그것을 소유하는 즐거움도 죽여 버린다.

갤브레이스는 단도직입적으로 지적한다. "좋은 사회의 모습을 제시하는 여러 모델 중에서 다람쥐 쳇바퀴 모델을 추천한 사람은 아무도 없다."[63] 그러나 고귀한 삶에 대한 추구가 일상적 삶의 편의품과 쾌락에 대한 지칠 줄 모르는 추구를 길들이지 않으면 다람쥐 쳇바퀴 인생을 살게 된다. 인간의 불만족이 바라보아야 하는 올바른 대상은 인간의 불만족을 유발하는 동시에 만족시키는 무한하신 하나님이다.[64] 종교를 비판하는 사람들은 하나님의 무한성은 인간의 불만족이 투사된 것이라고도 주장한다.[65] 종교를 믿는 예리한 사람들은 우리가 역투사에 빠진 것이라고 반박한다. 무한에 대한 굶주림을 만족시킬 수 있는 능력을 우리 손으로 만든 것에 주입시키려 한다는 것이다. 새로운 상품과 서비스의 범람이 넘치는 신비와 구원이 되어 버렸다. 그것에 대한 우리의 욕망은 사실상 기도다. 상품을 만족할 줄 모르는 욕망의 대상으로 삼는 것은 시시포스의 헛된 노력과 같은 것만이 아니다.[66] 그것은 또한 우리가 가진 것에 대해 만족하고 즐거워하는 감정을 빼앗고,[67] 이웃에 대한 사랑과 연민을 전복시키며, 지구적 연대와 환경에 대한 책임을 침해한다.

이제 시장 주도의 지구화의 도움으로 가능해진 개선된 건강, 늘어난 수명, 증가한 재력, 많은 기회 같은 것들을 전부 가져가 버리는 죽음에 대해 생각해 보자. 발터 벤야민(Walter Benjamin)은 두 번의 세계대전 동안, 진보의 주제에 대해 성찰하는 짧지만 굵직한 "역사의 개념에 대하여"(Theses on the Philosophy of History)라는 글을 썼다. 화가 파울 클레(Paul Klee)의 그림 "앙겔루스 노부스"(Angelus Novus, 새로운 천사)에서 영감을 받은 그는 "역사의 천사"에 대해서 썼다. "그의 눈은 노려보며, 그의 입은 열려 있고, 그의 날개는 펼쳐져 있다.…그의 얼굴은 과거를 향해 있다. 우리가 일련의 사건을 지각하는 곳에서 그는 하나의 거대한 재난이 잔해에 잔해를 쌓아 자기 발 앞에 던져지는 것을 본다. 그 천사는 남아 있고 싶고, 죽은 자를 깨우고, 처참하게 부서진 것을 온전하게 만들고 싶어 한다. 그러나 낙원에서 폭풍이 불어온다. 그 폭풍이 그의 날개를 너무도 난폭하게 사로잡아서 천사는 더 이상 날개를 닫을 수가 없다. 이 폭풍은 천사가 등을 돌리고 있는 미래로 어쩔 수 없이 가게 만들고, 그 앞에 쌓인 잔해들은 하늘을 향해 자란다. 이 폭풍이 바로 우리가 진보라고 부르는 것이다."[68]

잃어버린 낙원을 갈망하는 모든 날갯짓―이 갈망이 바로 불만족을 계속 유지시키는 식량이자 연료다―은 역사를 앞으로 진행시키는 거대한 폭풍에 휘말려 버린다. 그 욕망의 폭풍이 또한 지구화도 부추긴다. 그렇다면 그 폭풍이 지나간 자리에는 무엇이 남는가? 잔해 위에 잔해, 사방으로 흩어져 버린 부서진 조각들, 죽은 자라고 벤야민은 다소 과장해서 썼다. 그러나 진보가 치르게 하는 대가인 억압과 고통, 많은 인간의 창조물이 무너져 먼지가 되고 사라져 잊히는 것을 보면 그가 전적으로 틀렸다고 말하기는 힘들다. 물론 사원과 성당들, 위대한 유적지들, 영광스러운 음악들은 남아 있고, 풍요로운 문화적 기억과 세련된 기술적 노하우, 세월의 아름다움과 지혜는 남아 있다. 하지만 그것도 잠깐이다. 초월적 목표 없이는 모든 것이 결국 "잔해 더미"가 되어 버릴 것이다. 그 더미를 뒤로하고 그중에서 오직 몇 가지의 유산만 구한 채 우리 모두는 미래를 향해 간다. 앞으로 나아가는 것에만 집중할 수 없을 때는, 마치 집착처럼, 벤야민의 천사와 같이 "남아 있고 싶고, 죽은 자를 깨우고, 처참하게 부서진 것을 온전하게 만들고 싶어 하는" 갈망을 안고 종종 뒤를 돌아본다. 그러나 어느 방향을 향하든 폭풍은 우리를 앞으로 밀고 우리는 과거를, 과거가 되어 버릴 현재와 모든 미래를, 구하지 못한 채 그대로 두고 떠나야 한다.

수 세기 동안 불의를 기반으로 성공을 이루며 지나간 자리에 잔해 더미를 남겨 온 역사는, 그리고 오늘날 그 역사를 이끄는 주요 동력인 지구화는, 불의하고 또한 사소하다. 씨 뿌리지 않은 곳에서 거두고 자신의 밭이 아닌 곳에서 거두기 때문에 불의하고, 시간의 파괴자들이 무너뜨리는 모래성을 짓기 때문에 사소하다. 지구화는 구원과 의미를 외치지만 그 어느 것도 이루지 못한다. 그러나 세계종교는 이룰 수 있다고 주장한다. 예를 들어, 기독교 신앙은 죽은 자를 깨우고, 난폭하고 회복 불가능했던 시대의 희생자들을 위해 정의를 이루고, 모든 선하고 진실하고 아름다운 것을 보존하시는 분을 가리킨다.

종교가 만드는 차이

지구화는 모호한 현상이며, 약속과 해악 모두를 준다고 나는 이번 장에서 주장했다. 지구화는 사람들의 인생이 잘 풀리게 도와주거나 혹은 적어도 전반적으로 과거보다는 낫게 만들어 준다. 사람들은 과거보다 잘 먹고, 힘든 일도 덜 하고, 더 오래 살고 더 건강하게 살며, 5장에서도 보겠지만 그 어느 때보다도 횡사할 확률이 적으며, 이 세상을 더 잘 이해하고 그래서 더 잘 탐험할 수 있다. 그러나 지구화는 또한 심각한 역경도 가져온다. 지구화는 역사 속에서 거대한 규모의 불의, 고통, 유기를 가져왔다. 또한 새롭고 전례 없는 위험을 만들어 내며, 시장이 주도 세력이기 때문에 사물과 사람을 상품으로 바꾸는 경향이 있고, 평면적 일상에 시선을 고정시키게 하고, 자신이 만들도록 도와준 바로 그 상품들에 대한 즐거움을 침해하고 이타주의와 연대를 침식시킨다. 이러한 모든 역경들을 만들어 내지 않고 자신의 약속을 시행하더라도 지구화는 사람들을 우울하게 할 수 있다. 미친 듯이 달려 먼 거리를 오가게 하지만 중요한 의미에서 보자면 사실은 제자리에 머물 뿐, 그 자리에서 사람의 모든 노력은 궁극적으로 죽음이 사람과 그의 모든 작업을 삼킬 때 망각의 어둠 속으로 사라져 버린다.

지구화를 그 그림자로부터 구하려면 세계종교가 필요하다고 나는 주장했다. 종교는 잘 풀리는 인생에 대한 추구를 번영의 삶이라는 더 넓은 틀에 자리매김하도록 도와줄 수 있다. 번영의 삶이란 잘 풀리는 인생이나 기분 좋은 인생보다 잘 사는 인생이 우선하는 삶이다. 종교는 건강한 만족, 심지어 기쁨을 느끼게 해 주고 지구적 연대에 헌신하도록 하며, 그럼으로써 더 나은 지구적 정의를 실천하게 해 줄 수 있다. 하지만 종교는 **정말** 이러한 약속을 지킬 수 있는가? 이 질문에 답하려면 우선 모든 일상적 현실을 더 큰 틀 안에서 보아야 한다. 종교가 온 우주의 역사를 (예를 들어, 창조, 구속, 새 창조의 틀처럼) 더 큰 틀 안에서 볼 수 있다면, 시장 주도의 지구화도 그 틀 안에서 보지 못할 이유가 없다. 그 질문에 답하기 더 어려운 부분은 현재 형태의 지구화에, 그 지구화가 따르는 문화적·법적·정치적 조건에 종교가 실제로 영향을 미칠 수 있는가 하는 부분이다. 종교는 지구화에 영향을 미칠 수 있는가? 아니면 종교인은 (수도 공동체처럼) 유배되어 사회와 마찰 없이 살거나, (일부 테러 집단처럼) 폭력적으로 세상을 바꾸려 할 수밖에 없는가? 여기에서 나는 두 개의 도전을 본다. 그 **누구라도** 정말 지구화에 영향을 미칠 수 있는가 하는 점이 첫 번째 도전이고, 그렇게 할 **자격이** 세계종교에 있는가 하는 점이 두 번째 도전이다.

    지구화에 영향을 미치는 게 가능한가? 막스 베버(Max Weber)는 『프로테스탄티즘의 윤리와 자본주의 정신』(*The Protestant Ethic and the Spirit of Capitalism*) 끝부분에서 다음과 같은 유명한 말을 했다. "[리처드] 백스터(Richard Baxter)의 관점에 따르면 외형적 선에 대한 관심은 '어느 때든 벗어던질 수 있는 성자의 가벼운 겉옷처럼' 어깨 위에만 걸쳐 있어야 한다. 그러나 운명은 그 겉옷이 철창이 되게 했다."[69] 이 옛 청교도 현인은 신자들이 시장을 도구로, 몸을 따뜻하게 하고 보호해 주지만 하나님이 명령하시면 벗어던질 수 있는 옷으로, 사용할 수 있다고 생각했다. 베버는 그러한 백스터가 틀렸다고 보았다. "현대 경제 질서의 거대한 우주는 그 안에 태어나는 모든 사람의 인생을 거역할 수 없는 힘으로" 결정하게 되었다고 그는 말한다.[70] 가벼운 겉옷이 철창이 되어 버린 것이다.

철창이라는 베버의 비유는 지구화에 영향을 미칠 수 있는 가능성이 희박하다는 인상을 준다. 칼 마르크스에 오면 그 가능성은 더 희박해진다. 세계적 규모의 현대 자유 시장경제는 자기 자신의 내적 논리를 따라 움직이며, 도덕적·종교적 호소와 압력에 꿈쩍하지 않는다. 마르크스는 변화가 일어나고 있다고 확신했지만, 자신이 경멸한 이상적 사회주의자들처럼 도덕적 통찰과 사람의 행위성에 기초해서 희망을 이야기한 것이 아니라, 게오르크 헤겔(Georg W. F. Hegel)에게서 빌려 온 역사에 대한 설명에 기대어, 자본주의의 내적 모순이 프롤레타리아의 승리와 세계적 공산주의로 이어질 것이라는 확신에 근거해서 희망을 이야기했다. 비록 오늘날 역사의 발전에 대한 마르크스의 낙관주의적 관점을 공유하는 사람은 거의 없지만, 도덕적 호소는 별 효과가 없다고 본 그의 견해는 많이들 수용한다. 지구화의 복합적인 상호 의존성이 너무 복잡하기 때문이기도 하고 자기 이익에 따라 움직이는 체제가 또한 그 이익들 간에 충돌을 유발하기 때문에, 지구화의 행로를 멈추거나 그 성격을 바꾸는 것은 불가능해 보인다.[71] 그래서 비관주의자들은 우리가 "질주하는 세계"에 살고 있다고 생각한다.

세기의 전환기에 앤서니 기든스(Anthony Giddens)는 어떻게 지구화가 우리 삶에 영향을 미치는지에 대한 책을 쓰면서 그 제목을 『질주하는 세계』(Runaway World)라고 붙였다. 제목은 그렇지만 그는 낙관적이었다. 이 세상에 운전대가 필요한 이상, 건강한 지구적 제도만 갖춘다면 "우리 뜻대로 이 세상을 움직일 수 있다"고 그는 말한다.[72] 우리의 뜻을 지구화에 부과하고 지구화를 고집스러운 협력자보다 순종하는 종으로 만드는 것은 너무 큰 바람일지 모르지만, 나는 기든스의 생각이 옳다고 본다. 우리 자신이 만든 사회구조 앞에서 우리는 전적으로 무력하지 않다. 사회구조는 우리가 수용하는 규범 때문에 존재할 수 있고, 우리가 날마다 그 구조에 참여하기 때문에 그 기능이 유지된다.[73] 앞에서 언급한 예를 들자면, 공공의 의견이 애플로 하여금 제품을 조립하는 공장의 노동 관행을 바꾸게 했다. 좀 더 큰 차원의 예를 들자면, 생태 파괴에 대한 저항이 커지면서 법제화가 이루어지고 있고, 인간의 태도와 관리 시스템의 기능이 바뀌고 있다. 지구화를 길들이고 거기에 영향을 미치고자 하는 포괄적 노력은 다양한 '이데올로기들'을 따르는 다양한 전문성을 가진 많은 사람이 동참하는 거대한 협업이 되어야 한다. 세계종교는 이러한 노력을 하는 데 꼭 필요한 자원을 지니고 있다. 종교가 변화의 유일한 행위자도 혹은 가장 창의적인 행위자도 아니고, 그 과거가 여러 면에서 깨끗하지 않은 것은 사실이다. 그러나 세계 인구의 4분의 3을 구성하는, 활기차고 성장하고 있고 정치적 의사가 분명한 지구적 공동체인 세계종교는 효과적인 지구적 참여에 필요한 힘과 동기와 하부구조를 갖추고 있다.

그러나 지구화에 대한 무지와 지나친 무관심 외에도 두 가지의 경향이 종교의 노력을 갉아먹는다. 첫 번째는 종교들끼리의 관계, 즉 그들의 경쟁심이다. 세계종교는 온 인류를 위한 단 하나의 진리를 제시하지만, 그러한 종교가 여러 개다. 그 결과 모든 사람이 어떻게 하나의 세계에서 살아야 하는지에 대한 여러 비전이 경쟁하고, 보편성들의 충돌이 일어난다. 지구적 공공선을 지향하며 지구화에 영향을 미치려면 종교는 폭력을 부추기지 않으면서 다원적 세계에서 자신이 믿는 보편적 비전을 지지하는 방법을 배워야 한다. 어떤 사람은 이를 지구화를 길들이는 것만큼이나, 혹은 그 이상으로 어려운 임무로 여길 것이다. 2부에서 나는 이것이 사실상 도달 가능한 목표임을 보여 줄 것이다.

두 번째 경향은, 첫 번째와는 반대로 종교와 지구화의 관계에 대한 것인데, 종교는 너무 쉽게 상황에 적응한다. 역사 속에서 종교는 여러 차례 자신의 원래 비전을 배신하고 세속적 대의의 도구가 되었다. 그들은 앞장 서서 인종적·문화적·민족적 정체성의 표지가 되었고, 정치 지도자를 지지하고 그들의 전쟁을 신성시했으며, 경제적 이익을 영적으로 정당화해 주었다.[74] 종교는 지구화의 단순한 도구가 되기를 거부하고, 번영에 대한 종교의 보편적 비전에 충실하며, 경쟁하는 비전들 사이에서 종교의 비전을 건설적으로 추구하는 방법을 배울 때만 지구화에 영향을 미칠 수 있다. 2장에서는 이 두 번째 경향에 대해서 다루겠다.

2장

종교와
지구화의 도전

좋든 나쁘든 종교는 오늘날도 존속하고 있다.

가장 눈에 띄는 불교 지도자 달라이 라마는 세계적으로 유명하다. 2013년 프란치스코 교황 선출 당시 시스티나 성당 굴뚝에서 올라오는 흰 연기를 보려고 수억 명이 휴대전화에서 눈을 떼지 못하거나 텔레비전 앞을 떠나지 못했다. 완전히 다른 이유로 테리 존스(Terry Jones) 목사도 카메라의 시선을 끌었다. 그가 꾸란을 태우겠다고 위협했기 때문이다. 그렇게 잠깐 유명세를 타면서 그는 콧수염을 기른 자신의 강직한 얼굴을 전 세계에 알렸다. 그리고 악명 높은 오사마 빈 라덴이 있다. 그는 열정에 찬, 그러나 테리 존스가 태우겠다고 위협한 경전을 제대로 배우지는 못한 신자로서 많은 사람을 공포로 내몰았다.

세계적 미디어 네트워크와 인터넷은 이 네 명의 남자들을 전 세계에 노출시켰다. 그러나 그들의 명성은, 잠시 지나갔든 오래 머물렀든 그들의 행동과 역할이 세계적 반향을 일으켰기 때문에 생긴 것이다. 빈 라덴이 미국이라는 세계적 거인을 떨게 만들어서 미국으로 하여금 "테러에 대한 무한한 지구적 전쟁"[1]을 향해 행진하게 만들고, 전 세계적으로 보안 조처를 취하게 하고, 지구 반대편에 있는 나라에서 세계 연합군의 지원으로 전쟁을 치르게 하지 않았다면 그를 아는 사람은 거의 없었을 것이다. 테리 존스는 꾸란 그 자체를 거역할 수 없는 하나님의 말씀이라고 믿는 16억 무슬림과, 빈 라덴의 어두운 성공으로 반무슬림 정서를 갖게 되었을 많은 종교인과 비종교인이 아니었다면, 적은 신도들의 이름 없는 지도자로 남았을 것이다. 새 교황의 선출은 그가 군대를 보유하지 않고도 온 대륙의 12억 인구를 이끄는 지도자가 아니었다면 세계적 반향을 일으키지 않았을 것이다. 기껏해야 붉은 옷을 입은 나이 든 남자들이 특이한 의식을 행하고 세상에서 완전히 격리되어 아름다운 고대의 성당에 갇혀 있는 사건쯤으로나 인식되었을 것이다. 마지막으로 자신을 따르는 수백만의 불교인, 그리고 전 세계에서 인구가 가장 많은 나라이자 경제 발전소인 나라와의 긴장 관계가 아니었다면 달라이 라마는 그냥 변방의 스님에 불과했을 것이다.

몇몇 종교 유명 인사를 제외하면, 종교는 주로 그들이 지배적인 문화적 감수성과 어긋나는 일을 할 때, 주요 스캔들에 휘말릴 때, 어떤 특정한 잘못을 범할 때 미디어의 주목을 받고 대중의 관심을 끈다. 그보다 횟수는 적지만 종교가 특별히 선한 일을 할 때도 미디어에 등장한다. 빈국들을 위해 부채 면제를 촉구한다거나, 가난한 도시의 슬럼에 버려진 죽어 가는 사람들을 돌본다거나, 정당한 혁명을 지원한다거나 할 때처럼 말이다.

그러나 미디어가 어디에나 있는 오늘날, 종교는 대체로 카메라로부터 떨어져서 때로는 말 그대로 지하에서—가정에서 기도와 종교교육을 행할 때, 공동 예배를 드릴 때, 일을 하다가 성서를 떠올릴 때, 생일과 수확을 축하할 때, 어린아이에서 성인이 될 때, 독신에서 결혼 생활로 들어갈 때, 삶에서 죽음으로 넘어갈 때—두드러지게 활동한다. 이 모든 일에 대해 종교는 힘을 주고, 위로하고, 치유하고, 자유롭게 해 주고, 사람들의 삶을 지도하고, 인생에 의미를 부여한다. 종교란 특이한 행적들보다는 일상의 관습들이기에, 그리고 무엇보다 악의 여러 얼굴보다 훨씬 덜 신기한 평범한 선을 추구하기에 종교가 그러한 곳들에서 활동하는 것은 당연하다. 지난 세기들과 마찬가지로 오늘날에도 종교는 신자들의 일상에서 활발하게 활동한다. 그것은 마치 유명 요리사들이 텔레비전에서 요리 쇼를 보여 주어서가 아니라, 어머니와 아버지들이 가족과 친구를 위해서 날마다 몇 번이고 평범한 식사를 준비하기 때문에 요리의 예술이 활발하게 펼쳐지는 것과 비슷한 이치다.

종교는 오늘날에도 이처럼 왕성하게 활동한다. 그러나 사람들에게 영혼의 양식을 제공하고 그들의 사적·공적 관습에 지침을 주는 것 외에 종교는 어떠한 변화를 이끌어 내는가? 1장에서 우리는 지구화의 특성, 세계종교가 지구화의 부상에 어떻게 기여했는지, 지구화를 인간 번영과 지구적 공공선이라는 비전의 도구로 길들이고 만들기 위해서 종교가 노력하는 여러 방식을 살펴보았다. 그리고 지구화의 관점에서 종교와 지구화를 보면서 그 둘의 관계를 이해하고자 했다. 이번 장에서는 그 관점을 뒤집어서 세계종교의 성격과 활동, 주장에 대해 살펴볼 것이다. 어떻게 지구화가 종교를 전복하는 동시에 활력을 주는지, 어떻게 종교를 바꾸면서 다소 놀랍게도 종교의 원래 비전에 더 성실하도록 도와주는지 살펴보자.

종교의 성장

세계종교 인구를 파악하는 일은 정확한 과학이 아니다. 여러 조사 결과가 일치하지 않는다. 그러나 지배적 경향은 분명하다. 자신을 종교인이라고 생각하는 사람들, 특히 세계종교 중 하나를 믿는다고 하는 사람들이 절대적·상대적 관점 모두에서 증가하고 있다.² 우선 1970년부터 2005년까지 추적한 **절대적** 수치를 보자. 주요 세계종교는 대부분 신자가 큰 폭으로 늘었다.

- 불교인: 2억 3,300만 명에서 3억 7,900만 명으로
- 그리스도인: 12억 3,600만 명에서 21억 3,500만 명으로
- 힌두교인: 4억 6,300만 명에서 8억 7,000만 명으로
- 유대인: 1,400만 명에서 1,500만 명으로
- 무슬림: 5억 5,400만 명에서 13억 1,400만 명으로

세계종교는 2005년 이후로도 꾸준히 성장했는데, 특히 불교, 기독교, 힌두교, 이슬람이 성장했다.³ 2030년이면 무슬림 인구가 22억 명에 달할 것으로 예상된다.

같은 기간(1970-2005)에 이 종교들을 믿는 신자는 **상대적** 관점에서도 늘었다. 세계 인구의 67.8퍼센트에서 72.4퍼센트로 늘어난 것이다.⁴ 어떤 추정 수치에 따르면 세계 인구의 약 80퍼센트가 신을 믿는다고 한다. 나머지는 자신이 "확고한 무신론자"라고 생각하거나, 다소 모호하게 "종교적이지 않다"고 말한다. 후자에는 특정한 기성종교를 밝히는 대신 스스로를 "영적"이라고 말하는 사람들도 포함되는데 그래서 분류할 때 다소 문제가 되기도 한다. 세계에서 가장 종교적인 나라들을 제외시켰기 때문에 다소 과장된 결과일 수 있지만, 어떤 통계에 따르면 무신론자와 종교적이지 않다고 말하는 사람들을 합한 수가 세계 인구의 약 16퍼센트에 해당한다. 그렇다면 대략 11억 명이 비종교인이라는 말인데, 이것은 불교인과 힌두교인을 합한 숫자보다 약간 적다.⁵ 비종교 **인구**가 꽤 많고 계속 증가하고 있지

만 현재로서 그들의 세계 인구 대비 **비율**은 서서히 줄고 있는 추세다.[6]

어떤 사람들은 지구화에도 **불구하고** 세계종교가 번성하고 있다고 본다. 마치 곧 망할 것을 어렴풋이 감지하고 분노에 차서 지르는 비이성의 최후 비명처럼 말이다. 세속화 이론을 지지하는 사람들이 이러한 주장을 하는데, 그들은 지금도 종교란 인간의 발전에서 미신적 단계에 해당하는 잉여적 유물로서 결국에는 사라질 것이라고 믿는다. 그러나 사실 종교는 지구화 과정이 제공해 주는 도구와 사회적 변화의 **도움으로** 성장하고 있다. 2007년,「타임」(Time)지는 위성 텔레비전, 인터넷, 오디오, 비디오테이프로 메시지를 전하는 이집트의 텔레비전 설교가 암르 칼리드(Amr Khaled)를 세계에서 가장 영향력 있는 100명에 포함시켰다.[7] 프란치스코 교황은 여러 언어를 써 가며 수백만의 팔로워들을 대상으로 트위터를 한다. 이것은 현대의 커뮤니케이션을 대대적으로 사용해서 신앙을 전파하는 두 가지 두드러지는 예에 불과하다. 지구화된 세계의 또 한 가지 핵심 특징인 국가 간 이주도 세계종교의 부흥에 기여한다. 어떤 사람들은 이주가 종교적 다원주의를 확대시킴으로써 종교적 충성도를 약화시키고 종교의 쇠퇴를 이끈다고 주장했지만, 사실은 그 반대다. 이주는 "종교에 활력을 주고 종교를 부흥시키는 제도적·신학적 변화를 촉진시킨다."[8] 다원주의 환경에서 종교는 "누구나 느낄 수 있는" 것이 아닐지도 모른다. 무에진(Muezzin)이 기도 시간임을 알리기 위해 "아잔"(adhan)이라고 외치는 목소리가 전국에 방송되는 것도 아니고, 어디를 가나 교회 첨탑과 성당이 있는 것도 아니고, 인종적·민족적 정체성이 사람들을 하나의 종교 안에 머물게 하거나 그리로 이끌지 않을 수도 있다. 그러나 오히려 종교가 더 이상 당연하지 않기 때문에 신앙과 관습은 더 분명하게 표현된다. 사람들이 의식적으로 받아들이고 (종종 세련된 마케팅 기법의 도움을 받아) 적극적으로 전수하는 일련의 신념과 관습으로 종교가 변형되는 것이다.

지구화된 세계에서 종교가 융성한다는 사실을 지적한다고 해서 마치 무슨 경기처럼 종교가 세속주의를 이기고 있고, 그중에서도 기독교가 여전히 선두를 차지하고 있지만 어쩌면 21세기 중반에는 이슬람이 기독교를 능가할지도 모른다는 보고를 하는 게 아니다.[9] 오늘날 종교인 수는 종교가 하는 주장의 타당성과는 아무런 상관이 없다(비록 많은 합리적인 사람이 자신의 관점과는 다른 관점을 신봉한다는 사실은 자신의 신념을 얼마나 확고하게 받아들이는지와 연관이 있지만 말이다).[10] 그러나 통계는 세계종교가 오늘날에도 **여전히 유의미함**을 입증한다. 종교의 무엇이 옳고 틀리건, 종교가 어떤 선하거나 악한 일을 하건, 절대적이고 상대적인 관점 모두에서 종교가 성장한다는 사실은 종교의 매력과 힘이 매우 크다는 점을 증명한다. 종교는 세계 인구의 3분의 2 이상의 삶에 영향을 미치면서 그들에게 구원을 얻는 방법, 위기에 대처하는 방법, 초월적 세력과 관계를 맺는 방법을 알려 주고, 그들이 개인으로서 또 공동체로서 누구인지 이해하게 도와주고, 다른 사람들과 어떻게 관계를 맺어야 하는지, 어떤 선한 일을 해야 하는지 지침을 준다. 세계종교는 제국이 섰다가 사라지고, 정치적·경제적 체제가 바뀌고, 이데올로기와 언어와 문화가 없어지기도 했던 수천 년의 세월 동안 인간에게 그러한 봉사를 했다. 오늘날 세계종교는 융성하고 있고 예측 가능한 미래에 그것이 달라질 여지는 보이지 않는다.

공적 주장

종교는 사람들의 사적 삶에만 영향을 미치지 않는다. 미디어에 등장하는 종교인들이 말해 주듯이, 종교는 공적 영역에서도 자기주장을 한다. 불과 몇십 년 전만 해도 종교는 공적 영역보다는 개인과 공동체의 삶에서 그 모습을 더 많이 드러냈다. 2011년에 출간된 '종교의 재부상과 세계 정치'라는 부제를 달고 출간된 『하나님의 세기』(God's Century) 저자들은 21세기 들어서 종교의 역할과 야심이 달라졌다고 지적한다. "지난 40년 동안 종교가 정치에 미치는 영향은 쇠퇴에서 돌아서 모든 대륙과 모든 세계 주요 종교에서 더 강력해졌다. 전에는 주로 가정, 가문, 마을, 모스크, 유대교 회당, 절, 교회에 국한되었던 종교가 이제는 정부, 대통령 관저, 로비스트들의 사무실, 캠페인, 군사 훈련소, 협상 공간, 항의 시위, 도시의 광장, 반정부 인사의 감옥에까지 영향을 미치기 시작했다. 직장에서는 기도실과 성경 공부 모임이 점점 늘고 있다."[11] 왜 종교는 그동안 비교적 사적 영역에 국한되어 있다가 공적 영역으로 들어섰는가? 종교가 가정과 예배당에서 **강제로** 끌려 나온 게 아닌 것은 분명하다. 종종 계산 빠른 정치인의 도움을 받기도 했지만, 종교 스스로 공적 장으로 나왔다. 종교의 성격이 원동력이 되었고, 지구화가 그 기회를 마련해 준 것이다.

대부분의 세계종교는 순전히 사적이기만 한 종교는 무언가 부족한 종교로 본다. 세계종교의 중앙 통제실은 개인의 마음일지 몰라도 영향을 미치는 영역은 **세계** 전체다. 종교는 개인의 내면생활과 사적 관습만을 형성하는 게 아니라 사람들 사이의 관계를 형성하고 문화를 만들어 낸다. 세계종교는 사적 생활뿐 아니라 공적 생활도 보이지 않는 질서에 부합시키려 한다. "예언적"이라기보다는 "신비적"인 종교로 여겨지는 개인 계몽의 종교인 불교 또한 마찬가지다.[12] 자칭 "참여적 불교"라는 말의 인기가 보여 주듯이, 많은 불교인은 스스로 공적 책임이 있다고 생각한다.[13] 마하트마 간디의 예에서 알 수 있듯이, 힌두교의 경우도 마찬가지다. 자기 충족과 개인의 진리 성취가 우선인 힌두교의 전통 윤리와 개념도 사회적·정치적 행동을 동원하는 공동체의 도구로 해석될 수 있다.[14]

그러나 종교의 예언적 측면 하나만으로 오늘날 종교가 공적 주장을 하게 만든 것은 아닐 것이다. 지구화는 종교인의 수적 성장을 도운 것처럼, 이 부분에도 도움을 주었다. 『질주하는 세계』에서 앤서니 기든스가 주장한 대로, 지구적 커뮤니케이션은 "20세기의 가장 강력한 사상"인 민주주의의 확산에 상당한 영향을 미쳤다.[15] 민주주의의 이상이 세상을 지배하면서[16] 종교가 소속감을 느낄 수 있는 공간에 문을 열어 준 것이다. 호세 카사노바(José Casanova)가 주장했듯이, 지구화 과정의 날개를 타고 전파된 정치의 민주화는 종교가 정치적 주장을 할 수 있게 해 주었다.[17] 알렉시 드 토크빌(Alexis de Tocqueville)과 같은 예리한 관찰자가 등장해서야 비로소 그 이유가 구체적으로 설명되기는 했지만 그 이유는 간단하다. 대개 평범한 종교인들이 정치 영역으로 들어갈 때 종교도 가지고 가기 때문이다.[18]

민주주의와 세계종교를 연결시키는 것이 많은 사람에게는 비상식적으로 들릴 것이다. 이들은 민주주의가 평범한 사람들의 행위성에 대한 것이고 그들의 다양한 관점을 존중하고 공적 생활을 형성하도록 하는 것인 반면, 종교는 고대의 경전에서 가져온 변하지 않는 규칙에 대한 것이고 모든 시대, 모든 사람에게 적용되는 하나의 진리에 대한 것이기 때문에 민주주의와 종교는 무관하다고 본다. 그러나 민주주의와 세계종교가 공존할 수 없다는 주장은 오류다. 유일신교의 예를 들자면, 신은 한 분이라는 규칙은 역사에서 권위적 효과를 발휘하기도 했지만 민주적 효과를 가져오기도 했다. 신은 때로 한 명의 지상 주권자를 지지했지만, 때로는 자신이 유일한 지도자로서 세상사의 관리를 모든 사람에게 위임하는 존재임을 단언하기도 했다.[19] 오늘날 전 세계적으로 유일신을 믿는 대다수는 후자를 지지한다.

반대로, 오늘날 많은 사람은 무슬림을 지적하면서 그들이 권위주의의 경향이 있다고 말한다. 그러나 연구 결과는 다르다. 미국 여론조사 기관 퓨(Pew)가 2013년 조사한 바에 따르면, 전 세계 대다수의 무슬림은 강력한 지도자보다는 민주주의를 선호한다(남아시아는 예외적으로 45퍼센트만 민주주의를 지지했다). 또한 무슬림의 절대다수가 종교의 자유를 지지하며(중동과 북아프리카에서는 85퍼센트, 남아시아에서는 97퍼센트가 종교의 자유를 지지했다) 이들이 말하는 종교의 자유는 자신들의 종교적 비전을 공공 생활에 연관시키는 것도 포함한다.[20] 많은 종교인, 비종교인과 마찬가지로 무슬림 또한 민주주의가 아닌 민주주의의 **다원적 형태**를 수용하는 것을 어려워한다. 3장과 4장에서 나는 이슬람을 포함해서 세계종교는 지구화된 세계에 적합한 다원적 형태의 민주주의와 공존할 수 있다고 주장할 것이다.

지구화의 조건 속에서 종교는 활발하게 활동하고, 성장하며, 공적인 주장을 한다.[21] 종교는 세속화 이론의 지지자들이 기대한 것과 달리 사라지지 않고 있다. 그러나 종교가 **변하고** 있는 것은 사실이다. 여기에서는 오늘날 종교에 일어나는 여러 변화를 분석하지 않을 것이다. 이 책의 목적에 비춰 보자면, 종교의 한 가지 핵심 기능이 더 중요해졌음을 알리고 두 가지 주요 변화를 지적하는 것으로 충분하다. 그러나 먼저, 거대하고 활기찬 종교들의 세계에서 내가 특별히 집중해서 보는 부분을 밝히겠다.

세계종교란 무엇인가?

이 책에서 '종교'를 논할 때 내가 염두에 두는 것은 소위 말하는 세계종교인데, 특히 불교, 힌두교, 유교, 유대교, 기독교, 이슬람이다.[22] 여러 면에서 **종교가** 가장 좋은 용어는 아니다. 그러나 종교와 지구화의 관계를 논할 때 유용하고 또 이 용어가 필요하기도 하다.[23] 1장에서 지적했듯이 세계종교 (혹은 혹자들이 선호하는 표현대로 2차 종교)는 "축의 변화"(axial transformation)

라는 맥락에서 스스로를 지역 종교(혹은 1차 종교)[24]와 구분한다.[25] 이 종교들의 결정적 특징은 붓다, 공자, 히브리 선지자들, 예수, 무함마드와 같은 카리스마적 창시자들에게서 가장 분명하게 나타난다. 그러나 구체적으로 들여다보면 세계종교는 긴장으로 가득 찬 문화 현상이다. 세계종교는 새로움을 더하기도 하고 옛 형태와 타협하기도 하면서 처음 부상한 이래로 오랜 역사적 과정을 거치면서 상당한 변화를 겪었다.[26]

비록 각각의 세계종교에는 자신의 오랜 둥치가 있고 거기에서 나온 가지들이 많지만 모든 종교에는 공통의 특징이 있고, 하나의 종교 안에서 또 종교들끼리 그 특징을 어떻게 이해하는 것이 가장 좋은지 서로 논쟁한다. 찰스 테일러나 얀 아스만(Jan Assmann)과 같은 학자들의 작업에 기대서 나는 특별히 종교와 지구화의 주제와 상관있는 것으로 보이는 여섯 가지의 특징을 규명했다. 이 특징들은 세계종교의 공통된 '본질'도 아니고 세계종교를 온전히 다 설명하지도 않는다. 그러나 이 특징들은 앞에서 말한 종교들을 세계종교로 보게 하는 몇 가지 공통되는 구조의 동질성을 보여 준다. 각각의 특징은 지역 종교와 가장 확실하게 대조된다.

- 세계종교는 실재를 "두 세계"로 설명한다. 지역 종교는 우주유신론적(cosmotheistic)이다. 즉 신과 영들이 세계 자체의 양상들이다. 반면 세계종교는 프리드리히 니체(Friedrich Nietzsche)의 비판적 지적대로 실재를 "두 세계"로 설명한다.[27] 반드시 이원론적인 것은 아니지만, 서로 연관되어 있기는 하나 두 범주로 구분되는 영역을 제시하는데, 실재를 초월적 영역과 범속적 영역으로 구분하고 초월적 영역을 우선시한다.
- 세계종교는 인간을 개인으로 본다. 지역 종교는 집단 내 사회생활과 종교적 헌신이 밀접한 관련이 있다. 사람들은 주로 공동체로서, 또 주

어진 사회언어학적 혹은 시민적 그룹으로서 신들이나 영들과 관계를 맺는다.[28] 반면 세계종교는 인간을 개인으로 대한다.[29] 초월적 존재는 사람을 원래의 공동체에서 따로 불러내어 하나의 문화에 국한되지 않는 그러나 지역적으로 구현되는 종교 공동체에 집어넣거나, 자기 공동체 안에 내버려두되 개인적 활용을 명령한다.[30]

- 세계종교는 보편적 주장을 한다. 지역 종교는 말 그대로 지역적이다. 자신이 섬기는 신은 자기 부족의 신이고, 자신의 사회적 경계를 표시하며 자신이 속한 그룹이 번영하게 해 준다. 반면 세계종교는 지역 문화에 상관없이 **모든** 인간에게 진리가 무엇인지, 정의롭고 선한 것이 무엇인지 주장한다. 그리고 (고통의 속박, 죄의 문제, 지도의 결핍처럼) 인간의 곤경을 진단하고 (계몽, 신의 무조건적 사랑, 신에 대한 복종처럼) 거기에서 벗어날 수 있는 길을 제시해 준다.

- 세계종교는 일상적 번영을 능가하는 선을 이야기한다. 지역 종교는 인간의 일상적 번영에 관심이 있다. 사람들은 부, 건강, 장수, 다산을 누리고, 질병, 결핍, 무자녀, 이른 죽음을 면하기 위해서 신들과 권세들을 부르고 달랜다.[31] 반면 세계종교는 일상적 번영을 부인하지 않으면서도 그것 너머의 선에 관심이 있다. 인간은 건강, 부, 장수를 누리지 못해도 선에 도달할 수 있다. 사람은 **심지어** "(십자가에 달려 죽는 것과 같은) 실패"를 통해서도, 혹은 "(환생의 순환을 끝내는 것처럼) 번영의 영토를 완전히 떠나도" 선에 도달할 수 있다.[32]

- 세계종교는 구분되는 문화적 체계다.[33] 지역 종교는 "사회의 제도적·언어적·문화적 조건과 분리될 수 없다." 반면 세계종교는 자율적 체제로서, 주어진 문화적·정치적 공동체와 (반드시 분리된 것은 아니어도) 구분된다. 따라서 세계종교는 "모든 정치적·인종적 경계를 초월할

수 있으며, 스스로를 다른 문화에 이식시킬 수 있다."[34]
- 세계종교는 일상적 실재의 변화를 가져온다. 지역 종교에는 "동의의 분위기"라는 특징이 있다(니체의 "삶의 긍정"이라는 말은 이러한 삶의 태도를 다소 신이교적으로 반영한 것이다).[35] 반면 세계종교는 삶에 대한 긍정을 "삶과의 다툼이라고 할 수 있는 것"에 자리를 내준다.[36] 이것은 실재를 초월의 영역과 범속의 영역으로 나누고 초월의 영역을 우선시하기 때문에 생기는 결과다.[37] 금욕주의와 예언주의는 범속적 실재를 초월적 질서에 부합시키는 두 가지 기본 방식이다. 금욕주의의 관행은 인간의 몸과 영혼을 초월적 질서에 적응시키는 데 쓰이는 반면, 예언적 참여는 세상의 상황을 초월적 질서에 맞게 조정하는 데 쓰인다.

이러한 특징들에 대해서 지적할 것이 네 가지 있다. 첫째, 나는 기독교 외의 세계종교가 이러한 특징이 있는 것으로 해석**되어야** 한다고 주장하는 게 아니다. 나는 그리스도인이고 따라서 다른 종교를 규범적으로 해석할 자격이 없다. 예를 들어 나에게는 무슬림이나 힌두교인들에게, 좋은 무슬림 혹은 좋은 힌두교인이 되는 길을 말해 줄 자격이 없다. 나의 주장은, 종교들에 이러한 특징들이 있다고 **해석될 가능성이 있고, 종교를 따르는 유명한 사람들이 더러 그렇게 자기 종교를 해석했다**는 것이다. 더 큰 요점은 이것이다. 세계종교에 이러한 특징이 있다고 해석될 수 있다면 나의 종교인 기독교의 입장에서, 각 종교가 자신에게 진실하면서도 다른 종교와 공존할 수 있고, 서로 논쟁하고 협력하면서 공공선에 기여할 수 있는 길이 열린다는 점이다.

둘째, 세계종교는 이러한 특징과 이러한 특징의 상대적 중요성을 자기들 나름의 방식으로 서로 다르게 이해한다. 예를 들어, 불교와 유교는 유일신 종교에 비해 초월성을 덜 인격적으로 보는 경향이 있다. 심지어 유일신 종교들끼리도 초월성에 대한 설명이 서로 다르다.[38] 또 다른 예를 들자면, 비록 오늘날에는 그렇지 않지만 역사적으로 이슬람은 기독교나 힌두교보다 일상적 인간 번영의 물질을 강조하는 경향이 있었다. 그리고 유대교와 유교는 다른 보편 종교보다 특정 인종 그룹과 더 긴밀한 관계를 맺는 경향이 있었다. 이 여섯 가지 특징은 각 종교가 똑같이 가져다 쓰는 이미 만들어진 여섯 가지 초석들이 아니라 서로 공통적으로 지니고 있는 여섯 가지 구조적 유사성이다.

셋째, 긴 역사를 지나오면서 세계종교는 이러한 특징들과 그것의 상대적 중요성을 이해하는 방식에 대해서 내부적으로 논쟁하며 변해 왔다. 5장에서 자세히 다룰 데이비드 마틴(David Martin)의 말을 빌리자면, 이러한 특징들은 종교의 "모티브 레퍼토리"의 핵심 요소들이다.[39] 어떠한 시대와 장소에서든 세계종교는 이러한 특징들과 그 특징들 사이의 관계를 원래의 비전에 더 가깝게 혹은 더 멀게 내세우거나 배경에 깔거나 구사할 수 있다. 예를 들어, 기독교는 신자 개인과 공동체의 관계에 대해 맹렬히 논쟁했다. 이때 가톨릭과 정교회는 위계적으로 구조화된 유기적 공동체를 강조했고, 개신교는 신자 개인에게 우선순위를 두었다. 이슬람은 초월성의 성질과 일상 사이의 관계에 대한 논쟁이 맹렬했다. 그중 수피파는 두 세계의 연합을 강조했고 비수피파들은 급진적 구분을 강조했다. 중요한 것은, 여섯 가지 특징들에 대한 세계종교의 차이는 각 특징에 상응하는 지역 종교의 특징과 얼마나 가깝고 먼지와 상관이 있는 경우가 많다는 점이다. 나중에 논의하겠지만, 종교는 종교가 문화적·정치적 질서와 얼마나 융합되거나 구분되어야 하는지, 혹은 종교가 일상적 번영에 얼마나 봉사해야 하는지에 대해서 논쟁한다.

넷째, 세계종교의 여섯 가지 특징은 인간 존재의 본성과 목적에 대한 신념과 연관이 있다. 물론 세계종교는 인류학이나 우주론이 **아니다**. 세계 속의 인간 존재를 설명하고 그들에게 삶의 방향을 제시해 주는 일련의 신념들이 종교의 전부는 아니다. 각 종교는 내러티브, 상징, 의식, 성스러운 시간과 공간과 사물을 가지고 있으며, 각각의 것들은 신자들에게 그 종교의 분위기를 심어 주고 열정과 동기도 불러일으킨다.[40] 또한 각 종교는 지역 공동체 안에서 활동하고, 개인적·집단적 불운을 물리칠 방법들을 제시한다. 일상적 번영을 강화시킬 방안도 제시하며, 그룹의 경계를 표시해 주고, 연대감을 유발시키기도 한다.

그러나 세계종교는 이처럼 자리매김하게 해 주고 방향을 제시해 주는 신념들보다 **못한 것**으로 전락하는 경우도 많다. 예를 들어, 사람들의 실제 삶에서 종교는 정체성의 표지가 되거나 일상의 번영을 강화하는 마술적 도구로 축소될 수 있다. 이는 세계종교가 제대로 기능하지 못하는 상황에 속한다는 것이 나의 주장이며, 곧 이 문제를 살펴볼 것이다. 그러나 먼저 세계종교가 초월적 실재와 범속적 실재의 관계를 이해하는 방식에 대해서 조금 더 설명해야 한다.

일상적 삶을 사는 방식

실재를 초월과 범속이라는 두 세계로 나눈 결과, 세계종교는 삶에 대한 긍정에서 삶에 대한 일종의 다툼으로 바뀌었다. 초월성의 관점에서 보면 이 세상에는 무엇인가가 부족하고 변화가 필요하다. 여기에서 다툼은 무슨 뜻인가? 세계종교가 세계를 **부인한다**는 것을 암시하는가? 초월의 영역을 범속의 영역과 대립시키고 일상을 중요하지 않게 만든단 말인가? 많은 비평가가 그렇게 생각한다. 특히 초월성의 긍정에는 일상적 삶에 대한 암묵적 허무주의가 따른다고 주장한 니체의 사상을 따르는 사람들이 그렇다.⁴¹ 1장에서도 주장했듯이, 현재와 같은 시장 주도의 지구화는 일상적 삶에 대한 긍정을 중심으로 움직인다. 세계종교가 일상적 삶의 번영을 부인한다면, 혹은 이것에 전혀 관심이 없다면, 지구화와 충돌할 것이다. 그러나 만약 자기들 나름의 방식으로 긍정한다면, 비록 팽팽한 긴장이 있겠지만 종교와 지구화의 관계는 생산적일 것이다.

'두 세계' 사이에 놓인 인간의 번영에 대한 세계종교의 설명은 복합적이다. 일상적 삶에 대한 각 종교의 설명은 상당히 다르다. 그러나 종교가 단순히 일상적 삶을 회피하는 수단이라고 보는 종교는 없다. 삶의 궁극적 목표를 욕망의 소멸과 환생의 순환에서 벗어나는 데 두는 불교조차 연민을 강조한다. 이는 일상적 삶이 단순한 회피의 대상이 아니라는 증거다.⁴² 마찬가지로 인간 삶의 네 가지 목표(purusharthas) 중에서 부(artha)와 쾌락(kama)을 강조하는 힌두교도 일상적 삶을 긍정한다고 볼 수 있다.⁴³ 서로 방식도 다르고 정도도 다르지만 세계종교는 스스로를 일상적 삶을 사는 방식으로도 본다. 각자 나름의 방식으로—그 방식이 서로 긴장하게 만들고 때로 다른 종교의 주장과 화합할 수 없을 정도로 대립할 때도 있지만—세계종교는 우리에게, 일상적 삶의 물질을 초월하는 목적이 있고 그 목적이 일상적 삶의 물질에 대한 관심을 다스릴 때 일상적 삶을 잘 살게 된다고 가르친다. 요약하면, 세계종교는 일상적 삶을 긍정하는 동시에 일상적 삶이 초월적 질서에 부합해야 온전할 수 있다고 주장한다.

예수 그리스도의 삶과 가르침이 좋은 예다. 예수는 자신이 '아버지'라고 부르는 한 분에 대한 충성심 때문에 종교적·정치적 질서를 교란시켰다는 죄목으로 죽임을 당할 것이라고 예언하면서 제자들에게 자신을 따르라고 도전하셨다. "누구든지 나를 따라오려거든 자기를 부인하고 자기 십자가를 지고 나를 따를 것이니라. 누구든지 제 목숨을 구원하고자 하면 잃을 것이요 누구든지 나를 위하여 제 목숨을 잃으면 찾으리라. 사람이 만일 온 천하를 얻고도 제 목숨을 잃으면 무엇이 유익하리요. 사람이 무엇을 주고 제 목숨과 바꾸겠느냐"(마 16:24-26). 예수를 따르는 것이 삶 자체보다 더 중요할 때 진정한 선을 찾을 수 있다. 이것은 세상을 부인하는 말처럼 들리지만, 예수는 분명히 일상적 삶도 긍정하셨다. 복음서는 그가 어떻게 병든 사람을 고치고, 배고픈 사람을 먹이고, 죽은 사람을 살리셨는지에 대한 기록으로 가득하다. 예수는 일상적 삶을 긍정하시는 동시에 일상적 삶의 물질만 쫓는 사람은 자기 인생을 망칠 것이라고 주장하셨다. 그렇다면 그의 말들은 모순이었는가?

예수의 가르침과 실천에 나타나는 양극성을 푸는 열쇠는 '일상적 삶'과 '고귀한 삶' 사이의 **우선순위**에 있다. 소유욕과 근심에 대한 예수의 가르침을 생각해 보라. 산상수훈에서 예수는 이렇게 말씀하셨다. "그러므로 염려하여 이르기를 무엇을 먹을까 무엇을 마실까 무엇을 입을까 하지 말라. 이는 다 이방인들이 구하는 것이라. 너희 하늘 아버지께서 이 모든 것이 너희에게 있어야 할 줄을 아시느니라. 그런즉 너희는 먼저 그의 나라와 그의 의를 구하라. **그리하면 이 모든 것을 너희에게 더 하시리라**"(마 6:31-33; 저자 강조). 즉, 우리의 모든 욕망과 노력과 근심과 기쁨이 인생의 필요와 편리를 중심으로 돌아가서는 안 된다. 인생은 "음식보다"(마 6:25), 건강보다, 부보다, 다산보다, 장수보다 중요하다. 40일간 금식하여 주리셨던 예수가 유혹자에게 말씀하신 대로, 인간은 빵으로만 살지 않는다. 인간에게는 "하나님의 입으로부터 나오는" 말씀이 더 필요하다(마 4:4). 우리는 **먼저** 하나님과 하나님의 의를 위해서 노력해야 한다. 그러나 하나님을 추구하는 것과 먹을 것을 위해서 노력하는 것, 혹은 하나님을 즐거워하는 것과 먹을 것을 즐거워하는 것 사이에 원칙적 대립은 없다. 모든 것—우리와 그리고 "우리 밖에" 존재하는 있는 그대로의 모든 것과 우리가 그것을 경험하는 방식들—의 근원이신 하나님을 추구하고 즐거워하는 것이 우선이고 그 안에 다른 모든 것에 대한 추구와 즐거움도 있다. 하나님의 의를 통해서 우리는 일상의 필수품과 편의품 모두를 받고 진정으로 이것을 즐긴다.[44]

또 다른 예를 들어 보자. 바로 히브리 성경 타나크에 나오는 이방인 현자 욥의 이야기다.[45] 화자는 서두에 욥이 "온전하고 정직하여 하나님을 경외하며 악에서 떠난 자"이고, 하나님이 "그의 손으로 하는 바를 복되게 하사" 그를 "동방 사람 중에 가장 훌륭한 자"가 되게 하셨다는 사실을 지적한다(욥 1:1-12). 이 드라마는 사탄과 하나님 사이의 논쟁으로 시작된다. 파괴적 힘을 지닌 의심을 육화한 사탄은 욥이 하나님을 두려워하는 이유는 하나님이 그를 그토록 위대한 사람으로 만들었기 때문이라고 주장한다. 다시 말해서 욥이 하나님을 이용한다는 것이다. 욥과 그의 헌신의 진실성을 자랑스럽게 여기신 하나님은 동의하지 않으신다. 이어 하나님과 사탄이 욥에게 가하는 시험에 욥이 어떻게 반응하는가에 대한 이야기가 나온다. 시험은 욥이 "까닭 없이"(욥 1:9) 하나님을 두려워하는 것인지, 아니면 하나님이 주신 건강과 넘치는 부와 많은 자녀와 장수함 때문에 두려워하는 것인지에 대한 논쟁을 해결할 유일한 방법으로 제시되었다.[46] 모든 소유를 잃고, 자녀도 잃고, 고통스러운 질병에 걸린 욥은 결코 하나님을 저주하지도 자신의 진실함을 포기하지도 않는다. 그 대신 그는 자기가 당한 불의에 대해서 하나님과 논쟁한다. 그것은 정의로운 하나님에 대한 흔들리지 않는 확신에서 비롯한 고통스러운 논쟁이었다. 결국 욥은 하나님과 자신 모두가 옳았고 사탄은 틀렸음을 입증한다. 욥은 하나님을 "까닭 없이" 하나님을 섬기는 것이 진정으로 인간답게 사는 방식*이라는* 이유 때문에 하나님을 섬겼다. 그렇지만 예수의 가르침과 마찬가지로 욥의 이야기에서도 하나님께 헌신하는 것과 일상적 삶을 긍정하는 것은 서로 대립되지 않는다. 비록 욥이 하나님을 "까닭 없이" 섬기기는 했지만, 그가 아무것도 얻지 못한 것은 아니다. 욥이 역경을 통해 자기 믿음의 순수성을 증명하자 "여호와께서 욥에게 이전 모든 소유보다 갑절이나 주셨다"(욥 42:10). 하나님에 대한 헌신과 도덕적 올바름이 우선이다. 그러나 물질적 안녕도 하나님이 주시는 선한 것이며 하나님께 헌신함으로써 그것을 더 많이 즐길 수 있다.[47]

니콜라스 월터스토프(Nicholas Wolterstorff)가 『정의: 옳음과 틀림』(Justice: Rights and Wrongs)에서 주장한 것을 확장해서 나는 기독교 전통에 따르면 좋은 인생에는 다음과 같은 세 가지 형식적 요소가 있다고 제안했다. **잘 이끄는 인생**(life being led well; 예수의 가르침에서는 하나님과 이웃을 사랑하는 것, 욥의 경우는 하나님을 두려워하고 의롭게 사는 것), **잘 풀리는 인생**(life going well; 예수의 실천에서는 병든 자를 고치고 배고픈 자를 먹이는 것, 욥의 경우는 건강, 풍성한 소유, 많은 자녀), 기분 좋은 인생(life feeling good; 예수의 가르침에서는 기쁨, 욥의 경우는 잔치)이 그것이다.[48] 다른 세계종교도 이와 비슷한 주장을 한다. 종교가 세상을 회피하는 방법이 아니라 그 안에서 잘 사는 방법이라고 본다면 그럴 수밖에 없다. 각 종교가 잘 사는 인생의 본질을 무엇으로 보느냐('하나님과 이웃에 대한 사랑', '신에 대한 복종', '욕망의 소멸' 등), 잘 풀리는 인생은 무엇이라고 생각하느냐(예를 들어 자손의 중요성에 대한 유대교와 기독교의 차이), 기분 좋은 인생에서는 어떠한 긍정적 감정을 강조하느냐(현대 서구 문화에서는 '재미' 혹은 불교, 유교, 기독교, 유대교에서는 '기쁨'), 이 세 가지의 관계를 어떻게 보느냐는 서로 다르다. 이 차이들은 중요하다. 각 종교의 고유한 특징을 보여 주고, 맹렬한 대결뿐 아니라 상호적 배움과 협력으로도 이끌 수 있기 때문이다. 그러나 이러한 차이에도 불구하고 세계종교에는 이 세 가지 번영의 요소가 모두 있다. 우리는 인생을 초월적 영역에 맞춰 잘 살아야 하고, 인생은 우리를 위해 잘 풀려야 하며, 긍정적 감정과 분위기가 인생의 특징이어야 한다. 인생을 잘 이끄는 것과 나머지 두 요소의 기본 관계도 구조가 비슷하다. 세계종교에서는 인생을 잘 이끄는 것이 잘 풀리는 인생이나 기분 좋은 인생보다 우선한다. 인생을 잘 이끄는 것이 잘 풀리는 인생과 기분 좋은 인생을 규정하고 유지하며, 갈등이 있을 경우 잘 이끄는 인생이 잘 풀리는 인생과 기분 좋은 인생보다 우선한다. 세계종교를 무엇이라고 하든 그 핵심은 초월성을 우선순위에 두는 가치 있는 삶, 잘 사는 삶, 잘 풀리는 삶, 기분 좋은 삶에 대한 설명이다. 좋은 인생에 대한 설명은 세계종교가 세상에 줄 수 있는 가장 중요한 선물이다.

그러나 비평가들은 이 선물에 독이 있는 것이 아니냐고 조심스레 지적할 수도 있다. 크리스토퍼 히친스(Christopher Hitchens)와 같은 비평가들은 종교가 주는 "선물"은 독밖에 없다고까지 말한다.[49] 나는 동의하지 않는다. 종교는 우리에게 없어서는 안 되는 진정한 선물을 주지만, 종종 그 선물이 오염된다. 제 기능을 못해서 선물이 독으로 바뀌는 것이다. 상호 연결되고 상호 의존적인 세상에서 이러한 기능장애는 끔찍한 결과를 가져올 수 있다.

기능장애와 논쟁

종교의 가장 흔한 기능장애는 실천의 실패다. 이것을 **실천의 기능장애**라고 부르자. 종교인들은 대체로 종교가 선을 행하게 하는 세력이라고 생각하지만, 대부분의 사람은 역사적으로 종교가 후원한 큰 악들, 종교의 가르침과는 명백하게 대립되는 악들이 있었음을 인정한다. 외부의 비평가들은 종교적 위선을 종종 부각시키지만, 종교 내부의 비평가들도 가르침과 실천

사이의 불일치에 대해서 외부인 못지않게 지적한다. 고대 유대교의 선지자들이 좋은 예다. 위대한 왕 다윗이 탐욕 때문에 간음과 살인을 저지른 것을 면전에서 지적한 나단이나(삼상 11:1-12:14), 노동자에게 "온갖 일을 시키고" "악한 주먹으로 치는" 사람들이 행하는 종교적 의식의 공허함을 폭로한 이사야가 대표적이다(사 58:3-4).[50] 사람들은 종교의 진정성 있는 가르침을 수용하지만 자기 자신의 천한 충동을 거역하지 못한다. 게다가 양심의 목소리를 잠재우고 외부의 판단을 피하기 위해서 그들은 종교의 고귀한 원칙들에 대한 충성을 공개적으로 남발함으로써 자신의 잘못된 발자취를 덮고 그 잘못의 이야기를 정화시켜 들려준다. 이러한 위장이 성공적이건 아니건, 선언과 실천 사이의 간극은 넓게 벌어진다.

실천의 기능장애보다 덜 가시적으로 그러나 은근히 더 해롭게 작용하는 기능장애는 **신념의 왜곡**일 것이다. 이것을 **가르침의 기능장애**라고 부르자. 종교의 가르침은 종종 복잡하고, 원래 그것을 믿는 사람이 처한 상황과는 다른 상황에서 주어졌다. 그것은 정확한 교리와 도덕적 원칙으로 꽉 짜인 시스템이라기보다는 관련된 모티브들의 느슨한 레퍼토리에 가깝다. 그러니까 칸트의 『실천 이성 비판』(Critique of Practical Reason)보다는 성경에 더 가까운 것이다. 종교의 "무질서한" 가르침에서 어떻게 중심을 찾고 그것을 통합할 것인지에 대한 깊은 성찰 없이 종교인들은 마음에 맞는 대로 이런저런 신념들을 골라내거나 다른 가르침을 무시하고 특정 가르침을 강조하는데, 종종 그 종교가 제시하는 가치 있는 삶의 비전과는 어긋나는 이해관계를 가지고 그렇게 한다. 여성 억압, 노예제도, 무고한 자에 대한 폭력을 종교적으로 정당화할 때처럼 말이다. 때로는 정확하게 정의되지 않은 종교의 다양한 가르침이 신자들의 실천을 실패로 이끌기도 한다. 그 반대의 경우도 일어난다. 실천의 실패가 성서와 전통을 왜곡되게 해석하도록 하는 것이다. 실패한 실천과 신념의 왜곡은 종교로 하여금 악을 저지르기보다 정당화하고 부추기게 한다. 이것이 바로 종교의 두 가지 중요한 기능장애다.

종교가 왕성하게 활동하고 정치적 자기주장을 하는 지구화된 세계에서는, 특별히 그룹 사이의 관계와 관련한 종교의 기능장애가 중요하다. 이것을 **소속의 기능장애**라고 부르자. 소속이란 종종 단순히 나는 네가 아니라는 정도의 배타성을 넘어서 적극적 배타성을 보인다. 서로 다른 종교의 추종자들 혹은 같은 종교라도 서로 다른 해석을 따르는 사람들은 서로를 모욕하고 박해한다. 내 고국의 예를 들자면, 어떤 가톨릭과 정교회 신자들은 더 작은 개신교 교회들을 "종파"라고 무시하고, 이렇게 무시당하는 교회에 속하는 사람들은 정교회와 가톨릭을 기독교로 받아들이지 않는 것으로 앙갚음한다. 어떤 그리스도인들은 이슬람이 "악마적" 영감을 받았다고 폄하하고, 일부 무슬림과 유대인은 그리스도인을 "우상숭배자"라고 부르면서 경멸한다.[51] 내가 태어난 나라에서는 현재 기독교와 유대교 사이에 그러한 반목이 없는데, 그 이유는 주로 "노란색 신앙"이자 "그리스도 살해자"로 불린 유대인들이 멸종되었거나 내쫓겼기 때문이다. 이러한 예들의 경우 종교가 기능장애를 일으켰다고 말할 수 있다. 종교가 그룹 정체성의 표지가 되고, 정치적 편들기를 부추기고, 자기 공동체의 경제적 이익을 보호하는 단체로 변해 버린 것이다. 소속의 기능장애에 대해서는 이 책에서 계속 다룰 것이다.

마치 미친 말이 모는 트로이카처럼 서로를 잡아당기는 이 세 종교의 기능장애는 종교 간 갈등과는 다르다. 세계종교와 세계종교의 다양한 버전은 자기, 사회적 관계, 선의 본질, 즉 번영의 비전에 대한 견해가 서로 분명히 다르다.[52] 불교가 설명하는 자기는 주류 무슬림의 설명과 다르고(수피 무슬림과는 더러 유사점이 있다), 인간의 궁극적 목표에 대한 비전도 서로 다르다. 전자의 목표는 욕망이 소멸하면서 자기가 사라지는 것이고, 후자의 목표는 욕망이 풍성하게 만족되면서 자기가 긍정되는 것이다.[53] 그리고 둘 다 유교가 설명하는 자기와 다르다. 유교에서 자기는 "하늘의 도리"를 따름으로써 자신과 사회의 완성을 지향한다.[54] 한 종교의 관점에서 볼 때, 영적·윤리적으로 옳은 것이 다른 종교의 관점에서는 틀리고 오류이고 부적절할 수 있다.[55]

어떤 사람들은 세계종교 간 대립 자체를 종교의 기능장애로 보고 종교와 좋은 인생에 대한 그들의 비전을 사적 영역에 격리 수용하라고 조언한다. 그러나 이것은 실수다. 이러한 시도는 헛되고 억압적이다. 또한 종교가 사적 영역에만 국한되면 인류는 오랜 세월의 시험을 거친 인간 번영에 대한 대안적 비전들을 잃게 된다는 점도 간과할 수 없다. 1장에서 주장한 것처럼, 시장 주도의 지구화는 좋은 인생에 대해 종교가 제시하는 대안적 설명을 필요로 한다. 여기에서의 도전은 다양한 종교인들이 좋은 인생과 지구적 공공선의 본질에 대해 열띤 논쟁을 하면서도 평화롭게 살도록 돕는 것이다. 즉, 종교의 기능장애가 이러한 논쟁에서 일어나지 않게 하는 것이다. 2부에서 이 주제를 다룰 것이다.

이어지는 부분에서는 종교가 지구화에 가장 중요한 기여를 할 수 있는 부분을 살펴보고, 지구화의 영향하에서 종교가 겪는 두 가지 주요 변화를 지적할 것이다. 한 가지 변화는 종교가 원래의 비전에 가까워지도록 부추기고 다른 한 가지 변화는 그 비전에서 멀어지게 한다.

우리 인생의 축

『세속의 시대』(*A Secular Age*)에서 찰스 테일러는 "세속화"의 세 가지 의미를 규명했다. 앞에서 보여 주었듯이, 첫 두 가지—공적 영역에서 종교가 사라지는 것, 종교적 신념과 관습이 쇠퇴하는 것—는 오늘날 지구적으로 일어나지 않고 있다. 그와는 반대로 세상은 "탈세속화"되고 있다.[56] 세 번째 의미의 세속화는 테일러가 "신앙의 조건"이라고 부르는 것의 변화와 연관이 있다. 지난 5세기 동안 서구에서는 "하나님에 대한 신앙이 흔들리지도 않고 문제도 되지 않던 사회에서 그 신앙이 여러 선택 중 하나로, 그러한 선택 중에서도 받아들이기 쉽지 않은 선택으로 사회가" 서서히 변화하는 과정을 거쳤다.[57] 서구에서, 그리고 빠르게 진행되는 지구화의 결과로 세계 여러 곳에서, 우리는 초월성과 무관한 채 자족적으로 보이는 질서 안에서, 즉 "내재적 틀" 안에서 살고 있다. 이 틀 안에서는 인권, 비용과 이익의 계산이 도덕적 질서를 규정하고, 다원적 민주주의와 자유 시장경제가 사회적 질서를 규정하며, 과학이 우주적 질서를 규정한다.[58] 테일러는 이러한 내재적 틀이 종교와 공존 가능하다고 주장한다. 그것이 초월성에 대해 열리거나 닫히도록 우리가 "조절"할 수 있다는 것이다.[59] 그러나 종교의 "자연스러움"은 비종교의 "자연스러움"에 자리를 내주었다. 그리고 내재적 틀이 아닌 다른 틀을 상상하기 위해서는 의식적으로 노력해야 한다. 지구화 덕분에 내재적 틀은 전 세계적으로 확산되고 있고 사람들은 종교 외에도 다른 유효한 대안을 선택하고 있으며, 일부는 이를 "자연스러운 것"으로 여긴다. 많은 사람이 서서히 종교와 비종교의 바람이 서로 다른 방향에서 밀고 당기는 열린 공간에, 경계선에 서 있음을 느낀다. 그들은 선택해야만 하는 것이다.[60]

왜 종교를 택하는가? 우리가 다른 곳에서는 얻지 못하는, 세계종교만이 줄 수 있는 무엇이 아직도 있는가? 속도를 더하는 기술 발전으로 무장한 시장 주도의 지구화가 많은 사람에게(그리고 수입의 격차가 그토록 말도 안

되게 크지 않고 환경이 그토록 심각하게 훼손되지 않도록 고안되고 관리된다면 거의 모든 사람에게) 줄 수 있는 일상적 삶의 개선에도 불구하고 우리는 여전히 무엇에 굶주린 상태인가? 우리가 지구화와 세계종교 모두를 심각하게 오해하는 것이 아니라면, 잘 운영된 지구화의 업적과 세계종교가 제공하는 것은 서로 경쟁 관계에 있지 않다. 더 정확하게 말하면, 과학 및 기술과 연합한 시장 주도의 지구화와 세계종교가 형성하는 지구화는 서로 배타적이지 않으며 충돌할 필요가 없다. 종교는 과학과 기술의 중요성을 약화시키지 않으면서 기여할 수 있는 바가 따로 있다.

지난 2세기 동안 종교와 비종교가 서로 대결해 온 역사에 비춰 나의 주장에 동의하지 않을 수도 있다. 그 대결은 주로 종교가 해 왔다고 여기는 두 가지 기능과 연관이 있다. 하나는 이 세상의 작동과 발전을 전체적이고도 다양한 측면에서 설명하는 능력이고, 또 하나는 인간의 유익을 위해서 세상을 조종할 수 있는 능력이다. 종교적 우주론과 인류학은 정말로 설명력이 있는가? 아니면 종교적 '설명'은 진정한 과학적 설명의 원시적 대체물에 불과한가? 축복과 기적은 인생을 고쳐 주고 개선해 주는가? 아니면 실제로 효과가 있는 것으로 대체될 환상 속의 '기술'에 불과한가? 그러나 한편으로는 과학과 기술처럼 종교가 이 세상을 설명하고 조종하는 것을 최우선 목표로 한다는 가정이 종교를 과학 및 기술과 대치시킨다. 이럴 경우 비종교인과 종교인은 종교와 과학 중 어느 것이 임무를 더 잘 수행하느냐를 논쟁하게 된다. 이러한 가정 때문에 벌어지는 논쟁은 과거만큼이나 오늘날에도 치열하다. 그러나 이 논쟁은 방향이 잘못되었다.[61] 세계종교의 가장 중요한 측면을 고려하지 않기 때문이다.

종교의 종류를 막론하고 경전 이외의 종교 서적 중에서 가장 영향력이 큰 아우구스티누스의 『고백록』(*Confessions*)은 하나님을 향한 다음의 유명한 말로 시작한다. "당신을 찬양할 때 우리는 기쁩니다. 당신을 위해 우리를 만드셨으니 당신 안에서 쉼을 찾기까지 우리 마음은 쉼이 없습니다." (유대교, 기독교, 이슬람처럼) 신에 대해서 이야기하든 (불교나 유교처럼) 그렇지 않든, 모든 세계종교는 공식적으로 아우구스티누스와 비슷한 입장을 취한다.[62] 일상적 실재에 굳건히 발을 디디고 살면서도 인간은 별들 너머에 있는 초월적 영역을 향해 손을 뻗는다. 명백하게든 암묵적으로든, 인간이 신의 영역을 향해 손을 뻗는 것은 종교적 성향과는 상관이 없다고 세계종교는 주장한다. 초월을 향하는 것은 인간에게 **덧붙여진** 부차적인 것이 아니라, 인간 자체를 정의하는 것이다. 그것이 바로 인간 마음의 구조적 불안정이다.[63] 우리가 신 안에서 "쉴" 때—기독교 용어로 표현하자면 우리가 하나님을 사랑하게 되고 믿음으로 하나님께 순복할 때—신과의 관계는 우리 삶의 축이 된다. 이 축은 우리가 우리 자신과 세상을 이해하는 방식에, 우리가 무엇을 욕망하고 그것을 어떻게 만족시킬 수 있는지에 영향을 미친다. 세계종교는 이 세상에 국한된 평면적 삶은 너무 갇혀 있고, 비어 있고, "가볍다"고 본다.[64] 자유롭고, 충만하고, 번영하기 위해서는 우리의 모든 일상적 경험과 노력에 의미와 방향과 고유한 기쁨을 주는 신과의 관계 속에서 인생을 살아야 한다. 물론 이 주장은 논쟁의 여지가 있다. 그러나 이것이 종교와 비종교 간 논쟁의 중심이 되어야 한다. 왜냐하면 이것이 바로 세계종교의 주요 주장이고, 세계종교가 표방하는 자신의 존재 이유이기 때문이다.

세계종교의 관점에서 볼 때 종교가 받는 도전은 과학이나 기술에서 경쟁적 우위를 점하거나, 혹은 적어도 같은 '시장'에서 자신의 점유율을 유지하는 게 아니다. 세계종교는 지구화 상황에서 과학과 기술보다 더 많은 사람에게 더 많은 물건—건강과 부와 같은 상품, 인생의 필수품과 편의품,

세상과 그 안의 사물들이 어떻게 기능하는지에 대한 설명―을 더 많이 배달하는 능력에 따라 서거나 무너지지 않는다. 세계종교는 사람들을 초월적 영역과 연결시켜 주고 그럼으로써 그들이 진정으로 번영하게 해 주고, 성공할 때든 실패할 때든 진정한 만족을 발견하게 해 주고, 살 가치가 있는 삶, 기쁨에 찬 만족과 연대의 삶을 살 수 있게 해 주는 능력에 따라 서거나 무너진다. 이것이 바로 붓다, 공자, 히브리 선지자, 예수, 무함마드가 각자 자기 나름의 방식으로 추구한 핵심이다. 그리고 특히 세계종교는 이러한 초월성, 번영, 이 둘의 관계의 본성이 무엇인지 서로 논쟁한다. 세계종교의 관점에서 볼 때 과학적 설명은 인생의 목표인 초월적 영역의 존재를 무효화하지 않으며, 기술의 진보는 종교를 무용한 것으로 만들지 않는다.[65] 오히려 초월적 목표는 과학적 탐구와 기술적 혁신을 비롯한 모든 일상적 삶의 개선에 진정한 **인간의** 목표를 부여해 준다.

많은 이유에서 세계종교는 과학과 기술의 빠른 진보, 놀라운 속도의 부의 창출, 그에 따른 매우 불평등한 부의 분배라는 특징을 지닌 지구화된 세계에서도 확고하게 자기주장을 하며 살아 있다.

- 종교는 지구화의 덕을 보기보다는 그로 인해 고통을 받은 수십 억 명의 사람에게 위로를 주고 그들이 유연한 태도를 지니게 해 준다.
- 종교는 변화의 빠른 속도 때문에 어지러워하는 많은 사람에게 방향성과 안정성을 준다.
- 종교는 소비주의와 오락의 가능성과 유혹에 압도당하는 사람들이 자기 자신과 다른 사람을 잘 돌볼 수 있도록 그들의 욕망을 지도하고 훈련시켜 준다.
- 종교는 심각하고 체계적인 불의의 희생자가 된 사람들이 불의에 맞

서 싸우도록 동기부여를 해 주고 정의가 궁극적으로 승리할 것이라는 확신을 준다.
- 종교는 지역 문화의 붕괴를 경험하는 사람들에게 공동체적 정체성을 부여해 준다. 종교가 문화와 연결되어 있기 때문이다.

종교는 이 외에도 많은 일을 하며, 그렇기 때문에 사람들이 종교를 받아들이기도 한다.[66] 그러나 이러한 일들과 그 외의 일들을 세계종교가 한다고 해서 한 종교가 다른 종교와의 변별성을 잃고 하나의 종교로 환원되거나 핵심 요소를 공유한다고 주장할 수 없다. 각 종교는 자기 나름의 방식으로 사람을 초월적 영역과 연결시켜 주고 초월적 영역과의 관계에서 비롯하는 의미 있고 즐거운 삶을 제시함으로써 인간 마음의 구조적 불안을 돌보고자 한다.

세계종교가 만족시키게 되어 있는 굶주림을 지구화는 해결해 줄 수 없다. 지구화는 세계종교를 사라지게 하지 않는다.[67] 반대로 종교가 사회적·정치적 영향력을 확산하고 펼치도록 도와준다. 지구화는 세계종교를 변화시키기도 한다. 이러한 변화를 다 설명하려면 지난 몇 세기에 걸친 세계종교의 역사를 다 훑어야 할 것이다. 따라서 여기에서는 두 가지 주요 변화에 초점을 맞추고자 한다. 하나는 종교와 국가의 관계고 다른 하나는 종교와 경제의 관계다. 한편 지구화는 세계종교의 세 번째 주요 변화도 일으키는데, 바로 환경과의 관계다. 지구화가 생태 체계의 상호 의존성과 지구 환경이 받는 위협을 인식하도록 만들기 때문이다. 그러나 이러한 변화가 종교로 하여금 토착 종교의 우주유신론적 합일체로 돌아가게 하는 것은 아니다. 그보다는 거의 전적으로 인간에게만 배타적으로 집중하던 것에서 벗어나, 초월의 영역이 생태 체계인 범속의 영역 전체와 긍정적 관계를 맺고 있다는 의식의 전환을 일으키고, 환경과 조화롭게 사는 것도 초월성에 부합하는 좋은 인생에 포함된다고 인식하도록 만든다.[68] (이러한 종교의 핵심적 변화가 중요하기는 하지만 이 책의 주제가 지구화와 환경의 관계가 아니기 때문에 더 이상 다루지 않는다.)

종교와 국가

지구화는 세계종교와 국가의 관계를 바꾸고 있다. 종교 공동체가 사회와 공존할 때는 사회 통합에 도움을 주고 정부의 정당성을 뒷받침하는 이데올로기를 제공해 줄 수 있다. 종교, 개인과 사회에 대한 도덕적 자기 이해, 국가가 나란히 가면서 통합된 정치체를 이루는 것이다.[69] 그래서 다윗 왕은 언약궤를 기럇여아림에서 예루살렘으로 가져왔다. 다윗은 예루살렘을 자신이 다스리는 왕국의 종교적·문화적·정치적 중심으로 삼고자 했다.[70] 수천 년 동안 종교는 이와 같은 목적에 봉사하여 "정치적 종교"로 기능했다. 그러나 여러 종교, 혹은 같은 종교의 여러 모양이 한 사회 안에 공존하게 되자 어느 한 종교만으로는 정치사회와 초월적 질서의 관계를 구현할 수 없었고, 따라서 사회를 통합할 수도 없었다. 예를 들어, 프로테스탄트 종교개혁 이후 라틴 기독교가 분리되자 국가에 대한 소속과 종교에 대한 소속이 서서히 분리되었다. 전례 없는 상업, 사상, 사람들의 국경 간 이동이라는 특징을 지닌 지구화의 진전은 단일 종교의 사회를 복합적 형태의 종교와 비종교가 공존하는 사회로 바꾸고 있다.[71] 세계 곳곳에서 종교와 정치사회의 연계가 약해지고 있으며, 어떤 나라에서는 그러한 연계가 아예 존재하지 않는다.

지구화에 대한 반작용으로, 또 더러는 세속 민족주의에 대한 반작용으로 정치 질서와의 관계를 강화하기 위한 운동들이 모든 세계종교 안에 일어나고 있다.⁷² 스리랑카의 많은 불교인은 붓다의 종교, 싱할라어와 문화, 국가 스리랑카를 하나로 묶기 위해서 싸운다.⁷³ 시온주의자들은 유대교와 국가 이스라엘은 불가분의 관계라고 믿는다.⁷⁴ 미국 기독교 우파의 일부 대변인들은 기독교 신앙과 미국의 국가적 정체성 사이의 긴밀한 관계를 재확립하고자 한다.⁷⁵ "정치적 이슬람"은 삶의 모든 영역을 지배하려는 종교 사례 중, 가장 유명하고 가장 철저한 예일 것이다. 『진리를 향한 이정표』 (*Milestones*)라는 책에서 정치적 이슬람을 대표하는 유명한 지성계 인사 사이드 쿠트브(Sayyid Qutb)는 가장 기본적인 무슬림의 신념인 "오직 하나뿐인 신!"이라는 말을 "오직 신의 주권 외에는 주권이 없고, 오직 신이 주신 법 외에는 법이 없으며, 모든 권위는 신의 것이기 때문에 사람이 사람에게 행사하는 권위는 없다"는 뜻이라고 해석하면서 자신의 프로그램을 요약하여 제시했다.⁷⁶

그러나 종교가 정치사회를 지배하려 하고 사회의 통합적 기능을 수행하려 하는 것은 잘못일 수 있다. 첫째, 역사가 가르쳐주듯이 종교가 지배하고자 하면 종교가 종이 되어 버린다. 즉, 종교가 권력자의 도구가 되어 버리는 경우가 많다.⁷⁷ 둘째, 세계종교는 자신의 정체성을 상실한 대가를 치른다. 세계종교는 정부와는 다른 문화 체계이며, 하나의 문화나 국가에 종속되지 않는 공동체를 형성한다. 인종적·문화적 경계를 표시하고, 정치체를 통합하고, 정부를 합법화해 주는 것은 세계종교의 기본 목적이 아니며, 적어도 붓다나 공자나 예수나 무함마드가 생각한 목적은 아니다. 그들은 인간으로서 인간을 지칭하고, 따라서 인종적·문화적 경계를 초월하여 정치사회에 균열을 가져온다.⁷⁸ 그들은 내부인이나 외부인 모두에게 동일한 도덕적 규범을 적용하고 따라서 외부인들과 관계를 맺으려 하며, 일상적 실재를 초월적 규범에 부합시키려 하기 때문에 (칼 바르트가 기독교 교회에 대해서 쓴 것처럼) 의식적으로 정부의 "믿지 못할 동맹"이 되어 버린다.[79] 세계종교가 국가의 도덕적 연합을 나타내고 정치 질서에 신성함의 기운을 제공해 주려고 할 때 세계종교는 왜곡되며 자신의 고유한 특징 중 하나인 개인과 보편적 가치와 종교의 연합을 배신하게 된다. 보편성의 행세를 하면서 지역 종교로 회귀해 버리는 것이다. 마지막으로, 세계종교가 국가와 결합하게 되면 그들은 종종 시민과 타 국가에 대한 폭력에 동의하게 된다. 5장에서 논의하겠지만, 종교는 자신이 사회와 공존한다고 보고 그 사회의 권력과 결합의 역동에 얽힐 때 폭력적으로 변한다. 그 결과 세계종교의 심각한 기능장애가 나타난다. 보편성 행세를 하는 지역 종교는 모든 종교 중에서 가장 폭력적이다. 요약하자면, 종교가 국가와 결합하면 영향력, 정체성, 평판을 잃는다. 종교의 기능장애에 대한 앞선 논의의 관점에서 보면 다음의 원칙이 적용된다. 종교가 주어진 사회와 동일시되고 정치 세력과 얽히면 얽힐수록, 폭력을 정당화하기 위한 선택적 해석을 많이 하게 되고, 소속감은 타인에 대한 공격적 배타성을 지니며, 선언과 실천 사이의 간극이 벌어지기 쉽다.

세계종교, 사회, 국가의 관계에서 보자면 지구화는 종교의 적이라기보다 친구다. 다종교 사회를 발생시킴으로써 지구화는 세계종교가 자기 자신으로 돌아갈 수 있는 기회를 제공해 준다. 니체의 용어를 빌리자면, "세계시민적" 신, 즉 "어디에나 존재하고 모두를 위하는" 신, "친구나 적" 모두를 공평하게 대하는 신을 받아들이는 길이 되게 해 준다.[80] 특정 정치사회와 구분되고, 정치적 내부인이든 외부인이든 모든 사람을 인간으로 대하는, 인간 번영의 보편적 비전의 매개자가 되게 해 준다.

오늘날 모든 세계종교는 국가와 구분되고자 하는 경향이 강하다. 『지구화된 이슬람』(*Globalized Islam*)에서 올리비에 로이(Olivier Roy)가 주장하는 게 맞다면, 이슬람의 경우도 마찬가지다. 전 세계 대다수 무슬림은 오늘날 종교적으로 다원화된 사회에서 살고 있다. 무슬림이 다수인 나라에서도 그들은 여러 분파의 이슬람으로 나뉘어 있고, 어떤 곳에서는 비무슬림들이 중요하고 영향력 있는 소수자를 구성하고 있다. 게다가 세계 무슬림 인구의 3분의 1이 비무슬림 국가에서 소수자로 살고 있다.[81] 최근에 (일명 이슬람 국가라고 불리나 영향력 있는 무슬림 지도자들은 그것이 국가도 아니고 이슬람적이지도 않다고 보는) 칼리프 영토가 세워지고, 다른 국가들도 서서히 이슬람화되고 있음에도 불구하고 이슬람과 특정 지역의 관계는 갈수록 분리되고 있다. 이슬람이 비영토화되는 것이다. 이러한 상황에서 이슬람법에 기초해서 국가를 세우고자 하는 정치적 이슬람은 서서히 그 가능성을 상실하고 있다. 당연히 오늘날 많은 사람은 이슬람을 국가 공동체를 초월한, 각 사람이 자신에게 맞게 활용하는 보편 종교로 보고 있다.[82]

지구화된 세계에 적합한 개인의 종교는 사적이고 주변적인 종교로 남을 것인가? 어떤 사람들에게는 그럴 것이다. 그들에게 종교는 공동의 실천, 즉 특정 종교 공동체에 나타나는 삶의 방식이거나, 아니면 자신의 삶을 지도하고 거기에 의미를 부여해 주는 개인적 영성일 것이다. 그러나 국가와 결별한 종교가 반드시 사적일 필요는 없다. 국가를 종교로부터 해방시켰다고 해서 종교의 정치적 영향이 끝난 것은 아니다. 지구화가 국가를 내부에서 다원화하고 시민권을 민주화하기 때문에, 개인적으로 받아들이고 활용하는 종교는 갈수록 공적 발언을 많이 한다.

세계종교는 현재 큰 기회를 맞았다. 그것은 스스로를 배신하면서 폭력을 촉발하는 것과 국가와 결탁하여 공적 생활을 통제하려는 헛된 꿈을 버리고 사회적·정치적 다원주의를 수용하고 자신에게 주어진 공적 역할을 받아들이는 것이다(이에 대해서는 3장과 4장을 보라). 이 기회를 포착하는 데 있어서 지구화는 (비록 다른 면에서는 종교의 경쟁자일지라도) 세계종교의 동지다. 지구화는 종교가 개인적이되 공적으로 중요하지 않거나, 공적으로 중요하되 정치적으로 권위적인 잘못된 대안들로부터 스스로를 해방시킬 수 있게 도와준다. 지구화는 종교가 개인적으로 활용되는 동시에 공적으로 참여하고 또한 정치적으로도 다원적일 수 있는 가능성을 키워 준다.

종교와 경제

정치사회, 통치와 종교 간 관계에서 지구화는 세계종교가 자신의 원래 비전으로 돌아가게 한다. 그러나 반대로 종교와 건강, 부, 장수, 다산의 관계에 있어서 지구화는 종교가 자신의 비전을 배신하게 유혹하는지도 모른다. '정치 종교'가 되고자 하는 유혹은 줄고 있지만, '번영의 종교'(prosperity religion)로 바뀌고자 하는 유혹은 커지고 있다. 시장 주도의 지구화는 세계종교와 경제의 관계를 바꾸고 있다. 초월성의 이름으로 이 세상을 부인하는 대신, 초월성을 이 세상을 긍정하는 수단으로 바꾸고 있는 것이다.

1장에서 나는 세계종교가 일상적 번영을 긍정하고 개선시키려 하지만 그것을 초월적 목표에 종속시킴으로서 그렇게 한다고 주장했다. 앞에서 든 예를 다시 들자면, 하나님은 욥의 '사업'을 축복하시고 그를 해로부터 보호하셨다. 그러나 하나님과의 관계와 신실함이 욥에게는 부와 많은 자녀보다 중요했고, 건강과 생명 자체보다 중요했다. 그로부터 수 세기 후 현재와 같은 시장 주도 지구화의 초기 단계에서도 종교와 물질 사이에는 그와 비슷한 관계가 있었다. 기독교 신앙이 자본주의 경제의 부상에 어떠한 역할을 했는지는 분명하지 않다. 막스 베버가 주장했듯이, 개신교 윤리가 초기 자본주의에 자신의 '정신', 즉 노동과 소비를 훈육한 "현세 지향적 금욕주의"를 더러 부여했을 수도 있다.[83] 혹은 하나님과 이 세상의 관계에 대한 기독교의 확신이, 자신들의 원래 의도와는 달리, 자기애와 같은 특정한 개인적 악을 자유롭게 풀어 주면 공적 이익을 얻을 수 있다는 사상을 지지하는 이데올로기를 제공했을 수도 있다.[84] 기독교 신앙이 정말로 자본주의 경제의 기폭제였다면, 그것은 초월적 목표를 우선으로 여기는 틀 안에서 발생한 것이다. 자본주의에 자신의 "정신"을 부여했다고 하는 17세기의 프로테스탄트들은 부의 축적보다 "더 나은 것들"에 마음이 가야 한다고 주장했다. 사도들의 말을 따라서 그들은 "거룩함"을 자신들의 주요 "이익"으로 보았고 물질적 부는 그 결과, 즉 하나님이 베푸시는 호의의 표시로 보았다.[85] 혹은 적어도 그렇게 주장했고, 따라서 자신들의 종교적 신념이 경제적 추구에 압박을 가하게 했다.

그러나 거룩함과 부의 관계, 초월적 하나님과 '맘몬'이라고 하는 범속적 신의 관계는 안정적이지 않았다. '거룩함이 유익이고 부는 표지'라는 것은 언제나 '부가 유익이고 거룩함은 수단'이라는 것으로 뒤집힐 위험이 있었다. 사도들은 후자의 입장을 명백하게 거절했고, 거룩함의 주된 물리적 이익은 만족함을 아는 것이라고 주장했다(딤전 6:5-6). 세계종교가 일상적 삶을 초월성과 대립시키지 않고 초월성의 이름으로 일상적 삶의 선함을 긍정하기 때문에, 종교를 경제의 시종으로 바꾸고자 하는 유혹은 늘 있었다. 지난 4세기 동안 서구에서는 많은 사람이 이 유혹에 굴복했다. 일상적 삶을 개선하는 것에 대한 관심이 서서히 초월적 선과의 관계를 이겨 버린 것이다(1장을 보라). 오늘날 종교와 경제의 관계는 초월성이 우선인 좋은 인생의 비전 안에 경제적 관심을 두기보다 종교가 경제적 발전에 기여할 수 있는 바에 대한 관심으로 기울어 버렸다.

자유 시장을 옹호하는 학구적 종교인들은 종교가 시장경제의 매끄럽고 효율적인 기능에 꼭 필요한 자원을 지니고 있음을 입증하려 한다. 시장경제는 신뢰, 훈련된 노동, 희망과 같은 미덕을 필요로 하는데 종교가 물질적·재정적으로, 그 외 다른 사회적 자본을 보완하는 "영적 자본" 혹은 "관리의 지혜"를 공급함으로써 이러한 미덕을 제공한다는 것이다.[86] "부를 축복하는 복음"을 전하는, 기적에 집착하는 설교자들은 사람들이 부자가 되도록 하나님이 힘을 주실 것이라고 약속할 뿐 아니라, 하나님이 "보증된 부의 이전 체계"를 따라서 악한 자의 부를 그들에게 넘겨주실 것이라고 약속한다.[87] 시장경제를 거부하고 사회주의적 비전을 수용하는 세계종교의 추종자들도 종종 종교를 일상적 번영과 밀접하게 연관시킨다. 그들 중 많은 사람이 물질적 부의 우선성 자체를 거부하기보다는 그것을 얻는 수단(경쟁주의와 상품화)을 거부하고 불평등한 분배를 한탄한다(한마디로 모두가 수영장을 가져야 한다는 것이다).[88] 이 세 가지 예를 보면 종교가 단순히 일상적 번영의 수단으로 **축소**되지는 않았지만, 종교의 우선순위 자체는 일상적 번영에 있다.

지구화는 세계종교가 '정치적 종교'로 변하고자 하는 유혹을 거부하게 도와준다. 그러나 동시에 지구화는 세계종교가 '부의 종교', 즉 일상적 인간 번영의 밭을 갈도록 멍에를 메고 육성되는 종교가 되게끔 유혹하고 있다. 건강, 장수, 맛있고 풍성한 음식, 많은 편의품과 같은 일상적 삶에 속한 것들 그리고 그것들이 주는 즐거움이 진정으로 중요하다는 가정하에 지구화는 아주 맹렬하게, 큰 상상력을 가지고, (전반적으로) 성공적으로 진행되고 있다. 그리고 종교는 시장 주도 지구화의 소용돌이에 말려서 지구화의 수단으로 자신을 바치고 있으며, 지구화의 목적을 인간의 번영에 대한 더 큰 설명 안에 위치시키지 않고 있다. 시장 주도의 지구화는 종교의 가장 깊고도 유익한 통찰과 관심, 즉 일상적 존재와 일상적 번영에 대한 평면적 관심을 초월하는 좋은 인생에 대해 종교가 설명하는 것을 포기하도록 유혹하고 있다. 이러한 유혹에 굴복하면 세계종교는 지구화된 세계에 자신이 기여할 수 있는 가장 중요한 것을 포기하게 된다. 그 기여란 바로 진정으로 번영하는 삶의 성격은 무엇이며 우리의 모든 욕망과 사랑의 궁극적 목표는 무엇인가에 대한 질문을 전면에 내세우고 추구하는 것이다.[89]

충돌하는 지구화?

지금까지 1장과 2장에서 세계종교와 지구화 사이의 긴장 가득하고 변혁적이면서도 잠재적으로 둘 다 풍성해질 수 있는 관계에 대해 대략 살펴보았다. 이것은 현실적인가? 사실 종교는 보편적 비전을 구현하고 촉구하면서 진리는 자기 것이라 주장하고 어떠한 방식으로든 세계적 종교가 되려 하지 않는가? 시장 주도의 지구화 또한 보편적 관습과 신념을 구현하면서 온 세계에까지 손을 뻗치고 삶의 모든 영역으로 스며들기 위해서 거부하기 힘든 기세로 밀어붙이지 않는가? 각각의 세계종교는 다른 종교들과 충돌할 수밖에 없으며, 그들 모두는 궁극적으로 지구화와 충돌할 수밖에 없지 않은가? 세계종교와 시장 주도의 지구화 문제에 오면 사실 우리는 두 개의 서로 경쟁하는 지구적 프로젝트를 다루는 것 아닌가? 그리고 서로 경쟁하는 여러 개의 종교적 그리고 비종교적 지구화의 비전을 다루는 것 아닌가?

마르크스주의에 영감을 받은 세계적 비전은 종교에 적대적이었을 뿐 아니라 종교를 무자비하게 박해했다. 한편 종교는 비종교적 관점의 지구화, 다른 종교의 세계적 비전에 적대적이었다. 하나님의 통치를 세계적 제국에 대한 대안으로 보는 사상은 주전 2세기부터 있었다. 다니엘서에 따르면, 하나님의 통치가 임함으로써 세계적 야심을 품고 잇따라 일어나 알렉산더 대제에서 정점을 이룬 제국들이 끝이 날 것이라고 했다(단 2, 7장). 오늘의 예를 들자면, 영향력 있는 무슬림들은 이슬람을 현재 시장 주도의 지구화에 대한 대안으로 생각한다.⁹⁰ 일부 그리스도인들도 시장 주도의 지구화와 이러한 지구화에 대한 무슬림의 대안과 "세계 기독교"를 대치시킨다.⁹¹ 이처럼 여러 세계적 비전이 서로 경쟁하고 있다.⁹² 그렇다면 이러한 종교적·비종교적 지구화의 비전과 그것을 각기 지지하는 사람들은 충돌할 수밖에 없는가?⁹³

서로 경쟁하는 종교들의 세계적 비전이 충돌하는 것을 줄이기 위해서, 전대의 영향력 있는 하버드 대학교 종교학자 윌프레드 캔트웰 스미스(Wilfred Cantwell Smith)는 사회적 다원주의가 특징인 세계 공동체에 "세계적 신학"이 필요하다고 주장했다. 그러나 세계적 신학이 다른 보편주의들과 경쟁하는 또 하나의 보편주의가 됨으로써 문제를 더 악화시키지 않는다는 보장이 어디 있겠는가? 스미스는 "세계의 모든 종교"가 대화에 동참해서 부상하는 세계 신학을 구상했다.⁹⁴ 일단 이러한 신학이 형성되면 이것이 종교를 대체하는 게 아니라 여러 종교의 공통된 핵심을 엮어 줄 것이다. 그러면 세계 공동체는, 각각의 종교가 자기 현장에서 구체적으로 살아내되 보편적으로 인식하는, 하나의 신학을 가지게 된다는 것이다. 이처럼 단 하나의 세계 신학을 주장하게 만드는 동기는 인류 역사에서 종교, 사회 규범, 주권 사이의 관계를 이끌어 온 신념과 비슷하다. 즉 사회가 연합하려면 그 세 가지가 통합되어야 한다는 신념인데, 온 세상이 하나가 되었으므로 단 하나의 보편적 '신학', 즉 일종의 메타 세계관 혹은 "핵심적 연합 자의식"과 같은 것이 이 단일성을 "집단적으로 대변"해야 한다는 것이다.⁹⁵

그러한 세계 신학이, 더군다나 가까운 미래에 부상할 가능성은 매우 적다. 세계종교의 추종자들은 새로운 상황에 적응하기 위해서 자신의 종교를 개혁할 필요를 느낄지는 몰라도(실제로 그렇게 할 수밖에 없고 종종 무의식적으로 그렇게 한다) 자기 종교보다 어떠한 식으로든 우위에 있는 인간 번영과 공공선의 비전을 따르고 싶어 하지 않을 것이다. 각각의 세계종교는 자신이 궁극적 헌신의 표현이라고 본다. 모든 종교의 핵심이라는 것을 골라서 농축한다 해도 그것이 특정 종교의 근저를 이룰 가능성은 적다. 농축에 성공한다 해도 바로 그러한 문제에 부딪힐 것이다. 많은 사람이 종교에는 농축할 수 있는 공통적 핵심이 없다고 확신할 것이라는 게 나의 생각이다. 결국 세계 신학은 불가능하다.

다행히도 세계 신학은 필요가 없다. 그 이유는 다음과 같다. 보편 종교들이 서로 충돌할 수밖에 없다는 생각은, 명확한 언어로 잘 표현되지는 않지만, 종교가 상호 배타적이며, 투명하지 않고, 번역 불가능하며, 서로 겹치지 않는 문화적 체계라는 인식에서 비롯된다. 종교는 서로 부딪히기는 하지만 공간을 공유할 수는 없는 공들인 것이다. 그러나 종교에는 공통된 핵심이 없다고 하는 것만큼이나 이 주장은 근거가 없다. 비록 세계종교가 서로 다른 형이상학적 틀을 가지고 있다고 해도, 가치 있는 인생에 대한 설명이 다르고, 인간의 곤경과 구원에 대한 개념이 다르다 해도,[96] 내가 앞에서 주장한 것처럼, 그들은 구조적 유사성을 지니고 있다. 또한 세계종교들이 윤리적 규범은 신자든 비신자든 모두에게 보편적으로 적용된다는 신념뿐 아니라, 진실함과 정의와 연민처럼 인간관계를 지도하는 몇 가지 기본 원칙도 공유한다는 사실도 중요하다. "공통의 말씀"(A Common Word)이라는 문서는 오늘날 세계에서 가장 크고 가장 많이 대립하는 두 종교인 기독교와 이슬람의 공통점이라고 생각하는 것의 좋은 예다. 세계적으로 영향력 있는 두 종교의 여러 지도자가 지지하는 이 문서는 두 종교의 차이점을 전혀 무시하지 않으면서 이 둘을 함께 묶는 것은 하나님과 이웃을 사랑하고자 하는 공통된 헌신이라고 주장한다.[97] 이 문서에 따르면 두 종교는 많은 면에서 서로 동의하지 않지만, 또 다른 많은 면에서 서로 동의

하기도 한다. 특히 하나님의 중요한 속성과 인간관계를 지도하는 원칙들에 대해서 동의한다. 세계종교의 몇몇 신념들이 겹친다고 해서 '세계 신학' 혹은 '세계적 세계관'이 나오는 것은 아니다. 하지만 이 종교들의 공통된 신념은 세계적 질서, 인간적 소양, 공공선의 추구에 필요한 세계적 규칙과 그 규칙의 준수를 뒷받침할 수 있다. 이러한 세계 질서 안에서 세계종교의 추종자들은 인간의 번영에 대한 자신의 비전을 주장하면서도 다른 종교인들, 비종교인들과 평화롭게 살 수 있다. 그러면 종교는 꾸란의 유명한 구절에서 말하듯이 "선한 일"에서만 "서로 경쟁하는 것"이 아니라(5:48),[98] 좋은 인생의 비전에 대해서도 서로 경쟁할 것이다. 그러면 그들은 서로를 풍요롭게 할 수 있고 지구화의 형성에도 도움을 줄 수 있을 것이다.

이 책의 나머지 부분에서는 세계종교의 추종자들이 번영에 대한 자신의 비전을 확고하게 지지하면서도 어떻게 서로, 그리고 비종교인과 함께 평화롭게 살 수 있는지 살펴볼 것이다. 세계종교가 번영에 대한 자신의 비전을 다른 사람들에게 폭력적으로 강요하거나, 사적 공간으로 물러나 지구적 공공선을 위해 노력하지 않는 등 차선책에 만족하는 것은 스스로를 배신하는 것이며 세상에서 제대로 기능하지 못하는 것이다.[99]

2부

3. 존중의 정신, 존중의 체제
4. 종교적 배타주의와 정치적 다원주의
5. 갈등, 폭력, 화해

3장

존중의 정신,
존중의 체제

종교적 비관용이 국가와 비국가 주체 모두에 의해 대규모로 진행되고 있다. 이것은 나쁜 소식이다. 반감과 차별, 박해를 당하는 개인과 공동체에만 나쁜 소식이 아니다. 오늘날, 종교의 색채가 선명하고 자기주장이 강하며 서로 얽혀 있고 의존적인 세계에서 이 소식은 모두에게 나쁘다. 종교적 비관용은 단지 개인과 공동체의 비극일 뿐 아니라 지구의 안전을 위태롭게 한다.[1] 이 문제를 해결하기 위해서는 문화를 변화시키고 정치제도를 바꾸어야 한다.

종교의 자유, 종교의 차이를 존중하는 것에 관한 최근의 보고들은 "국가적·지역적 경계를 초월하여" "부정적 경향"이 나타나고 있음을 일관되게 지적한다.[2] 몇 가지 예를 들면 다음과 같다.

- 세계 인구의 46퍼센트가 종교에 대한 적대감이 높거나 매우 높은 나라에 살고 있다.
- 세계 인구 약 70억 명 가운데 거의 75퍼센트가 종교의 자유가 매우

제한된 나라에 살고 있다.
- "약 33퍼센트의 나라에서 주류 종교를 불쾌하게 하거나 그것에 위협적이라고 여겨지는 특정 종교 활동을 한 것에 대한 보복으로 개인이 공격을 받거나 고향을 떠나야 했다."
- "30퍼센트의 나라에서 종교 관련 테러 단체들이 활발하게 사람을 모집하거나 기금을 모았다."[3]

유대인을 미워한다는 제한적 의미의 반유대주의가 널리 확산되어 있는 것은 잘 알려진 사실이다. 그러나 세계적으로 그리스도인들이 박해와 차별의 주요 대상이라는 사실은 사람들이 잘 모른다. 근소한 차이로 무슬림이 그다음이다.[4] 애매하고 부정확한 용어인 '이슬람포비아'(Islamophobia)에 이어 더 애매한 '기독교포비아'(Christianophobia)라는 말이 생겼는데, 그럴 만한 이유가 있다. 영국의 "국제적 종교의 자유에 대한 초정당 모임 보고서"(Report of the All Party Parliamentary Group on International Religious Freedom, 2013)는 이렇게 말한다. "오늘날 박해를 받는 그리스도인은 적어도 2억 5천만 명으로 추정된다. 그들은 괴롭힘, 위협, 투옥에서 고문과 처형에 이르는 고통을 받고 있다."[5] 숫자로 보자면 브라질과 아르헨티나의 전체 인구를 더한 수가 박해를 받는 것과 같고, 그리스도인 여덟아홉 중 한 명은 박해를 받는다는 의미다. 그리스도인만큼은 아니겠지만 모든 종교인은 다른 종교인이나 같은 종교 내 다른 종파에 속한 사람, 반종교적 배타적 인본주의자들, 그리고 이들 중 어느 특정 그룹과 동일시하는 국가로부터 "공격을 받고" 있다.

종교가 공격받는 이유는 그들 자신이 공격을 하기 때문이다. 종교는 종종 비관용의 태도와 관습을 부추기고 그럼으로써 종교 간 반목을 지속시킨다. 그러나 곧 논의하겠지만, 세계종교는 다른 종교와 비종교의 자유를 긍정하고 촉진할 수 있는, 다원주의를 정치적 프로젝트로 수용할 수 있는 내적 자원을 지니고 있다. 하지만 먼저 종교적 비관용의 문제를 좀더 살펴보자.

그래서 비관용의 승자는 누구인가?

가장 비관용적인 종교가 받는 상이 있다고 하자. 어느 종교가 그 상을 받겠는가? 자신이 배심원이라고 생각하고 과거와 현재의 종교 비판자들이 어떤 판단을 내릴지 상상해 보라. 비판자들은 모든 종교가 그 상의 후보라고 생각할 것이다. 왜냐하면 모든 종교가 맹목적으로 비합리적이고 따라서 구제할 수 없을 정도로 비관용적이기 때문이다. 그리고 이러한 종교들 중에서 보자면, 모든 인류가 잘 사는 단 하나의 진실된 비전을 확언하는 세계종교가 가장 근접한 후보일 것이다. 사회학자 피에르 부르디외(Pierre Bourdieu)가 "보편의 제국주의"라고 부른 것을 세계종교의 추종자들이 대변하는 것처럼 보이기 때문이다.[6] 세계종교 중에서 유대교, 기독교, 이슬람 등의 아브라함 계통 종교가 유력한 후보일 것이다. 잘 사는 인생에 대한 단 하나의 진리가 단 한 분이신 참 하나님의 절대적 통치에 대한 확언에 근거하기 때문이다. 이들의 역사와 확산의 정도로 볼 때 기독교와 이슬람이 아마 최종 두 후보가 될 것이고 그중 기독교가 승자로 선언될 것이다. 기독교는 선의의 가면을 쓰고 모든 사람에게, 특히 미대륙 발견 이후 또 식민화 과정에서, 그러니까 현재 형태의 지구화 초기부터 지칠 줄 모르고 자신을 강요했기 때문이다. 종교 비판자 배심원들은 이 나쁜 상을 이슬람에 줄지도 모른다. 2006년 덴마크의 만화가는 이슬람의 창시자를 소재로 눈을 가리고 언월도를 든 남자를 그렸다. 오늘날 이슬람을 비방하는 많은 사람이 바로 이런 식으로 이슬람의 모습을 상상한다.

3장. 존중의 정신, 존중의 체제

타 종교인을 쉽게 폄하하는 경향이 있는 종교인들은 종교 비판자들과 한목소리를 내기도 한다. 많은 그리스도인이 기독교는 사랑과 자유의 종교이지만 이슬람은 무조건적 굴복을 요구하는 사납고 비합리적 신을 중심으로 하는 복종과 폭력의 종교라고 생각한다. 교황 베네딕토 16세는 2006년 레겐스부르크 연설에서 이보다는 순화된 묘사를 했는데, 이성과 사랑의 기독교 신과 의지와 강압의 이슬람 신을 대조시켰다.[7] 일부 무슬림들은 그러한 평을 되받아친다. 말레이시아의 전 수상 마하티르 모하마드(Mahathir Mohamad)가 쿠알라룸푸르에서 약 3천 명의 그리스도인들에게 강연을 할 때 청중 가운데 나도 있었다. 그때 그는 신의 명령으로 이루어진 고대 가나안족의 대학살과 역사 속에서 일어난 그와 비슷한 사건들이 말해 주듯이 유대교와 기독교 모두 이슬람보다 더 폭력적이라고 했다.[8] 한편 불교는 자신들이 가장 관용적인 세계종교라고 자랑하지만, 스리랑카나 버마와 같은 나라에서는 그 지역의 힌두교인, 그리스도인, 무슬림 시민들이 지체 없이 지적하듯이 비관용적이고 폭력적이다.[9]

세계종교와는 달리 오늘날 시장이 주도하는 지구화는 '비관용상'의 후보에도 못 오를 거라고 생각할 수 있다. 지구화는 지구 전체에 자유와 관용을 전파하지 않는가? 여러 종교의 사람들과 비종교의 사람들이 같은 사회적·정치적 공간 안에 사는 다원적 사회를 만드는 데 도움이 되지 않는가? 상품에 대한 선택만큼이나 삶의 방식에 대한 선택도 거역할 수 없는 사회생활의 기본 규칙으로 삼는 개인주의 문화를 반영하지 않는가? 이 규칙에 따르면 각 사람의 가치는 자신이 무엇을 선택하느냐에 달려 있고, 다른 사람에게 해를 끼치지 않는 한 자기가 하고 싶은 일을 할 수 있다. 이러한 사상은 **무엇이든** 다 통용된다는 것과는 다르다. 찰스 테일러가 지적했듯이, 이 규칙은 단순하지만 확고한 도덕적 의무를 나타낸다. "다른 사람의 가치를 비판해서는 안 된다. 그들도 당신처럼 자신의 삶을 살 권리가 있기 때문이다. 용납할 수 없는 죄는 바로 용납하지 않는 것이다."[10] 이것은 관용을 최대한 허용하는 도덕적 이상인데, 사실은 이 안에 이미 비관용의 씨앗이 싹을 틔우고 있다.

오늘날 종교인을 포함한 많은 사람이 매우 비관용적이고 심지어 강압적인 지구화를 경험하고 있다. 지구화가 비관용적이라는 말은, 어떤 사람을 비관용적이라고 말할 때보다는 강력한 기계를 향해 "비관용적"이라고 말하는 것에 가깝다. 사람들, 또 그들이 소중하게 여기는 삶의 방식에 미치는 영향은 아랑곳하지 않고 자기 할 일만 하는 것이다. 내가 1장에서 지적한 것처럼 칼 마르크스는 당시의 지구화가 지닌 이러한 측면을 긍정적으로 지적했다. 지구화가 "방해받지 않고 모든 사회적 조건을 흔들어 놓는다"고 그는 말했다. 그래서 "숭상받던 고대의 편견과 의견으로 점철된 모든 고정된 관계들이 사라지고, 새로 형성된 관계들은 굳어지기도 전에 이미 낡은 것이 되어 버린다." 그리고 이 과정에서 "모든 견고한 것들이 공기 속에 녹아지고, 모든 거룩한 것들이 더럽혀진다."[11] 과장은 있지만 완전히 왜곡된 말은 아니다. 혁신을 막지는 않지만 세계종교는 기본적으로 전통, 의식, 습관화된 관행 안에 살면서 신성한 것에 대한 인식을 의지한다. 비인격적 무관심을 체계적으로 유발하는 지구화는 세계종교의 이러한 모든 특징을 잠식하고, 따라서 종교는 이러한 흐름에 힘겹게 저항하고 변화를 꾀할 수밖에 없게 된다. 그리고 우리가 2장에서 보았듯이, 지구화는 종교에 새로운 가능성을 열어 주기도 한다.

자신이 하고 싶은 대로 하고 남도 그렇게 하도록 허용하는 부드러운 상대주의는 "견고한" 것이 녹아 버리고 "거룩한 것"이 더럽혀진 세상의 문화적 감수성과 철학적 논쟁을 반영한다. 세계종교는 "비관용을 관용하지 않는" 현재의 지구화 과정이 강화하는 도덕적 입장과 심각한 긴장 관계에 있다. 하지만 불교나 기독교의 현대적 형태들이 더러 보여 주는 것처럼 일부 세계종교가 부드러운 상대주의를 수용하고, 자신을 좋은 인생의 확고한 구현으로 보기보다는 치유하고 힘을 주는 영성으로 보는 것도 사실이다. 이러한 형태의 종교는 의도적으로 혼합주의를 택하기도 하는데 이것 또한 지구화의 영향이다. 그래도 세계종교는 여전히 모두에게 유효한("견고한 것"), 초월적 영역("거룩한 것")을 우선으로 하는 삶의 방식에 대해서 보편적 주장을 한다. 그들은 다른 사람의 대안적 가치관이 "그들에게는" 진리라고 주장하지도 못하고 그러한 가치관에 무관심하지도 못한다. 거룩함에 대해서 보편적 주장을 한다는 것은 긍정적으로든 부정적으로든 다른 것들을 평가한다는 뜻이며, 암묵적으로든 명시적으로든 사람들에게 바른 길을 가라고 촉구하는 것이다. 세계종교에 따르면 특정 형태의 비관용, 즉 개인의 도덕적 결정에 대해서든 좋은 인생에 대한 포괄적 설명에 대해서든 잘못을 잘못이라고 명명하는 비관용은 긍정적 선이다. 그들의 관점에 따르면 비관용에 대한 비관용은 옳지 않고 관용할 수 없다. 이것이 바로, 최근의 중요한 예를 들어 보자면, 교황 베네딕토 16세가 "상대주의의 독재"에 대해 비판한 요지다.[12]

지금까지의 논의를 요약하면 다음과 같다. 관용의 문제에 대해서는 세계종교와 지구화가 서로 긴장 관계에 있다. 전통에 뿌리를 두고, 신성함을 수용하며, 다른 사람을 해치지 않는 한 자기가 하고 싶은 대로 할 수 있는 권리를 넘어서는 보편적 윤리 규범을 긍정하는 종교를 지구화는 도전한다. 반면 종교는 전통을 잠식하고, 신성함에 대한 의식을 침해하고, 부드러운 상대주의의 길을 닦는 지구화에 저항한다.

그렇다면 지구화의 맥락에서 세계종교와 관용에 대해 우리는 두 사안을 생각해 볼 수 있다. 하나는 종교 사이의 관용이고, 또 하나는 "부드러운 상대주의" 문화와 종교 사이의 관용이다. 서로 연결된 이 두 사안을 세 가지의 주요 질문으로 나눠서 생각할 수 있다. 첫째, 세계종교를 믿는 사람은 다른 종교의 삶의 방식과 인본주의적 삶의 방식에 전혀 동의하지 않더라도 그것을 존중할 수 있는가? 둘째, 세계종교를 믿는 사람은 종교의 자유와 비종교의 자유를 수용하고 다원적 민주주의를 지지할 수 있는가? 마지막으로 민주주의는 "종교 친화적"일 수 있고—비종교적 삶의 방식처럼 종교적 삶에 대해서도 동등하게 공정할 수 있고—따라서 진정으로 다원적일 수 있는가?

이 각각의 문제를 이번 장에서 따로 다루겠지만, 먼저 관용에 대한 서구의 가장 영향력 있는 책이라고 할 수 있는 존 로크의 『관용에 관한 편지』(Letter Concerning Toleration)를 살펴봄으로써 이 세 가지 문제를 함께 살펴보겠다. 로크는 유명한 철학자이고 정치적 자유주의의 창시자다. 하지만 『관용에 관한 편지』에서는 오히려 신학적 주장을 펼치는데, 종교적 관용에 대해 세속적이기보다는 종교적인 근거를 제시한다. 게다가 『관용에 관한 편지』 첫 문장이 진술하듯이, 그는 기독교 안의 여러 갈래를 믿는 사람들 사이의 "상호적 관용"을 촉진하는 데 관심이 있었고[13] 국가의 권력을 제한하는 것은 중요하지만 그에게는 부차적이었다. 그로부터 3세기가 지난 지금도 그리스도인이나 비그리스도인 모두에게 그의 주장은 유익한 영향을 끼칠 수 있을 것이다.[14]

관용

『관용에 관한 편지』는 런던에서 1689년에 출간되었지만, 로크는 이것을 4년 전인 1685년 말에 네덜란드에서 썼다. 1685년 10월 18일, 프랑스의 왕

루이 14세는 "우리는 향후 개혁 교회에 속하는 우리 백성이 그 어떠한 이유에서든 그 종교의 실천을 위해서 어떠한 장소나 개인의 가정에서 만나는 것을 금지한다"는 칙령을 내렸다.[15] 이 칙령과 함께 가톨릭이 우세한 프랑스에 사는 개신교도들은 루이 14세의 할아버지인 헨리 4세가 낭트칙령(1598)에서 허용했던 모든 종교적·시민적 자유를 잃었다. 낭트칙령이 무효화됨으로써 프랑스에 사는 40만 명의 개신교도들은 그 나라를 떠났고, 남아 있는 사람들은 많이들 투옥되거나 처형되었다. 프랑스에서 일어난 이러한 박해는 별도의 사건이 아니라 유럽에서 일어난 150년간의 종교전쟁 말미에 일어났다.[16]

16세기와 17세기의 대부분의 개신교도들은 가톨릭과 마찬가지로 "교회에 소속된다는 것은 국가에 소속되는 것과 같고 '신성한 왕'은 참 종교를 촉구하고 지지할 의무가 있다"고 믿었다.[17] 따라서 국가의 일치는 종교의 일치도 요구한다고 생각했다. 잘못된 믿음을 가진 사람들(이단들) 그리고 주류 종교 공동체에서 분리된 사람들(분리주의자들)은 관용될 수 없었다. 둘 중 누구든 마음대로 행동하면 주교나 목회자의 지도를 받는 그리스도인 행정관이 그들을 원래의 주류 종교 공동체로 강제로 돌아가게 할 의무가 있었다. 따라서 종교개혁 후 라틴 기독교가 여러 분파로 갈라지기 시작하자 정치적 연합 때문에 박해와 종교전쟁이 촉발되었다.

당시의 지배적 관점과는 달리 로크는 통일된 종교적 신앙과 실천이 아닌, 시민들이 자신들의 이해관계와 종교적 신념을 택하고 따를 수 있는 권리를 국가가 보호해 줄 것이라고 시민들이 확신할 수 있을 때 평화가 온다고 보았다. 게다가 그는 종교적 비관용은 정치적 지배에 대한 욕망에 오염되어 기독교 신앙을 잘못 해석한 데에서 비롯되었다고 주장했다.

첫째, 기독교 신앙의 핵심 표지는 이웃 사랑이다. 그것은 "모든 인류, 심지어 그리스도인이 아닌 사람도 온유하게 대하고 그들에게 자선과 선의를 베푸는 것"이다.[18] 그리스도인이 다른 어떤 미덕을 갖추고 있다 하더라도 사랑이 없으면 그는 진정한 그리스도인이 아니다. 로크와 그를 반대한 사람 모두가 이 원칙에는 동의했다. 그러나 종교의 문제에 있어서 사랑이 강압과 공존할 수 있는지에 대해서는 서로 일치하지 않았다. 아우구스티누스 때부터 강압을 주장한 사람은 그것이 가지는 교정의 가치에 근거해서 주장했다.[19](그들은 근거로서는 다소 빈약한 성서 본문에 기초해서 그런 주장을 했는데, 원래 초대받은 사람들은 다른 데 관심이 있으니 강제로라도 거리에 있는 사람들더러 만찬에 참여하게 하라고 주인이 종에게 명했다는 예수의 비유였다).[20] 로크는 그들과 견해가 달랐다. "고통을 가하고 어떠한 형태로든 잔인하게 대하는 것"이 사랑의 표현일 가능성은 전혀 없다고 그는 생각했다.[21] 따라서 그의 생각에 종교적 비관용은 진정한 사랑과 공존할 수 없었다.

그러나 로크가 너무 쉽게 생각한 것은 아닌가? 곧 무너질 주장을 한 것은 아닌가? '고통'과 '잔인함'이 사랑과 공존할 수 없다는 것을 인정하는 대신 다소 완화된 형태, 즉 사람들이 교회를 다니도록 법을 만들어 강압을 실천한다면 어떻게 되는가? 만약 완화된 형태의 강압이 사람들을 신앙으로 이끌 수 있다면, 그것은 사랑과 공존할 수 있지 않겠는가? 바로 이 지점에서 종교적 관용에 대한 로크의 두 번째 주장이 등장한다. 그 주장은 하나님과 관계를 맺는 인간의 특성, 하나님에 대한 믿음과 사랑의 성질에 근거한다. "진정으로 구원하는 종교는 지적으로 설득하는 종교다. 그것 없이는 아무것도 하나님께 용납될 수 없다. 이해의 본질이란 바로 그런 것이어서, 외부의 힘으로는 아무런 믿음도 강요할 수 없다."[22] 이처럼 깊은 신념은 마음대로 바꿀 수 없기에, 강요된 신앙은 '잘못된' 신앙이며 따라서 하나님이 받으실 수 없다.

강제로 믿게 하는 것은 인식론적으로 불가능하고 위선적 종교라는 로크의 주장은 절반의 논의일 뿐이다. 아우구스티누스가 1천 년도 더 전에 주장한 것처럼, 그리고 통찰력 있는 로크의 비판자 조너스 프로스트(Jonas Proast)도 주장한 것처럼, 오랜 시간에 걸쳐 완화된 압력을 가하면 사람이 생각을 바꿀 수 있다고 가정해 보자.[23] 로크는 그렇게 해서는 안 된다고 보았는데, 그 이유가 관용에 대한 그의 더 큰 주장의 핵심이다. 사람은 자기 인생의 기본 방향과 자신의 영원한 운명에 대한 책임을 다른 사람에게 넘겨주어서는 안 된다고 그는 주장했다. 그는 이렇게 썼다. "그 누구도 자기 자신의 구원을 다른 사람의 선택에 맡길 만큼 맹목적으로 내팽개쳐서는 안 된다. 그 사람이 왕이건 신민이건 자신이 무엇을 믿거나 예배할지 대신 정하게 할 수는 없다."[24] 그가 『통치론』(Two Treatises of Government)에서 말하듯이, 사람은 하나님의 "작품"이고 하나님의 "소유물"이며 따라서 인생의 기본 방향은 하나님께 책임이 있다.[25] "다른 사람이 진리라고 생각하는 종교를 힘 있는 사람이 강제로 믿게 하는" 것은 "해를 입히는 것"이다.[26] 신앙과 그에 따른 삶의 방식에 대해서 로크는 종교 안에 머물거나 종교를 받아들이게 강제할 능력이나 권위가 그 누구에게도 없다고 주장했다.

마지막으로 로크는 교회와 국가의 분리를 주장했다. 이것은 신앙의 본질과 자기 인생에 대한 개인의 책임에서 비롯되는 결과다. 신약성경에서 볼 수 있듯이, 교회는 하나님을 예배하는 데 관심이 있고 "미덕과 경건의 규칙에 따라서" 사람들의 삶을 규제한다. 그리고 규제의 도구는 설득력 있는 말과 "모범적 거룩함"이다.[27] 반면 국가는 "시민의 이해관계"에 관심이 있으며, 도구는 "칼"과 "기타 무력의 도구"다.[28] 교회가 국가와 분리되면 국가는 하나의 종교만을 지지하는 존재에서 여러 종교를 허용하는 중립적 존재가 된다. 나아가 로크는 신학적 근거에서 "복음에서 기독교 국가라고 하는 것은 결코 존재하지 않는다"고 주장했다.²⁹ 따라서 모든 시민—서로 다른 교단의 그리스도인뿐 아니라 이교도와 유대인들, 그러나 가톨릭, 무슬림, 무신론자는 제외한 시민—은 동등한 권리를 가져야 한다고 그는 말했다.³⁰

로크의 주장은 기독교의 고전적 입장으로서 신앙을 가진 사람은 서로에 대해 관용해야 한다는 입장이다. 이 장의 나머지 부분에서 이러한 입장을 좀더 발전시킬 텐데, 나는 종교적 관용에 대한 로크의 설명을 지지하는 한편 거기에 양심의 자유도 포함될 수 있도록 그 외연을 확장시킬 것이다. 그렇게 하면 비신론자와 무신론자의 자유도 관용의 대상이 될 수 있다. 그리고 교회와 국가의 분리에 대한 그의 설명을 다시 구성해서 적극적 계시에서 비롯한 이유를 공적 논쟁에서 제시하지 못하게 하는 그의 입장을 폐기할 것이다. 로크처럼 나는 **종교의 태도**에 내재하는 비관용의 문제와, 부차적으로 이러한 비관용이 **국가권력**에 반영되는 문제를 지적할 것이다. 그러나 로크와 달리 나는 종교의 자유만을 지지하는 게 아니라, 자기 자신의 종교가 아닌 다른 종교에 대한 **존중**, 그리고 존중하기 힘들다고 여기는 다른 종교의 요소들에 대한 **관용**도 지지할 것이다. 이 두 입장 모두 관용할 수 없는 것에 대한 도덕적 거부와 심지어 법적 금지도 배제하지 않는다. 따라서 나의 관심은 단순히 강압의 부재보다는 다른 종교에 대한 적극적 인정이다. 한마디로 나의 주제는 존중이다. 다른 종교를 믿는 사람들에 대한 존중, 그리고 그들이 믿는 종교에 대한 어느 정도의 존중이다.

이 책의 나머지 부분에서처럼 그리고 로크 자신처럼 나는 기독교적 입장에서 쓸 것이고, 각각의 세계종교가(심지어 그 종교에 대한 각각의 다른 해석들도) 자기 나름의 관점이 있을 이 문제에 대해 기독교의 견해를 제시할 것이다. 그러나 로크와 달리 나는 그리스도인만을 위해서 쓰는 것은 아니고, 다른 종교를 믿는 사람들을 존중하는 것이 그리스도인에게 의미하는 것만을 살펴보지 않을 것이다. 그 대신 다른 세계종교에도 존재한다고 생각하는, 그리고 그 종교를 믿는 사람들도 동의하리라 기대하는, 자유의 체제에 내재하는 존중의 정신을 제안한다.

종교의 자유

오늘날 종교를 믿는 사람과 세속주의자 모두 종교의 자유를 주로 인권 차원에서 이야기한다. 전 세계적으로 종교의 자유를 인권의 관점에서 보게 된 가장 큰 계기는 세계인권선언(1948)이다. 세계인권선언의 열여덟 번째 조항은 다음과 같다. "모든 사람은 사상과 양심과 종교의 자유를 누릴 권리가 있다. 이 권리는 자신의 종교나 신념을 바꿀 자유, 그리고 혼자서든 다른 사람과 함께 공동체로서든, 공적으로든 사적으로든, 자신의 종교와 신념을 가르치고 실천하고 예배로 나타내고 그 종교의 규칙대로 따를 자유를 포함한다."[31] 이 조항은 모든 사람이 어떠한 종교든지 유지하거나 받아들일 수 있는, 혹은 멀리하거나 버릴 수 있는 **권리**를 제시한다. 이러한 권리의 언어는 (1) 인간이기 때문에 모든 사람은 자기 인생의 기본적 방향을 정할 능력이 있다는 것과, (2) 종교를 강제하거나 자신이 선택한 종교에 따른 실천을 못하게 함으로써 그러한 능력을 방해하는 것은 잘못임을 암시한다. 이것은 인간의 존엄성에 기초해서 종교의 자유를 주장하는 것인데, 이마누엘 칸트의 영향을 받았다. 칸트는 각 인간은 동등한 존엄성을 지니며 우리는 각 사람의 자율성을 존중해야 하고, 특히 자기 인생의 방향을 정할 수 있는 능력을 존중해야 한다고 했다.[32] 세계종교를 믿는 많은 사람, 예를 들어 하나님이 인간을 창조하시고 사랑하시기 때문에 인간은 침범할 수 없는 존엄성을 갖는다고 믿는 사람들은 종교의 자유를 지지하는 주장을 받아들일 수 있을 것이다. 그러나 종교를 수용하는 방식에 따라 다른 길도 가능하다. 잠시 로크에게로 돌아가서 그것을 설명해 보겠다.

『관용에 관한 편지』에서 로크는 지나가는 말로 "양심의 자유는 모든 사람의 자연적 권리"라고 했다.[33] 그는 이 주장에 대해서 별다른 설명을 덧붙이지는 않았다. 종교인으로서 그리고 종교적 청중을 위해서 『관용에 관한 편지』를 쓴 로크는 기독교 신앙의 특징과 더 직접적으로 연관되는 주장을 선호했다. 앞에서 본 것처럼 그의 주장은 신앙이 내적 설득이고 개인적 책임이며 따라서 외적으로 강요되어서는 안 된다는 신념에 상당 부분 근거한다. 여기에서 비판적인 사람은 로크가 "내적 설득"이라는 요소를 기독교 밖에서 가져오는 것은 아닌가 하는 의심의 눈길을 보낼 수도 있다. 로크는 하나님 앞에 홀로 서서 자신의 양심의 소리만을 듣는 개인을 염두에 두고 있다. 그러나 이러한 개인은 사람이 그리고 사람 사이의 관계가 시장 교환에 맞게 제시되었던 초기 시장 주도의 지구화와 함께 부상한 개인주의의 산물이라고 비판할 수 있다.[34] 로크는 그러한 개인주의의 창시자 중 한 명으로 알려져 있었다.[35] 그렇다면 내적 설득으로 실천되는 '신앙'과 개인적 책임은 초기 형태의 시장 주도 지구화의 영향을 받은 문화적 혁신물인가?

이러한 의심은 할 필요가 없다. 처음부터 그리스도인들은 내적 확신을 가지고 자유롭게 신앙을 받아들여야 한다고 주장했다(물론 여기에서 자유를 행하는 행위자의 성격은 현대 서구 문화가 규정하는 것과 다르지만 말이다). 사도 바울은 "마음으로 믿는다"고 했는데, 이 말은 단순히 환경의 영향에 순응해서가 아니라, 혹은 무력으로 가해지는 명령에 순종해서가 아니라, 존재의 중심으로 그렇게 해야 한다는 뜻이다(롬 10:10).[36] 고대 로마 때 그리스도인을 박해하는 것을 반대한 교부 테르툴리아누스(Tertullian, 160-220)는 이렇게 썼다. 신들이 "억지로 바치는 제물을 좋아할 리 없기" 때문에 "자유인이 자기 의지에 반해서" 종교의식에 참여하도록 "강요하는 것은 불의하다."[37] 밀라노칙령(313)이 이 관점을 참고했다. 이 칙령은 "각자 원하는 종교가 무엇이든 그것을 따를 수 있는 자유를 모든 사람에게" 허용했다. 왜냐하면 "최고의 신"은 오직 "자유로운 정신"으로만 섬길 수 있기 때문이다.[38] 신앙은 본질적으로 자유로운 행위다. 강요된 신앙은 신앙이 아니다. 초기의 기독교와 현대의 기독교 모두 이 부분에 동의한다. 그러나 바로 이 때문에 많은 사람이 종교의 자유에 대한 기독교의 긍정이 수 세기 동안 중단되었다는 사실을 받아들이지 않는다.[39]

종교의 자유는 기독교에만 국한된 가치가 아니다.[40] 그리스도인들처럼 불교인들도 종교의 자유를 역사적으로 일관되게 실천하지는 않았지만 붓다는 명백하게 그것을 가르쳤다. 기독교 전통의 대변자들처럼 붓다는 각 사람은 무엇이 "안녕과 행복으로 이끄는지" 스스로 결정해야 하며 자신이 결정한 길을 따라야 한다고 했다.

구전이나,
가르침의 계보나,
풍문이나,
경전의 모음이나,
논리적 사고나,
추론적 사고나,
이성에 대한 성찰이나,
숙고한 후에 받아들이는 관점을 따르지 말고,
화자가 자신감 있어 보인다고 해서,
"우리 스승은 금욕적이다"라는 생각에서 받아들이지 말라.

스스로 "이것은 건강하지 않다, 이것은 흠이 있다. 이것은 지혜로운 사람이 검열했다. 이것을 받아들이고 실천하면 해와 고통으로 이끈다"는 것을 알 때, 그때 그것을 버려야 한다.…

스스로 "이것은 건강하고, 이것은 흠이 없고, 이것은 지혜로운 사람이 칭송했고, 이것을 받아들이고 실천하면 안녕과 행복으로 이끈다"는 것을 알 때, 그때 그것을 받아들여야 한다."[41]

역사적으로 기독교, 힌두교, 불교가 그랬던 것처럼 이슬람도 종교의 자유에 대해서 양가적이다. 불교나 유대교나 기독교의 경전에 나오는 어떠한 긍정만큼이나 분명한, 종교의 자유에 대한 꾸란의 유명한 긍정을 생각해 보라. "종교에는 강요가 없나니, 진리는 암흑 속으로부터 구별되니라. 사탄을 버리고 하나님을 믿는 자 끊기지 않는 단단한 동아줄을 잡았노라"(알-바까라 2:256). 많은 위대한 무슬림 스승은 이 구절이 실제로 이슬람을 받아들이라는 강요를 못 하게 하는 것은 아니라고 주장했다. 이슬람의 진리는 자명하기 때문에 강제할 **필요**가 없다는 주장일 뿐이라면서 말이다.[42] 그러나 또 다른 사람들은 종교에는 강제가 있어서는 **안 된다**는 의미로 이 구절을 읽는다. 위대한 페르시아의 학자 파크르 알딘 알라지(Fakhr al-Din al-Razi, 1149-1209)는 이 구절에 어느 정도 근거하여 종교의 문제에 있어서 강제는 불필요할 뿐 아니라 종교의 본질에 위배된다고 주장했다. "신은 강제와 압박 위에 신앙을 세우신 것이 아니라, 수용과 자유로운 선택 위에 세우셨다."[43] 펫훌라흐 귈렌(Fethullah Gülen)과 같은 많은 현대의 무슬림 지도자들이 알라지의 해석에 동의한다.[44]

종교에 대한 그리스도인, 불교인, 무슬림의 입장이 보여 주듯이, 종교의 자유에 대한 세계종교의 입장은 양가적이다.[45] 그들은 종교의 자유를 긍정하지만, 또한 그 자유를 제한하려고 하거나 역사적으로 그렇게 해 왔다. 그러나 2장에서 규명한 것과 같은 형식적 특징들을 세계종교가 공유하는 한, 그들의 가장 기본적인 입장은 종교의 자유를 부인하기보다는 긍정하는 것이다. 그 이유는 다음과 같다.

세계종교와 종교의 자유

개인을 우선하고 진리와 보편성을 강조하는 세계종교에 기초해서 종교의 자유를 다음과 같이 추론할 수 있다.

- 세계종교는 본질적으로 개인을 다룬다. 모든 사람은 초월적 부름에 응답하여 자신이 속한 관계의 망을 떠나서 초국가적 종교 공동체에 참여하거나, 아니면 자신이 속한 공동체 안에서 그 부름이 주어진다면 그 부름에 적절하게 반응해야 한다.
- 세계종교는 사람을 진리의 삶으로 부른다. 특정 사람이나 일부 그룹원이 아니라, 모든 시대와 장소의 모든 사람에게 보편적으로 진리이며, 모든 사람이 인간으로서 충만할 수 있도록 고안된, 참된 삶의 방식을 세계종교는 주장한다(그러나 이러한 주장이 종교적 진리를 표현하는 방법은 하나뿐이라거나, 다른 종교에는 진리가 전혀 없다는 의미는 아니다).
- 참된 삶의 방식을 받아들이라고 사람을 부를 때 세계종교는 암묵적으로 각 사람은 특정 방식의 삶을 살 능력이 있고 자신이 이끄는 삶에 대해 기본적 책임이 있다고 가정한다. 다른 사람 대신에 태어나거나 죽을 수 없는 것처럼, 그 누구도 탄생에서부터 죽음까지 다른 사람의 삶의 방향에 대해서 책임을 질 수 없다.
- 자기 삶의 기본 방향에 대한 책임을 다하기 위해서는 자신이 살아야

하는 삶의 방식에 대해서 자유롭게 결정하고 행동할 수 있어야 한다. 이것은 일련의 신념들을 따를 자유만이 아니라 특정한 삶을 살 자유이며, 특정한 삶의 방식을 택할 자유만이 아니라 자신이 택한 삶의 방식을 삶의 어느 시점에든 따르거나 따르지 않을 자유다. 이에 미치지 못하는 것은 모두 자기 삶의 방향에 대한 개인의 기본적 책임과 충돌한다.

- 세계종교의 입장에서 볼 때 어떤 종교를 받아들이거나 받아들이지 않을 자유에 비하면 다른 모든 자유는 별로 중요하지 않다. 종교의 자유란 살면서 어떤 일을 강요당하지 않을 뿐 아니라 삶의 방향 자체를 정할 수 있는 자유이며, 어떠한 삶이 가치 있는 삶인지 스스로 결정하고 초월적 부름에 응답하여 그 삶을 사는 것이기 때문이다.

내가 여기에서 제시한 종교의 자유에 대한 추론은 인간의 존엄성에 대한 존중이나 '개인적 자율성'에 기초한 것이 아니라, **초월적 부름의 주권 그리고 그것을 따를 인간의 책임**에 기초한 것이다. 이 주장은 독창적인 게 아니다. 앞에서 이미 설명한 것처럼, 로크도 이 주장을 했다.[46] 게다가 이 주장이 딱히 기독교적인 것만도 아니다. 이것은, 예를 들어 매우 이슬람적이기도 하다. 유명한 무슬림 법관 다부시(Dabusi, 1039년 사망)는 모든 인간은 예외 없이 권리가 있으며, 거기에는 종교를 자유롭게 실천할 권리도 포함된다고 주장했다. 왜냐하면 인간은 "'하나님의 권리'를 충족시킬 책임"이 있기 때문이다. 즉 인간에게는 신을 예배하고 신에게 순종할 책임이 있다는 것이다.[47]

이 주장이 옳다면, 종교의 자유를 제한하는 세계종교는 스스로 심각한 긴장 관계에 놓이며, 자기모순에 처할 수도 있다. 어떤 세계종교는 참 종교를 따를 자유를 긍정하고, 자기 자신이 그러한 참 종교라고 생각하지만, 그것을 떠나거나 다른 종교를 따를 자유는 인정하지 않는다. 대부분의 그리스도인은 1,500년 동안 이 입장을 지지했고, 많은 그리스도인이 20세기 중반까지 그렇게 했으며, 대부분의 무슬림은 오늘날에도 이렇게 주장한다. 또 어떤 세계종교는 "나에게는 자유가 있지만 너에게는 없다"는 규칙을 따른다. 자기 종교를 따르는 사람이 소수인 나라에서 박해를 받으면 저항하지만 자신이 주류가 되면 경쟁 종교를 박해하듯이 말이다. 영국의 청교도들이 좋은 예다. 그들은 17세기 잉글랜드에서 비관용에 저항했고 결국 그 나라를 떠났다. 그러나 자신들이 정착한 뉴잉글랜드에서는 비관용의 체제를 세웠다.[48]

세계종교의 가르침과 실천의 이와 같은 비일관성은 어디에서 비롯하는가? 첫째, **진리에 대한 입장**에서 비롯한다. 세계종교는 자신이 진리이자 만족을 주는 삶의 방식이라고 생각하며, 어떤 종교는 천국의 축복 가운데 영원히 사는 삶을 보장해 주기도 한다. 따라서 그들의 입장에서는 모든 종교에 자유를 허용하는 것은 무책임한 일이다. 한 종교가 진리이고 그 삶의 방식이 최고라고 믿으면서 어떻게 사람들이 그 종교를 저버리고 스스로에게 해를 가하게 내버려둘 수 있단 말인가?[49] 그러나 어느 한 종교를 따른다는 것이 진실한 삶의 방식을 내적으로 받아들이는 것과 그렇게 받아들인 진리에 부합하는 외적 태도를 갖추는 것 모두를 의미한다고 단언한다면, 자유와 강제 사이에 긴장을 유발하는 이 요인을 무시할 수 있다. 신념을 강요할 수는 없다. 하지만 신념을 따르기를 바라면서 실천을 강요하면 두 가지 결과가 생긴다. 강요된 실천을 따라야 하기 때문에 자신이 받은 초월적 부름에 맞는 행동을 할 수 없고, 강제로 종교를 실천하기 때문에 가짜 행세를 하게 된다. 즉 비관용의 하나님은, 헤겔이 말하는 주인과 종의 변증적 관계에서의 주인처럼, 순응은 얻지만 진정한 인정은 얻지 못한다.[50] 그렇기 때문에 종교를 삶의 방식으로 받아들일 자유는 그러한 삶을 실천하는 것에 추가로 덧붙여진 선택적 요소가 아니다. 종교를 받아들이고 따를 자유는 **종교적 삶의 방식을 구성하는** 요소이며, 그 자유가 없으면 이러한 삶의 방식 자체가 근본적으로 타격을 받는다. 종교의 자유는 세계종교의 핵심 요소다.

그렇다면 왜 세계종교는 자신의 기반을 그렇게 기꺼이 잘라 내려 하는가? 그것은 바로 **정치 공동체와 그 권력의 역동에 대한 입장** 때문이다. 이것이 바로 자유와 강제 사이에 긴장이 있는 두 번째 이유다. 2장에서 주장한 것처럼 "구원" 그리고 "규칙"의 구분, 그에 따른 종교 공동체와 정치 공동체 사이의 구분은 세계종교의 주요 특징이다.[51] 그러나 종교 공동체가 정치 공동체와 거의 일치하는 시대에, 그리고 단일한 종교가 그 정치 공동체에 통일성을 제공하지 않으면 정치 질서는 불가능하다고 믿던 시대에 세계종교가 태어나 여러 세기 동안 그렇게 지내 왔기 때문에 세계종교는 종교 공동체와 정치 공동체 사이의 경계선을 없애는 경향이 있었다.[52] 유배 이전 시대의 유대교,[53] 다양한 역사적 시기의 불교, 콘스탄티누스 이후의 기독교, 메디나로 이주하고 메카를 정복한 이후의 이슬람의 경우가 모두 그러하다. 신앙심이 돈독한 통치자들은 내부의 정치적 결합을 보장하기 위해서 종교적 일치를 강제하는 책임을 떠맡았다. 그래서 이단이나 배교는 반역으로 여겨졌고 종종 사형으로 처벌할 수 있었다. 그러나 이러한 조건하에서도 세계종교는 자신의 구성적 가치인 종교의 자유를 저버릴 수가 없었다. 그들은 종교에 대한 국가의 강제를 어떻게든 종교의 자유와 양립할 수 있게 해야 한다고 생각했다. 그래서 아우구스티누스처럼 그들은 종종 외적 강요가 내적 확신을 불러일으키게 도와준다고 주장한 것이다.[54]

배교와 개종

오늘날 세계종교 사이의 가장 격렬한 충돌 중 하나는 자신의 종교를 버리고(배교) 다른 종교를 믿는 것(개종)이다. 예를 들어 인도의 힌두교인들은 불교, 기독교, 이슬람에 자기 신자를 빼앗기는 것에 분노한다. 버마와 스리랑카의 불교인들은 기독교와 이슬람에 신자를 빼앗기는 것을 두려워하고, 인도네시아에서 모리타니에 이르는 나라들에서는 그리스도인들이 사람들에게 참 종교를 버리라고 유혹하기 때문에 무슬림들이 화를 낸다. 이 모든 나라와 그 외 많은 나라는 배교와 다른 종교로의 개종을 금지하는 법을 문서로 만들었다. 더 나쁜 것은, 종종 법 시행자의 승인을 받은 자경단원들이 전도자들, 배교자들, 개종자들을 전부 잡아들인다는 사실이다.

배교는 세계적으로 가장 널리 확산된 두 종교, 기독교와 이슬람의 관계에서 특히 중요한 문제다. 이 두 종교는 모두 선교를 강조하지만, 배교에 대한 입장은 서로 대립된다.[55] 요르단 왕 압둘라 2세의 종교 및 문화 자문으로 일하는 가지 빈 무함마드(Ghazi bin Muhammad) 왕자는 무슬림과 그리스도인 간 긴장의 세 가지 원인 중 하나로 "서구가 이슬람 사회에 착수한 대대적 선교 운동에 대한 두려움과 저항"을 꼽았다. 그것보다 조금 더 큰 원인은 이스라엘/팔레스타인 갈등이고, 당시 이라크에서 일어난 전쟁이었다.[56] 기독교 선교는 또 다른 의미의 전쟁이다. 군인은 무슬림의 몸과 영토를 고도의 정교한 무기로 공격하고, 선교사들은 무슬림의 영혼과 삶의 방식을 신중하게 고안된 전도 기법과 그것을 지원하는 물질적 유인으로 공격한다.[57]

만약 개종이 다른 사람으로 하여금 충성의 대상을 바꾸게 만드는 행위라면 개종에 대한 이러한 입장이 이해가 된다. 종교와 규칙의 관계가 긴밀하다면 다른 종교로 개종하는 것은 반역에 가까울 것이고, 필연적으로 이러한 입장을 취할 수밖에 없다. 내가 2장에서도 주장했듯이, 이슬람을 포함해서 세계종교는 정치 공동체와 합치된다는 의미의 '정치적 종교'로서가 아니라, 궁극적 충성의 대상과 인생의 기본 방향에 대해 책임이 있는 모든 인간에게 보편적 진리를 전달해 주는 매개자로 해석될 수 있고, 또한 실제로 그렇게 해석된 경우들이 있다. 만약 세계종교가 스스로를 이러한 관점에서 이해한다면, 종교를 수용하도록 혹은 단순히 외적으로라도 그렇게 보이도록 **강요**하는 개종은 거부할 것이다. 궁극적 충성의 대상을 진정으로 바꾼다는 것은 단순히 외적 요인의 결과일 수 없다. 그것은 초월적 부름에 대한 내적 반응이어야 한다. 그리고 종교를 받아들이는 과정처럼 종교 안에 머무는 것에 대해서도 같은 원칙을 적용해야 한다.

이렇게 본다면 다른 종교를 받아들이지 못하도록 강제로 막고, 한 종교 안에 자기 의지에 반해서 머물도록 강요하는 세계종교는 일관성을 상실한 것이다. 그리스도인들이 역사적으로 상당히 오랜 기간 동안 배교자와 이단을 처벌한 것은 기독교 신앙이 분리되었기 때문이다. 오늘날 많은 무슬림이 여전히 주장하듯이, "일단 사람이 이슬람을 자유 의지로 받아들이면 그는 이슬람을 떠날 수 없다"고 한다면, 이슬람도 자기 자신에 위배되는 것이다.[58] 종교를 자유롭게 받아들일 수 있다면, 그 자유로운 선택은 종교 생활의 시초에만이 아니라 종교 생활 내내 유효해야 한다.

일반적으로 세계종교를 믿는 사람은 누군가 자기 종교로 개종하면 축하한다. 자신의 관점에서 개종자가 잘못의 어둠을 떠나 더 큰 진리의 빛으로 나왔기 때문이다. 같은 이유에서 세계종교를 믿는 대부분의 사람은 같은 종교를 믿는 사람이 종교를 바꾸는 것을 좋아하지 않는다. 그들은 도전에 맞서 자신의 진리를 옹호하고, 같은 신앙인들이 진리를 거짓으로 바꾸는 배교를 하지 않도록 설득한다. 이러한 차원에서 국가 공권력을 통해 개종을 금지하는 법률을 이해할 수도 있다. 그러니까 종교를 보호한다기보다는 그 종교를 믿는 사람을 보호하는 것이다. 그러나 종교 안에 머물도록 강요하는 것은 개별 신자의 양심에 반하는 행동이고, 종교의 근본적 신념에도 반한다. 종교를 선택할 수 있는 자유가 세계종교의 중요한 요소라는 나의 주장이 맞다면 말이다.

   어쩌면 이보다 더 강력한 논거를 제시할 수 있을지도 모르겠다. 세계종교의 입장에서 볼 때, 잘못된 절반짜리 진실인 경쟁 종교의 유혹을 무마시키는 것만 중요한 게 아니라, 경쟁 종교의 증언을 듣고 그것에 대해 생각해 보는 것도 중요하다. 모든 세계종교는 정도의 차이는 있지만 당연히 선교를 한다. 인류 전체를 위한 메시지를 가지고 있기에 불교인, 그리스도인, 무슬림들이 자기 종교를 증언하는 것은 종교적 의무다(유대인, 힌두교인, 유교인은 이러한 성향이 덜하다). 그러나 세계종교를 믿는 사람은 단순한 진리의 증인이 아니다. 그들은 또한 진리를 찾는 사람이며, 적어도 그래야 마땅하다. 어쩌다 보니 그 종교를 믿게 되었기 때문에 그 종교를 진리라고 말하는 사람은 드물다. 대부분은 그 종교가 진리이기 때문에 그것을 믿는다고 생각한다. 그렇다면 적어도 암묵적으로는 모든 종교의 진리 주장과 그들은 무관하지 않고, 따라서 각자가 믿는 종교의 진리를 증언할 자유와도 무관할 수 없다. 예를 들어, 그리스도인으로서 나는 유대인이 나더러 그리스도를 예배하는 것은 우상숭배이며 아브라함과 사라의 하나님을 예배하는 참 예배를 드리라고 설명하는 것을 듣고 싶다. 그들은 내가 진리라고 생각하는 것이 사실은 내가 정말로 피하고 싶은 근본적인 잘못(즉 무의식적 다신론)은 아닌지 재점검하게 해 준다. 그리스도를 예배하는 나의 행위에 도전하는 것을 나 자신에 대한 또 내가 거룩하다고 믿는 것에 대한 공격으로 볼 수도 있다. 그렇게 보는 그리스도인들이 실제로 있다. 그러나 내가 다른 사람의 논거에 설득당하지 않는 한 자유롭게 계속해서 그리스도를 예배할 수 있다면, 그리스도에 대한 신앙을 도전하는 이 행위를 나에 대해 관심을 보이는 행위로, 그리고 피차 가장 중요하게 여기는 것의 진실을 위해 함께 노력하는 행위로 볼 수도 있다. 나 자신의 도덕적 정체성에 대해서 또 내 인생의 의미와 방향을 스스로 결정하는 것에 대해서 책임을 지는 인간으로 존중받기 위해서는 자유롭게 증언할 수 있어야 하고, 남의 증언을 기꺼이 들을 수도 있어야 한다.[59]

자신의 종교를 증언하고 다른 사람의 증언도 들을 수 있는 자유를 보장하는 것은 배교와 개종의 문제를 다루는 첫 번째 단계에 불과하다. 그 다음 단계는 증언을 할 때 지켜야 할 공통된 행동 규칙을 가지는 것이다.[60] 모든 세계종교는 일종의 황금률을 핵심적 도덕 규칙으로 삼고 있기 때문에 나는 『알라: 기독교와 이슬람의 신은 같은가?』(*Allah: A Christian Response*)에서 그 황금률이 증언 윤리의 기초가 되어야 한다고 주장했다. 예수가 제시한 황금률은 보편적으로 적용될 수 있다. "**무엇이든지 남에게 대접을 받고자 하는 대로 너희도 남을 대접하라**"(마 7:12). '무엇이든지'에는 증언도 포함된다. 이로부터 두 가지 기본 규칙을 얻을 수 있다. 첫째, 다른 사람이 자신에게 전해야 한다고 생각하는 방식으로 종교를 전하라. 둘째, 자신의 종교를 전할 때 다른 사람도 자기 종교를 전하게 허용할 준비를 하라.[61] 이 두 가지 규칙이 책임 있는 증언에 대해서 우리가 알아야 하는 모든 것을 말해 주지는 않는다. 그러나 우리와 동등하게 존중받을 권리를 지닌 사람과 적절하게 관계를 맺는다는 것이 무엇인지 분별할 수 있게 해 준다.

지금까지 나는 세계종교가 종교의 자유, 즉 종교를 받아들이거나 버릴 자유, 공적으로 그것을 따라 살 자유, 그것을 증언할 자유를 긍정해야 한다고 주장했다. 이 긍정은 세계종교의 핵심 요소라 할 수 있다. 이 자유를 허용하는 것은 사람을 존중한다는 의미다. 그런데 다른 종교를 믿는 사람에게 자신의 종교를 증언하는 것은 다른 사람의 종교를 존중하지 않는 것은 아닌가? 특히 상대의 종교가 진리가 아니고 오도된 것이라고 본다면 말이다. 그리고 상대의 종교를 존중하지 않는다는 것은 그 종교를 믿는 사람도 존중하지 않는다는 의미가 아닌가?

사람을 존중하는 것, 신념을 존중하는 것

종교의 자유에 대한 존중은 한 사람이 삶의 방식을 스스로 결정하는 데 발휘하는 주권과 그 사람 자체를 존중하는 하나의 형태다(우리가 그 삶의 방식 자체를 존중하는지 아닌지와 상관없이). **종교에 대한 존중**은 삶의 방식 자체와 그 종교를 뒷받침하고 표현해 주는 일련의 신념을 존중하는 것이다.⁶²두 종류의 존중은 어떠한 삶의 방식을 따르는 사람과 삶의 방식 자체는 서로 구분된다는 것을 전제한다. 종교는 존중하지 않지만 그 종교를 믿는 사람은 존중할 수 있는지 결정하기 위해서는 사람과 사람의 신념, 관습, 삶의 기본 방향 혹은 간단하게 말해서 '사람'과 '행위'를 분명하게 구분하는 것이 타당한지 결정해야 한다. 그러고 나면 틀렸다고 생각하는 종교를 존중할 수 있는지, 존중할 수 있다면 그러한 존중은 어떠한 모습으로 나타날지 생각해 볼 수 있을 것이다.

서구의 철학 전통은 '사람'과 '행위'를 구분한다. 인간의 존엄성에 대한 자신의 개념에 기초해서 이마누엘 칸트는 이러한 구분을 하나의 패러다임으로 제시했다. 모든 인간은 똑같이 존엄하기 때문에 동등한 존중을 받아 마땅하다고 그는 주장했다. 그 이유는 무엇인가? 모든 사람이 이성적 원칙에 따라서 자기 삶을 이끌어 갈 수 있기 때문이다. 그는 실제로 사람이 이성적 선택을 하기 때문에 존엄하고 존중받아 마땅하다고 한 게 아니라, 사람에게 그러한 **능력**이 있기 때문에 존엄하다고 했다. 이성적 선택을 할 수 있는 능력('사람')에 관한 한 모든 사람은 덕망이 있든 사악하든, 망나니든 교회 집사든 동일하게 존엄하다. 이 능력 때문에 모든 사람은 능력을 시행하는 것과 더불어 동등하게 존중받을 **자격이 있다**.[63] 그러나 그들이 실제 선택하는 내용('행위')의 경우는 다르다. 그들이 선택하는 내용은 그 질에 따라 존중을 **획득해야** 한다.

비평가들은 사람과 행위를 구분하는 것은 인위적이며 과장되었다고 주장한다. 사람은 자기 행위에 책임을 져야 한다. 사람의 행위는 그 사람 자신과 분리된 것이 아니라, 행위자에 "붙어 있으며" 그들의 정체성에 영향을 미친다. 사람은 어떤 면에서 자신의 **행위다**. 특히 그 행위가 자기 삶 전체의 방향, 말하자면 그들의 도덕적 정체성과 관련된 것일 때는 더욱 그렇다. 그렇다면 우리는 어떻게 그들이 하는 선택의 내용은 존중하지 않으면서 그 사람을 존중할 수 있단 말인가? 나쁜 나무는 나쁜 열매를 맺는 법이고, 그 둘 다 존중받을 가치가 없는 것 아닌가?

비록 사람과 행위의 구분이 때로 부자연스러워 보일지라도 대부분의 사람은 사실 그것을 구분한다. 특히 자신이 사랑하는 사람에 대해서는 더욱 그렇다. 셰익스피어의 『자에는 자로』(Measure for Measure)에서 이사벨라는 자기 오빠 클로디오의 목숨을 구하기 위해 재판관에게 호소하면서 클로디오의 잘못은 정죄하되 클로디오 자신은 그렇게 하지 말아 달라고 부탁한다.[64] 이사벨라는 선처를 바랐고, 그래서 행위자와 행위를 구분했다. 사랑에 대한 이러한 통찰은 사람과 행위를 구분하는 기독교 전통의 핵심이다. 독일의 맹렬한 프로테스탄트 종교개혁가였고, 그로부터 2세기 반 후 칸트에게 간접적인 영향을 미쳐 그로 하여금 인간의 존엄성에 대한 개념을 구성하게 한 마르틴 루터(1483-1546)는 사랑의 하나님이 인간의 고귀한 행동 때문에 그들을 사랑하거나 그들의 비열한 행동 때문에 사랑하지 않는 것은 그분의 성품에 부합하지 않는다고 보았다. 하나님은 인간을 사랑하셨기 때문에 그들을 창조하셨고, 자신이 창조한 인간이 그저 존재하기 때문에 그들을 사랑하신다. 또한 하나님은 인간을 무조건적으로 사랑하시기 때문에, 인간에게 해가 되는 것은 사랑하실 수가 없다. 따라서 하나님은 잘못을 정죄하시고, 이러한 정죄는 성인이든 죄인이든 모든 인간을 사랑하시기 때문에 비롯한다.[65] 그래서 타락하고 잘못을 저지르는 인간을 사랑할 때 우리는 사람과 행위를 구분한다.

사람과 행위를 구분하는 것은 기독교만의 특징이다. 따라서 하나님의 무조건적 은혜로 받는 구원이 아닌 인간의 탁월한 실천을 강조하는 종교는 이렇게 구분하지 않는다고 생각할 수도 있다. 이슬람을 예로 들어 보자. 꾸란은 하나님이 "불신자들"(알-로움 30:45), "공격하는 자들"(알-바까라 2:190), "배반자들"(알-안팔 8:58), "죄인들"(앗-슈라 42:40)처럼, 특정 종류의 사람은 사랑하지 않는다고 종종 말한다. 잘못된 행위는 미워하고 그것을 행하는 사람은 계속해서 사랑하시는 게 아니라, 악한 행위를 한 사람은 하나님의 사랑을 받아 마땅하지 않은 악인이 된다. 그러나 『거룩한 꾸란에 나오는 사랑』(Love in the Holy Qur'an)이라는 권위 있는 책에서 가지 빈 무함마드는 이렇게 말한다. "하나님은 그러한 사람들을 **사람으로서** 사랑하지 않는다고 결코 말씀하시지 않는다. 그들이 **사랑스럽지 않은 특성들과 동일시되는 한** (그리고 스스로 동일시하는 한) 그들을 사랑하지 않는다고 말씀하시는 것이다."[66] 따라서 이슬람도 사람을 **사람으로서** 보는 것(사람)과 **특정 행위의 행위자로** 보는 것(행위)을 구분할 수 있다. 기독교 신앙에서처럼, 이 구분은 하나님의 사랑에 대한 단언에 기초한다. 즉 가지 빈 무함마드가 말하듯이, 하나님이 "자신의 자비에서 그리고 자신의 자비를 **위해서**

사람을 창조했다"는 사실에 기초한다.[67] 따라서 하나님처럼 "사람은…특정한 악의 행위는 미워하되, 사람이 그러한 악한 행위를 할 때에라도 사람을 미워해서는 안 된다"고 그는 결론짓는다.[68]

존중의 일반적 원칙은 다음과 같다. 우리는 사람이 인간이기 때문에 존중하지만, 그들의 행위—그들의 행동과 신념과 성품과 기본적 방향—는 행위의 탁월함 때문에 존중한다. 존중하는 입장이 아닌 존중받는 입장에서 이 말을 다시 구성해 보면, 자신을 인간으로서 존중해 달라고 **주장**할 수 있지만, 자신의 행위에 대해서는 존중을 **획득**해야 한다. 세계종교들 사이의 관계에 적용해서 말하자면, 존중의 원칙은 우리가 그 종교 자체를 존중하느냐와는 무관하게 그 종교를 믿는 사람은 존중해야 하지만, 종교 자체가 존중받기 위해서는 먼저 최소한 몇 가지 면에서라도 탁월함을 통해 존중을 얻어 내야 한다. 존중을 획득하지 못한다면 타당한 이유가 있을 경우 그저 그것을 관용하거나, 아니면 그것을 거부하고 그 관습의 일부를 개혁하지 않는 한 관용도 할 수 없다고 주장할 수 있다.[69] 대개 특정 종교의 어떤 면은 존중하고 나머지는 관용하는, 존중과 관용 사이의 어디쯤에 서게 될 것이다.

다른 종교를 존중하는 것

종교가 존중을 획득해야 한다는 사실은 어려운 문제다. 대부분의 사람은 자신의 기본적인 인간성뿐 아니라 자기 삶의 방향에 대해서도 존중받고 싶어 한다. 앞에서도 지적했듯이, 사람들은 자기 **자신**이 바로 그 방향이자 그 방향을 표현하는 신념과 실천과 의식이라고 생각하는 경향이 짙다. 자신의 가장 중요한 '행위'에 대한 존중—가장 중요한 자유의 실천에 대한 존중—은 사람으로서 받는 존중의 조건이다. 그리스도의 신성을 인정한다고 유대인이나 무슬림에게서 우상숭배자라는 말을 듣는다면 그리스도인은 존중받지 못한다고 느낄 것이다. 무슬림 또한 그리스도인이나 유대인에게서 거짓 선지자를 따른다는 말을 들으면 존중받지 못한다고 느낄 것이다. 한편 그리스도인이 유대교를 가리켜 예수 그리스도께서 무효화하신 하나님의 옛 언약에 기초한 종교라고 주장한다면 유대인은 존중받지 못한다고 느낄 것이다. 열반은 지극히 복된 상태라기보다는 죽은 자의 왕국에 가깝다고 유일신론자가 주장한다면 불교인은 존중받지 못한다고 느낄 것이다. 어떤 종교를 존중하지 않으면 그것을 믿는 사람도 존중하지 않게 되고, 심지어 그들에게 폭력도 가하게 된다고 주장하는 사람도 있다. 『차이의 존중』(The Dignity of Difference)에서 조너선 색스(Jonathan Sacks)는 날카롭게 지적한다. "종교적 진리든 과학적 진리든, 진리가 모두에게 항상 똑같다면, 내가 옳으면 상대는 틀린 것이다. 그래서 진리가 내게 소중하다면 상대가 내 관점을 따르도록 개종시켜야 하고, 상대가 그것을 거부하면 그때는 조심해야 한다. 거기에서부터 역사 속의 가장 큰 범죄들이 나왔고 많은 인간이 피를 흘렸기 때문이다."[70]

앞에서 나는 세계종교가 사람과 행위를 구분하고, 따라서 존중받을 만하지 못한 종교일지라도 그 종교를 믿는 사람은 존중할 수 있다고 주장했는데, 색스도 『차이의 존중』에서 이 입장을 지지한다.[71] 그렇다면 세계종교를 믿는 사람이 그 이상의 일을 하는 것도 가능한가? 그러니까 자신이 동의하지 않더라도 다른 종교를 존중할 수 있는가? 이러한 존중은 어려울 것이다. 왜냐하면 세계종교는 신과 인류, 권위의 근원, 도덕적 규범, 혹은 인간의 최종적 운명과 같은 궁극적이거나 혹은 거의 궁극적인 중요성을 띠는 것들에 대해서 보편적 주장을 하기 때문이다. 이러한 주장들이 충돌하면서 하나씩 부정당할 때마다 상대의 가치는 떨어지고 존중도 줄어든다. 믿음의 문제에서 명백한 잘못은 연민과 경멸의 대상이 될 수 있다. 자신의 종교가 보편 진리라고 주장하면서 동시에 다른 종교를 존중한다는 것은 양립 불가능해 보인다. 이 책에서 나는 보편적 진리 주장은 세계종교의 특징이라고 했다. 게다가 세계종교를 믿는 많은 사람은 이 주장을 매우 배타적으로 해석한다. 이 문제에 대해서는 4장에서 논의할 것이다. 따라서 우리는 중요한 질문에 직면한다. 세계종교를 믿는 사람은 서로 다른 보편적 주장을 하면서도 상대 종교를 존중할 수 있는가? 아니면 그 존중은 그 종교를 믿는 사람에게만 국한되어야 하는가?

이 질문에 대한 답은 존중의 의미에 일부 달려 있다.[72] 무엇을 존중하다는 것은 보통 그것이 가치가 있고 중요하다고 인식하고 인정하는 것을 뜻한다.[73] 종교는 다른 종류의 가치 혹은 중요성을 가질 수 있다. 예를 들어, 종교에는 권력이 있다. 사람들에게 깊은 충성심을 요구하는 이슬람의 권력처럼 말이다. 세계종교가 가진 권력에 대한 존중은 일부 철학자들이 "장애물 존중"이라고 부른 것의 한 형태일 수 있다. 이 말은 자신의 목표에 도달하기 위해서는 고려하고 염두에 두면서 일을 해야 하는 무언가가 있다는 의미다.[74] 그렇다면 우리는 막강한 적을 존중하는 것처럼 다른 종교를 존중할 수 있다. 그들이 대변하는 것은 경멸하지만, 우리 자신을 더 잘 보호하거나 그들과 더 잘 싸우기 위해서 그 권력을 인정하는 것이다. 대부분의 종교인은 자기 종교가 무시할 수 없는 대상이 되는 것에 만족하지만, 그 이상을 원하기도 한다. 자신이 믿는 종교가 탁월하다는 인정, 혹은 "평가 존중"이라는 것을 받고 싶은 것이다. 이처럼 보다 강한 의미에서 종교를 존중한다는 것은 그것이 대변하는 바를 존중한다는 뜻이며, 적어도 어느 정도는 그것이 주창하는 삶의 방식과 그것이 가지는 궁극적 실재에 대한 신념에 중요한 가치를 부여한다는 뜻이다. 그렇다면 보편적 종교의 추종자들은 다른 종교에 대해서 평가 존중을 할 수 있는가?[75]

진리에 대해 보편적 주장을 하는 종교인들이 다른 종교를 평가 존중할 수 있고 그렇게 해야 하는 세 가지 주요 방식이 있다. 이 세 가지 방식 모두 우리가 다른 종교에 대해 **가치가 있다고 우선 가정**할 것을 요구한다. "인정의 정치"(The Politics of Recognition)에서 찰스 테일러는 이러한 입장과 그 이유를 다음과 같이 요약한다. "다양한 성품과 기질을 지닌 수많은 사람에게 오랫동안 큰 의미를 부여해 준, 다시 말해서 선하고 거룩하고 존경할 만한 것에 대한 인식을 구현해 준 문화[그리고 종교]에는, 비록 우리가 싫어하거나 거절할 수밖에 없는 것을 많이 가지고 있다 해도, 우리의 존경과 존중을 받을 만한 무엇이 있음이 분명하다고 가정하는 것이 합리적이다."[76] 그러나 이것은 동등한 가치가 아닌 **부분적** 가치에 대한 선제적 가정에 불과하다. 이와 같은 선제적 가정이 적절한지는 정확한 이해와 비판적 참여를 통해서 확인해야 한다. 그러나 어떤 종교에 가치가 있다고 가정하고 접근하는 것은 이미 어느 정도의 평가 존중을 보여 주는 것이다. 역으로 가치가 없다고 가정하고 접근하는 것은 존중하지 않는 것이다.

평가 존중의 세 가지 방식 중 첫 번째는 **성실성을 존경함**으로써 그 종교를 존중하는 것이다. 다른 종교의 성지를 파괴하거나, 경전을 불태우거나, 종교 설립자를 모욕하면서 비하하는 대신에 그것을 보존하고 보호하도록 도와준다. 다른 종교에 대해 거짓 정보를 퍼뜨림으로써 그것을 왜곡하는 대신에 정확하게 알려 하고—예를 들어, 그 종교를 연구하고 실천하는 사람들에게서 배우려는 마음가짐을 지니고 섣불리 아는 체하지 않으면서 관심을 가지고—그 종교에 대해 진실하게 말하려 한다. 성급하게 다른 종교를 자신의 종교와 비교하려 들거나, 그 종교를 믿는 사람을 향해 그 자신은 모르지만 결국 우리와 같은 종교의 사람이라고(예를 들어, 포괄주의의 입장을 가진 그리스도인들이 다른 세계종교를 믿는 사람들을 '익명의 그리스도인들'이라고 부르는 것처럼) 선언하지 않는다. 그 대신 다른 종교와 자기 종교의 공통점과 차이점 모두를 존중한다. 마지막으로, 종교를 평가할 때 공정하게 판단한다. 예를 들어, 자기 종교의 최선의 모습을 다른 종교의 최악의 모습과 비교하지 않는다 그 대신 한 종교의 기능장애를 다른 종교의 기능장애와 비교하고, 한 종교가 누린 영광의 시대를 다른 종교의 영광의 시대와 비교한다.[77]

두 번째는 **진리 주장에 비판적으로 관여함으로써** 그 종교를 존중하는 것이다. 가장 강력한 의미의 "평가 존중"은 인정, 심지어는 지지와도 같다. 내가 진리라고 여기고 가장 탁월하다고 믿는 종교와 그 삶의 방식은 온전히 존중할 수밖에 없다. 그러나 내가 동의하지 않는 종교에 대해서도 평가 존중을 할 수 있다. 존중은 단지 존경할 만한 것들을 알아보는 것만이 아니라 비판적으로 관여할 가치가 있다고 인정하는 것이기도 하다. 예를 들어, 그 종교의 주장에 대해서 그것은 악마가 부추기는 진실한 믿음의 모방 혹은 미신일 뿐이라거나, 최고 가치의 행세를 하며 허세를 부리는 어리석음이라고 무시하는 것은 그 주장에 비판적으로 관여할 가치가 있다고 보지 않는 것이다. 마찬가지로 산타클로스를 믿는 아이한테 맞장구를 쳐 주거나 심지어 그런 믿음을 부추기는 식으로 그 종교의 주장이 특정 사람이나 그룹에게만 유효한 특이한 지역적 혹은 개인적 '진리'라고 그냥 수긍하는 것도 존중이 아니다. 존중은 그 종교가 주장하는 대로 실재에 대한 참 해석이자 설득력 있는 삶의 방식으로서 자기 종교에 맞설 만한 상대로 대하는 것이다. 종교의 진리를 부인하는 것도 존중의 한 형태일 수 있다. 비록 비판적 판단과 경멸을 구분하는 것은 쉽지 않지만 말이다. 이러한 의미에서 종교를 존중한다는 것은 그 판단이 긍정적이건 부정적이건 진실하게 전달된 책임 있는 비판적 판단을 받을 가치가 있는 대상으로 대한다는 뜻이다.

존중의 세 번째 방식은 어떤 종교의 **긍정적인 도덕적 효과를 기꺼이 인정하는** 것이다. 다른 종교에 비판적으로 관여할 때는 단지 그 종교의 진리 선언만 평가하는 게 아니라 그 종교를 믿는 사람들의 삶에 미치는 영향도 같이 평가해야 한다. 세계종교는 단순히 세계를 형이상학적으로 구성한 또 하나의 대안도 아니고, 살 가치가 있는 삶의 여러 비전 중 하나도 아니다. 그들은 자신이 미덕과 거룩의 모판이라고 주장한다. 어떤 종교의 핵심 주장에는 동의하지 않더라도, 그것이 보여 주는 긍정적인 도덕적 효과는 인정할 수 있다. 마르틴 루터는 이슬람을 맹렬하게 비판했지만, 16세기 무슬림들이 당시의 그리스도인보다 더 도덕적으로 산다는 것은 인정했다.[78] 그 종교의 기준뿐 아니라 자기 종교의 기준에서도 그 종교에 거룩함이 나타난다고 인정하는 것은 그 종교를 존중하는 것이다.

신중한 판단의 결과로도 어떤 종교의 주요 주장, 중요한 실천, 혹은 도덕적 효과를 존중하지 **않게** 되면 어떻게 하는가? 그 종교는 비합리적이고 도덕적으로 유해한 미신이라는 신념에 이르면 어떻게 하는가? 적어도 현재처럼 더 이상 그 간격을 줄일 수 없는 종교적 차이와 불일치로 사회가 갈라진 상황에서는 한 종교를 믿는 사람이 다른 종교를 존중하지 않을 것이다. 존중하지 않는 것이 단순한 편견에 의한 것이 아니라 잘 알아보고 고려한 끝에 내린 판단이라면, 그를 사람으로서 존중하는 데 그칠 수밖에 없다. 그들의 신앙과 실천에 대해서는 사회적 갈등을 피하고 우리 자신의 목적을 성취하기 위해서 단순히 관용하거나, 아니면 경우에 따라 왜 그 신앙과 실천이 경멸할 만한지를 알리고 그것을 관용하지 못하게 할 것이다. 신앙과 실천에 대한 존중은 획득되어야 하며, 따라서 비존중과 때로는 비관용이 경멸할 만한 신앙과 실천에 대한 적절한 대응이 되기도 한다.

모독

때로는 타 종교인을 존중하는 것과 타 종교 자체를 존중하는 것이 서로 잘 맞을 때가 있다. 그 사람을 인간으로서 존중하고 그 사람의 종교도 존경받을 만한 것으로 존중하는 경우다. 예를 들어, 신실한 유대인은 유교인을 단지 존중하기만 하는 게 아니라, 유교의 일부 형태를 진정으로 존경할 수 있다. 혹은 정통파 그리스도인이 힌두교인, 유대인, 무슬림을 존중하고 자신이 수용할 만한 힌두교와 유대교와 이슬람의 측면들을 존중할 수도 있는 것이다. 내가 나의 친구들인 아난타난드 람바찬(Anantanand Rambachan), 알론 고센고트슈타인(Alon Goshen-Gottstein), 가지 빈 무함마드 왕자에 대해서 그렇게 하듯이 말이다. 간혹 종교적 편협과 차별의 경우처럼 두 가지의 비존중이 나란히 나타날 때도 있다. 어떤 종교를 존중하지 않고 그것에 근거해서 그 종교를 믿는 사람도 존중하는 않는 것이다. 그러나 대부분의 경우 이 두 종류의 존중은 긴장 관계에 있다.

어떤 때는 사람에 대한 존중과 종교에 대한 존중 사이의 긴장이 배교에 대한 논쟁에서 나타나기도 한다. 한편으로는 사람을 존중하기 때문에 우리는 그들이 종교를 버릴 권리를 인정하고 싶지만, 또 한편으로는 종교에 대한 존중 때문에, 그 종교의 진리와 선함 그래서 그것이 사람과 사회에 대해서 가지는 최고의 가치를 존중하기 때문에, 사람들이 그것을 버리는 것을 금지하고 싶을 수 있다. 앞에서도 말했지만, 세계종교가 초월적 부름은 가족이나 한 부족 전체가 아닌 개인에게 주어지는 것이라고 믿는 한, 사람에 대한 존중 때문에 배교를 허용하는 것은 종교를 존중하지 않는 것이 아니라 종교의 기본 가치 중 하나를 시행하는 것이다. 이처럼 세계종교는 사람에게는 자기 인생의 기본 방향에 대한 양도 불가능한 책임이 있다고 전제하며, 따라서 이 책임을 행사할 자유는 종교의 중요한 특징이다. 그러므로 사람에 대한 존중(종교의 자유)과 종교에 대한 존중(종교의 최고 가치에 대한 단언) 사이에는 아무런 긴장이 없다.

그러나 다른 종교 혹은 자기 종교 안의 다른 해석들이 신성하게 여기는 것을 모욕하거나 경멸하는 모독의 경우는 다르다. 모독은 "적의 깃발을 태우는 것"과 같다. "다른 사람들이 사랑하고 심지어 그것을 위해서 죽기까지 한 상징을 얕보는" 행위다.[79] 종교를 버린다고 해서 반드시 그것을 존중하지 않는 것은 아니다. 그러나 모독을 하는 것은 종교와 그것을 믿는 사람 모두를 존중하지 않는 것이 될 수 있다. 여기에서 중요한 문제는 모독 안에 있는 비존중을 도덕적·법적 관점에서 어떻게 대해야 하느냐다.

모독이 정확히 무엇이고 정죄는 어떤 행위를 말하는지에 대해서 논쟁이 오가고 있지만 세계종교는 각자 나름의 방식으로 모독을 정죄한다. 이 책에서 계속 주장한 것처럼, 세계종교는 초월의 영역이 범속의 영역보다 우위에 있다고 본다. 인간은 자신과 자신의 세계를 초월적 영역에 부합시킬 때만 진정으로 가치 있는 삶을 사는 것이다. 세계종교가 종교의 자유를 "최우선 자유"로 보듯이, 자신들이 신성하다고 여기는 것에 대한 모독은 최고의 악이다. 이러한 모독은 자신들의 삶 전체의 의미와 방향을 궁극적으로 다스리는 것을 건드리기 때문이다. 유대교에서는 우상숭배와 신성 모독에 대한 금지가 이스라엘 자손(출 20:2-6)과 나머지 인류인 노아의 자손 모두에게 주어진 최우선 명령이다.[80] 그리스도인도 그와 비슷하게 사고해 왔다. 자신들의 성경이기도 한 히브리 성경의 금지를 반영하면서 그리스도인들은 전통적으로, 하이델베르크 교리문답(1563)처럼, "그 어떠한 죄도 그의 이름을 더럽히는 것보다 더 크거나 [하나님의] 분노를 더 부추기는 것은 없다"고 믿었다.[81] 꾸란은 두 가지 수사학적 질문의 형태로 신성 모독을 강력히 거부한다. "알라에 대한 거짓말을 만들어 내거나 자신에게 다가온 진리를 거절하는 것보다 더 큰 잘못을 하는 사람은 누구인가? 믿음을 거절하는 사람을 위한 집이 지옥에 있지 아니한가?"(알-안카부트 29:68). 이처럼 세계종교는 신성 모독을 반대한다. 그렇다면 신성 모독은 무엇이며 그에 대한 반대는 어떠한 모습으로 나타나야 하는가?

여러 세기 동안 그리고 모든 세계종교에서 종교에 대한 존중은 사람에 대한 존중, 즉 신념을 받아들이고 자신의 기본적 삶의 방향에 맞게 실천할 자유를 앞서는 경향이 있었다. 믿음을 조롱하는 것은 차치하고 그것을 단순히 거절하거나 도전하는 것도, 앞의 꾸란의 인용이 보여 주듯이 신성 모독으로 여겨졌다. 게다가 신성모독법은 난폭하게 공포되고 시행되었다. 미국은 종교의 자유에 대한 갈망에서 생긴 나라였지만, 매사추세츠 만 식민지에서는 자유로운 종교 사상을 가진 사람을 엄하게 처벌했다. 무신론과 신성 모독에 대한 1697년의 법 조항은 다음과 같았다. "참 하나님을 부인하거나 저주하거나 비난함으로써…혹은 하나님의 거룩한 말씀, 즉 정경인 성경을 부인하거나 저주하거나 비난함으로써 성부, 성자, 성령의 거룩하신 하나님의 이름을 모독하는 사람, 그러한 범죄를 행하는 사람은…투옥되거나…나무 형틀에 앉거나, 채찍에 맞거나, 발갛게 달궈진 쇠로 혀를 뚫거나, 목에 줄을 감고 교수대에 앉아 있는 것으로 형벌을 받을 것이다.…**다만**, 같은 범죄에 대해서는 이러한 형벌 중에서 두 가지 이상은 시행하지 않는다."[82] 비록 레위기에 나오는 것처럼(24:16) 사형까지는 아니고 "발갛게 달궈진 쇠로" 혀를 뚫는 게 최고 형벌이지만, 이 법은 히브리 성경의 신성 모독에 대한 정죄를 반영하고 있다.

역사적으로 기독교 국가였던 나라와 이스라엘에서는 여전히 신성모독법이 성문화되어 있지만, 지금은 거의 전혀 시행되지 않는다. 반면에 무슬림이 다수인 일부 국가에서는 오늘날에도 엄격한 신성모독법을 시행하고 있다. 파키스탄에서는 비교적 최근인 1986년에 추가된 형법 조항에 이렇게 명시하고 있다. "누구든 구두의 말이나 기록된 글로, 혹은 가시적 재현물이나 그 어떠한 직접적 혹은 간접적 암시로 거룩한 선지자 무함마드(그의 이름에 평화가 있기를)의 신성한 이름을 더럽히면 사형 혹은 무기징역으로 처벌을 받을 것이며, 벌금형도 받을 것이다."[83] "무슬림 세계의 집단적 목소리로" 받아들여지는 57개국이 가입되어 있는 이슬람 협력 기구(Organization of Islamic Cooperation)는 1999년부터 "종교적 명예훼손"을 유엔의 인권 사안으로 만들려 하고 있다. 이 기구의 목표는 국제적 인권의 체제를 단순히 개인의 자유를 보호하는 것에서 종교를 모독으로부터 보호하는 쪽으로 옮기는 것이다.[84] 불교의 상황은 아브라함 계통의 유일신 종교들의 상황과 다르다. 전통적으로 불교 문화권의 법규들은 모독을 형사 범죄에 포함시키지 않았다.[85] 그러나 최근에는 신성모독법을 시행하려는 시도들이 있었다. 예를 들어 태국에서는 "250석의 입법 국회의원 중에서 179명이 불교를 모독하면 엄격한 벌로 처벌 가능하게 하는 법안을 지지했다."[86]

세계종교가 이처럼 신성모독법을 지지함에도 불구하고 세계종교의 가르침은, 특히 그 종교가 처음 형성될 당시의 가르침은 이러한 법에 반대한다. 예를 들어 붓다는 제자들에게 이렇게 촉구했다. "누가 나나 보리달마나 승가를 험담하거든, 너희는 그것 때문에 화를 내거나 분노하거나 불쾌해하지 말아야 한다.…다른 사람이 나나 보리달마나 승가를 험담하거든 틀린 말에 대해서는 다음의 말로 설명해야 한다. '그것은 옳지 않다, 그것은 사실이 아니다, 우리는 이렇게 하지 않는다, 그것은 우리의 방식이 아니다.'"[87] 신약성경에 따르면 예수 그리스도는 신성모독죄로 죽임을 당했다(막 14:64).[88] 예수는 모욕과 폭력을 당해도 모욕과 폭력으로 반박하지 않음으로써 그의 추종자들에게 모범을 남겼다(벧전 2:21-23; 또한 3:9). 후대의 이슬람법과는 달리 꾸란 자체는 신성 모독에 대해 이 세상에서 줄 수 있는 형태의 형벌을 명령하지 않는다.[89] 그렇다면 왜 신성 모독은 단순한 반대 혹은 심지어 감내에서 벗어나 범죄가 되었을까?

배교법과 마찬가지로 거기에는 종교와 정치의 긴밀한 관계가 한몫했다. 기독교와 이슬람의 경우, 기독교 혹은 이슬람의 국가나 제국의 설립과 함께 신성모독법이 등장했다. 마찬가지로 태국에서는 태국을 불교 국가로 선언하려는 운동에 뒤이어 신성모독법을 제정하려는 움직임도 나타났다. 종교와 국가 사이에 긴밀한 관계가 성립되면 종교가 인정하는 중요한 물질을 국가가 보호할 것이라고 생각한 것만이 아니라, 더 중요하게는 종교를 경멸하면 시민적·법적·정치적 질서가 타격을 받을 것이라고 인식했다. 종교가 정치 공동체의 단일성을 나타내 주고 국가권력에 정당성을 부여해 주면, 그 종교가 신성하다고 선언하는 것에 대한 모독은 국가에 대한 위협이 된다.[90] 그래서 히브리 성경에 보면 하나님을 저주하는 것과 왕을 저주하는 것이 서로 긴밀하게 연결된다(왕상 21:10; 사 8:21).[91]

신성 모독을 범죄화하는 것은 잘못이다. 우선 신성모독법은 필요가 없다. 대부분의 나라에서 시민적·정치적 질서와 특정 종교와의 관계는 느슨해졌고, 많은 경우 아예 존재하지 않는다. 몇몇 사람이 신성 모독을 한다고 해서 시민적·정치적 질서가 무너지는 것은 아니다. 살만 루슈디(Salman Rushdie)의 『악마의 시』(Satanic Verses, 문학세계사)나 쿠르트 베스터고리(Kurt Westergaard)가 선지자 무함마드를 터번을 쓰고 불붙은 퓨즈를 들고 있는 모습으로 묘사한 것은 특정 종교와 그 신자들을 모욕하는 것이다. 그러나 그것이 정치 질서에 심각한 타격을 주지는 않는다. 둘째로, 신성모독법은 위험하다. 폴 마셜(Paul Marshall)과 니나 시어(Nina Shea)가 『침묵당하다』(Silenced, 2011)에서 주장한 것처럼, 오늘날 신성모독법은 다수가 속한 그룹이나 정치 엘리트가 정치적 소수를 억압하고 경제적으로 그들을 착취하는 도구로 쓰기 위해 제정된다.[92] 신성모독법은 신을 변호한다는 명목하에 강자가 약자에게 가하는 폭력을 정당화해 준다. 마지막으로, 신성모독법은 모든 인간의 최우선 자유인 삶의 기본 방향을 제시하는 신념을 결정하고, 공개적으로 그것을 표현하고, 경쟁하는 종교들 앞에서 그것을 변호할 자유를 쉽게 제한한다.

신성 모독을 범죄화하는 것은 잘못이지만 그것을 정죄하는 것은 도덕적 책임이다. "민주주의는 모욕당하지 않을 권리는 인정하지 않는다." 무함마드에 대한 모욕적 묘사를 두고 네덜란드 부총리 바우터 부스(Wouter Bos)가 변호하면서 한 말이다. 그의 말은 맞다. 아니, 절반만 맞다. 모욕할 수 있는 자유가 있다고 해서 다른 사람을 모욕하는 게 미덕은 아니라는 말을 그는 덧붙이지 않았다. 리처드 웹스터(Richard Webster)가 지적했듯이 "우리 모두가 불가피하게 거주하는 실제 정치의 세계에서 말은 **실제로** 상처를 주고, 모욕도 **실제로** 아픔을 가하며, 악용 특히 극단적이고 저질적인 악용은 **실제로** 분노와 폭력을 부추긴다."[93] 누군가의 장애나 성적 지향을 놀리는 것은 잘못된 행위다. 마찬가지로 누가 신성하게 여기는 것, 그들에게 정체성을 부여하고 삶의 방향을 제시해 주는 것을 공개적으로 업신여기는 것은 단지 "다른 사람들의 경험과 자기 인식에 대한 이해력이 부족한" 것이 아니라,[94] 그 개인들에게 잘못을 행하는 것이다. 나아가서 신성 모독에 내재하는 비존중은 다원주의 사회에서 사회 통합을 침해하고 공공선에 대한 의미 있는 공적 논의에 참여할 수 있는 능력에 타격을 준다. 요약하자면, 다른 사람들의 종교적 신념과 실천에 비판적으로 관여하는 것은 괜찮지만, 그 신념과 실천을 모독하고 그것을 소중하게 여기는 사람들을 모욕하는 것은 괜찮지 않다.

신성 모독이나 배교를 범죄화하지 않으면서 존중—사람에게 가장 중요한 자유에 대한 존중을 포함한 사람에 대한 존중과, 그보다는 조금 더 제한이 필요하지만 종교 자체에 대한 존중—의 정신을 키워야 한다. 이 두 가지를 존중하는 문화가 자라고 번창하기 위해서는 적절한 제도가 뒷받침되어야 한다. 마이클 왈저(Michael Walzer)의 표현을 빌리자면, 존중의 "정신"은 존중의 "체제"의 뒷받침을 받아야 한다.[95] 특정한 종류의 다원적 자유주의는 존중의 체제에 잘 맞는다. 이것이 유일한 선택지가 아니고 심지어 모든 환경에 맞는 최선의 선택지도 아니라는 점은 인정한다. 구체적 형태의 존중의 체제는 언제나 주어진 환경, 문화, 정치사에 의존할 수밖에 없다.

존중의 체제

상호 존중을 나타내고 유지해 주는 정치제도를 추구한다면 지구화된 세계에서는 다음 두 가지 선택이 일단 거의 불가능하다. 비록 그 두 가지가 계속해서 많은 사람에게 영감을 주기는 하지만 말이다. 첫째, 공적 공간에서 종교를 배제하는 것이 불가능하다. 둘째, 공적 공간에 하나의 종교 혹은 하나의 세속 이데올로기만 있게 하는 것이 불가능하다. 종교를 배제시켜야 한다는 입장을 지지하는 사람은 정치 문제를 논할 때 시민들이 자신의 종교적 신념에 호소해서는 안 되고, 특히 적극적 계시로부터 얻은 신념에 호소해서는 안 된다고 주장한다. 그 대신 "사회에 존재하는 모든 종교적 관점과는 별도의" 근거에서 나오는 원칙들에 호소해야 한다는 것이다.[96] 사적으로는 그들의 거룩한 책과 종교적 전통이 믿으라고 하는 것을 믿을 자유가 있지만, 공적으로는 그 신념들이 무용해야 하고 종교를 믿는 사람은 모든 시민이 이해할 수 있는 이성에서 비롯된 판단에 따라 행동해야 한다. 국가와 종교 공동체는, 토머스 제퍼슨(Thomas Jefferson)이 지지한 유명한 "분리의 벽"처럼, 서로 완전히 분리되어야 한다.[97] 이 입장을 가장 두드러지게 대변하는 사람이 17세기의 존 로크와 20세기의 존 롤스(John Rawls)다.[98]

어떤 종교 공동체들은 특히 매우 힘든 상황에 처할 경우, 사적 영역으로 사라지면서 스스로를 신을 믿지 않는 사회 및 국가와 극명하게 대조되는 이방인의 섬으로 여긴다. 그러나 그렇게 사라질 때도 그들은 자기 삶의 모든 영역에 대한 궁극적 권위를 결코 국가나 타인에게 양도하지 않는다. 초월적 영역이 일상적 영역보다 우선하고, 신약성경에도 기록되었듯이 국가나 종교 당국을 포함하여 그 **어떠한** 인간보다도 하나님께 순종해야 하기 때문이다(행 5:29). 그러나 초월의 영역이 범속의 영역보다 우선하기 때문에 세계종교를 믿는 대부분의 사람은 사적 종교를 불완전한 종교, 곧 마땅히 해야 할 일을 하지 않는 종교로 본다. 점진적 민주화 과정이 현재는 멈추었고 심지어 더러는 역행했음에도 여전히 전 세계적으로 식지 않는 인기를 누리는 민주주의의 이상은 공적 생활에 대한 종교의 책임 의식을 고조시켰다. 세계종교를 따르는 이들은 사적 영역 못지않게 공적 영역에서도 궁극적으로 자신들의 신념과 실천을, 토라, 성경의 가르침, 베다(Veda), 유교의 사서오경과 같은 종교적 근거에 둘 것이다. 이들은 공적 영역에서 종교가 배제되는 것을 종교의 자유를 부인하는 것으로 보며, 따라서 단순한 비존중이 아니라 비관용과 억압이라고 본다. 그리고 이것은 타당한 입장이다.

이러한 배제에 대응하여 세계종교를 믿는 어떤 사람들은 종종 국가를 도구 삼아 정치사회 전체를 지배하려 한다. 그러나 한 종교의 신자들이 공적 생활을 형성하려 하면 다른 종교의 신자들은 걱정한다. 한 종교의 보편적인 사회적 비전이 다른 종교의 비전과 충돌할 것이고, 그러면 사회적 혼란, 폭력, 억압이 뒤따를 것이기 때문이다. 마찬가지로 아무런 종교를 믿지 않는 사람도 걱정한다. 단순히 사회적 비전의 충돌뿐 아니라, 비합리적으로 보이는 신념에 기초해서 법을 세우려는 사람들이 있다는 생각 자체가 걱정스러운 것이다. 종교를 공적 공간에 들이면 맹목적이고 열렬한 그들은 종교적이든 비종교적이든 자신이 경쟁자로 여기는 모든 것을 차단하려 할 것이다. 세계종교가 원하지 않는 사람에게 믿음을 강요해 온 오랜 역사가 있지 않았다면 이러한 걱정들은 비합리적 불안이라고 치부할 수 있을 것이다. 이 글을 쓰기 얼마 전 이슬람 무장 단체가 이슬람 국가의 설립을 표방하고 아부 바크르 알바그다디(Abu Bakr al-Baghdadi)를 자신들의 새로운 칼리프이자 "전 세계 무슬림의 지도자"로 선포하여 모든 내적 불일치를 무자비하게 억압하고, 자신들이 지배하는 영토에서 그리스도인들을 체계적으로 청소하고 공격적인 지하드를 시행했다.[99] 이것은 종교와 정치가 견고하게 연합한 사례로서, 세계종교를 야만적이고 난폭한 '정치 종교'로 실천하는 가장 최근의 사례이자 가장 극단적인 사례이며, 대다수의 무슬림은 이들이 이슬람적이지 않다고 정죄한다. 이보다 완화된 경우에도 정치와 종교 사이의 긴밀한 연합은 언제나 타 종교인과 비종교인에 대해서 동등한 존중을 실천하지 않으며, 종종 차별하거나 때로 명백한 억압을 가한다. 이것이 바로 내가 말하는 공적 공간에 하나의 종교만을 허용하는 것의 의미다.

세계종교가 공적으로 관여하면 그들은 다른 모든 경쟁자를 배제하려 위협한다. 만약 그들이 사적 공간으로 밀려나면 그들은 스스로 배제의 대상이 된다. 이것이 바로 두 가지 허용 불가능한 선택지다. 우리에게는 세계종교의 성격에 맞으면서도 세계종교를 믿는 사람들의 배제와 주변화를 피하는 대안이 필요하다. 이 대안은 정치적 안정에 필요한 조건을 보장하고, 선에 대한 이해의 차이가 좁혀지지 않는 개인과 그룹들이 사회적으로 협력할 수 있는 조건을 보장해야 한다. 이 문제는 지구화된 세계의 가장 큰 정치적 도전 중 하나다. 조슬린 매클루어(Jocelyn MacLure)와 찰스 테일러의 말로 표현하자면 "한편으로는 기본적 정치 원칙에 대한 합의에 기초하고, 다른 한편으로는 시민들이 택하는 다원적인 정치적·종교적·도덕적 관점에 대한 존중에 기초하는" 정치사회의 모델로만 이에 부응할 수 있다.[100] 그렇다면 세계종교는 인류 역사에서 비교적 최근에 등장한 이러한 정치사회 모델을 지지할 수 있는가?

일상적 실재를 초월적 영역에 부합시키라는 명령과 더불어 세계종교의 보편적 진리 주장은 이러한 가능성을 막는 것 같다. 그러나 사실은 그렇지 않다. 적어도 반드시 그래야 하는 것은 아니다. 세계종교는 자신의 레퍼토리 안에 다원적 정치 질서를 이끌어 낼 수 있는 핵심 요소들을 지니고 있다. 다원적 정치 질서의 일반적 특징 가운데서 매클루어와 테일러는 구성적 도덕 원칙 혹은 가치와 작동 모드 혹은 수단을 구분했다. 도덕 원칙은 양심의 자유와 평등한 존중이다. 작동 모드는 종교와 국가의 분리 그리고 모든 종교와 비종교에 대한 국가의 편견 없는 대우다.[101] 세계종교는 자신의 정체성을 배신하지 않으면서 도덕 원칙과 작동 모드 둘 다를 긍정할 수 있다. 만약 실제로 둘 다를 긍정한다면 그렇게 하는 각 종교의 서로 다른 이유가 있을 것이고, 그 결과는 만장일치보다는 존 롤스가 만든 유명한 문구를 쓰자면, "중첩적 합의"(overlapping consensus)가 될 것이다.

"중첩적 합의"의 첫 번째는 **종교의 자유**다. 앞에서 나는 세계종교가, 종교를 선택하고 바꿀 자유 그리고 종교를 전파하고 삶의 모든 영역에 적용할 자유를 포함하는 종교의 자유를 수용할 수 있고 그렇게 해야 한다고 주장했다. 헌법으로 보장된 종교와 비종교의 자유를 이렇게 이해하는 것이 어떠한 존중의 체제에서든 가장 중요한 요소다.

두 번째는 **모든 시민의 동등한 도덕적 가치**다. 세계종교는 보편적이기 때문에 모든 사람의 가치가 동등하다고 단언한다. 도덕적 '내부인'과 도덕적 '외부인'의 구분은 세계종교의 원칙에 어긋난다. 따라서 세계종교는 모두 상호성의 원칙을 가지고 있는 황금률을 어떠한 형태로든 수용한다. 모든 시민의 동등한 가치는 또한 종교적이건 비종교적이건 공적 문제에서 모든 시민이 동등한 목소리를 낼 수 있다는 의미다. 시행 가능한 공적 결정을 논의할 때 우리는 (공식적인 종교 혹은 이데올로기를 가진 정치체제에서처럼) 종교나 이데올로기적 권위에 호소하는 것을 우선하거나, ("공공 이성의 자유주의"가 이끄는 정치체제에서처럼) 일반적인 '공적 이유'에 종교적 이유를 종속시켜서는 안 된다. 그 대신 모든 시민과 공동체는 자신들이 설득력 있다고 여기는 모든 이유에 호소할 수 있어야 하고, 그 호소는 인생에 대한 자신들의 관점을 공유하지 않는 시민들을 설득할 수 있는 방식으로 이루어져야 한다.[102]

세 번째는 **종교와 통치의 분리**다. 2장에서 나는 세계종교가 초월적 영역을 우선시하기 때문에 그들은 '종교'와 '정치'를 서로 겹치기는 하지만 두 가지 서로 다른 문화적 영역으로 본다고 했다. 예를 들어 초기 그리스도인들은 "그리스도의 몸"이라고 불리는 공동체와 제국의 정치 질서를 구분하면서 충성의 대상에 따라 정도의 차이를 두었다. 그리스도는 그리스도인의 삶에 중요한 방향을 제시하므로 궁극적 충성을, 정치 질서는 그들에게 삶의 조건을 제공해 주니 조건적 충성을 했다.[103] 모든 세계종교는 이와 비슷한 구분을 할 수 있는 내적 자원과 동기를 지니고 있다.

네 번째는 **국가의 공평한 대우**다. 국가는 하나의 종교나 이데올로기를 선호해서도 안 되고 종교와 이데올로기를 사적 영역으로 내몰아서도 안 된다. 그 대신 국가는 삶에 대한 모든 종교적·비종교적 해석에 대해서 공평해야 한다. 로완 윌리엄스(Rowan Williams)가 『공적 광장에서의 신앙』(*Faith in the Public Square*)에서 지적했듯이, 국가는 권위 있는 법적 "매개자이자 중개인으로서 실제적 차이를 관리하고 균형을 잡는" 역할을 해야 한다.[104] 세계종교가 종교의 자유, 모든 시민에 대한 동일한 존중, 종교와 통치의 구분을 수용한다면, 다원적 정치 질서의 이 네 번째 특징도 받아들일 수 있을 것이다.

이러한 정치적 다원주의의 형태를 받아들이도록 설득해야 하는 대상은 비단 세계종교의 추종자들만이 아니다. 많은 비종교인도 확신하지 못한다. 그들이 회의적인 가장 큰 이유는 그들이 보기에 세계종교를 믿는 대부분의 사람들은 종교적 배타주의자들이고, 종교적 배타주의는 정치 프로젝트로서의 다원주의와 심각한 부조화를 이룬다고 믿기 때문이다. 다음 장에서는 이 중요한 문제에 대해서 논의할 것이다.

4장

종교적 배타주의와
정치적 다원주의

종교적 배타주의는 정치적 다원주의를 수용할 수 있는가? 자신의 신념을 일관되게 지키면서도 다원주의를 정치 프로젝트로 지지할 수 있는가? 단순히 실용적인 동기가 아닌, 진정으로 종교적인 이유에서 그렇게 할 수 있는가? 여기에서 나의 주제는 세계종교와 정치적 다원주의의 관계가 아니다. 3장에서 나는 세계종교를 믿는 대부분의 사람이 정치적 다원주의자는 아니지만, 세계종교에는 정치적 다원주의를 강력하게 지지할 수 있는 중요한 근거들이 있다고 주장했다. 이번 장에서 나의 질문은 더 좁으면서도 어떤 면에서는 더 중요한데, 그것은 바로 **배타적 형태**의 세계종교가 정치적 다원주의와 양립할 수 있는가 하는 것이다. 매우 배타적인 종교들이 왕성하게 자기주장을 하며 활동하는 지구화된 세계에서 '존중의 체제'의 미래는 어느 정도 이 질문에 대한 답변에 달려 있다.

지금까지의 방식과는 달리, 이 문제는 기독교라는 세계종교를 먼저 다룬다. 탐구의 대상을 제한하는 이유는 두 가지다. 첫째, 기독교는 오랜 역사 동안 대체로 배타적이었고, 그 정도 또한 특별히 심했다. 불교, 힌두교,

유교는 차치하고 이슬람보다도 더 배타적이었다. 둘째, 기독교는 자유민주주의라고 하는 오늘날 가장 큰 영향을 미치는 정치적 다원주의의 형태를 탄생시켰다. 만약 기독교가 종교적 배타주의임에도 불구하고 정치적 다원주의를 지지할 수 있었다면, 다른 세계종교도 배타주의 때문에 다원주의를 받아들이지 못할 이유가 없다. 물론 3장에서 논의한 대로 종교가 그것을 수용할 다른 타당한 이유도 있어야 하겠지만 말이다. 나의 이 가설이 맞는지 확인하려면 물론 내가 이 지면에서 할 수 있는 것보다 더 심도 있는 탐구가 필요할 것이다.

두 종류의 배타주의와 다원주의

종교적 배타주의란 정확히 무엇이며, 그것은 종교적 다원주의와 어떻게 다른가? 종교적 배타주의자와 다원주의자는 정치적 배타주의자와 다원주의자와는 어떻게 구분되는가? 종교가 사회 및 국가와 맺는 관계를 이해하기 위해서는 이 두 가지, '배타주의'와 '다원주의'를 구분하는 것이 중요하다. 나는 일부러 배타주의와 다원주의에 대해서 다소 거칠고 단순한 설명을 시도했는데, 여러 다양한 형태에 대한 복잡한 논의는 피하고 굵직한 선만 그었다고 하겠다.

 종교적 배타주의의 고전적 형태는 예수가 요한복음에서 하신 말씀에서 볼 수 있다. "내가 곧 길이요 진리요 생명이니 나로 말미암지 않고는 아버지께로 올 자가 없느니라"(요 14:6). 어떤 사람에게는 잘난 체하는 종교적 교만이지만, 어떤 사람에게는 빵보다 더 소중한 이 구절은 종교적 배타주의의 세 가지 측면을 보여 준다. 진리, 삶의 바른 길, 그리고 이 두 가지를 얻는 방법이다.

 첫째, 종교적 배타주의자들은 자신들의 신앙이 참 신앙이라고 믿는다.

그렇다고 그들이 신앙의 테두리 밖에는 오직 거짓의 어둠만 있다고 믿는 것은 아니다.[1] 배타주의적 그리스도인들도 예를 들어 유대교, 이슬람, 혹은 시크교가 하나님은 한 분이라고 믿는 것은 옳다고 기꺼이 받아들일 것이다. 배타주의자들은 다른 신앙에도 중요한 통찰이 있을 수 있지만 자기 신앙의 주장이 다른 신앙의 주장보다 우월하다고 믿는다. 배타주의자의 신앙이 유일한 진리는 아니지만, 배타주의자는 자기 신앙의 척도로 다른 모든 신앙의 진리를 잰다.

둘째, 종교적 배타주의자들은 자신의 신앙만이 모두가 하나님께로 갈 수 있는 바른 길이라고 믿는다. 오직 그것만이 진정한 인간의 번영을 가져오며, 오직 그것만이 우리가 기대하는 영원한 생명을 보장해 준다고 믿는다. 이 유일한 진리의 신앙 밖의 사람들은 참 하나님에게서 완전히 단절되어 있다거나, 다른 신앙은 바른 삶에 대한 올바른 가르침을 전혀 주지 않는다는 게 아니다. 그리스도인 배타주의자는 예를 들어 소크라테스나 공자가 결과에 상관없이 바른 일을 하라고 한 명령을 옳다고 받아들일 것이다. 종교적 배타주의자는 다른 신앙이 완전히 틀렸다고 생각하기보다는, 다른 신앙을 따르면 인간으로서 도달해야 하는 온전한 목표에 도달하지 못한다고 생각한다.[2]

마지막으로 그리스도인 종교적 배타주의자는 성경에 나타나는 (그리고 대부분이 거룩한 전통에도 나타난다고 보는) 예수 그리스도를 증언하는 적극적 계시에 궁극적 권위가 있다고 본다. 위대한 개신교 신학자 프리드리히 슐라이어마허(Friedrich Schleiermacher)가 거의 2세기 전에 지적했듯이, 계시는 사람들이 지성의 힘으로 고안해 내거나 경험의 영역에서 발견할 수 있는 것과는 다르다. 계시는 신의 의사소통을 필요로 한다.[3] 그것은 어느 계시나 마찬가지다. 기독교 배타주의가 기반을 두는 소위 **적극적 계시**는, 원래 그것을 계시한 존재 없이는 사람이 따로 얻을 수 없다. 신이 계시를 **특별하게** 드러내시는 것이다. "내가 곧 길이요 진리요 생명이니 나로 말미암지 않고는 아버지께로 올 자가 없느니라"고 예수는 말씀하셨다. 그리스도인 배타주의자들은 자신의 종교적 신념이 단지 궁극적 진리고 그 삶의 길이 바르다고 주장하는 게 아니다. 그들은 그 진리와 삶의 바른길로 가는 길도 일반적인 인간 이성과 경험의 넓은 문이 아닌 계시라는 하나의 좁은 문을 통해 간다고 주장한다. 즉, 그것은 단 하나의 근원에서 비롯해 특별한 사람들에게 주어지는 특별한 신의 자기계시며 성경과 전통을 통해서 전수된다는 것이다.

종교적 배타주의와는 달리 종교적 다원주의는 다음과 같이 믿는다. 곧 모든 세계종교가 내세우는 진리는 대략 같고, 각 종교가 제시하는 신에게 가는 길도 동등하게 유효하며, 모두가 인간의 번영을 잘 도모하고, 각 종교가 기대하는 영원한 생명에 도달하는 방법도 마찬가지로 모두 효과적이라고 믿는 것이다.[4] 종교적 다원주의가 볼 때 종교의 의식, 신념, 관습이 서로 다른 이유는 서로 다른 문화에서 나왔기 때문이다. 불교는 고통의 극복, 기독교는 하나님의 사랑, 이슬람은 신에 대한 복종 등, 각 종교는 서로 강조하는 게 다를 수 있는데, 이것은 하나의 종교 조각보에 각 종교가 기여하는 바다.[5] 바꿔 비유하자면, 각각의 종교는 인간들이 서 있는 원주와 신의 실재가 거하는 원의 중심을 잇는 선이다. 따라서 모든 종교는 그 중심으로 가는 직접적인 길이다.

많은 종교가 같은 지리적·정치적 공간을 공유하는 현실은 자명하고도 부인할 수 없다. 그것이 바로 다원성의 상황이며, 다원주의가 사회적 사실임을 의미한다. 주어진 나라 안에서 다원성의 상황을 어떻게 다루느냐 하는 것은 문화적 감수성의 문제이기도 하고 정치 형태의 문제이기도 하다.

정치적으로 다원성을 다루는 주요하고도 대조되는 두 방법이 있다. 바로 정치적 배타주의와 정치적 다원주의다.

극단적 형태의 정치적 배타주의는 **전체주의**다. 이것은 지난 세기 나치와 스탈린 정권에서 가장 명백하고도 가장 파괴적으로 나타났다. 이 정권들은 단 하나의 공식적 진리, 단 하나의 수용 가능한 삶의 방식이라는 이데올로기적 허구에 세워졌다. 그들은 "고귀한" 인종과 "타락한" 인종 사이의 불가피한 전쟁, 혹은 계급 없는 사회를 향한 거역할 수 없는 역사의 행진이라는 "철학"의 신화에 의해 정당화되었고, 경쟁자 없는 단 하나의 통치 정권에 의해 유지되었다.[6] 매우 악한 전체주의 체제부터 좀더 온화한 권위적 체제에 이르기까지 모든 정치적 배타주의의 공통점은 정부가 한 가지 이데올로기나 종교, 인종 그룹을 매우 편애하고, 그 외 사람들은 공공 생활에서 배제하기 위해서 강압적 장치를 사용한다는 점이다.

20세기에는 정치적 배타주의가 반종교적 전체주의와 연관이 있었다. 그러나 역사적으로 정치적 배타주의는 주로 종교의 영향을 받았다. 하나의 배타적 종교가 배타주의적 국가에 정당성을 부여했던 것이다. 그리고 국가는 그 종교를 모든 시민에게 부과하고 그 종교만 따르게 함으로써 종교의 순수성을 유지했다. 일반적으로 종교의 영향을 받은 정치적 배타주의는 나치주의나 스탈린주의보다 덜 억압적이었고 현재도 그렇다. 그러나 여전히 모든 이단과 분리주의자, 모독자와 배교자는 용서하지 않으며, 하나의 배타적 종교가 지지하고 국가가 강제하는 신념과 실천에서 벗어나는 사람도 용서하지 않는다.

내가 3장 마지막 부분에서 변호한 정치적 다원주의란, 정치제도에서는 언제나 부분적으로만 구현된다. 신앙 유무에 상관없이 양심의 자유가 모든 사람에게 보장되고 공통된 공공 생활을 운영하면서 모두가 동등한 목소리를 내는 정치철학을 뜻한다. 이러한 철학에 따르면 인생에 대한 주요 해석들 중에서 단 하나만 매우 선호하는 정치적 배타주의와 달리 국가는 그 어느 것도 편애하지 않는다. 3장에서도 지적했고 나중에 더 자세히 설명하겠지만, 내가 말하는 정치적 다원주의는 원래 서구에서 그리스도인들이 발전시켰다. 그들은 자기들이 해석하는 기독교 신앙에 근거해서 특정 부류의 기독교가 정부와 밀착하는 것에 반대했다. 어떤 사람들은 정치적 다원주의가 특별히 기독교적 정치철학이라고 주장한다. 그러나 종교의 자유, 공적 영역에서의 동등한 목소리, 국가의 공평성과 같은 핵심 신념들이 역사적으로 기독교 신앙에서 비롯되었어도, 이러한 사상은 비록 서로 다르게 이해하는 부분이 있고 강조점도 다를 수 있지만, 다른 세계종교들도 공유한다. 기독교만이 아니라 다른 세계종교도 정치적 다원주의와 양립할 수 있고 그것을 지지할 수 있다고 나는 3장에서 주장했다.

오늘날 많은 사람이 정치적 배타주의는 종교적 배타주의의 불가피한 결과라고 생각한다. 종교적 배타주의자는 정치적 다원주의자가 될 수 없다고 보는 것이다. 그러나 이 가정이 과연 옳은가? 아니면 역사적으로 종교적 배타주의와 정치적 배타주의가 서로 연관되어 있었기 때문에 생긴 편견인가? 이 질문은 중요하다. 왜냐하면 오늘날 종교적 배타주의는 만연하며 그것이 사라지지도 않을 것이기 때문이다.

종교적 배타주의의 융성

터키나 인도네시아처럼 비교적 온건한 무슬림이 다수인 국가에서도 60퍼센트 이상의 무슬림이 종교적 배타주의자들이다. 보수적인 무슬림이 다수인 국가에서는 그 비율이 훨씬 높다. 그리스도인들은 더 배타적이다. 기독교가 활발하게 활동하고 빠르게 성장하고 있는 아프리카와 중국에서는

87퍼센트의 그리스도인이 종교적 배타주의자들이다. 서구의 혹은 서구의 영향을 받은, 명목상 기독교 국가에서만 그리스도인 배타주의자들의 비율이 50퍼센트 이하다. 관용적 종교라고 주로 설명되는 힌두교도 자기 신앙의 진리 주장에 대해서는 대체로 배타적이다.[7]

세계종교를 믿는 대부분의 사람은 종교적 배타주의자들이다. 그것이 바로 위의 숫자가 암시하는 바이며, 세계종교의 성격으로 봐서도 그것은 당연히 예상할 수 있다. 2장에서 지적했듯이 주요 세계종교, 특히 유일신 종교의 근본은 거짓 종교와 참 종교를 구분하는 것이기 때문에 거짓 종교를 완고하게 거부할 수밖에 없다.[8] 유대인과 그리스도인 모두에게 첫 계명은 "나 외에는 **다른 신들을 두지 말라**"(출 20:3)이다.[9] 이슬람의 제일 원칙의 첫 구절은 "그 신 외에 **다른 신은 없다**"이다. 유대교, 기독교, 이슬람의 원칙은 배타주의적이다. 게다가 이 종교들에서는 참 신과 거짓 신들, 그리고 참 종교와 거짓 종교의 구분이 특정한 적극적 계시에 기초한다. 그 결과 계시를 받았고 진리를 아는 사람과 그렇지 않은 사람이라는 두 가지 기본 범주로 사람을 나눈다.

위의 비율이 맞다면 25-35억 명이 종교적 배타주의자이며, 종교가 절대적 의미와 상대적 의미 모두에서 성장하고 있기 때문에 앞으로 더 많은 종교적 배타주의자들이 생길 것이다. 중요한 것은, 수적으로 성장하고 있고, 활발하게 활동하며, 자기주장을 공개적으로 하는 종교, 즉 정치적으로 가장 큰 영향을 미치는 종교가 배타적 종교라는 사실이다.[10] 종교적 배타주의자들이 정치적 다원주의자가 될 수 없다면, 이는 매우 걱정스러운 통계다. 종교인이 배타적이라면, 다양한 종교인이 한 지붕 아래에서 평화롭게 살거나 건설적으로 협력할 수 없다는 말이기 때문이다.

그러나 어쩌면 이러한 걱정은 틀린 것일지도 모른다. 적어도 장기적으로는 말이다. 종교적 배타주의자들이 많은 게 사실이고, 그들이 서로 연결되어 있고 서로 의존하는 종교적 다원주의의 세상에서 때로 문제를 일으키는 것도 사실이다. 그러나 지구화의 과정은 사람들로 하여금 다른 종교를 믿는 사람들과 더 가까이 살게 만들기 때문에 결국 모든 종교인을 종교적 다원주의자로 만들고 있다고도 볼 수 있다. 일단 종교적 다원주의자가 되고 나면 종교 때문에 정치적 다원주의자가 되지 못하는 경우는 없을 것이라는 생각이 현재 지배적이다. 어떤 종교적 다원주의자는 권위주의적 국가가 대체로 시민들에게 더 나은 삶을 제공해 준다는 신념에서, 혹은 단일 인종과 단일 문화의 국가에서 사는 것이 좋아서 여전히 정치적 다원주의보다 정치적 배타주의를 선호할 수도 있다. 그러나 그 이유는 종교와 무관하다.

『머나먼 영광』(A Far Glory)에서 피터 버거(Peter Berger)는 종교적 배타주의의 점진적 소멸을 주장했다. 그는 "한 사회 안에서 서로 다른 그룹들이 어느 정도의 시민적 평화를 유지하며 공존하는" 사회적 다원주의는 종교적 배타주의를 침식하고 종교적 다원주의를 긍정하는 쪽으로 이끈다고 했다. 지구화 과정은 이러한 변화가 일어나는 심리적 메커니즘, 즉 "인지의 오염"을 촉진시켰다. 버거는 또한 이렇게 말했다. "세상을 바라보는 자신의 전통적인 방식이 유일하게 가능한 방식은 아닐 것이라는 생각, 다른 사람들의 말도 맞을 수 있다는 생각이 은연중에 들기 시작한다. 지금까지 당연하게 여겼던 세계관이 처음에는 아주 조금 의심에 틈을 내준다. 이 틈은 아주 빨리 벌어지는 경향이 있어서 종국에는 상대주의의 만연으로 갈 수도 있다."[11] 다양한 종교인들이 서로 같이 살면, 확고하고 순수하며 분명한 경계가 있던 신앙이 서서히 느슨하고 투과율이 높고 오염된 신앙으로 바뀌고 결국에는 명백한 세속성에 빠져들게 된다.[12] 여기에서 나는 중간 단계, 즉 종교적 상대주의를 받아들이는 단계, 혹은 내 표현으로 하면 종교적 다원주의의 단계에 관심이 있다.

버거의 주장은 다원적 환경에서 사람들이 다른 사람에게 반응하는 방식을 설명하는 사회심리학적 관점의 주장이다. 직관적으로 보자면 이 주장은 그럴듯하다. (1) 다른 사람과 함께 살면 시간이 지나면서 (2) 그들을 인간으로 받아들이게 되고 (3) 그들의 신앙이 완전히 틀린 것이 아니며 그들의 삶의 방식도 완전히 해롭지 않음을 깨닫고 (4) 결국 그들의 '진리'가 자신의 '진리'만큼 좋다는 것을 알게 되고, 옳고 그름이 아니라 혹은 잘나고 못나고가 아니라 그냥 서로 다를 뿐이라는 결론을 내리게 된다. 그러나 이러한 추론의 개요는 깔끔해 보여도 실제로는 훨씬 더 복잡하다. 처음 세 단계를 지나도 사람들은 종종 마지막 단계에 도달하지 않는다. 종교적 다원주의자가 되지 않는 것이다. 타 종교인과 함께 살면 자신의 신앙이 약해지는 게 아니라 오히려 강해지는 경우가 많다. 오늘날 대부분의 종교사회학자들은 버거의 논제와는 거의 정반대의 논제를 주장한다. 여러 종교가 같은 공간에 있는 것과 각 종교의 적극성의 관계는 **비례하는** 경우가 더 많다. 종교, 특히 배타적인 종교는 서로 경쟁할 때 더 융성하며 특히 종교적 편애가 없는 국가에서 경쟁할 때 더욱 그렇다.[13] 가장 좋은 예가 미국과 인도다. 이 두 나라는 오늘날 세계에서 가장 크고 종교적으로 가장 다양한 민주주의 국가로서 여러 종교가 적극적으로 활동하고 있다.

버거 자신도 사람들이 한 방향, 곧 종교적 배타주의에서 종교적 다원주의로만 이동하지는 않는다고 주장한다. 이러한 이동은 반대 방향으로도 일어난다. 같은 공간 안의 종교적 다원성은 종교적 신념을 상대화시키지만 그 상대주의는 또한 절대주의를 야기하기도 하고 따라서 종교적 배타주의를 재확립하기도 한다. 왜 역방향의 흐름이 생기는가? 버거는 이렇게 설명한다. "다원주의는 무엇을 믿어야 하는지 그리고 어떻게 살아야 하는지에 대해서 변하지 않는 불확실성의 조건을 만들어 낸다. 그러나 사람은 불확실성을 싫어하며, 특히 인생에서 정말로 중요한 문제들에 대해서는 더욱 그렇다. 그래서 상대주의가 어느 정도 강해지면, 절대주의에 다시 매력을 느낀다."[14] 따라서 버거도 지구화의 다원화 흐름이 반드시 종교적 배타주의를 침식하고 그럼으로써 정치적으로 해로운 영향을 완화시키는 것은 아니라고 보는 것이다. 다양한 종교인들이 같은 정치사회에서 살게 만드는 지구화의 과정이 종교적 배타주의를 사라지게 하는 게 아니다. 어떤 사람은 종교적 배타주의를 버리지만 또 어떤 사람은 수용한다. 그리고 또 어떤 사람은 이미 가지고 있던 종교적 배타주의를 더 강화한다. 종교적 배타주의자들이 정치적 배타주의자들일 수밖에 없다면, 활발하게 활동하는 종교들이 같은 정치 공간을 공유하는 오늘날, 정치적 다원주의를 이룰 수 있는 방법은 주로 두 가지다. 첫 번째는 종교적 배타주의자들이 종교적 다원주의자가 되도록 설득해서 정치적 다원주의를 모순 없이 받아들이게 하는 것이다. 그런데 이 전략은 성공하기 어렵다. 종교적 배타주의자들이 설득당할 가능성이 별로 없다. 왜냐하면 이미 사람들이 자기 신앙에 기반을 두고 쌓아올린 것이 있고 불확실한 세상에서 확고한 경계를 필요로 한다는 이유를 제외하고라도 종교적 배타주의에 반대하는 주장이 생각만큼 신학적으로나 철학적으로 설득력이 없기 때문이다.[15] 두 번째 방법은 종교적 배타주의자들을 공적 생활에서 배제하는 것이다. 이것은 세속주의의 기획을 따르는 국가의 전략이다.[16] 첫 번째 방법이 현실 가능성이 없다면, 두 번째 방법은 도덕적으로 문제가 있다. 이 방법은 부당하고 억압적이기 때문이다. 그러나 두 방법 모두 종교적 배타주의는 정치적 다원주의와 양립할 수 없다는 전제에서 나왔다. 그렇다면 이러한 전제를 받아들일 타당한 이유가 있는가?

양립할 수 있는가, 없는가?

종교적 배타주의와 정치적 다원주의는 양립할 수 없다는 입장이 내세우는 두 가지 주요 주장은 종교적 배타주의의 두 특징인 진리로 가는 방법의 배타성과 바른 삶의 방식의 배타성에 근거한다. 이제 서구 역사에서 서로 다른 시기에 쓰여 정치적으로 매우 큰 영향을 미친 책들에서 제시하는 이 두 주장을 살펴보자. 하나는 카를 포퍼(Karl Popper)의 『열린 사회와 그 적들』(The Open Society and Its Enemies, 1945, 민음사)이고 다른 하나는 장 자크 루소(Jean-Jacques Rousseau)의 『사회계약론』(The Social Contract, 1762, 문예출판사)이다.

많은 사람이 하나의 배타적인 계시적 진리는 신자와 비신자를 구분할 뿐 아니라 다른 사람에 대한 미움, 갈등, 폭력, 유혈 사태를 낳았다고 주장했다. 이들은 계시의 권위에 따라 진리를 받아들이기 때문에 종교적 배타주의자들은 평등주의자가 되기도 힘들고, 정치적 다원주의를 수용하기도 힘들다고 주장한다. 소련의 스탈린과 독일의 히틀러의 공격적 전체주의를 걱정하면서 카를 포퍼는 이러한 주장을 『열린 사회와 그 적들』이라는 책에서 설득력 있게 구성했다. 그의 첫 공격 대상은 "닫힌 사회"의 철학자들인 플라톤, 헤겔, 마르크스다. 그러나 그는 세계종교도 비판한다. 자신의 **모**든 신념을 합리적 비판에 열어 놓지 않는 사람들 안에는 독재자가 꿈틀대고 있다고 본 것이다.

포퍼의 주장은 합리적 태도와 비합리적 태도의 차이에 근거한다. 초기의 영향력 있는 과학철학자로서 그는 합리주의를 다음과 같이 이해했다. 즉, "비판적 논쟁을 듣고 경험에서 배울 준비가 된 자세"로서, "내가 틀리고 네가 옳을 수 있으며, 노력을 통해 우리는 진리에 가까워질 수 있다"는 신념이다.[17] 합리주의의 본질은 이성의 사용뿐 아니라 다음의 세 가지 인식론적 입장이다. 논증과 증거에 대한 근본적 존중, 자신의 오류 가능성에 대한 인식, 어떠한 입장도 수정할 수 있다는 열린 자세. 그와는 달리 비합리주의는 열정의 힘에 의존하며, 종교의 경우 계시의 권위에 의존한다. 비합리주의자들은 "어떠한 사고를 그대로" 판단하는 대신에 "자신의 피로", "계급으로", "인종으로", "하나님의 은혜로" 생각한다고 포퍼는 주장한다.[18] 지난 세기 초에 발전된 합리주의와 비합리주의에 대한 이러한 설명은 지식의 이론에 대한 궁극적 발언은 아니지만, 오늘날 많은 지성인이 이것을 유효하게 받아들인다.

포퍼에 따르면 심지어 최고의 감정인 사랑일지라도 열정과 계시에 의존하면, 친구와 적, 동료와 이방인, 신자와 비신자처럼 "인류를 서로 다른 범주로 나누게" 된다. 이러한 입장으로는 정치적 평등주의가 "현실적으로 불가능하다." 비합리주의는 "서로 다른 범주의 사람들은 서로 다른 권리가 있다는 태도, 주인은 노예를 노예 삼을 권리가 있고, 누군가 사람을 도구로 사용할 권리가 있다는 태도를" 양산하고, "궁극적으로는…살인을 정당화하는 데 사용될 것이다."[19] 만약 비판적 이성이 열정과 권위에 자리를 내주면, 우리의 인간성 자체가 파괴되고 사나운 짐승이 될 것이라고 포퍼는 『열린 사회와 그 적들』 1권 끝에서 경고한다.[20]

종교적 배타주의자들은 자신도 늘 이성을 사용한다고 대응할 것이다. 그러나 포퍼는 모든 비합리주의자도 논쟁을 하고 경험에 호소하지만, 오직 표면적인 것들을 설명하기 위해서, 자신의 깊은 신념을 지지하고 이성이 정하거나 바꾸도록 허용되지 않는 기본 목표를 이루기 위해서 그렇게 할 뿐이라고 말한다. 비합리주의의 중요한 측면은 어느 시점에 가서는 비판적 이성이 멈춘다는 것이다. 적극적 계시를 통해 신앙의 진리를 접하는 종교적 배타주의자들은 궁극적 실재의 본질, 자아의 성격, 사회적 관계, 선에 대한 설명에 대해서 근본적인 결정을 내리기 전에 이성이 멈춘다.[21] 인간의 도덕적 정체성에 대한 결정을 내릴 때 이성이 순종에 자리를 내줌으로써 '우리'와 '그들', 우리가 챙기는 사람과 경멸하는 사람 사이에 선이 그인다. 이성적 논쟁에 대한 사랑은 인간에 대한 사랑과 함께 간다고 포퍼는 주장한다. 역으로 이성적 사고에 대한 증오와 순종에 대한 의존은 인간에 대한 증오와 공명한다.[22] 신앙 명령에 순종해야 한다는 요구는 다른 사람에게 신앙을 강요하는 것으로 쉽게 변하며, 그럴 때 종교적 배타주의는 정치적 배타주의로 나아간다.

종교적 배타주의자라고 해서 모두 자신을 이렇게 인식하지는 않는다. 적어도 어떤 사람들은 자신의 관점을 다른 사람에게 강요하지 않는 것, 특히 국가권력을 이용한 강요에 반대하는 것은 적극적 계시의 일부로서, 하나님의 명령이라고 받아들인다. 비록 합리성에 대한 포퍼의 설명에 동의하는 많은 동시대인은 이 사실을 인정하지 않았지만 포퍼는 인정했다. 그는 의문의 여지 없이 적극적 계시에서 비롯되는 초기 기독교가 그가 영웅으로 여기는 소크라테스의 후계자 격인 "열린 사회의 새로운 신조"라고 했다. 포퍼는 기독교가 모두를 동등하게 보았기 때문에, 그리고 로마제국의 권력에 대항해 양심의 자유를 주장했기 때문에 "상당한 도덕적 영향"을 미쳤다고 보았다.[23] 그럼에도 기독교는 역사적으로 오랜 기간 동안 전체주의적이었다. 포퍼는 그 이유가 기독교가 비합리적이었기 때문이라고 보았다. 합리주의는 보편적인 반면, 비합리주의는 배타적이어서 사람들을 내부인과 외부인으로 나누기 때문이다.[24]

종교적 배타주의는 정치적 배타주의가 될 수밖에 없다고 보는 두 번째 주요 주장의 이유는 어떻게 살아야 하는지에 대한 사람들의 결정을 존중하지 못하기 때문이다. 개인의 자유와 국가권력의 화해를 다룬 고전 『사회계약론』 말미에 루소는 이렇게 썼다. "시민적 비관용과 신학적 비관용을 구분하는 사람은 내가 보기에 틀렸다. 이 두 가지의 비관용은 분리될 수 없다."[25] 다시 말해서, 종교적 배타주의자는 필연적으로 정치적 배타주의자일 수밖에 없다. 루소는 삶의 바른 방식과 영원한 운명에 대한 "신학적 비관용"을 이러한 주장의 근거로 제시한다. "저주받았다고 생각하는 사람들과는 평화롭게 살 수 없다. 그들을 사랑하는 것은 그들을 벌하시는 하나님을 미워하는 것이기 때문이다. 따라서 그들이 돌이키게 하거나 그들을 벌할 수밖에 없다. 신학적 비관용이 허용되는 곳이라면 어디든 시민의 삶에 영향을 미칠 수밖에 없으며, 조금이라도 영향을 미치면 주권자는 세속사에서도 더 이상 주권자가 아니다. 그때부터는 사제들이 진짜 주인이고, 왕은 그들의 행정관이다."[26]

루소가 틀렸음을 보여 주는 가장 간단한 방법은 저주받을 것이라고 생각하는 사람들과 평화롭게 사는 많은 종교적 배타주의자를 보여 주는 것이다. 그들은 사무실이나 건축 현장에서 서로 함께 일하며, 식탁에 같이 둘러앉고, 때로는 자녀를 함께 키운다. 다시 말해서 그들은 비록 완벽하게 만족하지는 않지만, 사회적 현상으로서 다원주의 속에서 비교적 편안하게 잘 지낸다. 그들은 "한 사회 안의 서로 다른 그룹과 어느 정도 시민적 평화를 유지하면서 공존하는 것"을 받아들이는 것이다.[27]

그러나 이것은 종교적 배타주의자들이 정치적 책임을 실천하는 게 아니라 그냥 일상을 사는 모습일 수 있다. 그리고 그들은 머리보다는 가슴이 더 똑똑해서 신념보다는 실천이 더 나은, 일관성 없는 배타주의자들일 수도 있다. 일관성 있는 배타주의자는 저주받은 사람들과 평화롭게 살면서 그들을 사랑하는 것은 "그들을 벌하시는 하나님을 미워하는 것"임을 알 것이라고 루소는 주장했다. 하나님을 사랑하고 하나님의 태도에 자신의 태도를 부합시키려면 "그들이 돌이키게 하거나 그들을 벌할 수밖에 없다." 이러한 주장을 여러 사례로 뒷받침하기 위해 루소는 모든 종교 역사에 나타나는 강제적 교정과 무자비한 형벌의 사례를 길게 나열한 것인지도 모르겠다.

종교적 배타주의는 정치적 배타주의를 낳는다는 포퍼와 루소의 주장은 설득력이 있는가? 이들의 주장에 답하기 전에, 루소와 포퍼가 옳을 경우 종교적 배타주의자들이 시민으로서 사는 모습은 어떨지 생각해 보자. 그 모습은 비관적일 수밖에 없다. 루소는 특히 종교적 배타주의자들에 대해서 가혹했는데, 가장 악랄한 독재자를 제외하고 그 누구보다도 가혹했다. 그는 종교적 배타주의가 사회를 파괴하기 때문에 그것은 명백히 금지되어야 한다고 주장했다. "이제는 더 이상 배타적 민족종교가 없고 있을 수도 없기 때문에, 그들의 교리가 시민의 의무에 반하지 않는 한, 다른 사람을 관용하는 사람들 모두를 관용해야 한다. 그러나 누구라도 감히 '교회 밖에는 구원이 없다'고 말한다면, 그는 국가가 교회이고 왕이 교황이 아닌 이상 국가에서 쫓아내야 한다. 그러한 교리는 신정주의 정부에서만 가능하며 다른 모든 정부에서는 해로운 것이다."[28] 무슬림, 유대인, 힌두교인, 불교인 등 다른 모든 종교적 배타주의와 마찬가지로 교회 밖에는 구원이 없다는 원칙을 믿는 전통적 가톨릭 교인들은 생각을 바꾸거나 아니면 떠나야 한다. 루소의 사회에서는 모든 종교적 배타주의자들이 배제된다. 종교적 배타주의와 정치적 배타주의가 밀접하게 연결되어 있다고 보는 다른 사람들 대부분은 그보다는 좀더 온화한 해결책을 제시한다. 그들은 종교적 배타주의자들을 정치 공동체에서 쫓아내기보다는 배타주의자들의 종교적 신념을 시민들의 사생활에 국한시키라고 제안한다. 그러니까 종교적 배타주의자들은 특정 종교에서 비롯되는 좋은 인생의 비전을 공공의

장에 가져오면 안 된다는 것이다. 그러나 어떠한 길을 택하든 결과는 바람직하지 않다. 국가의 용인하에 이루어지는 박해나 차별은 모두 정치적 배타주의의 표시이기 때문이다.

다행히도 포퍼와 루소 모두 틀렸다. 첫째, 그리스도인 배타주의자들이 구원받은 자와 저주받은 자를 분명하게 구분하기는 하지만, 그들은 또한 아무런 모순 없이 도덕적 내부인과 외부인을 구분하는 데 반대한다. 기독교의 모든 도덕적 의무를 간략하게 요약한 황금률은 이렇다. "무엇이든지 남에게 대접을 받고자 하는 대로 너희도 남을 대접하라"(마 7:12). 여기에서 남은 단지 선별된 몇 사람이 아니라 **모든** 사람을 일컫는다. 선한 사마리아인의 이야기가 분명하게 보여 주듯이, 이웃을 사랑하라는 명령은 보편적이다(눅 10:25-37). 친구든 적이든, 선인이든 악인이든, 구원받은 자든 저주받은 자든 모두가 사랑의 대상이다. 저주받은 사람을 사랑하는 것은 하나님을 미워하는 것이 아니라, 악인과 선인 모두에게 해를 비추시고(마 5:45), 스스로 하나님의 적이 된 사람들도 사랑하시는(롬 5:6-7) 하나님께 순종하고 그 하나님을 모방하는 것이다.

둘째, 종교적 배타주의는 국가가 종교의 도덕적 비전을 사회에 부과해야 한다고 명하지 않는다. 많은 종교적 배타주의자가 자신들의 종교적 목적을 위해 국가를 도구로 이용한 것은 사실이다. 그러나 그것은 배타주의 때문이라기보다는 그들이 교회와 국가의 밀접한 관계를 지지했기 때문이다. 종교적 배타주의자는 자기모순 없이 하나님의 심판과 국가의 정의를 근본적으로 구분할 수 있고, 교회와 국가의 확고한 분리를 지지할 수 있으며, 종교의 자유를 존중해 달라고 주장할 수 있다. 이 모든 신념은 종교적 배타주의와 완벽하게 양립할 수 있다. 이러한 신념을 수용하는 종교적 배타주의자들에게는 정치적 다원주의가 자신들의 전체주의적 통치를 확립할 수 있을 때까지 감내해야 하는 운명이 아니라 긍정적 선이 될 것이다.

오늘날 이 논제는 인기가 없다. 정치인들, 지성인들, (내 연구 분야인 종교학과 신학을 연구하는 학자들을 포함해서) 학자들, 무엇보다 종교 비판자들 사이에서 인기가 없다. 비록 어떤 사람들은 정치적 다원주의자가 되려면 모든 종교를 버려야 한다고 주장하지만, 대부분은 진정한 정치적 다원주의자가 되려면 종교적 배타주의를 버려야 한다고 생각한다. 그러나 내 입장은 다르다. 특정한 종교적 다원주의와 정치적 다원주의 사이에 더러 유사성이 있지만,[29] 종교적 배타주의가 정치적 다원주의와 양립하지 못할 이유는 없다. 일관된 종교적 배타주의자도 정치적 다원주의자가 될 수 있다.

디저트는 실제로 먹을 때 그 존재의 의미가 있다고 생각하는 사람은 이렇게 물을 수 있다. "정치적 다원주의를 수용하는 종교적 배타주의자들은 어디에 있으며, 왜 그들은 목소리를 내지 않는가?" 종교적 배타주의자 중 한 명은 놀랍게도 16세기 청교도인 로저 윌리엄스(Roger Williams)였다. 우리는 그를 정치적 다원주의의 아버지라고까지 부를 수 있을 것이다.

종교적 배타주의 그리고 정치적 다원주의의 기원

서구에서 정치적 다원주의가 태동할 때, 그들은 종교적 배타주의자들의 종교의 자유, 국가와 교회의 분리를 확고히 믿었다. 이 신념은 너무도 강력해서 그들은 그것에 대해서 설교하고 글을 썼을 뿐 아니라, 그것을 구현하고 강화할 정치제도를 만들었다. 그중 가장 두드러지는 사람이 로저 윌리엄스(1603-1683)다. 그는 누구보다 고집스럽게 종교적 진리를 옹호했지만, 종교의 자유에 대해 이단적이고 반역적이라고 여겨지던 관점을 주장하고 미국 원주민의 권리를 옹호했다는 이유로 매사추세츠 만 식민지에서 추방되었다. 그 후 그는 로드아일랜드를 세워 "교회와 국가를 분리시킨 최초의

정부"를 설립했다.³⁰

종교적 배타주의자가 정치적 배타주의자, 심지어 전체주의적인 정치적 배타주의자가 될 수 있다는 증거가 필요하다면 매사추세츠 만 식민지의 종교 및 정치 지도자들이 풍부한 사례를 제공할 수 있다. "기독교 자선의 모델"이라는 설교에서 그 식민지의 첫 총독인 존 윈스럽(John Winthrop)은 그 식민지의 비전을 "언덕 위의 도시"로 묘사했다. 이 도시는 "새 예루살렘"의 지상판으로서, 하나님께 헌신되어 하나님의 율법에 순종하는 도시라고 했다. 이 정부의 가장 중요한 역할 중 하나는 종교를 순수하게 지키는지 감시하는 것을 포함해서 하나님의 율법을 시행하는 것이었다. 당시 불순종하는 자들에게는 채찍질, 귀를 자르거나 혀를 자르는 것과 같은 절단, (간음, 우상숭배, 신성 모독의 경우) 사형 등의 처벌을 내렸다. 16세기의 유명한 신학자 리처드 후커(Richard Hooker)의 표현을 빌리자면 국가는 교회를 "젖 먹이는 아버지"로서 엄격해야 한다고 여겨졌다.³¹

윌리엄스가 1631년 2월에 그 식민지에 도착하자 지도자들은 그를 "거룩하고 열정 있는 설교자"로 맞아들였다. 28세의 젊은 나이에 윌리엄스는 매우 종교적인 식민지인 미국에서 중요하고 영향력이 큰 자리를 위임받았다. 보스턴 교회의 선생으로서 식민지 전체의 권위적인 종교 사상가 역할을 해야 했던 것이다. 그러나 윌리엄스는 그 명예를 거절함으로써 식민지 지도자들을 놀라게 했다. 그는 보스턴의 청교도들이 영국 국교회와 충분히 거리를 두고 있지 않다고 보았다. 그로부터 5년 후, 하버드 대학교를 설립하기 불과 몇 달 전, 식민지의 치안판사들은 자신들의 불순함 때문에 자신들의 선생이 되지 않겠다고 한 그 남자를 추방했다. 그 남자가 저지른 용서할 수 없는 범죄는 무엇인가? 그는 율법의 첫 번째 돌판, 즉 십계명 중에서 하나님에 대한 인간 의무를 규정하는 부분에 대한 순종을 강요할 권리가 치안판사들에게 없다는 반역적 교리를 지지했다. 이 입장 때문에 그는 친구로 여겼던 윈스럽과도 충돌했다.

『양심을 박해하는 피의 원칙』(The Bloudy Tenent of Persecution for Cause of Conscience, 1644)이라는 400쪽짜리 책에서 윌리엄스는 자신의 입장을 변호했다. 이 책의 서두에 주요 논제를 배치한 그는 다음과 같이 썼다. "그의 아들 주 예수 그리스도께서 이 땅에 오신 후로는 가장 이교적인 부류들, 유대인, 터키인, 반기독교적 양심과 예배 형태들이 모든 민족과 나라에서 허용되는 것이 하나님의 뜻이자 명령이다. 그리고 그 양심들과 싸우는 무기는 영혼의 문제에서 유일하게 정복 가능한 칼, 즉 하나님의 영혼의 칼인 하나님의 말씀이어야 한다."32 침례교 창시자 중 한 명인 토머스 헬위스(Thomas Helwys, 1557-1616)를 제외하고는33 윌리엄스 이전에 그 누구도 그와 같은 급진적인 양심의 자유를 국가가 허용할 것을 주장하지 않았다. 3장에서 내가 지적한, 윌리엄스의 때로부터 반세기 후에 정치적 자유주의를 가장 영향력 있게 구사한 존 로크조차 그 정도로 관용적이지는 않았다. 라이너 포르스트(Rainer Forst)가 최근에 그의 대작 『갈등하는 관용』(Toleration in Conflict)에서 말했듯이, 윌리엄스는 "로크보다 더 종교적인 틀에서 주장했을" 뿐 아니라 "관용에 대한 로크의 제한을 넘어섰다."34 윌리엄스는 이 세상 모든 사람의 양심이 자유롭지 못할 이유가 없다고 보았다. 모든 사람은 하나님 앞에서 동등하고, 강요된 예배는 "하나님의 코에 악취"이기 때문이다. 따라서 정부는 그 누구도 바르게 예배하라고 강요할 권리가 없다. 마찬가지로 교회도 국가를 강제의 도구로 이용할 권리가 없다. "박해하는 것은 거짓 교회의 참 표지이자 성격"이라고 그는 지적했다.35 윌리엄스는 종교를 강요하는 것은 기독교 신앙과 절대로 양립할 수 없다고 주장했다. "예수 그리스도를 위해서 사람의 목소리를 억압하는 것은 가장 큰 죄인들과 대화하기를 매우 즐기신…예수 그리스도의 본성과 그의 성도의 본성 그리고 진리의 본질과 정면으로 대립된다."36 뉴잉글랜드의 학식 있고 존경받는 목사 존 코튼(John Cotton, 1584-1652)의 관점에 반박하기 위해서 쓴 글에서 윌리엄스는 또한 그러한 박해의 결과에 대해서 경고했다. 그는 '인디언'들의 언어도 배우고 그들의 권리를 옹호했는데, 그들을 염두에 두고 그는 강제의 필요성에 대한 코튼의 주장은 결코 받아들일 수 없고 실제로도 불가능한 일이라고 주장했다. 모든 시대와 지역에서 진리라고 여기는 종교를 강요해야 한다면, "이 넓은 세계에 셀 수 없이 많은 신성모독자, 우상숭배자, 유혹자를 죽일 수밖에 없기" 때문이다.37

『로저 윌리엄스와 미국 혼의 창조』(Roger Williams and the Creation of the American Soul, 2012)의 결론에서 존 배리(John Barry)는 윌리엄스의 입장을 다음과 같이 요약한다. "성경을 절대적으로 믿고 그 성경에 대한 자신의 해석도 절대적으로 믿었지만, 그는 다른 사람으로 하여금 자신이나 또 다른 사람이 믿는 것을 강제로 믿게 하는 것, 혹은 자신이나 또 다른 사람의 신앙에 강제로 순응하게 하는 것은 '끔직한' 일이라고 생각했다."38 윌리엄스는 종교의 자유, 국가와 교회의 분리에 대한 자신의 사상을 정치제도에 도입하려는 목적에서 설립한 로드아일랜드의 국가 협약에 자신의 종교적 배타주의에서 비롯된 이와 같은 깊은 종교적 신념을 포함시켰다. 확고한 종교적 배타주의로서 그는 정치적 다원주의의 주요 창시자 중 한 명이 된 것이다.39 윌리엄스의 전기 작가들이 동의하듯이, 그의 신앙은 사회적이고 정치적일 뿐인 목적을 이루기 위한 단순한 도구가 아니라, 신념의 근원이자 행동의 동기였다.40

윈스럽의 생각은 이랬다. 식민지가 하나님의 율법에 순종하지 않는 것은 하나님을 영예롭게 하지 않는 것이다. 하나님은 이제 갓 태어난 식민지에 복을 주시지 않을 것이다. 식민지가 하나님의 율법에 순종하게 만들려면 정부가 그것을 강제해야 한다. 윌리엄스의 생각은 달랐다. 윌리엄스가 볼 때, 강요된 예배는 하나님을 모욕하는 것이다. 종교적 순응을 강제하기 위한 잔인한 처벌은 예수 그리스도를 통해 계시된 자비로운 하나님의 성품에 위배된다. 두 사람 모두 신실한 그리스도인이자 종교적 배타주의자였다. 그러나 윈스럽의 종교적 배타주의는 정치적 배타주의를 낳았고, 윌리엄스의 것은 정치적 다원주의를 낳았다. 믿음의 **내용**, 즉 각 사람이 기독교 신앙의 레퍼토리에서 중요하다고 생각한 것이 무엇이고 그것을 어떻게 전체적인 인식의 틀에 끼워 맞추었느냐가 차이를 가져왔지, 그들의 신앙이 얼마나 배타적이고 그것을 얼마나 지지했는지는 상관없었다. 여기에서 문제는 신념의 강도와 배타성이 아닌 해석의 내용이다. 많은 사람이 윌리엄스를 두 사람 중 더 나은 해석자로 볼 것이다. 종교의 자유를 위해 싸웠던 17세기의 투쟁을 논평하면서 영국의 뛰어난 사학자 존 플라메나츠(John Plamenatz)는 이렇게 지적했다. "양심의 자유는 무관심도, 회의주의도, 단순한 열린 마음도 아닌, 신앙에서 나왔다."⁴¹ 그들의 주장은 "신앙이 매우 중요하기 때문에 그것을 강요해야 한다"가 아니라, "신앙이 매우 중요하기 때문에 모든 인간은 자신이 진리라고 믿는 신앙을 따라 살 수 있어야 한다"는 것이었다. 종교의 자유를 탄생시킨 이 확고한 배타주의적 신념은 지금도 종교의 자유를 지지할 수 있다.

기독교 우파와 정치적 다원주의

정치적 다원주의를 위한 윌리엄스의 노력은 17세기의 일이다. 그러나 오늘날 다원주의를 정치 프로젝트로 지지하는 종교적 배타주의자들은 어디에 있는가? 초기 식민지 시대로부터 350년이 지난 현대의 미국을 한번 보자.

20세기 후반 미국에서는 주로 개신교 근본주의자들과 전통적 가톨릭으로 구성된 보수적 그리스도인들이 결연한 의지를 품고 공적 영역에 등장했다. 그들은 미국이 세속 문화의 지배를 받게 되었다고 보았다. 따라서 원래 목적대로 미국을 "언덕 위의 도시"로 되돌려 세속적 기준의 느슨한 도덕이 아닌 하나님의 법에 순종하며 살도록 하는 게 중요하다고 생각했다. 기독교 우파라는 이름이 붙은 이 운동의 구성원은 주로 종교적 배타주의자들이다.

어떤 사람들은 기독교 우파가 민주주의 가치를 해치고 미국을 신정국가로 되돌리려 한다고 공격했다.[42] 비판자들뿐 아니라 지지자들도 이 운동의 지도자를 신정주의자였던 존 윈스럽의 후예로 묘사했다.[43] 그러나 자세히 보면 이 운동은 로저 윌리엄스의 유산도 많이 물려받았다. 기독교 우파의 지도자와 활동가들은 사실상 다원주의를 정치 프로젝트로 수용하는 현대의 중요한 종교적 배타주의자들의 예다. 여기에서 나의 목적은 (군사 개입, 낙태, 안락사, 동성애 인권 등에 대한) 기독교 우파의 입장을 평가하는 게 아니라, 종교적 배타주의자들인 그들이 이러한 입장들을 정치적 다원주의자로서 촉구한다는 것을 보여 주는 데 있다.

기독교 우파는 로저 윌리엄스의 영향을 어느 정도로 받았는가? 2009년 존 실즈(Jon Shields)는 자신의 박사 논문에 기초해서 『기독교 우파의 민주주의적 미덕』(The Democratic Virtues of the Christian Right)이라는 놀라운 제목을 단 책을 출판했다. 실즈는 기독교 우파 조직들을 면밀히 검토하고, "기독교 우파 지도자들이 어떻게 일반 그리스도인들의 공적 태도를 형성하는지" 연구함으로써, 비판자들이 악하게만 보는 이들에게서 미덕을 간파할 수 있었다.[44] 기독교 우파를 보는 외부 관점은 두 가지 원칙적인 면에서 왜곡되었다고 실즈는 주장한다. 비판자들은 그들을 '오퍼레이션 레스큐'

(Operation Rescue: 미국의 낙태 반대 단체—편집자) 설립자인 랜들 테리(Randall Terry)나 '모럴 머조리티'(Moral Majority: 미국의 보수 기독교 정치단체—편집자) 설립자인 제리 폴웰(Jerry Falwell)의 폭력적 근본주의와 잘못 동일시한다. 미디어의 주목을 받는 이들은 기독교 우파의 부끄러움이지 우파의 지도자들이 아니다. 게다가 비판자들은 기독교 우파가 민주주의적인지 그들의 정책 목적에 맞춰서 평가한다. 그러나 정책은 의견이 다를 수밖에 없는 사안이고, 정치적 논쟁의 주제가 될 수밖에 없다. 여기에서 문제는 기독교 우파가 얼마나 민주주의적 미덕을 갖추고 있느냐인데, 그것을 결정하는 최우선 방법은 그들이 "참여와 공공 토론에 가져오는 효과"에 대해 묻는 것이다.[45] 그렇다면 그 효과는 무엇인가?

첫째, 많은 기독교 우파 조직들은 "20세기 미국에서 정치적으로 가장 소외된 유권자 그룹 중 하나인 보수적 복음주의자들을 성공적으로 동원함으로써 더 참여적인 민주주의를 만들도록" 도왔다.[46] 기독교 우파의 이러한 성공적인 동원력보다 놀라우면서도 중요한 점은 그것이 공공 토론에 미친 영향이다. 30개의 기독교 우파 조직의 자료와 그 지도자들과의 인터뷰에 근거해서 실즈는 이 지도자들이 "일반 활동가들에게 토론의 규범, 특히 예의와 존중의 실천, 들음과 질문을 통한 진정한 대화의 계발, 신학적 호소의 금지, 신중한 도덕적 논리 제시"를 계속해서 가르쳤다고 결론지었다.[47]

비판자들은 기독교 우파 지도자들이 이러한 가치를 가르치는 이유가 매우 실용적인 인센티브가 있기 때문이라고 반박할 수 있다. 활동가들이 그 규칙을 잘 따르면 자신들의 정치적 목표에 도달할 확률이 올라간다는 것이다. 물론 이것은 사실이다. 그러나 이 운동의 지도자들이 그 규범을 거룩한 책, 즉 하나님의 말씀에 기초한다는 것은 중요하다. "활동가들은 복음이 그리스도인들에게 이웃을 사랑하라고 명령하기 때문에 예의를 지켜야 한다고 정기적으로 지도를 받는다. 그리고 신자들이 거짓 증언하는 것을 하나님이 금지하시기 때문에 정직해야 한다고 격려한다. 마찬가지로, 기독교 변증 단체들은 해마다 수천 명의 시민들에게 성경적 논쟁보다는 철학적 논쟁을 하라고 가르친다. 베드로가 그리스도인들에게 자신의 믿음에 대한 이유를 제시하라고 했기 때문이다."[48] 실즈의 결론은 다음과 같다. 기독교 우파의 지도자와 활동가들이 보기에 토론의 규범을 무시하는 것은 단순히 현명하지 못한 게 아니라, 종교적으로도 성실하지 못한 것이다.

주요 기독교 우파 조직인 '크리스천 콜리션'(Christian Coalition) 이사인 랠프 리드(Ralph Reed)는 일반 활동가들에게 "적대적이고 과장된 언어를" 피하고, "다른 사람의 의견과 그들의 신앙의 진지성을 인정하고" 또한 "다양한 관점을 관용하고 그러한 관점을 지지하는 사람을 존중하라"고 가르친다.[49] 그러한 가치를 실천하지 않고서는 효과적인 의사소통도 없고 정치적 승리도 당연히 없을 것이다. 그러나 다른 많은 기독교 우파 정치 지도자들처럼 리드에게 이 가치는 상황이 바뀌면 버릴 수 있는 단순한 수사학적 전략이 아니라, 기독교적 신념의 표현이기도 하다. 또 다른 주요 기독교 우파 조직인 '포커스 온 더 패밀리'(Focus on the Family)와 마찬가지로 리드에게는 "그리스도의 사랑과 연민을 반영하는" 정치 활동가들의 태도가 매우 중요하다.[50] 기독교 우파의 지도자들과 활동가들이 항상 이 원칙에 따라 행동했는가? 당연히 그렇지 않다. 그러나 종교적이든 세속적이든 다른 자유주의 단체들보다 더 못하지는 않았다.[51]

기독교 우파가 성취하고자 하는 목표에 모든 사람이 동의하지 않으리라는 사실은 분명하다. 오히려 많은 사람이 이 목표를 무척 싫어할 것이다. 그러나 그것은 당연하며, 기독교 우파 활동가들과 그들의 동조자들도 그렇게 말할 것이다. 민주적 참여의 요점은 자신이 생각하는 좋은 인생의 비전에 맞게 사회를 변화시키는 것이다. 다원적 민주주의란 결국 이러한 의견의 차이들을, 모든 사람의 존엄성을 존중하면서 협상하는 것이다(그리고 이러한 협상의 중요한 주제 중 하나는 정확히 무엇이 "존중"인지를 정하는 것이기도 하다). 여기에서 나의 목적과 관련해서 중요한 것은 기독교 우파의 종교적 배타주의가 그들이 다원적 민주주의 미덕을 지키면서 민주적 과정에 참여하는 것을 막지 않는다는 점이다. 오히려 그들은 자신들의 배타주의적 신앙이 가르치는 가치를 다원적 민주주의의 토론의 규범으로 번역해 냈다. 그들은 자신의 종교적 신념을 정치 프로젝트로서 다원주의에 잘 부합시킬 수 있는 현대의 가장 두드러지는 종교적 배타주의자들의 예다.

종교적 배타주의자들은 왜 지구화에 유익한가?

기독교 우파는 민주주의를 옹호하는 사람들이 매우 중요하게 여기는 한 가지 토론의 규범은 보여 주지 않는다.[52] 그것은 어떠한 진리든 잠정적으로 믿다가 반대 증거가 제시되면 그것을 바로 버리는 것이다.[53] 이러한 면에서 그들은 다른 종교적 배타주의자들과 같다. 그들은 모두 자신들이 진리라고 믿는 것을 확고하고 끈질기게 붙잡는다. 그러나 가치 있는 삶에 대해 이야기하는 진리를 가볍게 붙잡는 것은 전혀 미덕이 아닐 수 있고, 민주주의적이지 않을 수도 있다. 그리고 어쩌면 지구화된 세계는 좋은 인생에 대한 진리를 느슨하게 붙잡는 게 아니라 꽉 붙잡는 것을 필요로 할지도 모른다. 그래서 세계종교의 추종자들이 좋은 인생에 대한 다른 사람들의 신념을 버리게 만들고 싶어지지 않는 한, 그러니까 그들이 정치적 다원주의를 지지하는 한 말이다.

좋은 인생의 의미가 무엇인지 다른 사람에게 강요하는 종교적 배타주의자들은 정치적 배타주의자들이다. 그들은 국가권력을 사용해서 가치 있는 인생에 대한 자신들의 비전에 다른 사람들을 종속시킨다.[54] 세속적이든 종교적이든 모든 종류의 정치적 배타주의자들은 서로 충돌하게 되어 있고, 지구화의 과정과도 충돌하게 되어 있다. 왜냐하면 이 과정은 다양한 종교인들과 세속주의자들이 같은 정치사회에서 살도록 밀고 당기기 때문이다. 정치적 배타주의자들은 이러한 '혼합 집안'을 견디지 못한다. 단 하나의 좋은 인생의 비전에 헌신되어 있고 그것을 모든 시민에게 강요하려 하기 때문이다(심지어 어떤 사람들은 자신의 관점을 전 세계인에게 강요하고 싶어 한다). 그 결과 그들은 사람들의 존엄성을 해치고, 폭력을 행사하며, 세상의 부요를 위협한다. 정치적 배타주의를 옹호하는 종교적 배타주의자들은 오늘날 바람직한 존재가 아니다. 그러나 이번 장에서 내가 주장하고자 한 것은 종교적 배타주의자들이 반드시 정치적 배타주의자일 필요가 없으며, 정치적 다원주의자가 될 수 있고 실제로 그러한 사람이 많다는 사실이다. 정치적 다원주의자인 종교적 배타주의자들은 사실상 지구화된 세계에 유익할 수 있다는 주장으로 이번 장을 마무리하려 한다. 어떻게 그럴 수 있는가?

어떤 종교적 신념이 인간의 삶에 의미를 주고 그들이 공공선을 추구하게 할 수 있는가? 그것은 감정적 신념이기보다는 강력한 (그러나 원칙적으로 불변하는 것은 아닌) 신념의 신앙이어야 한다. 그러한 신앙만이 문화적·정치적 변화를 위한 사회적 운동을 불러일으킬 수 있기 때문이다. 바로 이 지점에서 (특정 부류의!) 종교적 배타주의자들이 등장한다. 오늘날 다른 어떤 그룹과 마찬가지로 그들은 무엇이 인생을 살 가치가 있게 만드는지 성찰하며, 문화적 변화의 행위자가 될 수 있는 능력을 지니고 있다. 그들은 (어떠한 방식으로든 인생을 잘 이끄는 것에 헌신된) 새로운 종교 공동체를 세우거나, 학생들이 살 가치가 있는 인생에 대해서 세기를 넘나들며 대화에 참여하도록 하는 교육기관을 후원하거나, 필요한 법 개정을 지지하는 등의 일을 통해서 그러한 행위자가 된다.

　종교적 배타주의자들이 그러한 잠재력을 제대로 발휘할 수 있을까? 그것은 그들이 확고하고 성찰적인 종교적 신념을 유지하면서도 정치적 다원주의를 수용할 의지가 있느냐에 달려 있다. 그럴 의지가 있다면 종교적 배타주의자들은 단순히 좋은 인생에 대한 책임 있는 비전을 밀어붙이고 지구적 연대 의식을 계발하는 것 이상의 일을 할 것이다. 그들은 폭력을 부추기기보다는 화해를 주도하는 자리에 스스로 서게 될 것이다.

5장

갈등, 폭력, 화해

서로 긴밀하게 연결되어 있고 상호 의존적인 세상에서 공동체 간 갈등은 심각한 문제다. 종교가 분쟁을 유발하는지 평화를 가져오는지에 대해서는 의견들이 날카롭게 대립한다. 종교인이든 비종교인이든 비판적인 사람들은 어느 종교에 대해서든 그것이 폭력적이라고 보는 경향이 있다. 반면, 종교를 옹호하는 사람들은 일반적으로 종교가 평화를 가져온다고 주장한다. 그러나 양쪽 모두 틀렸다. 왜냐하면 양쪽 입장 모두 너무 단순하기 때문이다. 역사상 세계종교는 단순히 폭력적이거나 평화적이지 않고 양가적이었다. 시간과 장소에 따라 정도의 차이는 있지만 모든 주요 세계종교는 폭력에 관련되기도 했고 평화에 기여하기도 했다. 이번 장 후반부에서는 세계종교가 비록 서로 심각하게 대립하기도 하고 갈등의 불씨를 지피거나 부추기는 데 사용된 적이 많지만 그럼에도 사람들 사이의 화해를 이루는 데 꼭 필요한 요소를 지니고 있음을 주장한 후, 종교를 갈등의 도구로 만드는 요인들을 규명할 것이다.

지구화가 폭력을 부추기는지 아니면 평화에 기여하는지에 대해서도 종교 못지않게 의견이 심하게 나뉜다. 종교 유무에 상관없이 일부 비판자들은 지구화를 본질적으로 폭력적이라고 본다. 잔인하게 경쟁하고, 사람에게 억압적이고, 자연에 파괴적이라는 것이다. 한편 그에 비해 소수의 지구화 옹호자들은 지구화가 가져오는 평화의 효과를 칭송한다. 이번 장의 첫 부분에서는 지구화도 폭력과 평화의 문제에 있어서는 양가적이라고 주장할 것이다. 논쟁의 여지가 좀더 있지만 이번 장의 중간 부분에서는 지구화된 세계에서 사람들이 평화롭게 살려면 화해를 가능케 하는 종교의 잠재력이 필요하다고 주장할 것이다. 그러나 먼저 지구화의 결함이 아닌 장점부터 논하고자 한다. 그것은 바로 지구화가 치명적 폭력을 감소시키는 데 놀라운 기여를 한다는 사실이다.

폭력의 감소

『우리 본성의 선한 천사: 인간은 폭력성과 어떻게 싸워 왔는가』(The Better Angels of Our Nature: Why Violence Has Declined)에서 스티븐 핑커(Steven Pinker)는 이렇게 썼다. "믿건 말건—대부분의 사람이 믿지 않을 거라 생각하지만—폭력은 오랜 기간에 걸쳐 감소했다." 그는 이어서 이렇게 썼다. "오늘날 우리는 우리 종이 존재해 온 이래 가장 평화로운 시대에 살고 있는지도 모른다."[1] 핑커는 자신의 논제가 틀렸다고 생각하는 많은 사람의 견해와 매우 위험하다고 볼 일부 사람들의 견해를 반박하기 위해 책에 도표와 통계, 확률 계산을 잔뜩 제시했다.

핑커의 주장에 반대하는 입장은 주로 두 가지다. 하나는 인간 본성에 대한 지배적 관점이다. 장 자크 루소는 근대성을 확립한 텍스트 중 하나인 『인간 불평등 기원론』(Discource upon the Origin and Foundation of Inequality, 1755)에서 이러한 입장을 설득력 있게 잘 설명했다. 그는 인간은 본질적으로 평화로운 존재이지만 문명이 그들을 폭력적으로 만든다고 했다.[2] 고요한 에덴동산에 대한 문화적 기억을 참고한 루소의 기원적 순수성에 대한 설명은 널리 확산되었다. 진보에 대한 일반적 믿음에도 불구하고, 오늘날 많은 사람은 평화란 먼 과거에만 존재했으며 현재는 폭력으로 점철되어 있다고 생각한다. 많은 사람이 우리가 인류 역사상 가장 평화로운 시대에 살고 있다는 생각을 받아들이지 않는 또 한 가지 이유는 지난 세기의 부인할 수 없는 대량 학살 때문이다. 두 차례의 세계대전, 스탈린과 히로히토, 폴 포트의 학살, 굵직한 대량 학살 사건과 인종 청소 등, 인류 역사에서 가장 많은 사람이 죽은 지난 세기의 몇 가지 주요 폭력만 나열해도 이렇다. 인간 본성에 대한 장밋빛 관점과 폭력의 피가 튀기는 20세기의 기록은 핑커의 주장과는 정반대의 결론을 제시한다. 즉, 발전할수록 더 큰 악을 저지를 가능성이 커지며 실제로 더 폭력적이 된다는 것이다.

그러나 핑커는 우리가 인간의 본성과 세계사 모두를 잘못 이해했다고 주장한다. 전자에 대해서 말하자면, 인간의 원시적 순수함을 지지하는 과학적 근거는 거의 없으며, 오히려 반대 자료가 더 많다. 예를 들어, 폭력으로 죽임당한 것을 입증하는 선사시대의 여러 유물처럼 말이다. 창세기에 나오는 인류의 원시 역사에 대한 신성한 이야기를 보아도 에덴의 평화는 금세 폭력으로 끝이 났다. 20세기의 사망 통계에 대해서 말하자면, 끔찍한 대량 학살이 있었던 것은 사실이다. 그러나 절대적 숫자가 아닌 상대적 숫자로 본다면, 그러니까 몇 명이 죽었느냐를 보는 게 아니라 인구의 몇 퍼센트가 살인을 저질렀고 일반적으로 사람이 죽을 확률이 얼마였는지 보면 이 그림은 매우 달라진다. 피로 얼룩진 20세기의 경우도 폭력으로 죽은 세계 인구의 비율(전체 사망자의 3퍼센트)은 선사시대 비율(전체 사망자의 4-30퍼센트)보다도 **낮다**. 결국 인구가 늘어났기 때문에 비율은 줄어드는 반면 숫자는 늘어난 것이다. 핑커는 이렇게 결론짓는다. "근대 서구 국가의 사망률은 전쟁으로 가장 치열하게 갈린 시기에도 국가 형성 이전 사회의 평균 사망률의 4분의 1 정도밖에 되지 않으며, 가장 폭력적인 시기에 비하면 10분의 1에도 미치지 못한다."[3]

핑커의 논제는 진화생물학에 뿌리를 둔 그의 인류학적 신념과 일치한다. 그는 리처드 도킨스(Richard Dawkins)의 『이기적 유전자』(The Selfish Gene)에 나오는 표현을 빌려 인간은 "생존 기계"라고 말한다.[4] 인간 종의 일원으로서 우리의 목표는 언제나 우리와 우리 종을 향한 기대 효과가 예상 비용을 능가하게 만드는 것이다.[5] 우리는 생존하고 번성하도록 만들어졌지, 폭력을 쓰도록 만들어지지 않았다. 우리가 치르는 대가보다 얻는 이익이 더 클 거라고 믿을 때만 우리는 **전략적**으로 폭력을 행사하며, 같은 동기로 우리는 폭력을 피하고 평화를 추구한다. 인류 역사에서 폭력이 감소한 이유는 물리적 조건(특히, 강력한 국가와 확장된 상업의 출현)과 문화적 감수성(특히, 소위 박애주의의 혁명과 이성의 증진)이 변했기 때문이다.[6] 이러한 변화는 다른 사람의 안녕에 나의 유익도 걸려 있음을 의미한다. 따라서 사람들은 더 이상 폭력을 행하지 않는 것이다. 이처럼 필요한 조건을 만들면 평화는 뒤따르게 되어 있다. 그렇다면 이러한 핑커의 견해는 옳은가?

핑커는 특히 인간을 이성적 생존 기계로 본다. 그래서 인간이 비용과 이익을 계산해 본 후의 동기부여가 되는 정도를 과대평가한다.[7] 이에 상응하여 그는 상호 존중의 중요성과 사람이 종교적이든 세속적이든 특정한 삶의 방식에 들이는 공을 과소평가한다.[8] 그러나 사람은 단순히 비용과 이익을 분석한 후에 폭력의 이익이 비용보다 더 크다고 판단해서 폭력을 쓰는 게 아닐 수 있다. 사람은 "도덕적 신념을 가진 동물"[9]로서 자신이 잘못이라고 생각하는 행동에 대해서는 대응해야 하고, 개인의 생명보다 자신이 속한 그룹의 명예나 순수성이 더 중요하기 때문에 폭력을 택할 수도 있다. 그리고 평화가 이익이 되어서만이 아니라, (자이나교의 가르침처럼) 모든 살아 있는 존재에 대해서 엄격한 비폭력을 실천해야 한다는 인식이나, (붓다의 가르침처럼) 모든 존재에 대해 자비로워야 한다는 인식이나, (예수 그리스도의 가르침처럼) 원수를 사랑해야 한다는 인식처럼, 자신의 깊은 도덕적 신념과 더 잘 맞기 때문에 평화를 위해 노력할 수도 있다.[10]

하지만 핑커보다 더 다양한 동기를 우리가 허용한다 해도, 인간에게 다른 여러 특징이 있을 수 있지만 결국 인간은 자기 자신과 동족의 이익은 늘리고 비용은 줄이는 데 이해관계가 깊은 동물이다.[11] 따라서 인간은 환경의 변화에 민감하게 반응하고, 그렇기 때문에 평화를 위한 외적 조건을 만드는 게 중요하다. 이러한 조건을 규명하기 위해서 핑커는 브루스 러셋(Bruce Russet)과 존 오닐(John Oneal)과 같은 정치학자들과[12] 특히 고전인 이마누엘 칸트의 『영원한 평화를 위하여』(Toward Perpetual Peace, 1795)라는 글을 참고한다.[13] 평화롭게 살려면 무엇이 필요한지에 대한 현대사상에 칸트의 이 짧은 에세이보다 더 큰 영향을 미친 텍스트는 없다.

평화를 위한 조건과 지구화

칸트는 인간이 서로 가까이 살면 평화가 아닌 전쟁이 나기 마련이라고 보았다. 전쟁이 아니라면 적어도 "증오심이 폭발할 것이라는 지속적 위협" 속에서 산다고 보았다.[14] 그렇다면 "영원한 평화"는 늘 애쓰고 분투하며 살아 있는 사람들이 아닌, "평화롭게 쉬고 있는" 죽은 자들에게서나 찾을 수 있을지 모른다. 칸트는 묘지가 그려진 어느 여관의 표지판에 적힌 풍자적 글에서 제목을 따왔다며 그러한 가능성을 암시한다.[15] 칸트의 주장은 우리가 비록 인간 본성에 기대서는 평화롭게 살 수 없지만, 그럼에도 평화를 위한 조건을 만드는 것은 가능하다는 것이다. 평화는 손상당하지 않은 인간 본성이 주는 선물이나 먼 과거의 낙원 상태가 아니라 미래의 목표이며, 문명의 성취인 것이다.

『영원한 평화를 위하여』에서 칸트는 평화를 위한 세 가지 조건을 제시했다. 현대의 학자들은 칸트의 통찰에 영감을 받아 여기에 네 번째 조건을 덧붙였다.

- 자유, 평등, 법치에 헌신된 민주주의 정부. 전쟁을 일으킬지 말지는 시민이 결정하고 전쟁 비용도 시민이 감당한다. 따라서 시민들은 전쟁을 반대할 가능성이 높다. 더 중요하게는 민주주의가 "권리의 규칙"을 보호하기 위해서 권력을 행사하기 때문에 시민은 그 원칙을 다른 나라와의 관계에도 적용할 가능성이 높다.[16]
- 모두에게 구속력이 미치는 법으로 통치되는 나라들의 연합. 개인과 같이 국가는 "자신의 야만적인 (무법한) 자유를 포기하고, 공적이고 강제적인 법을 수용하며, 그럼으로써 (갈수록 늘어나는) 다민족 국가를 형성한다.…이 국가는 마침내 지구상의 모든 민족을 포함하게 될 것이다."[17]
- 한 나라의 사람이 다른 나라를 방문하고 거기에서 상업을 할 수는 있지만, 거기에 영구적으로 정착하거나 그 나라를 자신에게 복속시킬 권리는 없는 세계시민적 권리.
- 모든 민족을 지배하는 상업의 정신. "전쟁과 공존할 수 없는" 상업의 정신이 역사적으로 다양한 사람들로 하여금 "서로 **평화로운 관계 속에서**" 지내도록 했기 때문에, 상업의 정신은 모든 나라가 "명예로운 평화를 촉진시키도록" 계속해서 강요할 것이다.[18]

칸트의 획기적인 텍스트가 나온 지 220년이 지난 지금, 네 가지 조건을 현대 세계의 네 가지 특징과 비교해 보라.

- 오늘날 대부분의 국가들은, 비록 완벽하지는 않지만 자기 나름대로 다양한 모습을 띠는 민주주의 정부다.[19] 더 중요한 사실은 대다수의 세계 인구가 정치권력의 합법성은 "권리의 규칙" 시행 여부에 달려 있다고 본다는 점이다.
- 유엔이라는 일종의 국가 연맹이 제2차 세계대전 후에 설립되었다. (유럽연합처럼) 좀더 지역적이고 긴밀한 초국가적 정치 연합도 있는데, 유엔보다도 이러한 연합이 칸트가 국가들이 "시민 법규와 비슷한, 각자의 권리를 보장받을 수 있는 법적 관계"로 들어간다고 말한 것에 더 가깝다.[20]
- 세계시민적 권리는 이제 널리 수용되고 있다. 세계 인구는 긴밀하게 연결되어 있고, 상호 의존적이며 뒤섞여 있다. 그리고 각기 다른 나라의 시민이지만 모든 인간은 마셜 매클루언(Marshall McLuhan)이 사용한 유명한 (그러나 오도된) 표현대로, "지구촌"에 살고 있다. 한 지역에서의 권리 침해는 다른 모든 곳에서의 권리 침해로 느껴지는 경향이 짙어지고 있다.
- 모든 경제적 교환을 포함하도록 고안된 상업의 정신이 이제 지구 전체를 아우르며 계속해서 확장되고 있다. 정보, 화폐, 상품, 서비스, 노동이 아주 쉽게 국경을 넘나든다.

1장에서도 보았듯이, 위에서 제시한 현대 세계의 네 가지 특징은 **지구화의 가장 중요한 효과들**이다. 정리하자면, 정치적·경제적 통합, 인권 수용의 확산, 사람들 간의 상호 연결성, 상호 의존성, 상호 엮임, 좋든 싫든 우리는 모두 한 세계의 시민이라는 의식이다. 칸트가 옳다면, 지구화라는 하나의 단어로 물리적 폭력의 감소를 위한 가장 중요한 외적 조건을 전부 지칭할 수 있을 것이다.

지구화, 평화, 전쟁

평화를 위한 조건과 그와 연관된 지구화의 특징을 다음의 세 가지 신화적 이미지로 요약할 수 있을지도 모르겠다. 첫째, 욥기에서 정치 세력을 상징하는 바다 괴물 **리바이어던**, 둘째, 양손에 저울과 칼을 각각 들고 있는, 개인과 국가에 대한 법치를 상징하는 눈을 가린 로마의 정의의 여신 **유스티티아**, 셋째, 복음서에서 경제적 이익의 신이라고 말하는, 정복보다 무역이 더 나은 전리품을 보장한다는 통찰로 더 지혜로워진 **맘몬**. 이 세 가지가 역사적으로 폭력이 감소하게 된 외적 조건이며, 각 조건이 제대로 기능하면서 세 가지가 잇따라 작동해야 폭력이 감소한다.

현대 정치철학에서는 평화적 효과를 가져오는 이 세속 '삼위일체'를 "자유민주주의적 평화"라고 부른다. 가장 힘 있는 나라들과 유엔이나 세계은행과 같은 주요 국제기구들은 전쟁으로 점철된 지역과 국가가 평화를 이루려면 "선거를 시행하고 감독하며, 인권을 보장하는 법을 만들고, 독립된 법정을 세우며, 군대와 경찰을 개혁하고, 자유 시장의 구조를 만들고, 인권 침해자를 재판해야 한다"고 주장한다.[21] 지구화의 과정은 일부 이러한 조건을 염두에 두고 고안되었고 또한 그에 따라 운영되었다. 이 조건들이 제대로 작동할 시간을 준다면 아프리카와 아시아에서 여전히 일어나고 있는 내전, 인종과 종교 그룹들 사이의 폭력적 갈등은 과거사가 될 것이다.[22] 그러니 지구화가 지속적 평화의 세계를 만든다고 할 수 있지 않겠는가?

오늘날 서구 유럽의 상태에 세계 전체가 도달할 수 있게 하지 않겠는가? 약 70년간 전쟁이 일어나지 않았고, 동네별 연간 살인 비율이 10만 명당 1명인 상태로 말이다.[23]

그러나 이렇게 쉽게 결론지을 일이 아니다. 지구화의 과정이 16세기부터 지금까지 어떠한 길을 걸어왔는지, 그것이 남긴 대학살과 그 앞에 놓인 위협적 구름을 간략하게 살펴보자. 지난 4세기 동안 리바이어던, 유스티티아, 맘몬은 특별히 거룩한 삼위일체의 노릇을 하지 못했다. 예상할 수 있듯이, 주로 타락한 리바이어던, 욕심 많은 맘몬, 뒤틀린 유스티티아의 나쁜 무리였다. 국가들이 형성되기까지 상당한 폭력이 있었고, 국가들이 폭력을 저지할 수 있었던 것도 폭력을 통해서 혹은 적어도 끊임없는 폭력의 위협을 통해서였다. 마찬가지로 상업 정신의 지구적 확산, 특히 식민주의의 오랜 과정은 부지런히 혼을 거두어들이는 죽음의 그림자로 얼룩졌다. 심지어 오늘날에도 세계경제의 부인할 수 없는 화려한 성공 이면에는 피와 땀과 눈물이 넘치도록 흐르고 있다. 폭력의 감소에는 대가가 따랐고, 많은 사람에게 그것은 지금도 여전히 끔찍하고 부당하며 회복될 수 없는 고통이다.[24] 이 세속 삼위일체의 행진은 역사에서 폭력으로 점철되었다. 끔찍한 폭력에 의지하는 평화의 세력, 그것은 많은 현대의 지구화 비판자들이 지적했듯이, 폭력과 평화의 문제에서 지구화가 보여 주는 역사적 모호성이다.[25]

이 풍랑 같은 과거에 더해 오늘날의 지구화된 세계의 수평선에는 어두운 세 개의 구름이 드리워져 있다. 좋은 인생의 비전에 대해 경쟁하는 문화적·종교적으로 다양한 사람들의 상호 엮임, 부자와 빈자 사이의 점점 벌어지는 격차, 아마도 가장 중요한 생태학적 재난이다. 이것은 단지 지구화의 구조 안에서 행동하는 개인이 아니라, 현재 시장 주도 지구화 자체가 발생시키는 폭풍을 동반하는 구름들이다. 먼저 마지막 두 가지에 대해 간략히 설명하고, 이후에 첫 번째 사안을 자세히 다루겠다. 부자와 빈자 사이의 간극은 비도덕적 현상이다. 15억 명이 비참한 가난에 허덕이는 반면 소수의 운 좋은 사람들이 큰 부를 누리고 있다. 세계의 1퍼센트가 나머지 99퍼센트보다 더 많은 부를 소유하고 있다는 사실은 부자와 빈자를 모두 포함하여 인간 존엄에 대한 모욕이다.[26] 이러한 부의 불균형은 도덕적으로 용납할 수 없을 뿐 아니라, 심각한 긴장과 갈등을 유발할 수밖에 없기 때문에 사회적·정치적으로 지속 불가능하다. 환경에 가해지는 해도 마찬가지다. 자원은 제한적이지만 끝이 없어 보이는 새로운 상품과 서비스로부터 자극을 받는 욕망은 그렇지가 않다. 환경 파괴의 대가는 생각 없이 또 무책임하게 후대로 넘어가고 있다.

성장의 생태학적 한계와 부자와 빈자 사이의 점점 벌어지는 격차, 이 두 가지를 합하면 문제는 더욱 심각해진다. 가난한 사람들이 경제가 발전한 나라들이 누리는 소비수준에 도달하면 생태학적 재난이 따를 것이다. 예를 들면, 현재의 기술 진보 수준에서 생태 체계는 (모나코처럼) 1천 명당 863대의 자동차를 계속 사용할 수 없다. 또 (2010년의 미국처럼) 22억 3,500만 톤의 기름에 상응하는 에너지를 전 세계적으로 소비할 수가 없다.[27]

심각한 부의 불균형과 생태 파괴는 소득과 '삶의 방식'뿐 아니라, 희박한 자원과 안전 문제에서 갈등을 일으킬 수밖에 없다.[28] 모든 인류가 공동의 운명으로 묶여 있다는 막연한 인식 외에 지구화는 이와 같은 해로운 영향에 맞설 도덕적 자원이 부족하다. 생산자의 자기 이익과 경쟁심, 소비자의 만족을 모르는 욕구가 부추기는 지구화는 연대 의식을 갉아먹고 욕망의 불길에 부채질을 한다. 평화를 이루려면 우리는 소비의 방향을 바꾸고 제한해야 하며, 지구적 연대를 강화해야 한다. 바로 이 부분에서 종교의 역할이 등장한다. 종교는 상품과 소비를 전제하지 않으면서 연대가 핵심 역할을 하는 인간 번영의 비전의 가장 중요한 보고다.

2장에서 주장했듯이 세계종교는 두 가지 중요한 특징을 공유한다. 첫째, 인간 번영의 개념이 건강, 부, 다산, 장수에 대한 '자연적' 욕망에 국한되지 않는다. 인간은 일상적 실재를 초월하는 보이지 않는 질서에 자신을 부합시킬 때 만족을 얻고 즐거움을 누린다. 물질적 상품은 필요하기도 하고 즐겁기도 하다. 하지만 기본적으로 세계종교는 이것이 진정한 인간 번영을 결코 가져다줄 수 없다고 믿는다. 그래서 세계종교는 광고와 오락으로부터 받은 성장호르몬이 자극하는 소비 상품에 대한 해로운 욕구를 제한하면서 욕망과 즐거움을 훈련한다. 물론 세계종교도 건강, 부, 다산, 경제적 번영을 성취하는 단순한 도구인 '부의 종교'로 왜곡된 적이 있고 지금도 종종 그런 경향이 있다(2장을 보라). 그러나 각각의 종교는 사람들로 하여금 욕망과 즐거움을 더 큰 영적 틀에 놓고, 특히 하나님과 이웃에 대한 사랑에서 진정한 기쁨을 찾도록 하는 강한 모티브들을 지니고 있다. 게다가 일부 세계종교는 이 우주와 우주에 있는 모든 것이 하나님의 선물이라고 가르친다. 지구와 지구에 있는 모든 것을 선물로서 즐기면 거기에서 얻는 즐거움이 더 크다. 이는 소유욕과 소비주의를 억제해 주고 만족감을 준다.

물질적 상품에 대해서 만족할 줄 아는 것은 모든 위대한 영적 전통의 중요한 특징이다.[29] 물질은 잘 사는 인생의 지배적 측면이 아닌 부차적 측면이다. 모든 종교 전통은 물질 추구는 인생의 더 깊은 목적을 상실하게 만들기 때문에 진정한 번영에 해로운 경우가 많다고 강조한다. 만족이 번영의 본질적 요소가 되면 인간은 행복을 얻고, 환경 파괴는 줄어들고, 사회 갈등의 주요 원인이 없어질 것이다.

초월성의 영역을 사람에게 개방함으로써 또한 세계종교는 사람이 인류 전체를 향해 열리게 해 줄 수 있다. 2장에서 내가 지적했듯이 세계종교는 보편적이다. 그들의 교구는 특정 그룹이 아니라 세계 전체다. 그래서 세계종교는 모든 인간의 가치가 동등하다는 점을 단언하고, 자비는 자신의 그룹만이 아니라 모두에게 시행되어야 한다고 가르친다. 우리가 보았듯이, 세계종교가 왜곡되어 특정 인종 중심의 '정치적 종교'가 되거나, 정체성을 위협받는 그룹을 몰아붙일 근거를 제공하거나, 권력을 정당화하거나, 폭력을 쏠 동기를 주는 일이 역사에 있었고 지금도 있는 게 사실이다. 그러나 모든 종교의 핵심 주제는 내부인뿐 아니라 외부인까지, 즉 모든 인간을 돌보라는 명령이다.

모든 세계종교는 다음과 같이 가르친다. 인간 번영은 건강, 부, 다산, 장수가 아니다. (세 개의 아브라함 전통 종교가 말하듯이) 하나님을 사랑하고, 가까이 있든 멀리 있든 이웃을 사랑하고, 혹은 (불교인들이 말하듯이) 모든 지각 있는 존재에 대한 연민을 가지고 인간의 영혼을 여는 데 인간 번영이 있다고 확고하게 믿지 않으면 평화가 승리하지 못한다. 기독교 용어로 말하자면, 우리가 예수의 말처럼 "먹을 것"과 "입을 것"이 아닌 하나님과 하나님의 보편적 의를 추구한다면 우리는 번영할 것이고 우리 자신과 그리고 서로서로 평화롭게 살 것이다. 이러한 추구가 성공하면 모든 인간의 욕망은 만족할 것이고 즐거움이 충만할 것이다(눅 12:22-31).

왜 화해인가?

지금까지의 주장을 요약해 보겠다. 지구화는 평화의 조건을 만드는 데 도움이 되고 전쟁, 내전, 살인, 고문 등 폭력을 줄이는 데 기여한다. 이는 앞에서도 지적했듯이 리바이어던, 유스티티아, 맘몬의 영향이기도 하다. 법의 규칙이 세워지고 상품과 서비스가 공정하게 교환되면, 폭력을 쓰려는 경향이 줄어들고 평화에 대한 관심이 커진다. 반면 '상업의 정신'이 이끄는 현재 형태의 지구화 과정은 지구 생태계의 건강을 해치고 있으며, 부자와 빈자의 격차를 벌리고, 지구적 연대를 침해하고 있다. 시장 주도의 지구화는 평화를 위한 조건을 만들어 내지만, 동시에 폭력의 새로운 조건도 만들어 낸다.

오늘날 지구화된 세계에는 "자유민주주의적 평화"를 추구함으로써 폭력에 맞서야 한다는 인식이 널리 퍼져 있다. 3장과 4장에서 나는 이러한 평화의 중요한 요소들인 종교와 비종교의 자유, 사람에 대한 존중과 그들이 가진 좋은 인생의 비전에 대한 어느 정도의 존중, 진정으로 다원적인 정치 구조에 대해서 논의했다. 그러나 지구화된 세계에서 불가피한 갈등을 제대로 다루려면, 또 갈등이 폭발하는 것을 막거나 갈등의 불길이 가라앉은 후 진정한 평화를 이루려면 그 이상의 것이 필요하다.[30] 나의 제안처럼 갈등의 유발을 줄이려면 '빵에만' 집중하지 않고 만족과 연대에 더 큰 가치를 두는 **인간 번영에 대한 대안적 비전**이 필요하다. 이 모든 평화의 조건은 분명 필요하지만 지구화된 세계에서 일어나는 갈등을 다루기에는 충분하지가 않다. 우리에게는 또한 화해가 필요하다.

왜 화해가 필요한가? 간단히 말해 물리적 폭력이 잦아든 후에도 다양한 사람들이 하나의 정치사회에 살게 되면 갈등이 불가피하기 때문이다. 게다가 지구화된 세계에 사는 이 다양한 사람들은 서로 엮여 있고 상호 의존하고 있기 때문에 자기 마음대로 그 관계를 벗어날 수 없는 경우가 많고, 벗어나는 대가가 너무 클 수도 있다. 이처럼 분리될 수 없는 사람과 갈등이 생기면 화해를 할 수밖에 없다.

명상에 헌신한 수사와 수녀들이 사는 시토수도회의 수도원보다 더 평화로운 곳을 찾기는 힘들다. 그 담 안쪽에는 물리적 폭력이 존재하지 않는다. 성 베네딕투스의 규칙에 따르면 "공동체 안에서 그리스도의 자리를 차지하는" 사람으로 여겨지는 수도원장의 권위로 시행되는(세속적 용어로는 리바이어던) 공동생활 규칙의 엄격한 준수(세속적 용어로는 유스티티아), 이웃과 원수를 사랑하겠다는 헌신(정치적 용어로는 평화주의 이데올로기)이 물리적 폭력을 방지한다. 그러나 그 어떤 시토수도회의 수도원도 갈등에서 자유롭지 못하다. 수사와 수녀들이 수도회를 떠나는 (혹은 수습 기간 후 가담하지 않는) 주된 이유는 가난, 철야, 금식, 독신, 순종, 육체노동과 같은, 대부분의 사람이 생각만 해도 못하겠다고 여기게 되는 금욕적 실천을 요구해서가 아니다. 그보다 공동생활에서 오는 갈등, 때로 깊은 상처와 분노를 남기는 갈등이 사람들을 몰아낸다.[31] 그들이 끊임없이 화해하려고 노력하지 않는 한 말이다.

물리적 폭력이 없지만 화해가 필요한 예도 있다. 이번에는 수도원처럼 제한된 공동체가 아니라 일반 사회의 경우, 그리고 공통의 이데올로기를 지닌 사람들이 아니라 번영에 대한 다양한 비전을 추구하는 사람들의 경우다. 서구 유럽에서는 전통적 무슬림과 세속주의자들 사이의 반목과 편견, 갈등이 점점 커지고 있다. 그러나 일부 악명 높은 사례들―네덜란드의 영화 제작자 테오 반 고흐(Theo van Gogh)의 살인 사건이나 덴마크의 만화가 쿠르트 베스터고리를 향한 살인 협박―에도 불구하고 서로 다른 그룹들 사이의 물리적 폭력 수준은 매우 낮다. 이처럼 서구 유럽은 비교적 평화롭지만 여전히 화해는 필요하다.

위 예들의 공통점은 사람들이 쉽게 관계에서 벗어날 수 없다는 점이다. 서구 유럽의 세속 인본주의자들은 전통적 무슬림을 격리시키거나 몰아낼 수 없다. 그리고 수사들이 수도회를 떠날 수는 있어서도 그러한 행보는 그들의 이상, 심지어 정체성을 거스르는 것이다. 관계를 벗어날 수 있다면, 화해의 압력은 줄어든다. 누가 우리에게 심각한 잘못을 한 경우 정당한 해결을 위해 그들을 고소하겠지만, 결과야 어떻든 우리는 그들과 상종하지 않을 수 있다. 그러나 우리에게 잘못을 한 사람들과 함께 살아야만 한다면 화해를 할 수밖에 없다. 화해하지 않으면 분노로 마음 한구석이 일그러지거나 복수의 순환에 빠져들 것이다. 또 이렇든 저렇든 그들과 협력할 수밖에 없다.[32]

지구화는 사람들 사이의 장벽을 허물고 모든 사람을 하나의 커다란 네트워크로 통합시켰다. 개인으로서, 공동체로서, 민족으로서 우리는 더 이상 두 발로 서서 자신의 경계 안에서만 살지 않도록, 상호 의존의 망에 던져져 서로에게 기댈 수밖에 없는 같은 정치체제하에 살도록 떠밀리고 있다. 우리는 그 관계를 벗어날 수 없고 따라서 함께 사는 법을 배워야 한다. 불가피한 갈등이 일어나면 화해해야 한다. 이것이 바로 최근에 개인들 사이에 '용서'가 유행하고, 진리 위원회와 화해 위원회가 많이 생기고, 공동체와 정부들이 사과를 많이 하는 이유 중 하나다.[33]

화해가 이루어질 수 있는 영역을 기본적으로 세 개로 구분할 수 있다. 바로 정치, 문화, 개인이다. **정치적 화해**는 국가 행위자들이 특별히 (국가적·국제적 차원에서) 인권을 침해함으로써 잘못한 경우다.[34] **문화적 화해**는 지역사회와 특정 인종, 문화, 혹은 종교 공동체에 속하는 사람들이 서로 갈등하는 경우다.[35] **개인적 화해**는 주로 같은 인종, 종교, 문화, 하위문화 공동체 일원들끼리 갈등하는 경우다.[36] 이어지는 부분에서는 각 영역에서로 다른 화해의 과정이 필요하다는 것을 인정하면서도 이러한 영역들을 전부 포괄하는 일반적 화해의 이야기를 제시할 것이다. 지구화된 오늘날 이 모든 영역에서 화해가 필요하다.

기억하고 용서하라

용서는 과거를 돌아보는 것이다. 폭력으로 얼룩진 과거를 해결해서 그것이 미래를 점령하지 못하게 하는 것이다. 인간의 조건상 과거와 현재와 미래는 우리 의식 속에서 서로 얽히게 되어 있다. 과거의 경험이 현재 일에 영향을 미치고 우리가 상상하는 미래에도 영향을 미친다(물론 우리가 상상하는 미래와 현재의 일은 또한 과거의 경험을 기억하는 방식에 영향을 미친다). 그렇기 때문에 과거의 잘못과 고통은 결코 사라지지 않는다. 미국 남부 출신의 작가 윌리엄 포크너(William Faulkner)의 유명한 말처럼, 그러한 과거는 "지나가지도 않았다." 개인과 공동의 기억에 따라 그 일은 현재를 지나 미래에까지 영향을 미치면서 죄책감, 수치심, 분노, 증오로 얼룩지게 하고 폭력의 씨앗을 심는다(혹은 좋은 일과 기쁨이 과거의 특징이라면 기억은 종종 현재와 미래를 행복했던 과거의 부드러운 빛으로 물들인다). 화해는 잘못으로 얼룩진 과거가 현재를 독으로 오염시키고 미래를 망치는 것에서 해방시켜 준다.

화해에는 다섯 가지 기본 요소가 있는데, 그것을 다섯 개의 명령으로 단순화할 수 있다. 기억하라, 용서하라, 사과하라, 보상하라, 수용하라. 그러나 이 다섯 가지는 말로 구성하기는 쉬워도 복잡해서 완전히 이해하기 힘들고 실천하기도 어렵다.

기억하라! 더 정확히 이 명령은 이렇게 읽어야 한다. **바르게 기억하라!**[37] 어떤 기억의 방식들은 분노와 증오를 가라앉히지 않고 더 많은 폭력을 정당화시킨다. 그렇다면 바르게 기억한다는 것은 무슨 뜻인가? 그것은 자신이 당한 잘못과 가한 잘못을 **진실하게 기억한다**는 뜻이다. 독일, 아일랜드, 크로아티아와 세르비아, 르완다의 역사 논쟁이 보여 주듯이[38] 무엇이 정말로 '진실'인지는 논란의 대상이다. 당하거나 가한 잘못에 대한 기억이 어디까지 '진실한'지 혹은 '진실할' 수 있는지도 논쟁의 대상이다. 그러나 이러한 모든 철학적·역사적 논쟁에도 불구하고 진실한 기억 없이는 책임 있는 사회적·정치적 참여를 상상할 수 없다. 진실하게 기억하는 것은 화해의 첫 번째 요소이고, 이것이 없으면 다른 모든 요소도 제구실을 못 한다. 가하거나 당한 잘못 앞에서 우리는, 1985년 5월 8일 서독 대통령 리하르트 폰 바이츠체커(Richard von Weizsäcker)가 의회에서 제2차 세계대전 종전 40주년 기념연설을 하며 주장한 대로, "아무런 장식이나 왜곡 없이 진실을 똑바로" 쳐다보아야 한다.[39]

왜 진실이 그토록 중요한가? 가하거나 당한 잘못에 대한 진실하지 못한 모든 기억은 희생자나 가해자에게, 그리고 주로 둘 다에게 부당한 기억이다. 잘못을 진실하지 못하게 기억하면 **우리는 상대에게 잘못을 행하게 된**다. 이것은 그것은 우리가 가해자로서 잘못 기억하든, 희생자로서 잘못 기억하든, 아니면 제삼자로서 잘못 기억하든 상관이 없다. 반대 경우도 종종 있다. 즉, 상대에게 잘못을 행하려 하기 때문에 진실하지 못하게 기억하는 것이다. 가장 흔한 기억의 오용만 몇 가지 나열하자면, 거짓 순진함을 가장하기 위해서, 사실은 과도한 보복인데 정의를 위한 정당한 투쟁처럼 보이게 하기 위해서, 혹은 상상의 적으로부터 자신을 사전에 보호하기 위해서 우리는 잘못 기억한다.

가해자의 기억은 짧다. 그들은 남아프리카공화국의 인종 분리 정책이 끝난 후 데 클레르크(F. W. de Klerk) 전 대통령이 말한 것처럼 "과거의 책을 덮기" 위해서 서둘러 미래로 도망간다.[40] 과거를 잊음으로써 순진함의 가면을 쓰려는 것이다. 그러나 누르고 감춘 잘못의 행위는 힘을 얻어 가해자를 포로로 만든다. 진실은 고통스럽지만 그것만이 그들을 자유롭게 해 준다. 가해자의 유혹이 빨리 잊고 면피하려는 것이라면, 희생자의 유혹은 오랫동안 분노를 품고 기억하는 것이다. 희생자는 종종 아주 긴 시간 기억하며, 이 기억 때문에 과거의 고통과 굴욕은 희생자의 정체성을 빼앗고, 미래를 훔치며, 희생자 자신이 가해자가 되도록 내몬다. 진실의 빛과 공공의 기억은 과거의 끈질긴 영향에서 희생자를 풀어 줄 수 있다. 그들이 용서할 수 있고 그렇게 함으로써 스스로를 분노와 가해자에게서 해방시킬 수만 있다면 말이다. 두 번째 명령이 바로 이에 대한 것이다.

용서하라! 용서는 화해의 핵심 요소다. 심각한 잘못이 행해지면 희생자는 복수하려는 충동을 억누르기 힘들다. 그러나 복수는 희생자와 가해자 모두를 폭력의 순환에 빠지게 하고 서서히 그 둘의 차이를 지워 버리는 자기 패배적 전략이다. 인과응보적 정의가 복수보다 현명하다. 복수는 "사소한 잘못에 눈을" 혹은 "눈에는 목숨을" 맹목적으로 갈구한다. 그러나 인과응보적 정의는 원래 잘못한 정도에 맞는 보상을 촉구한다. 그러나 과연 인과응보적 정의가 잘못과 고통으로 얼룩진 과거를 제대로 다룰 수 있는가? 인종 분리 정책 종식 후 남아프리카공화국 평화 정착에 기여한 사람 중 한 명인 노벨평화상 수상자 데스몬드 투투(Desmond Tutu)는 그럴 수 없다고 보았다. 그는 "용서 없이 미래 없다!"는 유명한 주장을 했다.[41]

『배제와 포용』(*Exclusion and Embrace*)에서 나는 인과응보적 정의의 두 가지 주요 결함을 지적했다.[42] 첫 번째 결함은 **편애의 문제**, 혹은 핑커가 최근에 말한 대로 "도덕화의 간극"에서 비롯한다. "사람들은 자신이 가하는 해는 정당화될 수 있고 잊을 수 있다고 생각하지만, 자신이 당하는 해는 이유 없이 당하는 것이고 심각하다고 생각한다"고 그는 말했다.[43] 이것은 그들이 자신이 당한 잘못을 고치려 할 때도 마찬가지다. 편애의 눈가리개를 쓴 채 희생자들은 자신이 정의를 추구하고 있다고, 심지어 정의에 충분히 미치지 못하는 것과 타협한다고 생각하고, 가해자들은 희생자가 복수를 한다고 생각한다. 이러한 상황에서는 정의의 저울이 균형을 이룰 수 없다. '정의'가 할 일을 하고 난 후에도 잘못의 상처는 남아 있고, 때로는 반목이 깊어진다.

인과응보적 정의의 두 번째 결함은, 한나 아렌트가 『인간의 조건』(The Human Condition)에서 만든 문구인 **불가역성의 곤경**에서 비롯된다. 아렌트는 "자신이 무엇을 하는지 알지 못했거나 알 수 없었지만 그것을 되돌릴 수는 없는" 상황을 가리키기 위해서 이 말을 썼다.[44] 복수에 눈이 멀지 않고 인과응보적 정의가 충분히 보상을 하더라도 과거는 돌이킬 수 없다. 이 간단한 이유 때문에 과거의 파괴는 없었던 일이 되지 않는다. 불가역성의 곤경에서 벗어나는 유일한 방법은 **용서**의 힘이라고 아렌트는 믿었다. 용서는 또한 편애의 문제에서도 벗어날 수 있는 유일한 현실적 방법이라고 나는 덧붙이고 싶다.

간단히 말해서 용서는 잘못의 행위를 가지고 잘못을 행한 자를 불리하게 만들지 않는 것이다. 잘못의 행위를 명명하고 그것을 정죄한 후, 내가 『베풂과 용서』(Free of Charge)에서 지적했듯이, "잘못을 행한 자에게 그것 때문에 그를 불리하게 하지 않는 선물을 주는 것"이다.[45] 아렌트가 제대로 지적했듯이 자유에서 비롯되는[46] 용서는 해방을 가져다준다. 희생자와 가해자 모두를 과거의 잘못에 묶어 두는 사슬을 끊어 준다. 충동에서 비롯되는 복수는 잘못에 대한 반작용일 뿐이다. 인과응보적 정의는 바른 잣대를 따라 알맞은 정도의 보상을 계산한다. 두 경우 모두 피해자와 가해자 그리고 그들의 관계를 과거를 기준으로 규정한다. 자유로운 자비의 행위인 용서는 잘못의 행위를 붙잡고 있는 손을 놓기 위해서 잘못을 명명한다. 용서는 가해자를 정당한 정의의 주장에서 놓아주고, 희생자를 이해할 만한 분노에서 놓아준다. 과거의 짐에서 해방된 희생자와 가해자는 이제 각자, 그리고 어쩌면 함께, 새로운 미래를 시작할 수 있다.

용서가 비록 잘못을 행한 자를 인과응보적 정의의 정당한 주장에서 놓아주기는 하지만, 처벌에 반대하는 것은 아니다. 용서는 처벌의 목적 중

하나인 보복에 반대할 뿐이다.⁴⁷ 반면교사, 예방, 혹은 재활과 같은 처벌의 다른 목적들은 모두 용서와 양립할 수 있다. 어쩌면 이것을 훈육의 조처라고 하는 게 더 맞을지도 모른다. 왜냐하면 처벌이란 엄밀히 말해서 뒤를 돌아보는 것이고, 반면교사, 예방, 재활은 앞을 내다보면서 "미래에 선을 이루는 데만" 초점을 맞추기 때문이다.⁴⁸ 용서를 이러한 훈육의 조처와 결합시키는 게 오히려 좋을 수도 있다. 우리는 과거에서 비롯된 평화의 장애물을 치우기 위해서 용서한다. 그리고 현재에 평화를 위한 조건을 만들기 위해서 훈육한다. 두 경우 모두 더 나은 미래를 만들기 위해서 하는 것이다.

사과하고, 보상하고, 수용하라

용서는 선물이다. 누가 다른 사람에게 주는 것이다. 그러나 선물을 성공적으로 전달하려면 상대가 그것을 받아야 한다. 일반적으로 기독교 전통, 특히 개신교 전통에서는 회개가 용서의 조건이 아니다. 그리스도인들은 인간들끼리의 용서를 하나님이 인류를 용서하신 것의 유비로 생각한다. 이 세상의 죄를 가져가신 하나님의 어린양이신 예수 그리스도를 통해서 하나님은 누가 회개하기도 전에 이미 용서하셨다. 용서는 무조건적 선물이다. 회개하는 것은 이미 주어진 선물을 받는 것이다. 회개하지 않는 것은 그것을 받지 않거나 거절하는 것이다. 잘못을 저지른 사람은 **사과**와 **보상**을 통해서 용서를 받는다.⁴⁹

화해의 다섯 가지 요소 중에서 세 번째 명령은 그래서 이것이다. **사과하라!** 사과는 잘못한 사람에게 미안하다고 **말하는** 것이다. 잘못을 들켜서 미안한 게 아니라, 다른 사람에게 단순히 잘못이 가해져서 미안한 게 아니라, 자신이 잘못을 범했기 때문에 미안한 것이다. 자신의 죄책과 수치 때문에 미안하기보다는 자신의 잘못이 야기한 고통 때문에 미안한 것이다.

잘못을 숨기던 침묵의 베일을 벗어 버리고, 잘못 때문에 생긴 도덕의 얼룩을 진리의 빛 가운데 내어놓는다. 사과가 진심이기 위해서는 회개가 진지해야 한다. 예를 들어, 기독교 전통에 있는 고해의 성례에서는 **마음의 회한**이 반드시 입술의 고백에 수반되어야 한다. 사과하기 위해서는 자신이 하는 말이 진심이어야 한다. 마지막으로, 미안하다고 진심으로 말하면서 미래에는 그렇게 행동하지 않기로 **결의**한다. 희생자와 더 넓은 공공의 대상을 향해, 이러한 잘못은 자신이 되고자 하는 모습의 진실한 표현이 아니며 따라서 앞으로 행하고자 하는 모습도 아니고, 다시는 반복하지 않기를 바라는, 우리의 도덕성의 역사에서 후회스러운 탈선이었다고 선언한다.

진심으로 사과하기란 힘들다. 다른 사람에게 잘못을 하고 나면 종종 수치심과 죄책감에 시달린다. 공적으로 인정하기는커녕 잘못을 스스로 인정하는 것도 망설여진다. 처벌이나 법적 결과가 두려워서이기도 하지만, 잘못을 인정하지 않는 한 그 잘못은 진짜가 아니라는 오도된 생각 때문에 그렇기도 하다.[50] 그러나 자신이 행한 잘못에서 자유로워지는 유일한 길은 회한과 고백, 사과를 통해서 뿐이다. 사과하기를 거부하면 역설적이게도 잘못을 저지른 사람의 도덕적 이미지에 묻은 얼룩이 더 두드러진다. 진정한 사과는 그 얼룩을 사라지게 한다.

사과는 가해자에게 유익하다. 희생자에게도 마찬가지다. 사과는 잘못의 행위 때문에 희생자가 당한 굴욕에서 벗어나게 해 준다. 가해자로서 나는 단지 내가 저지른 잘못에 **대해서만** 사과하는 게 아니다. 내가 잘못을 행한 상대방**에게도** 사과하는 것이다. 내가 잘못했다고 말하고, 상대에게 내가 저지른 잘못 때문에 나를 불리하게 만들지 말아 달라고 간곡히 부탁하는 것이다(혹은 이미 상대가 나를 용서했다면 잘못으로 인해 나를 불리하게 만들지 않은 사실을 선물로 감사히 받는다). 희생자들에게 잘못을 행함으로써 가해자는 희상자를 존중하지 못했다. 사과를 통해서 가해자는 희생자에게 저지른 비존중의 행위는 잘못이었음을 인정하고 존중의 자세로 돌아간다.

손상된 것을 보상하라! 화해를 위해서는 잘못을 행한 사람이 반드시 자신의 잘못 때문에 생긴 손상을 합리적 선에서 최대한 보상하기 위해서 정직하게 노력해야 한다. 진정한 사과가 이미 그 손상을 어느 정도 보상하는 것은 사실이다. 가해자는 자신의 행위가 잘못이었음을 인정함으로써 희생자가 존중받지 못해서 입은 손상을 보상한다. 그러나 일반적으로 잘못은 존중하지 않은 행위에만 국한되지 않고, 개인과 가족과 공동체 혹은 희생자의 소유에 손해를 입힌다. 그 손해도 가능하면 복구해야 한다.[51] 그 손해를 복구하려는 의지가 없으면 가해자의 사과는 공허하며, 단순한 말과 빈 감정에 불과하다. 틀어진 관계를 바꾸기보다 그 위를 맴돌기만 하고, 가해자의 평판을 쉽게 회복하고 계속해서 그 잘못으로부터 이익을 얻으려고 사과한 것은 아닌가 하는 의혹을 낳는다.

희생자나 가해자 모두 종종 과거를 되돌릴 수만 있다면 그것이 최고의 보상일 거라고 생각한다. 그러나 시간의 방향을 바꿀 수는 없다. **가능한** 보상은, 희생자인 상대방이 가해자인 "내가 저지른 잘못의 행위와 그에 대한 나의 회개와 사과와 보상이 다 있는 상황과, 그 어느 것도 있지 않은 상황 둘 다에 대해 비교적 동등하게 만족하게" 만드는 것이다. 윤리철학자이자 예일대의 내 동료 존 헤어(John Hare)는 이어서 이렇게 말했다. "내 행위 때문에 당신이 이 두 상황에 대해서 특별한 선호가 없거나 첫 번째의 상황을 선호한다면, 내 편에서의 임무는 성취된 것이고" 나는 온전히 손해를 보상한 것이다.[52] 이것이 바로 그나마 시간을 돌이킬 수 있는 **가능한** 방법이고, 적어도 잘못이 저질러지기 이전만큼의 좋은 상태로 되돌리는 길일 것이다. 그러나 이것은 하나의 가능성일 뿐, 살인 혹은 문화유산의 파괴처럼 많은 경우 돌이키는 것은 현실적으로 불가능하다. 그러나 가해자는 회개의 진정성을 보여 주고 적어도 일부라도 보상하기 위해서 희생자에게 어느 정도는 복구해 주어야 한다. 무엇보다 가해자는 자신이 저지른 잘못으로부터 더 이상 이익을 얻어서는 안 된다.

수용하라! 가해자의 사과와 보상, 희생자의 용서 모두가 해방의 행위다. 이는 가해자를 죄책에서 자유롭게 해 주고 희생자를 분노에서 자유롭게 해 준다. 비록 과거는 바꾸지 못하지만, 과거가 더 이상 현재를 볼모로 붙잡지는 않는다. 과거의 포로에서 벗어나 이제 그들은 미래를 향해 홀가분하게 나아갈 수 있다. 그러나 용서, 사과, 보상은 해방시키는 것 이상의 일을 한다. 양쪽 모두가 함께 사는 삶에 꼭 필요한 도덕적 질서에 헌신하게 하는 것이다. 보상의 행위 하나하나는 과거에 잘못한 짐을 덞으로써, 위르겐 몰트만의 말을 빌리자면, 이미 "희생자와 가해자 사이에 새롭고 공정한 관계를 시작한다."[53] 모든 사과와 용서의 행위도 마찬가지다. 어떤 희생자와 가해자들은 새로운 관계를 원하지 않는다. 사과, 보상, 용서 후에도 그냥 각자 자기의 길을 가기를 바란다. 지구화는, 예를 들어 쉽게 떠날 수 있는 여행과 노동시장의 유연성과 같은 특징 때문에, 어떤 면에서는 관계를 쉽게 벗어나게 해 주지만, 또 어떤 면에서는 쉽게 벗어나지 못하고 그 노력을 헛되게 만들기도 한다. 지구화의 조건상 서로의 삶이 얽혀 때로는 억지로 협력해야 하고, 때로는 그러한 협력이 도움이 되기 때문이다. 그래서 우리는 함께 지낼 수밖에 없고 따라서 화해할 수밖에 없다. 더 중요하게는, 희생자든 가해자든 서로 화해하지 않거나 그럴 능력이 없다면 스스로 소외되어 버린다. 그러나 과거의 짐을 덜고 평화의 조건을 갖추었다면 역사적으로 상호 폭력과 상처로 얼룩진 사람들이 어느 정도의 확신을 가지고 서로를 마주 볼 수 있을 것이다.

다른 책에서 나는 서로 소원했던 그룹들의 새로운 공동 생활을 설명하기 위해서 "포옹"(embrace: 한국어 제목으로는 '포용'이지만 '포옹'이라는 뜻도 있으며 여기에서는 후자의 의미가 더 적합함-옮긴이)이라는 비유를 사용했다. 이 비유는 지나치게 친밀할 수 있다(하지만 안전한 거리를 유지하면서도 서로를 이어주는 악수도 사실은 포옹의 한 형태다). 이 비유는 화해의 삶에 반드시 필요한 네 가지를 바르게 상징한다.

- 갈등 관계이고 여러 면에서 다를지라도 같은 인간이라는 점에서 서로에게 속해 있다는 다소 느슨한 의식(이것은 상대를 안고 상대에게 안기는 행위로 표시된다).
- 상대와 함께 살아가는 인생에서 경계를 성글게 유지하려는 마음(이것은 상대를 수용하기 위해 팔을 벌리는 행위로 표시된다).
- 상호성에 대한 헌신(이것은 상대를 안았다가 놓기 위해서 **양쪽 모두가** 팔을 벌렸다가 닫는 행위로 표시된다).
- 개인이나 그룹의 개별적 정체성에 대한 확실한 옹호, 각각의 차이를 지우려는 것에 대한 거부(이것은 상대를 놓아주는 행위로 표시되는데, 상대를 안기 위해서는 당연히 먼저 놓아주어야 한다).

이러한 '포옹'은 결코 완벽할 수 없고, 언제나 부분적이고, 긴장에 차 있고, 위태할 것이다. 그러나 협력의 삶을 가능하게 하고 서로를 풍성하게 해 줄 수는 있다.

종교, 세상적 물질, 갈등

그렇다면 **종교와** 관련이 있을 때, 특히 보편주의적 세계종교와 관련이 있을 때도 화해는 가능한가? 세계종교는 생명의 진리인 체하는 비합리주의의 쓴 열매, 곧 폭력으로 치우치는 경향이 있지 않은가? 따라서 종교는 결국 모든 화해의 노력을 뒤엎지 않겠는가?

먼저 분명히 할 것은 내가 앞에서 제시한 화해의 설명에 기독교 신앙이 영감을 주었다는 것이다. 내가 제시한 화해는 기독교 신앙의 핵심 신념, 즉 예수 그리스도를 통해서 나타난 하나님의 성품, 행동, 명령에 대한 믿음에 근거한다. 더 중요한 것은, 남아프리카공화국 진리와화해위원회(South African Truth and Reconciliation Commission)와 같은, 20세기 가장 성공적이었던 큰 규모의 화해 노력은 전통적인 아프리카 남부의 '우분투 철학'(ubuntu: 타인에 대한 인간적 친절—옮긴이)과 더불어 기독교 신앙으로 형성되었다는 사실이다. 마찬가지로, 화해의 사상이 핵심이었던 두 가지 주요 비폭력 정치 운동—마하트마 간디의 인도 독립 운동 그리고 마틴 루터 킹의 "사랑하는 공동체"를 위한 민권운동—도 자이나교, 힌두교, 기독교의 영감을 받았다. 종교의 영감을 받은 화해의 비전과 운동은 종교의 본성을 거스르는 비정상적인 것인가? 이 질문에 답하기 위해서는 종교와 갈등의 관계를 살펴보아야 한다.

사람 간 갈등의 주요 원인은 잘 알려져 있다. 약 4세기 전 토머스 홉스(Thomas Hobbes)가 이에 대해 최종 발언을 했다고 할 수도 있다. 『리바이어던』(Leviathan, 1651)에서 그는 "자연 상태"의 인간의 삶은 "고독하고, 가난하고, 기분 나쁘고, 난폭하고, 짧다"고 묘사했는데, 같은 장에서 그는 갈등의 주요 원인 세 가지를 규명했다. "첫째는 경쟁, 둘째는 수줍음, 셋째는 영광이다. 첫 번째 원인은 인간으로 하여금 이익을 얻기 위해 침입하게 하고, 두 번째는 안전을 위해서, 세 번째는 명성을 위해서 그렇게 한다. 첫 번째 부류는 다른 남자들의 사람과 아내와 자녀와 가축의 주인이 되기 위해서 폭력을 사용하고, 두 번째 부류는 그것을 보호하기 위해서, 세 번째는 말한마디, 미소, 다른 의견과 같은 사소한 것들, 그 사람에게 직접적으로든 아니면 가족과 친족, 친구, 민족, 직업, 이름에 비추어서든, 별 가치 없는 것들을 상징하는 사소한 징표를 위해서 그렇게 한다."[54] 폭력의 원인에 대한 이 간략한 요약은 인류가 국가를 이루기 전의 상태에 대해 설명하는 장에 나온다. 그러나 홉스는 이 세 가지 "분쟁의 주요 원인"은 특별한 사회구조에 있는 게 아니라 "인간의 본성"에 있다고 주장했다.[55]

종교를 비판하는 사람들은 홉스가 제시한 세 가지에 덧붙여, 폭력의 네 번째 원인이 종교라고 본다. 그리고 많은 경우 그들이 옳다. 그러나 역사적으로 종교는 사회적 불화뿐 아니라 사회적 화합에도 기여했고, 폭력뿐 아니라 평화에도 영감을 주고 그것을 정당화했다. 종교를 비판하는 사람들도 이 양가성을 인정하지만, 그들 나름의 설명을 덧붙인다. 본질적으로 폭력적 성향을 다스리기 위해서 종교는 타인에 대한 돌봄이나 계몽주의의 가치인 관용에 기대는 경향이 있었다는 것이다.[56] 종교를 변호하는 많은 사람도 양가성을 인정한다. 그러나 그들은 인간 본성의 기본적 결함에서 그 원인을 찾는다. 인간은 이기적이기 때문에 이익, 안정, 명성에 대한 욕망 등 자신의 이해관계에 맞으면 최선의 것을 최악으로 왜곡시키고, 따라서 악한 사람의 손에서는 거룩한 것이 악마적으로 변한다는 것이다.[57]

4장에서도 지적했듯이, 비판자들은 주요 세계종교가 폭력의 경향이 강하다고 보는 두 가지 주된 이유를 제시한다. 첫째, 대부분의 세계종교는 참 종교와 거짓 종교, 정의와 불의, 선과 악을 구분하는 것을 중요하게 생각한다. 그들은 자신이 따르고자 하는 삶의 방식은 선하고, 따라서 다른 사람들의 것은 불완전하고 오도되었으며 심지어 악하다고 본다. 둘째, 비판자들이 볼 때, 대부분의 세계종교는 창시자가 허락한 적극적 계시(모세,

예수, 무함마드의 경우)나 영적 각성(붓다나 공자의 경우)에 기반하고 있다. 따라서 어느 시점에 가서는 이성이 멈추고 단순한 신념으로 기울고 그렇기 때문에 세계종교는 비합리적 확신의 특징을 지닌다는 것이다. 게다가 합리성은 모든 인간이 지니고 있지만, 계시나 각성은 선택된 소수만이 지닌다. 세계종교는 인류를 내부인과 외부인으로 나눈다. 충분한 이성적 근거 없이, 궁극적 실재와 그에 상응하는 삶의 방식에 대한 자신의 관점이 진리라고 주장하면 폭력을 낳을 수밖에 없다는 것이 비판자들의 주장이다.[58]

그러나 종교가 정의에 관심이 있어서 참 종교와 거짓 종교가 구분되는 것은 책임 있는 평화의 전제이지, 폭력의 원인이 아니다. 종교가 비합리적이라고 지적하는데, 이성이 어느 시점엔가 멈추고 신념에 자리를 내준다는 게 종교 문제의 핵심이 아니다. 왜냐하면 심지어 철학이나 과학도 처음부터 끝까지 이성에만 의지하지 **않기** 때문이다. 문제는 종교가 가르치는 내용이다. 예를 들어 자비를 베풀고 원수를 사랑하라고 촉구하는지, 아니면 이교도와 이단과 위반자를 죽이라고 명령하는지가 관건이다.[59] 종교를 변호하는 사람들이 다 옳은 것도 아니다. 종교적 폭력의 원인이 타락한 인간의 본성에 있다고 탓하는 것은 너무 단순하다. 종교 자체가 폭력에 기여하는 바를 검토하지 않기에는 종교와 폭력의 관계가 너무도 긴밀하다.

비판자나 옹호자 모두 종교가 실제로 어떻게 폭력을 키우는지는 간파하지 못하고 있다. 왜냐하면 대체로 종교를 단일하고 고정된 실체로 보기 때문이다. 옹호자들은 특정 종교나 모든 종교가 평화롭다고 보고, 비판자들은 모든 종교가 폭력적이라고 본다. 종교를 좀더 역동적으로 이해하는 데이비드 마틴은 세상 속에서의 삶의 방식에 대해 "독특한 방식으로 안에서 구현되어 밖으로 특징 있는 모습을 갖추게 하는 여러 모티브들이 서로 연결된 레퍼토리"로 종교를 이해할 것을 제안한다. 이 레퍼토리는 원래의

5장. 갈등, 폭력, 화해

계시나 각성이나 지혜로 그 근원을 추적할 수는 있지만 그것과 같지는 않다.[60] (예를 들어 문화적 특징, 다른 종교의 존재, 정치권력의 요구와 같은) 주어진 환경과 관심의 방향에 따라 종교의 성격은 변한다. 그 레퍼토리에서 어떤 모티브들은 배경이 되고, 어떤 것들은 전경이 되며, 대부분의 모티브는 여러 모양과 정도로 주어진 상황과 화합하거나 불화하며 "연주된다." 상황에 따라 변하기는 하지만 종교가 무한히 변형 가능한 것은 아니다. 각 종교의 원래의 구현은 "유연하지만 독특한 변화의 논리와 문법을 만들어 낸다."[61] 원래의 구현이 상황에 따라 변하는 종교에 규범적 제한을 가하는 것이다. 원래의 구현은 또한 종교의 내적 개혁의 원천이다.

세계종교의 어떤 태도는 폭력을 키우고 또 다른 것은 그렇지 않다. 중요한 문제는 무엇이 그 차이를 가져오느냐다. 곧 논의하겠지만 주범은 종교가 원래의 구현이 이루어졌을 때부터 그랬든, 아니면 나중에 전수되고 수용되면서 그 모티브가 수정되어 그렇게 되었든, 정치권력과 얽히는 것이다. 그것이 바로 종교의 옹호자와 비판자가 종교적 폭력의 원인을 인간 본성의 기본적 결함이나 배타주의와 비합리주의로 볼 때 놓치는 부분이다. 왜 세계종교는 그토록 쉽게 정치권력과 얽히는가? 종교 추종자들은 자기 종교의 한 가지 구성적 특징을 왜곡시킨다. 그것은 바로 특정 종교가 진리의 길이라는 주장이다. (3장에서 주장한 대로 또 한 가지 세계종교의 구성적 특징인) 진리를 증언하는 것에 만족하고 그럼으로써 스스로 삶의 방식을 택할 수 있는 사람의 책임을 존중하는 대신 세계종교의 추종자들은 국가권력을 이용해서 종교 비판자를 억압하고 강요한다. 그 과정에서 그들은 종교를 변형시켜 더 공격적인 모티브를 내세운다. 종교가 어떻게 정치권력과 얽히고 그것이 어떻게 종교를 변화시키는지 좀더 자세히 설명해 보겠다.

권력과의 얽힘

두 명의 서구 사상가 토머스 홉스와 이마누엘 칸트는 정치철학의 지배적 전통을 확립했다. 그들은 종교의 두 가지 주요 사회적 기능을 지적했다. 첫째, **종교는 정부의 도구로 사용된다.** 홉스는 통치자들이 신민을 쉽게 다스리기 위해 종교를 사용한다고 했다. 그래서 통치자들은 종교 엘리트들의 도움을 받아 (보이지 않는 세력에 대한 두려움에서 비롯된다고 홉스가 생각한) 종교적 성향을 "먹이고, 입히고, 키우면서" 종교적 신념을 조작하여 사람들이 고통에 둔감하고, 억압적 통치를 정당화하고, 불의한 전쟁을 합리화하게 만든다.[62] 둘째, 종교는 **공통적 정체성의 표지 역할을 한다.** 칸트는 언어의 다양성과 더불어 종교의 다양성은 자연이 사람을 여러 그룹으로 나누는 일차적 방법이라고 보았다. 정체성의 표지로서 종교는 "사람들에게 서로 미워하는 경향을 심어 주고 전쟁의 구실을 준다."[63] 종교의 이 두 기능은 종종 하나로 융합된다. 세르비아 정교회 문명이 탄생한 곳으로서 지금은 주로 무슬림 알바니아인들이 사는 코소보에서 일어난 그리스도인과 무슬림 간 갈등, 신왕 라마(Rama)의 탄생지이자 바브리(Babri) 모스크가 있는 아요디아에서 일어난 힌두교인과 무슬림 간 갈등에서 종교는 그러한 정체성의 표지 역할을 함으로써 갈등을 정당화하고 공격적 태도를 부추겼다고 할 수 있다.[64]

데이비드 마틴은 종교의 사회적 역할에 대한 홉스와 칸트의 관찰에 (그 두 기능 중 어느 것 하나와도 자신의 제안을 직접 연결시키지는 않으면서) 사회학적 해석을 덧붙여 종교가 폭력적 성향을 띠는 특별한 상황을 이렇게 규명했다. "이런 특별한 상황들은 종교가 사실상 사회와 범주가 같아질 때 그래서 권력, 폭력, 통제, 응집의 역동을 그대로 반영하고 다른 사회와 경계를 그을 때 일어난다."[65] 그렇게 되면 종교는 단순히 공적·정치적으로 연루되는 게 아니라, '정치적 종교'가 되어 버린다. 종교와 한 그룹의 도덕적·문화적 자기 이해와 정치권력을 혼합시키고자 하는 유혹은 크다. 이 세 가지가 결합되면 매우 높은 연대의식을 낳을 수 있기 때문이다. 많은 사람이 종교의 일차적 기능은 사회적 연합을 "집단적으로 재현하는 것"이라고 본다.[66] 그러나 2장에서 주장했듯이, 세계종교의 기본 구조는 '정치적 종교'가 아니라 정치와는 구분되는 문화 체계다. 그래서 정치적 정체성을 표시하고 주어진 정부 권력을 정당화하는 역할을 하려면 그러한 표지로 **전환**되어야 한다.

종교가 그룹 정체성의 표지가 되면 그 그룹에 신성한 기운을 부여하고, 그럼으로써 그들의 분투를 부추기고 정당화하면서 갈등을 증폭시키는 경향이 있다. 역으로, 어떤 종교와 연결된 그룹 간 갈등은 종교가 그 그룹의 정체성의 표지로 변하도록 밀어붙인다. 마찬가지로 정치권력과 얽히면 종교는 정치권력에 정당성을 부여해 주는 모티브로 구성된다. 갈등 상황에서 구성된 종교는 결국 그 그룹의 폭력을 정당화해 준다.[67] 이러한 역동은 (유대교와 힌두교처럼) 원래의 구성이 특정 그룹과 그 권력에 긴밀하게 연결되어 있었던 종교, 혹은 (불교와 기독교처럼) 그렇지 않았던 종교뿐 아니라, (이슬람처럼) 원래의 구성이 정치권력과 멀었던 시기와 가까웠던 시기를 다 포함하는 종교에도 나타난다.[68]

최근 특정 사회 그룹과 연결되거나 정치적 통치와 긴밀하게 연결되어 종교가 변한 대표적인 예는 아마도 총을 들게 된 스리랑카 스님들의 모순적 상황일 것이다.[69] 스님들은 비폭력에 깊이 헌신된 사람들이다. 그들은 살생을 해서는 안 되고 군대나 무기 거래 근처에도 가지 말아야 한다. 그러나 20세기 후반의 스리랑카에서는 그렇지가 않았다. 스탠리 탐비아(Stanley Tambiah)에 따르면 스리랑카의 많은 스님은 "불교라는 종교와 신할라족의 언어와 문화는 스리랑카 모국의 주권적 영토 없이는 번영할 수 없다"고 믿게 되었다고 한다.[70] 이 신념을 뒷받침하기 위해서 그들은 '정치적 불교'를 지지하게 되었다. "이상적인 의로운 통치자에 대해서 말하는 불교의 정경"과 "세속적 욕망을 죽이는" 불교의 목표에 근거해서 정치적 불교는 "분파적 정당정치와…서구가 부추기는 물질주의적·소비주의적·자본주의적 이기적 목표"에 저항하고, 그 대신 "'불교적 민주주의' 내에서의 보다 단순하고 조화로운 '불교적 생활 방식'"을 제안한다. 그 과정에서 "종교로서 불교의 교리를 구성하는 구원론, 윤리, 규범은 약화되거나 밀려나고 심지어 왜곡되었다." "개인의 구원을 위해 주로 자아 이상(ego-ideal)을 구현하고 정신을 훈련하는" 불교의 특징뿐 아니라, 폭력에 대한 불교의 독특한 입장도 변했다.[71] 붓다의 자손들이 "땅의 아들"의 정체성을 지니자 그들의 종교는 변형되었고, 비폭력을 강력하게 주장하는 핵심 모티브를 가진 종교 안에 폭력이 들어왔다.[72]

종교가 폭력에 동원될지 여부를 결정하는 가장 중요한 요인은 종교와 정치 프로젝트를 동일시하는 정도, 그 프로젝트를 실현하기 위해 노력하는 사람들과의 얽힘이다. 종교가 이러한 것들과 스스로를 동일시하면 할수록 가장 평화로운 종교도 '무장할' 가능성이 높아진다. 『광장에 선 기독교』에서 나는 종교의 "심층적"(thick) 버전과 "표층적"(thin) 버전을 구분했다. 종교가 "심층적이면" 삶의 방식을 제시하고, 궁극적 실재와의 연결 의식을 키우며, 자기, 사회적 관계, 선에 대한 설명에 기초한 도덕적 비전을 제시할 것이다. 이러한 종교는 원래 주어진 종교의 성질에 대해서, 변화하는 세계와의 관계에 대해서 계속 논쟁할 것이다. 2장에서 주장했듯이, 모든 세계 종교는 원래 그러한 "심층적" 종교로 구현, 수용, 실천되었다. 반대로 "표층적" 종교는 도덕적 비전을 상실하고 "(정치적 이익이나 경제적 이익처럼) 종교가 아닌 다른 요인들로 구성되는 삶에 우선적으로 활력을 주고, 그것을 치료하고, 거기에 의미를 부여하는 불확실한 종교성"으로 축소된 종교다.[73] 종교가 "표층적으로" 변하는 이유는 대개 주어진 공동체와 그것의 권력 역동과 너무 밀접하게 동일시되기 때문이다. 그리고 이러한 "표층적" 종교는 단순한 정치적·문화적 자원으로, 심지어 때로 전쟁 무기로 이용되기 쉽다.

그렇다면 폭력을 부추기고 정당화하는 것을 막기 위해서 종교는 사유화되고 공적 생활에서 배제되며 공적 참여를 금지당해야 하는가? 3장에서 나는 종교의 사유화에 반대했다. 여기에서는 공적 참여와 정치권력에 얽히는 것은 다르다는 사실을 지적하는 것으로 충분하다. 칠레, 인도네시아, 필리핀, 폴란드의 위대한 종교적 민주주의자들의 예가 입증하듯이, 종교는 단순한 정체성의 표지나 정치권력의 도구로 변하지 않으면서 공적 참여를 이끌고 지도할 수 있다. 폭력을 부추기거나 정당화하지 않기 위해서 종교는 (1) 기존의 혹은 부상하는 정치권력과 건강한 독립 의식을 키우고, (2) 특히 종교를 정치적·문화적 자원으로 축소시키기 위해서 변형시키는 것을 거부해야 한다.

삶의 방식

그러나 종교가 언제나 정부든 지역사회 지도자든 갈등의 주체들이 만들어서 사용하는 도구로 축소되기만 하는 것은 아니다. 심지어 심층적 종교도 갈등을 일으킬 수 있다. 심층적 종교를 여러 가지로 설명할 수 있지만 그것은 결국 **삶의 방식**, 혹은 다양한 삶의 방식들이 서로 다투는 가족이다. 그리고 그것은 때에 따라 변하는 동시에 기원과의 지속적 연결 때문에 늘 그대로 있기도 하다.[74] 좀더 추상적으로 표현하면, 종교는 인간의 번영, 자기, 사회적 관계, 선에 대한 비전을 구현하고, 사람들의 감정과 의지를 동원하는 방법과 그 비전에 따라 살 수 있게 사람들의 성품을 다스리는 방법을 제시한다.[75] 서로 다른 번영의 비전은 종종 충돌한다. 특히 그것을 지지하는 사람들이 같은 지붕 아래에 살 때 서로 부딪힌다. 종교가 정치권력의 지렛대로부터 독립을 지킨다 하더라도 이러한 갈등은 일어난다.

자비롭고, 복수하지 않고, 원수를 사랑할 것을 강조하신 예수의 가르침은 모든 종교적 가르침 중에서 가장 평화롭다고 할 수 있다. 그렇기 때문에 "표층적으로" 실천되는 종교도 갈등을 불러일으킨다는 사실을 오히려 잘 보여 준다. 예수가 하신 충격적인 유명한 말씀은, "내가 세상에 화평을 주로 온 줄로 생각하지 말라. 화평이 아니요 검을 주러 왔노라. 내가 온 것은 사람이 그 아버지와, 딸이 어머니와, 며느리가 시어머니와 불화하게 하려 함이니, 사람의 원수가 자기 집안 식구리라"(마 10:34-36)다. 어떻게 예수가 '검'을 가져왔단 말인가? 그것은 이익과 안전과 명성을 둘러싼 다툼을 종교적으로 정당화하기 위해서, 혹은 종교가 국가의 칼을 사용하거나 국가가 종교의 말을 이용하는 것을 지지해서가 아니다. 오히려 예수의 제자들이 이 문제를 가지고 칼을 뽑아 든다면 그들은 예수의 가르침을 배반하는 것이다. 이익에 대해서 예수는 "너희를 위하여 보물을 땅에 쌓아 두지 말라"(마 6:19)고 하셨고, 안전에 대해서는 "너희 원수를 사랑하며 너희를 박해하는 자를 위하여 기도하라"(마 5:44)고 하셨으며, 명성에 대해서는 "악한 자를 대적하지 말라 네 오른편 뺨을 치거든 왼편도 돌려 대며"(마 5:39)라고 명령하셨다.

예수가 가져오셨다고 하는 검은 이익, 안전, 명성을 둘러싼 갈등을 의미하지 않는다. 그것은 사람이 궁극적으로 충성하는 대상과 그에 따르는 삶의 방식과 관련한 갈등을 상징한다. 왜 남자를 그 아버지와 대립시키고 여자를 그 어머니와 대립시키는지에 대한 예수의 설명은 이렇다. "아버지나 어머니를 나보다 더 사랑하는 자는 내게 합당하지 아니하고 아들이나 딸을 나보다 더 사랑하는 자도 내게 합당하지 아니하며 또 자기 십자가를 지고 나를 따르지 않는 자도 내게 합당하지 아니하니라. 자기 목숨을 얻는 자는 잃을 것이요 나를 위하여 자기 목숨을 잃는 자는 얻으리라"(마 10:37-39). 궁극적 충성의 대상은 자주 충돌하고 (여기에서는 가족이냐 예수냐), 삶의 방식도 종종 충돌하며 (여기서는 쾌락과 자기 보존이냐 자기희생적 사랑으로 목숨을 잃는 것이냐), 따라서 궁극적 충성의 대상과 삶의 방식이 서로 다른 사람들도, 특히 같은 공간에 살 때 충돌한다. 중요한 사실은 종교가 이러한 차이에서 생기는 갈등을 '관리할 수 있는' 자원이 있느냐 하는 점이다. 갈등이 폭력으로 변하는 것을 막고, '검'을 강압과 피 흘림의 도구로 보지 않고 서로 다른 좋은 인생의 비전과 그 비전의 공적 함의들 사이의 진지하고 존중할 만한 분투의 상징으로 볼 수 있는 자원이 종교에 있는지가 중요하다.

평화로운 세계가 되도록 돕는 지구화의 과정은, 서로 다른 종교인들이 서로 다른 민주주의를 시행하는 국가들의 지붕 아래에서 같이 살게 만드는 과정이기도 하다. 서로 가까이 있게 되면 자신의 종교적·인종적, 그외 다른 문화적 차이들이 더 중요해진다.[76] 그리고 종교가 깃발처럼 별다른 의미 없이 정체성만 표시해 주는 것이 아니라, 그 종교를 따르는 사람들이 이해하는 좋은 인생에 영향을 미치는 것이라면, 종교는 또한 그들의 사회적 비전에도 차이를 가져온다. 확고한 정체성과 다양한 사회적 비전을 지닌 공동체들이 같이 살면서 공동의 생활을 꾸려 가야 하는 상황에서는 갈등이 불가피하다.[77]

지구화 과정은 사회적 삶에 대한 서로 다른 비전들―위기 상황에 종종 정치인들이 말하듯이, '우리의 가치와 삶의 방식'―사이에 갈등을 증폭시키지만 갈등을 만들어 내지는 않는다. 검에 대한 예수의 말씀이 보여 주듯이, 그러한 갈등은 다원적 환경 속의 종교적 삶에 반드시 나타나게 되어 있다. 적어도 진리와 정의가 핵심인 세계종교의 경우는 그렇다. 그러나 이러한 갈등이 반드시 비생산적일 필요는 없으며, 폭력적일 필요는 더욱 없다. 갈등을 생산적으로 만들기 위해서는 관련자들이 두 가지 기본 요건을 충족시켜야 한다. 첫째, 각각의 세계종교는 다른 사람들이 자기 인생을 책임질 자유와, 자신이 최선이라고 생각하는 삶의 방식을 선택할 자유를 허용해야 한다. 다시 말해서, 종교는 모든 개인에게 온전한 종교의 자유를 단언해야 한다. 사적으로 믿거나 공동체 안에서 실천할 수 있는 자유만이 아니라, 자신의 종교 자체를 선택할 수 있는 자유를 단언해야 한다. 둘째, 상호성의 원칙을 수용해야 한다. 그들이 자신을 위해 어떠한 권리와 특권을 주장하고자 하든, 다른 사람에게도 같은 것을 허용해야 한다.

사실 세계종교는 이 두 가지 요구사항을 충족시킬 수 있는 내적 자원을 지니고 있다. 3장에서 주장했듯이, 세계종교의 레퍼토리에는 어떠한 형식으로든 황금률이 있고 따라서 모든 개인의 도덕적 평등을 최고로 여기며, 모든 세계종교는 어떠한 형태로든 종교의 자유를 긍정한다. 이것은 각 개인이 초월적 부름에 대한 반응으로 특정한 삶의 방식을 따를 책임이 있다는 세계종교의 기본 신념을 함의한다. 세계종교는 삶의 방식으로 두텁게 실천되는 종교들이 같은 지붕 아래에서 평화롭게 공존하고, 격렬하게 그러나 생산적으로 자신들의 차이를 협상할 수 있도록, 각 종교의 위상에 손상을 가하지 않으면서 이러한 모티브들을 강조하고 재구성할 수 있다.

세계종교, 갈등, 화해에 대한 나의 주장을 요약해 보겠다. 첫째, **종교가 반드시 폭력의 온상이 되는 것은 아니다.** 다양한 종교를 믿는 사람들이 다음의 네 가지 규칙을 따르면 종교가 폭력을 부추기고 정당화할 가능성은 크게 줄어든다.

- 정치권력으로부터 종교의 독립성을 보호하고, 정치권력을 공통적 정체성의 표지로 사용하지 않는다.
- 원래의 계시와 그 후에 따라오는 전통에 있는 자원을 충분히 잘 활용하여 좋은 인생에 대한 종교의 비전에 집중한다.
- 종교의 완전한 자유—종교를 실천하고 선택할 자유—를 지지한다.
- 황금률을 타협하지 말고 개인의 도덕적 평등을 확인한다.

둘째, 비록 갈등의 근원이 되는 경우가 많기는 하지만, **종교는 사람들을 화해로 이끈다**. 역사적으로 대부분의 화해의 노력은 종교가 동기부여를 하고 정당화하고 틀을 다졌다. 종교는 설득력 있는 화해의 이야기를 구성할 자원이 있고, 이 자원은 종교의 부차 요소가 아닌 핵심 요소다. 앞에서 설명한 화해와 그것을 뒷받침하는 나의 글이 기독교 신앙이 지닌 화해의 잠재력을 잘 보여 주었을 것이라 생각한다. 『정의로운 평화와 불의의 평화』 (*Just and Unjust Peace*)에서 대니얼 필포트(Daniel Philpott)는 세 개의 아브라함 종교, 즉 유대교, 기독교, 이슬람이 화해를 핵심으로 하는 종교임을 보여 주었다.[78]

앞에서 리바이어던, 유스티티아, 맘몬의 이미지를 빌려서 설명한 것처럼 지구화가 (최선의 상태에서는) 평화를 가져오는 측면이 있다는 사실과 세계종교가 (최선의 상태에서는) 화해를 위해서 노력한다는 사실을 결합시키면 평화의 전망은 밝다. 화해를 추구함으로써 종교는 과거의 잘못을 돌아보고 그것이 미래를 식민화하지 못하게 막고, (무엇보다도) 평화의 외적 조건을 확립함으로써 리바이어던, 유스티티아, 맘몬은 갈등을 상당 부분 막아 주고 갈등의 주요 원인을 더러 제거한다.

나가는 글
하나님, 허무주의, 번영

2001년 9월 11일 오전 8시 45분, 공중에서 납치당한 비행기가 처음 세계 무역센터 북쪽 건물을 강타했을 때 나는 화해에 대한 강연을 막 끝내고 있었다. 장소는 유엔 본부였고, 그날 행사는 56회 유엔총회 전의 조찬 기도회였다. 강연에서 나는 하나의 묵상 형태로, 종교가 평화를 도모할 수 있는 강력한 자원을 지니고 있다고 주장했다. 그러나 쌍둥이 건물을 감싸던 불길은 파괴와 죽음을 가져올 수 있는 종교의 잠재력에 대한 부인할 수 없는 증거였다. 궁극적 가치의 초월적 근원인 신에 대한 헌신과 서구의 경제적·정치적·문화적 장악과 지배에 대한 저항이 합쳐져 무수한 양의 제트연료 못지않은 연료 역할을 했다. 납치자들이 열혈 신자가 아니었다는 사실은 별로 중요하지 않다. 그들에게 자살 임무를 내린 사람들이 열혈 신자였고, 거기에 연루된 모든 사람이 자신은 신의 인도하에 신의 축복을 받으면서 억압적이고 타락한 적에 대항했다고 믿었기 때문이다.[1]

 새 천 년의 시작에 일어난 이 사건을 떠나 세계경제포럼이 글로벌어젠다위원회네트워크(Network of Global Agenda Councils)를 설립한 2008년으로 가 보자. 이 조직의 창시자이자 의장인 클라우스 슈와브(Klaus Schwab)는 두바이에서 열린 연례 모임에 대해서 특유의 과장된 발언을 했다. "역사상 가장 큰 브레인스토밍 세션에 모인 세계 최고의 지성 네트워크다."[2] 그와 동시에 세계는 2008년의 금융 위기 후 심각한 불황을 겪고 있었다. 연방준비위원회의 전 의장 벤 버냉키(Ben Bernanke)는 "대공황까지 통틀어 지구 역사상 최악의 금융 위기"라고 했다.[3] 슈와브는 글로벌어젠다위원회 네트워크가 지구적 재설계에 착수할 것을 제안했다. 이 특이한 모임에 참여한 일원으로서 나는 금융 규제, 경제성장, 지정학, 에너지의 필요, 지속성, 기술, 혁신, 늘어나는 안보 위협 등에 대해서 많은 이야기를 들었다. 우리는 또한 내가 소속된 두 개의 글로벌어젠다위원회의 주제였던 가치관과 종교에 대해서도 토론했고, 토론 내용에는 계속해서 확산되는 도덕적 수치인 극심한 가난과 불평등의 문제도 있었다. 이 모든 이슈가 지구적 위기의 일부였고 따라서 해결책에서 고려되어야 했다.

그럼에도 나는 가장 중요한 주제는 토론하지 못했다고 생각하며 모임을 떠났다. 공정성을 이루겠다는 의지를 다졌다면, 기술적·정치적·경제적 도구만으로도 경기 침체를 완화시킬 수 있다고 많이들 생각했기 때문인지도 모른다. 위대한 철학자들과 세계종교의 창시자들이 종종 "이성의 백마"까지 기꺼이 합세해서 영혼의 마차를 끄는 힘이라고 보았던 "열정의 다크호스"는 토론에서 건드리지도 못했다.[4] 금융 위기가 발생한 이유는 열광하는 욕망의 고삐가 풀렸기 때문이다. 체계적으로 부추겨지고 합리적으로 정당화된 채권자들의 자기 재생적 욕심과 억누를 수 없어 보이는 채무자들의 갈증이 그 위기를 가져왔다. 전자는 BMW보다 벤틀리(Bentley)를 몰고 싶고, 후자는 낡은 코롤라(Corollas)를 반짝이는 캠리(Camry)로 바꾸고 싶었을 것이다. 그 모임에서 간간이 우리는 행복에 대해서 논의했고, 고통을 피하면서 쾌락을 늘리면 행복할 것이라는 지배적 사고로는 충분하지 않다는 이야기도 했다. 그러나 좋은 인생의 생태학에서 우리가 고안하고 만들고 거래하는 것들이 지니는 상대적 중요성은 거의 논의되지 않았다. 두바이의 대규모 브레인스토밍 모임에 참여한 머리 좋은 사람들 대부분이 세계 질서가 좋은 인생에 기여해야 한다고 생각했기 때문인지도 모른다. 그러나 우리는 좋은 인생이란 무엇이며 다른 모든 상품 및 서비스와 더불어 코롤라와 벤틀리가 거기에서 어떤 자리를 차지하는지는 검토하지 않았다.

뉴욕에서 9·11을 경험하고 두바이의 글로벌어젠다위원회에서 경기 침체를 논의한 것을 바탕으로 이 책에서 다룰 내용의 틀을 잡았다. 전자의 경험에서 서구적 생활 방식과 그것의 지리정치학적·지리경제학적 하부구조에 대한 반작용으로 살인자가 된 종교와 대면했다. 그러나 후자의 경험에서는 이러한 하부구조의 실패와 그것을 사용하는 개인들의 실패를 목격하고도 인간의 욕망과 좋은 인생의 비전의 왜곡을 다루지 못했다.

유령이 세상을 떠돌고 있다. 칼 마르크스가 『공산주의 선언』의 도입에 쓴 공산주의의 유령이 아니라 허무주의의 유령이 떠돌고 있다. 뉴욕과 두바이에서 나는 이 세상에 허무주의가 작용하는 것을 느꼈다. 그 허무주의는 도덕적·종교적 원칙을 명백히 거부하거나 인생의 무의미함을 확신하는 허무주의가 아니다. 그것보다 더 은밀하게 작용하는 허무주의로서, 깔끔하게 차려입은 도덕적 질서의 모습으로 나타나거나 도덕적 질서의 경계를 들이받으면서 활보하는 모습으로 나타난다.

루터교 목사의 손자요 아들로 태어나 한 학기 동안 신학을 공부하고 신앙을 잃어버린 프리드리히 니체가 제시한 허무주의 이론은 허무주의에 대한 최고의 통찰이다. 많은 글에서, 그리고 가장 유명하게는 『도덕의 계보학』(On the Genealogy of Morality)에서 그는 세계종교, 특히 유대교와 기독교는 약자가 강자에 저항하는 복합적 문화 형식이라고 주장했다.[5] 그는 오늘날 우리가 주목하는 종교와 치명적 폭력에 대해서는 별로 쓰지 않았다. 그러나 저항하는 약자가 충분한 권력을 얻고 나면 스스로 인식하지 못하는 저항이 미덕으로 둔갑한 자신들의 종교를 통해서 그들을 악이라고 선언한 강자를 멸망시키고 싶어 하리라는 것은 쉽게 상상할 수 있다. 니체 자신은 세계종교에서 비롯되는 강도 낮지만 만연한 폭력에 더 관심이 있었다. 그는 종교의 도덕적 질서 자체가 초월적 이상의 이름으로 인생의 힘과 기쁨을 억압함으로써 인생을 거스른다고 보았다.

니체의 이론에 기초하여 사람들은, 진정한 신자는 하늘의 영광스러운 풍성함에 비하면 그저 쓰레기에 불과하다며 일상적 삶을 거부하거나, 아니면 하늘로 올라가는 데 사용하고 버릴 수 있는 사다리로 여기고 일상적 삶의 가치와 아름다움을 표백시켜 버린다고 주장했다. 나는 그들의 해석이 틀렸다고 생각하지만, 역사상 가장 위대한 서사시 중 하나인 단테의 『신곡』(The Divine Comedy)에 대한 휴버트 드레퓌스(Hubert Dreyfus)와 숀 켈리(Sean Kelley)의 해석은 좋은 예다. 그 서사시에 보면 단테가 소년이었을 때 사랑에 빠졌고 평생 그의 사랑으로 남은 베아트리체는 단테를 낙원을 통해 하나님의 복된 비전에 도달하도록 인도한다. 그러나 일단 단테가 하나님을 보고 나자 위대하고 영원한 사랑의 기쁨을 포함하여 모든 지상의 기쁨이 "무관한 것"이 되어 버린다.[6] 니체는 바로 이것을 세계종교의 "수동적 허무주의"라고 불렀다. 그 허무주의의 열정이 커지면 비신자와 모독자를 죽이고, 열정이 불교에서처럼 "지치면" 욕망하기를 멈춘다. 그리고 대개는 이 두 극단 사이에 머물면서 인생의 에너지를 짜내고 일상적 기쁨을 죽인다.[7]

그러나 니체가 허무주의라고 공격한 것은 위대한 철학과 세계종교만이 아니다. 그는 또한 자신이 "최후의 인간"이라고 부른 것의 허무주의를 최대한 날카롭게 조롱했다. "최후의 인간"이란 서구 문명 발전의 최종적 결과일 것이라고 그가 염려한 인간 유형이다.

> 지구는 작아졌고 그 위에 모든 것을 작아지게 하는 최후의 인간이 올라탄다.…
> "우리는 행복을 발명했다"라고 최후의 인간이 말하며 눈을 깜빡인다.… 가끔씩 약간의 독을 먹으면 기분 좋은 꿈을 꾼다. 그리고 마지막에 많은 독을 먹으면 기분 좋게 죽는다.
> 노동은 여전히 한다. 오락의 일종이기 때문이다. 그러나 그 오락이 너무 힘들지 않도록 조심한다. 더 이상 가난하지도 부유하지도 않다. 두 가지 모두 지나친 노력이 필요하기 때문이다. 누가 아직도 통치하기를 원하는가? 누가 순종하는가? 그것도 지나친 노력을 요한다.
> 목자는 없고 무리는 하나다! 모두가 같은 것을 원하고, 모두가 똑같다.…
> "전에는 세상 전체가 미쳤었다"고 가장 세련된 자가 말하며 눈을 깜빡인다.…
> 하루 동안 누릴 작은 기쁨이 있고 하룻밤을 위한 작은 기쁨이 있다. 그러나 건강은 챙긴다.
> "우리는 행복을 발명했다"고 최후의 인간은 말하고, 눈을 깜박인다.[8]

어쩌면 서구에서는, 아니 어디에 살건 시장 주도 지구화의 복을 누리는 모든 사람은 니체의 "최후의 인간"과 비슷한 모습일지도 모른다. 힘껏 노력하기에는 지쳤고, 편안함과 안전에 집착하며, 시시한 꿈을 꾸고 자명한 쾌락을 즐기고, 자신이 인류의 척도라고 생각하면서 어리석은 것들을 즐기는 사람 말이다. 이것을 "지친 허무주의의 라이트 버전"이라고 하자. 라이트 버전이란, 위대한 종교들의 "수동적 허무주의"와 "자유로운 영혼"의 "적극적 허무주의" 사이의 계곡에서 한가로이 풀을 뜯으며 안전을 갈망하는 존재들을 위해 재단된 지친 허무주의를 매우 단순화한 버전이다.

　대부분의 사람은 가짜 행복에 눈을 반짝이며 값싼 쾌락을 최대화하려는 오락에 중독된 나른한 소비자가 아니다. 많은 사람이 그 이상을, 훨씬 더 이상을 원한다. 물론, 가격 차이가 많이 나더라도 고급 와인을 홀짝이는 것과 값싼 맥주를 벌컥대는 것, 혹은 6천 개의 천연 진주가 달린 유명 디자이너의 드레스를 입는 것과 낡은 운동복을 걸치는 것 사이에는 경험의 내용에 있어서 궁극적으로 별 차이가 없다고 주장할 수도 있다. 그렇다 하더라도 오늘날 고도의 성취를 이룬 한 부류의 사람만 지적해서 말하자면 "월스트리트의 늑대들"은 "최후의 인간"이 아니다. 그들은 열심히 일하고, 열심히 경쟁하며, 정복한 자의 몸을 무심히 밟고 지나간다. 그리고 자신의 필요에 맞게 이 세상을 재단하는 일로 바쁘지 않을 때는 열심히 파티도 한다. 알맞은 타이밍에 그들을 붙잡고 묻는다면 그들도 "우리는 행복을 발명했다"고 말할 것이다. 그러나 그들은 눈을 깜박이지는 않을 것이다.

　무자비한 성취자들과 인생에서 최고라고 여겨지는 것들의 전문가는 니체가 그토록 경멸한 "최후의 인간"보다는 니체 자신에 더 가깝다. 그리고 그들은 니체가 진단하기보다는 구현한 두 번째 종류의 허무주의를 대변한다. 그것은 바로 "자유로운 영혼"의 "적극적 허무주의"다. 그들은 자신의 가치를 스스로 정하고 그에 따라 산다. 그들은 신의 죽음 이후로는 혹은 신의 뒷그림자에서는 그 어떠한 가치도 본질적이지 않기 때문에 인간이 사물에 가치를 부여하는 것이라고 때로는 명백하게 그러나 주로 암묵적으로 믿는다. 그러나 "모든 의미가 우리에게서 비롯한다면" 딱히 이것보다는 저

것을 택할 이유, 혹은 이 삶의 방식보다는 저 삶의 방식을 택할 이유가, 자신의 선호를 제외한다면, 없다. 그렇게 되면 우리가 자유롭게 주는 것을 또한 자유롭게 돌려받을 수 있기 때문에 "그 어느 것도 우리에게 권위를 행사하지 못하고 우리를 움직일 권력이 없다."[9] 우리가 으리으리한 성 같은 곳에 살든 기찻길 건너편 낙후한 아파트에서 비좁게 살든, 초월성의 수평선을 지워 버리고 나면 우리는 참을 수 없이 가벼운 존재의 짐을 무겁게 끌고 다닐 뿐이다.[10]

세상을 부인하거나 세상을 파괴하는 종교의 수동적 허무주의와, 임의적 가치의 비종교를 만들어 내는 적극적 허무주의는 서로 대립한다. 둘 사이의 분쟁은 개인의 마음에서뿐 아니라 세계 무대에서도 일어난다. 절박하게 초월성의 의미를 붙잡는 종교적 근본주의자들 사이에서, 그리고 그 근본주의자들과 자신의 삶의 방식의 쾌락과 안전을 위해 싸우는 "최후의 인간"에 둘러싸인 비종교적인 자유로운 영혼들 사이에서도 분쟁은 일어난다.[11]

서로 반목하는 것들이 종종 그렇듯이, 이 두 허무주의는 서로를 강화시키기도 한다. 아무것도 중요하지 않고 모든 것이 참을 수 없도록 가벼운 적극적 허무주의자들의 삶은 궁극적으로 존속될 수 없다. 그래서 그것을 피하기 위해서 사람들은 종종 중요하지는 않지만 강력하게 끌리는 것들에 전염되고, 초월적 가치의 근본주의에 빠지고, 더러는 전제 군주 시절 러시아의 "인민의 복수"라든가, 몇십 년 전 유럽의 "붉은 여단"이라든가, 오늘날 중동의 소위 "이슬람 국가"처럼 가장 난폭한 형태의 근본주의에 가담한다. 그러나 이러한 수동적 허무주의에 가담하는 것이 비록 의미가 있고 무게가 있더라도, 이미 정해진 수정 불가능한 질서가 결국 기쁨과 즐거움을 짜내 버리면 그 의미는 감당할 수 없을 만큼 무거워진다. 『차라투스트라는 이렇게 말했다』(Thus Spoke Zarathustra)에서 영혼의 세 가지 변형에 대해 설명하면서 니체는 그다음에 일어날 수 있는 일을 묘사한다. 겸허한 순종으로 많은 것을 감내하는 낙타가 사자로 변해서 "너는…할지니라"라고 말하는 용을 죽이고, 그 사자는 아이로 변해서 자기 정신과 하나가 되어 "자기 의지를 발현한다."[12] 짐을 벗어던진 근본주의의 낙타들이 어린아이와 같은 "자유로운 영혼"으로, 그러니까 그들이 애초에 감당할 수 없다고 여겼던 삶의 자세인 적극적 허무주의자로 부활하는 것이다. 낙타들 사이에서 자란 니체는 아이가 낙타로 변형되기를 갈망할 거라고 보지는 않았다.

이 두 허무주의 사이의 순환적 투쟁은 우리 시대의 가장 큰 반목 중 하나다.

의미와 쾌락 사이에서 하는 선택은 **언제나** 틀리다. 의미 없는 쾌락은 지루하고, 쾌락 없는 의미는 억압적이다. 의미든 쾌락이든 혼자서는 허무주의 적이다. 그러나 우리는 둘 중 하나를 선택할 필요가 없다. 사랑이신 하나님은 의미와 쾌락을 연합시키시고 이러한 연합은 기쁨이라는 경험을 가져다준다. 이 신념이 이 책 전체의 핵심이다. 이것이 바로 지구화된 세계에서 종교가 필요하다고 내가 믿는 이유다.

그렇다면 의미와 쾌락은 어떻게 연합을 이루는가? 하나님을 사랑으로 제시한 것은 나의 답변이 기독교적임을 암시한다. 들어가는 글에서처럼 나가는 글에서도, 본문에서 그렇게 했듯이 세계종교 전체가 서로에 대해서 그리고 지구화에 대해서 취해야 할 입장을 제안하기보다는, 내가 속한 전통의 입장에서 이야기하고자 한다.[13] 의미와 쾌락의 연합에 대한 나의 기독교적 설명을 보고 타종교인과 비종교 인본주의자들도 자신의 입장을 설명해 보기 바란다.

2장에서 나는 하나님과의 관계는 인간 본성에 속한다고 주장했다. 우리가 인식하건 못하건, 우리의 모든 갈망은 어떠한 방식으로든 하나님을 향한다. 우리의 삶은 무한하신 하나님을 지향하고, 이 세상을 창조하시고 그것을 완성시키실 하나님과의 관계 속에서 의미를 찾는다. 하나님 없이는 우리가 존재하는 지구가 태양과 분리된 것과 같아서 삶의 더 깊은 의미, 임의로 전복되지 않는 그 의미를 우리는 포착할 수 없다. 그러면 우리는 의미에 목이 말라 의미를 부여할 수 있는 능력을 우리 주변의 유한한 물질, 곧 근육질 몸매, 뜨거운 섹스, 넘치는 돈, 성공적인 일, 명성, 가족, 민족 등에 투사한다. 그러나 유한한 것에서 의미를 찾는 것은 어떤 면에서 포르노를 통해 성적 만족을 구하는 것과 비슷하다. 중독성이 있되 만족스럽지는 않고, 진정한 선의 천박한 모조품으로서 진짜 섹스를 즐길 수 있는 능력을 갉아먹는 것이다.[14]

하나님이 의미를 부여하신다면 일상적 기쁨은 가져가시는 것 아닌가? 하나님을 받아들이면 이 세상과, 이 세상의 소리와 냄새와 질감과 맛에 살아 있는 감각을 가진 존재인 우리 자신을 놓아 버리는 것 아닌가? 그러나 기독교의 핵심 주장처럼 하나님이 지각 있는 존재들이 사는 물질적 세계를 만드셨다면(창 1:1), 하나님이 나사렛 예수를 통해 육신을 입으셨다면(요 1:14), 믿음과 사랑으로 하나님께 붙들린 몸들이 곧 성령이 거하시는 성전이라면(고전 6:19), 하나님과의 관계와 인생의 일상들을 즐기는 것이 대립한다는 주장은 틀렸다고 할 수밖에 없다. 나아가서 그 둘은 대립할 필요가 없을 뿐 아니라, 서로 부합할 수 있다. 즉, **하나님과의 관계는 이 세상을 더 풍성하고 깊이 있게 즐기도록 해 준다.** 이것은 신학적 훈련을 받은 독자에게도 새로운 개념일 수 있으니 설명을 해 보겠다.

예를 들어 일상에서 쓰는 물건인 펜을 생각해 보자. 이 펜이 그저 물질에 불과하다고 생각할 수 있지만, 그렇지 않다. 『지각의 현상학』(*Phenom-*

enology of Perception)에서 모리스 메를로퐁티(Maurice Merleau-Ponty)는 모든 문화적 사물은 인간 활동의 침전물이고 그 주변에 "인간성의 분위기"가 감돈다고 했다.[15] 금촉의 펠리칸 만년필을 손가락 사이에서 느낄 때 나는 단순히 그 사물을 만지기만 하는 게 아니라, 그것을 내게 주신 아버지와 관계를 맺는다. 그 정도는 아니지만, 내가 쓰는 모든 가느다란 심의 젤 펜도 마찬가지다. 이 펜들을 사용하면서 나는 나 자신과 다른 사람들과 관계를 맺는다. 예를 들어, 대개는 무의식적으로 일어나는 구분이기는 하지만, 다른 종류의 펜을 사용하는 사람들과 나 자신을 구분하게 되는 것이다. 나는 '파란색 펠트심 펜을 쓰는 남자'인 내 친구 스킵과는 달리 '가느다란 심의 젤 펜을 쓰는 남자'다. 혹은 나처럼 파일럿의 G-TEC-C4 펜을 쓰는 두 명의 친구와 조금 더 친밀감을 느낀다. 가만히 생각해 보면, 단순한 펜 하나로도 우리가 대면하는 많은 것이 단지 사물이 아니라 사회적 관계이기도 하다는 점을 알 수 있다.

사물이 사회적 관계라면, 우리는 또한 사회적 관계로서 그것을 즐거워한다. 『우리는 왜 빠져드는가』(*How Pleasure Works*)에서 폴 블룸(Paul Bloom)은 쾌락에 대한 상식적 관점을 설득력 있게 뒤집는다. "사람들은 자신이 포도주를 통해서 얻는 쾌락이 그것의 맛과 향 때문이라고, 혹은 음악은 그 소리 때문에 즐겁다고, 혹은 스크린에서 보는 내용 때문에 어떤 영화가 볼 만하다고 주장한다. 물론 그것은 다 맞는 말이다.…다만 부분적으로 맞을 뿐이다."[16] 쾌락의 또 다른 부분, 더 크고 더 중요한 부분은 사물에 내재하는 사회적 관계와 (혹은 내가 보기에 사물의 그러한 사회적 차원을 일컫는 말로 블룸이 사용하는 사물의 '본질'과) 관련이 있다. 우리는 어떤 그림이 원본이라고 생각하면 상당한 즐거움을 느끼는 반면 그것이 복사본이라는 사실을 알면 즐거워하지 않는다. (줄자처럼) 무관심할 물건도 (존 F. 케네디처럼) 유명한 사람과 관계가 있다는 사실 하나 때문에 상당히 즐거워하고 그 즐거움을 위해서 상당한 돈(5,571만 원)을 치른다.[17] 쾌락에서 가장 중요한 것은 "우리의 감각에 나타나는 대로의" 사물이 아니라,[18] 다른 사람과도 특별한 관계가 있는 사물로서 그것을 경험하는 것이다. 신학적 언어로 말하자면, 다른 존재의 현존을 전해 주는 성례로 사물을 경험할 때 우리는 그것을 가장 많이 즐길 수 있다.

이제 이 세상 전체와 그 안에 있는 모든 것이 선물이라고 생각해 보자(비록 그 '모든 것'에서 고문실과 소아암 병동과 같은 것들은 제외하고 싶고 그럴 이유가 충분하겠지만 말이다). 이 세상을 선물로 생각하려면 물론 그것을 주는 사람을 생각해야 한다. 그 존재는 바로 이 세상을 창조하시고 보존하시는 하나님이다(이것은 과학이 우주의 기원과 진화를 설명하는 방식과 결코 양립 불가능하지 않다). 그리고 그것의 수혜자인 당신이 있다. 우리에게는 수여자(하나님), 수혜자(우리), 선물(이 세상)이 있다. 선물은 그냥 주어지는 사물이 아니다. 선물 가게 선반에 놓인 작은 장신구들은 선물이 아니다. 누가 그것을 다른 사람에게 줄 때 선물이 **된다**. 다시 말해서 선물은 관계다.[19] 따라서 이 세상이 선물이라면, 당신이 관계를 맺는 모든 것—그리고 관계 맺지 않는 많은 것—은 하나님과 당신의 관계이기도 하다.

이제 선물인 이 세상을 준 수여자에게 애착을 느낀다고 하자. 당신이 좋은 그리스도인(혹은 유대인 혹은 무슬림)이고, "마음을 다하고 뜻을 다하고 힘을 다하여 네 하나님 여호와를 사랑"(신 6:5; 눅 10:27)한다고 하자. 또한 당신이 사랑하는 그 하나님에 대한 반응으로 "네 이웃 사랑하기를 네 자신과 같이 사랑"(레 19:18; 눅 10:27)한다고 하자. 상상력의 날개를 담대하게 활짝 펼쳐서 모든 이웃이 당신에게도 그렇게 한다고 하자. 물론 그것은 오랫동안 그리스도인들이 이 세상에 대해서 바란 것, 즉 사랑의 세상이다. 그러면 이 세상의 모든 것은 사랑의 관계가 된다. 별 하나, 부드러운 접촉 하나, 얼굴 하나, 새롭게 일군 땅의 흙냄새 하나하나가, 그러니까 말 그대로 모든 선하고 아름다운 것이 생생하게 살아 있으면서도 우리의 오감으로는 감지되지 않는 분위기로 반짝거린다. 이 세상의 모든 것은 그것 자체 이상이며, 여러 겹의 깊은 즐거움의 근원이다.[20] 유한한 것과 섹스의 유비로 다시 한 번 돌아가자면, 이 세상에 대한 그러한 '성례적' 경험의 관점에서 볼 때, 사람이든 사물이든 유한한 것 자체 안에서 즐거움을 찾는 것은 사랑 없는 관계에서 즐거운 섹스를 기대하는 것과 다소 비슷하다. 쾌락은 있겠지만, 심지어 흥분도 하겠지만, 사랑이 주는 풍요한 질감, 깊이, 순간을 넘어서는 질적 기쁨은 없는 것이다. 우리가 일상적인 것들을 하나님의 선물로 경험하고 그것을 즐거워할 때 이 세상은 어떤 의미에서, 적어도 그 경험이 지속되는 동안은 완전해진다. 그러면 세상은 하나님이 원래 창조하신 곳이 된다. 내가 이해하는 하시드 전통은 바로 이러한 방식으로 하나님과의 관계에서 세상을 경험하고, 이 세상과의 관계에서 하나님을 경험하는 것이 바로 샤바트(Shabbat: 유대교의 안식일—옮긴이)의 의미라고 해석한다. 일주일 중 이 하루 동안은, 모든 날이 지향하고 의미를 부여받는 이 하루 동안은, 인간의 노력이 멈추고 선물인 이 세상에서의 기쁨과 수여자로서 하나님에 대한 기쁨이 최고조가 된다.[21] 창조의 일곱 번째 날에는—그리스도인의 경우 여덟 번째 날에는—더 깊고 영원한 아름다움과 선함 자체를 기뻐하기 위해서 일상의 것들을 멈춘다. 그래서 일상의 것들을 특별한 것으로, 사랑하시는 분의 선물로 경험하게 되고 따라서 그것을 더 즐거워하게 된다.[22]

의미와 쾌락의 연합에 대한 내 설명 이면에 있는 신념이 진리라는 주장은 하지 않았다. 즉 하나님이 실제로 사랑이시고 창조는 실제로 선물이라는 주장은 하지 않았다. 나가는 글의 끝부분에 와서 그렇게 할 수 없는 이유는 이러한 거창한 주장들이 그럴 수밖에 없듯이 논란의 여지가 있고, 또한 계속해서 논란이 되는 기독교 신앙 전체의 핵심 기둥이기 때문이다. 여기에서 나의 목표는 이 신념들을 정당화하는 것보다 좀더 소박하면서도 좀더 기본적이다. 만약 기독교 신앙이 진리라면, 의미와 일상적 쾌락의 연합이 가능하다는 것을 보여 주는 게 나의 목표였다. 그렇다면 기독교는 서로 반목하면서 쫓고 쫓기며 지구를 돌면서 우울과 황량함을 퍼뜨리고 이 우주와 우리의 소망을 먼지로 갈아 버리는 두 개의 허무주의를 몰아내고, 생명의 물이 되어 우리의 삶과 공동체와 삶터에 꽃을 피울 수 있을 것이다.

이 책의 핵심 주장은 다음과 같다. 지구화는 세계종교가 줄 수 있는 번영의 비전을 필요로 하고, 지구화와 종교, 그리고 종교들끼리도 서로 격렬하게 충돌할 필요가 없으며, 건설적으로 교류할 수 있고 서로의 개선에 기여할 수 있는 내적 자원을 지니고 있다. 나가는 글에서는 의미와 쾌락의 연합을 번영의 핵심적 근원으로, 개인의 만족과 지구적 연대와 지구에 대한 공동 돌봄의 근원으로 규명하려 했다. 앞에서 내가 주장한 대로 지구화된 세계는 이것을 필요로 하고 종교는 이것을 줄 수 있다. 이러한 사상을 간략하게 표현하면 이렇다. 바른 하나님에 대한 바른 사랑은 우리의 세상을 초월적 영광의 빛에 목욕시키고 기쁨의 무대로 바꾼다. 이 주장과 이 주장이 지지하는 좋은 인생의 비전을 구체적으로 풀어내는 것이 내 미래 작업의 상당 부분을 차지할 것이다. 이 중요한 탐구에 다른 사람들도 참여하기를 바라는 마음에서 개요를 담은 이 책을 내어놓는다.

주

들어가는 글: 나의 입장
1. 이 책을 쓰면서 나는 불교, 유대교, 기독교 등을 통칭하는 용어로서 **신앙**(faiths)과 **종교**(religions) 중 하나를 택해야 했다. 두 용어 모두 장단점이 있는데, 결국에는 후자를 택했다. 많은 유대인은 유대교를 '신앙'으로 표현하기를 꺼린다. 예를 들어, 제이컵 뉴스너(Jacob Neusner)는 신앙이라는 표현이 개신교에서 유래했다고 본다. 유대교는 "삶의 방식"이며, 유대교의 핵심은 단지 "**믿음의 체계**"라든가 신앙의 행위가 아니라 역사적 관습이라고 그는 주장한다["From 'Judaism' to 'Torah': An Essay in Inductive Category-Formation", in *Religion and Theology*, vol. 3 of *Neusner on Judaism* (Burlington: Ashgate, 2005), 6-9; 같은 저자의 "The Theological Enemies of Religious Studies", *Religion* 18.1 (1988): 25-31도 보라]. 탈랄 아사드(Talal Asad)도 이에 동의하는데, 비단 유대교뿐 아니라 다른 종교도 마찬가지라고 그는 말한다. "신앙"은 개신교의 내면성, 종교를 사적인 것으로 규정하는 기독교를 암시하며, 그것은 "믿음을 이 세상에서의 활동으로 보는 대신에 무엇보다도 마음의 상태라고 강조한다"는 것이 그의 주장이다[*Genealogies of Religion: Discipline and Reasons of Power in Christianity and Islam* (Baltimore: Johns Hopkins University Press, 1993), 47].

그러나 "종교"라는 말도 부정확하며 논란이 있다. 어떤 학자들은 마르크스주의와 같은 세속적 인본주의도 종교라고 본다. 존 힉(John Hick)의 종교 이론은 마르크스주의를 종교의 "확대가족"으로 보며, 따라서 20세기의 마르크스주의 사회도 "인간 사회 안에 존재하는 종교의 보편성"에서 예외가 아니라고 주장한다[*An Interpretation of Religion: Human Responses to the Transcendent*, 2nd ed. (New Haven: Yale University Press, 2004)]. 또 다른 사람들, 특히 사회학자들은 스포츠도 종교라고 본다[Joseph L. Price, ed., *From Season to Season: Sports as American Religion* (Macon: Mercer University Press, 2001); Craig A. Forney, *The Holy Trinity of American Sports: Civil Religion in Football, Baseball, and Basket Ball* (Macon: Mercer University Press,

2007); David Chidester, "The Church of Baseball, the Fetish of Coca-Cola, and the Potlatch of Rock 'n' Roll", in *Religion and Popular Culture in America*, ed. Bruce Forbes and Jeffrey Mahan (Berkeley: University of California Press, 2000), 219-237도 보라].

이 책에서 '종교'라는 말은 불교, 유대교, 기독교와 같은 세계종교를 일컫는다. 그러나 세계종교를 일컫는 표현으로서도 **종교**라는 용어는 논란이 있다. 어떤 사람들은 이 용어가 서구의 구성물이라고 주장한다. 이 책에서 내가 논의하는 "종교들"이 근대 사회가 기독교의 영향을 받아 종교를 삶의 다른 영역과 구분하기 전까지는 종교가 아니었다고 그들은 주장한다[Asad, *Genealogies of Religion*; Daniel Dubuisson, *The Western Construction of Religion: Myths, Knowledge, and Ideology* (Baltimore: Johns Hopkins University Press, 2003); William Cavanaugh, *The Myth of Religious Violence* (Oxford: Oxford University Press, 2009), 57-122를 보라]. 이러한 주장들과 달리 나는 마틴 리젠브로트(Martin Riesenbrodt)의 주장을 따른다. 그는 이렇게 말했다. "종교적 활동과 비종교적 활동, 종교 전문가와 기타 전문가, 신성한 시간과 세속적 시간은 늘 서로 다른 것으로 인식되었다"[*The Promise of Salvation: A Theory of Religion*, trans. Steven Rendall (Chicago: University of Chicago Press, 2010), 1-2].

'종교'는 학자들 사이에서만 논란이 있는 게 아니다. 일반적으로 사람들은 '종교'를 매우 부정적으로 인식하는데, 무엇보다도 종교가 진정성을 상실한 종교 제도를 연상시키기 때문이다. 예를 들어 데이브 슈멜쳐(Dave Schmelzer) 목사는 '여섯 단어 이론'을 사용해서 하나님은 믿지만 "이 세상에서 종교 때문에 생기는 추한 것들"은 싫어하는 자신의 입장을 설명한다. 그는 "하나님은 선하지만, 종교는 나쁘다"고 말한다[*Not the Religious Type: Confessions of a Turncoat Atheist* (Carol Stream, Ill.: SaltRiver, 2008), 38]. 많은 사람이 종교보다는 **영성**이라는 말을 선호한다. "나는 영적이지만 종교적이지는 않다"는 표현처럼 말이다. 이 말은 하나님 혹은 초월적 영역과의 관계는 중요하게 여기지만 종교 제도, 도그마, 전례는 신경 쓰지 않는다는 뜻이다[Robert C. Fuller, *Spiritual, but Not Religious: Understanding Unchurched America* (Oxford: Oxford University Press, 2001)를 보라]. 그러나 영성이라는 표현은 이 책의 초점인 도덕적 비전보다는 신비로운 느낌이나 내적 중심을 더 많이 암시한다.

내가 '종교'라는 말을 주로 사용하는 이유는 사람들이 불교, 힌두교, 유교, 유대교, 기독교, 이슬람을 설명하기 위해서 일반적으로 이 말을 많이 쓰기 때문이다. 종교는 대부분의 국내외 법률 문서에서 사용하는 용어이기도 하다. '신앙'이라는 용어를 사용해도 별 문제는 없었을 것이다. 왜냐하면 나의 최우선 관심사가 모든 세계종교의 한 가지 핵심적 양상, 즉 자기 자신, 사회적 관계, 선에 대한 설명과 그에 상응하는 인간 번영의 비전이기 때문이다. 기독교, 심지어 개신교를 포함해서 모든 세계종교는 '신앙'보다 크지만, 도덕적 비전에 대한 헌신을 표방하는 일련의 신념으로서 신앙은 모든 종교의 핵심 요소이기도 하다.
2. 토착 종교의 지구적 네트워크—우리가 전통적으로 "지역" 종교라고 부르는 것에 대해서 우주적인 자기 이해를 제시하는 "지구적 토착성"—특히 어머니 지구(Mother Earth) 권리 캠페인에서 증명된 이 운동에 대해서는 La Donna Harris and Jacqueline Wasilewski, "Indigeneity, an Alternative Worldview: Four R's (Relationship, Responsibility, Reciprocity, Redistribution) vs. Two P's (Power and Profit); Sharing the Journey Towards Conscious Evolution", *Systems Research and Behavioral Science* 21 (2004): 489-503; *The Universal Declaration of Rights of Mother Earth*, accessed January 26, 2014, http://therightsofnature.org/universal-declaration/를 보라.
3. Francis Fukuyama, *The End of History and the Last Man* (New York: Free Press, 1992). 『역사의 종말』(한마음사). Francis Fukuyama, "The End of History", *National Interest* (Summer 1989): 3-18도 보라.
4. "The End of History", 3.
5. 세계 정치에 있어서 동과 서의 "중도"가 필요하다는 주장에 대해서는 Nicolas Berggruen and Nathan Gardels, *Intelligent Governance for the 21st Century: A Middle Way Between West and East* (Cambridge: Polity, 2013)를 보라.
6. 물론 비민주적이고 권위주의적인 자본주의도 있고, 특히 라틴아메리카처럼 자본주의 경제 정책을 보호하기 위해서 반민주적 군사 독재가 설립된 경우도 있다. 그러나 냉전 종식 이후 자본주의 경제와 민주주의는 함께 가는 경향이 있다. Stephen Schlesinger and Stephen Kinzer, *Bitter Fruit: The Story of the American Coup in Guatemala*, rev. ed. (Cambridge, Mass.: Harvard University Press, 2005); Gerardo L. Munck, "The Origins and Durability of Democracy", in *Routledge Handbook of Latin American Politics*, ed. Peter Kingstone and Deborah J. Yashar (New York: Routledge, 2012), 3-20; and Michael Mandelbaum, "Democracy Without America", *Foreign Affairs* 1 (September 2007), accessed January 26, 2014, http://www.foreignaffairs.com/articles/62833/michael-mandelbaum/democracy-without-america를 보라.
7. David Turton, "War and Ethnicity: Global Connections and Local Violence in North East Africa and Former Yugoslavia", *Oxford Development Studies* 25 (1997): 77-94를 보라. 과도한 국제 대출과 국제통화기금(IMF)의 엄격한 조처를 포함해서 발칸반도 전쟁의 경제적 동기에 대해서는 Susan L. Woodward, *Balkan Tragedy: Chaos and Dissolution After the Cold War* (Washington, D.C.: Brookings Institution, 1995)를 보라.
8. 유고슬라비아의 마지막 10년은 각각의 인종 집단이 자기 정체성 강화를 요구함에 따라 단일 국가 체제가 약화되던 시기다. 단일국가의 현실과 그것의 점진적 약화 모두가 유고슬라비아의 붕괴에 기여했다. W. Harriet Critchley, "The Failure of Federalism in Yugoslavia",

International Journal 48 (1993): 434-447를 보라.
9. 지구화와 조직적 폭력에 대해서는 Mary Kaldor, *New and Old Wars: Organized Violence in a Global Era*, 2nd ed. (Stanford: Stanford University Press, 2007)를 보라.
10. "두 번 태어난" 부류의 종교에 대해서는 William James, *The Varieties of Religious Experience*, vol. 13 of *The Works of William James* (Cambridge, Mass.: Harvard University Press, 1985), 73, 121-122, 139-140를 보라. 자신이 가담하는 "종파"와 태어나면서부터 속하는 "교회"의 차이에 대해서는 *The Max Weber Dictionary*, ed. Richard Swedberg (Stanford: Stanford University Press, 2005), s.v. "church"와 "sect"를 보라.
11. 어떤 이들은 오순절파의 유래를 시모어가 함께 공부한 캔자스 주 토피카의 찰스 퍼햄(Charles Parham)에게서 찾는다. 그러나 누구보다 창시자로서의 면모를 갖춘 사람은 시모어다. Cecil M. Robeck Jr., "The Origins of Modern Pentecostalism: Some Historiographical Issues", in *The Cambridge Companion to Pentecostalism*, ed. Amos Yong and Cecil M. Robeck Jr. (Cambridge: Cambridge University Press, 2014), 13-30; Cecil M. Robeck Jr., "What I Have Learned about 'Azusa Street': An Interim Report"[2006년 3월 23일, 풀러 신학대학교 오순절 연구 학회(Society of Pentecostal Studies) 모임의 개막 기조 강연]; Gastón Espinosa, ed., *William J. Seymour and the Origins of Global Pentecostalism* (Durham: Duke University Press, 2014)를 보라.
12. Pew Forum on Religion and Public Life, *Global Christianity: A Report on the Size and Distribution of the World's Christian Population*, December 2011, 17, 69, accessed May 7, 2015, http://www.pewforum.org/files/2011/12/Christianity-fullreport-web.pdf. Stephen Hunt, *A History of the Charismatic Movement in Britain and the United States of America: The Pentecostal Transformation of Christianity* (Lewiston, Idaho: Edwin Mellen, 2009)를 보라.
13. Harvey Cox, *Fire from Heaven: The Rise of Pentecostal Spirituality and the Reshaping of Religion in the 21st Century* (Reading, Mass.: Addison-Wesley, 1995)를 보라. 『영성·음악·여성』(동연). 프란치스코 교황과 은사주의의 회복에 대해서는 2013년 7월 28일 리우데자네이루에서 돌아오는 비행기 안에서 이루어진 기자회견을 보라. Accessed May 7, 2015, http://w2.vatican.va/content/francesco/en/speeches/2013/july/documents/papa-francesco_20130728_gmg-conferenza-stampa.html. 또한 2014년 1월 21일 Kenneth Copland Ministries conference에서 전한 교황의 메시지도 보라. Accessed May 7, 2015, https://www.youtube.com/watch?v=eulTwytMWlQ.
14. 사회학자들이 종교와 사회 간의 뒤르켐 양식이라고 부르는 이와 같은 연관성에 대해서는 Charles Taylor, *Varieties of Religion Today: William James Revisited* (Cambridge;

Mass.: Harvard University Press, 2002), 75를 보라. 『현대 종교의 다양성』(문예출판사).
15. 가톨릭의 경우 제2차 바티칸 공의회 이후로는 그러한 유대가 약해졌다. 개혁적이었던 이 공의회의 문서 가운데서도 아마 가장 혁명적이었을 Dignitatis Humanae는 종교의 자유를 단언했다. 이 문서는 1965년 12월 7일, 교황 바오로 6세가 공포했다. Accessed July 14, 2014, http://www.vatican.va/archive/hist_councils/ii_vatican_council/documents/vat-ii_decl_19651207_dignitatis-humanae_en.html.
16. Thomas Helwys, *Book Two*, in *A Short Declaration of the Mystery of Iniquity*, ed. Richard Groves (Macon: Mercer University Press, 1998), 53-62를 보라. 또한 John Locke, *Two Treatises of Government*, in *Two Treatises of Government and a Letter Concerning Toleration*, ed. Ian Shapiro (New Haven: Yale University Press, 2003), 141-154도 보라. 『통치론』(까치).
17. Miroslav Volf, "Materiality of Salvation: An Investigation in the Soteriologies of Liberation and Pentecostal Theologies", *Journal of Ecumenical Studies* 26 (1989): 437-467를 보라.
18. Karl Löwith, *Meaning in History: The Theological Implications of the Philosophy of History* (Chicago: University of Chicago Press, 1949)를 보라.
19. Jürgen Moltmann, *Theology of Hope: On the Ground and the Implications of a Christian Eschatology*, trans. Margaret Kohl (Minneapolis: Fortress, 1993). 『희망의 신학』(대한기독교서회); Jürgen Moltmann, *The Coming of God: Christian Eschatology*, trans. Margaret Kohl (Minneapolis: Fortress, 1996) 25-26를 보라. 『오시는 하나님』(대한기독교서회).
20. Ex nihilo의 창조와 ex vetere의 구분에 대해서는 John Polkinghorne, *The Faith of a Physicist* (Princeton: Princeton University Press, 1994), 167-169를 보라.
21. Moltmann, *The Coming of God*, 159-184를 보라. 몰트만은 역사적으로 그리스도인들이 정치적 천년 왕국 프로젝트와 교회 천년 왕국 프로젝트로 하나님의 오심을 재촉하고자 했다고 제대로 지적한다.
22. Hannah Arendt, *The Human Condition* (Chicago: University of Chicago Press, 1958) 8-9를 보라. 『인간의 조건』(한길사).
23. 약속의 부름에 대한 반응으로서의 '개종'의 중요성에 대해서는 Moltmann, *The Coming of God*, 22-29, 44-46를 보라.
24. Dietrich Bonhoeffer, *Letters and Papers from Prison*, rev. ed., ed. Eberhard Bethge, trans. Reginald Fuller et al. (New York: Touchstone, 1997) 297를 보라. 『디트리히 본회퍼의 옥중서간』(대한기독교서회).
25. 이러한 입장에 대해서는 Miroslav Volf, *A Public Faith: How Followers of Christ Should Serve the Common Good* (Grand Rapids, Mich.: Brazos, 2011)를 보라. 『광장에

선 기독교』(IVP). 이것은 내가 1993년 튀빙겐 대학교의 박사후 강좌에서 처음 발전시킨 입장이다(Miroslav Volf, "Christiliche Identität und Differenz: Zur Eigenart der christlichen Präenz in den modernen Gesellschaften", Zeitschrift zur Theologie und Kirche 92[1995]: 357-375). 또한 Kathryn Tanner, *Theories of Culture: A New Agenda for Theology* (Minneapolis: Fortress, 1997)도 보라. 나의 입장과 비슷한 기독교적 참여―[세계교회협의회의 일부 문서 *Alternative Globalization Addressing Peoples and Earth: A Background Document* (Geneva: World Council of Churches, 2005)에 급진적으로 표명된] 전적인 혁명적 변화를 옹호하지도 않고, [예를 들어 *In Good Company: The Church as Polis* (Notre Dame: University of Notre Dame Press, 2010)의 스탠리 하우어워스(Stanley Hauerwas)의 경우처럼] 교회라고 하는 대안적 폴리스(*polis*)로 탈출하지도 않는 입장―에 대한 조금 더 최근의 연구에 대해서는 Luke Bretherton, *Christianity and Contemporary Politics: The Conditions of Faithful Witness* (Oxford: Wiley-Blackwell, 2010)를 보라. 윌리스 젠킨스(Willis Jenkins)는 기독교적 경향은 다소 약하지만 자기 나름의 방식으로 *The Future of Ethics: Sustainability, Social Justice, and Religious Creativity* (Washington, D.C.: Georgetown University Press, 2013)에서 비슷한 입장을 취한다.

26. 마르크스의 인본주의에 대해서는 그의 사후에 출간된 기본 텍스트인 *Economic and Philosophical Manuscript*, in *Selected Writings*, ed. David McLellan (Oxford: Oxford University Press, 1977), 75-112를 보라. 헉슬리의 인본주의에 대해서는 Julian Huxley, *Evolutionary Humanism* (Buffalo: Prometheus, 1992)을 보라.
27. Augustine, *Confessions* 1.1.1. 『고백록』(크리스천다이제스트).
28. Peter Sloterdijk, *Weltfremdheit* (Frankfurt: Suhrkamp, 1993), 106.
29. 하나님에 대한 사랑과 이웃에 대한 사랑이라는 이중 명령이 그리스도인을 유대인뿐 아니라 무슬림과도 함께 엮어 준다는 주장에 대해서는 Miroslav Volf, Prince Ghazi bin Muhammad, and Melissa Yarrington, eds. *A Common Word: Muslims and Christians on Loving God and Neighbor*, 1 (Grand Rapids, Mich.: Eerdmans, 2009)을 보라.
30. 사회적 조건과 같은 상황들이 하나님과 이웃에 대한 우리의 사랑에 (그리고 이 두 가지 사랑과 연관해서 우리 자신에 대한 사랑에) 영향을 미치는 것은 사실이다. 그러한 상황들은 하나님을 사랑할 수 있는 정신적 에너지와 효과적으로 우리 자신과 이웃을 사랑할 수 있는 능력만이 아니라, 사랑이라는 존재 자체에 영향을 미친다. 그러나 하나님과 이웃과 우리 자신에 대한 올바른 사랑에 상황이 미치는 영향은 예측할 수가 없다. 그것은 특정 결과를 가져오는 원인들이 아니다. 성경에 기록된 이스라엘 자녀들의 경험이 그것을 가르쳐준다. (이집트에서 노예로 살 때와 같은) 억압과 결핍의 삶, (약속의 땅에서 살 때와 같은) 독립과 풍요의 삶 모두가 하나님과 이웃을 더 효과적으로 사랑하게

이끌 뿐 아니라, 하나님과 이웃에 대한 사랑에서 멀어지게 할 수도 있다. 사회적 조건은 잘 살려고 노력하는 사람들을 도울 수도 있고 방해할 수도 있는 것이다.
31. Volf, *A Public Faith*를 보라. 또한 예를 들어, Graham Ward, *The Politics of Discipleship: Becoming Postmaterial Citizens* (Grand Rapids, Mich.: Baker Academics, 2009)과 같은 책도 보라.
32. 나의 제안이 지나치게 기독교 신앙에 치우쳐 있다고 걱정하는 사람들도 있을 것이다. 다른 모든 종교를 기독교 신앙 아래에 놓고, 세계 역사에 대한 헤겔식의 설명을 [Georg W. F. Hegel, *Lectures on the Philosophy of World History*, trans. H. B. Nisbet (Cambridge: Cambridge University Press, 1975). 『역사철학 강의』(동서문화사); Löwith, *Meaning in History*, 52-59를 보라] 현대적으로 활용하여 마치 기독교 신앙과 특정 형식의 세계성을 조합하는 것이 역사의 목표인 양, 기독교를 지구화된 세상을 다 덮어 주는 "신성한 덮개"(sacred canopy: 피터 버거가 쓴 같은 이름의 책 제목에서 따온 것–옮긴이)로 제시하는 것은 아닌가 하고 말이다. 2장에서 분명해지겠지만 지구 전체를 덮는 그러한 "신성한 덮개"는 가능하지도 바람직하지도 않다.
33. "빵에 의해서만 죽는 것"에 대해서는 Dorothee Soelle, *Death By Bread Alone: Texts and Reflections on Religious Experience*, trans. David L. Scheidt (Philadelphia: Fortress, 1978)를 보라.
34. Peter Berger and Thomas Luckmann, *The Social Construction of Reality: A Treatise in the Sociology of Knowledge* (Garden City, N.Y.: Doubleday, 1966), 57-58. 『실재의 사회적 구성』(문학과지성사). 사회적 원인, 개인적 원인과 사회적 원인 사이의 피드백 고리에 대한 설명과 그 두 가지에 대한 논의에 대해서는 Matthew Croasmun, "The Body of Sin: An Emergent Account of Sin as a Cosmic Power in Romans 5-8" (Ph.D. diss., Yale University, 2014)을 보라.

1장. 지구화와 종교의 도전

1. 나얀 찬다는 지구화라는 단어가 세계 최초의 인공위성인 스푸트니크(Sputnik)가 지구를 회전하여 인간이 지구 전체를 볼 수 있게 해 준 시점에서 3년이 지난 1961년에 처음으로 웹스터(Webster) 사전에 등장했다고 지적한다[*Bound Together: How Traders, Preachers, Adventurers, and Warriors Shaped Globalization* (New Haven: Yale University Press, 2008), 248-250를 보라. 『세계화, 전 지구적 통합의 역사』(모티브북)].
2. Karl Marx and Friedrich Engels, "The Communist Manifesto", in *Karl Marx: Selected Writings*, ed. David McLellan (Oxford: Oxford University Press, 1977), 224. 『공산주의 선언』(박종철출판사).
3. 같은 책, 223-224.
4. 같은 책, 224.

5. 같은 책, 224-225.
6. 같은 책, 224.
7. 같은 책, 225.
8. Iain Marlow and Omar El Akkad, "Smartphones: Blood Stains at Our Fingertips", *Globe and Mail*, December 3, 2010, accessed September 28, 2013, http://www.theglobeandmail.com/technology/smartphones-blood-stains-at-our-fingertips/article1318713/; 그리고 Adriana Stuijt, "Dutch Labour Party Wants Coltan Ban to Stop Child-Slavery in Congo", *Digital Journal*, December 4, 2008, accessed September 28, 2013, http://www.digitaljournal.com/article/263036를 보라. 또한 United Nations, "Security Council Condemns Illegal Exploitation of Democratic Republic of Congo's Natural Resources", March 5, 2001, accessed September 28, 2013, http://www.un.org/News/Press/docs/2001/sc7057.doc.htm도 보라.
9. Charles Duhig and David Barboza, "Apple's iPad and the Human Costs for Workers in China", *New York Times*, January 25, 2012, accessed September 28, 2013, http://www.nytimes.com/2012/01/26/business/ieconomy-apples-ipad-and-the-human-costs-for-workers-in-china.html을 보라. 현재 애플의 일부 계약들은 타이완 제조사인 페가트론이 이행하지만, 중국 노동 감시단(China Labor Watch)에 따르면 페가트론 피고용자들의 조건은 "폭스콘보다 더 열악하다"고 한다. Sharif Sakr, "Apple's New Suppliers", *Engadget*, July 29, 2013, accessed September 28, 2013, http://www.engadget.com/2013/07/29/apples-pegatron-china-labor-watch를 보라.
10. "Independent Investigation of Apple Supplier, Foxconn", *Fair Labor Association*, accessed July 14, 2014, http://www.fairlabor.org/sites/default/files/documents/reports/foxconn_investigation_report.pdf.
11. Mark Mayne, "Apple iWatch: Price, Rumours, Release Date and Leaks", *T3*, September 9, 2013, accessed September 28, 2013, http://www.t3.com/news/apple-iwatch-rumours-features-release-date을 보라.
12. 마셜 매클루언(Marshall McLuhan)은 지구화 과정으로 생긴 세계를 "지구촌"이라는 유명한 말로 설명했다[*Understanding Media: The Extensions of Man* (New York: McGraw-Hill, 1964), 93. 『미디어의 이해』(민음사); 또한 Marshall McLuhan and Bruce R. Powers, *The Global Village: Transformations in World Life and Media in the 21st Century* (New York: Oxford University Press, 1989)도 보라. 『지구촌』(커뮤니케이션북스)]. 현대의 커뮤니케이션 수단이 세상을 작아지게 한 것은 사실이다. 그러나 마을이란 사람이 특정 관계망에 뿌리를 두고 그 지역에 매이는 곳임에도 지구화는 "거주지에 대한 감각"이 갈수록 희박해진다는 특징을 지닌다[Arjun Appadurai, *Modernity at Large: Cultural Dimensions of Globalization* (Minneapolis: University of Minnesota Press, 1996),

29. 『고삐 풀린 현대성』(현실문화)]. 시간과 공간의 압축에 대해서는 David Harvey, *The Condition of Postmodernity* (Malden, Mass.: Blackwell, 1990), 260-307도 보라.
13. Hartmut Rosa, *Social Acceleration: A New Theory of Modernity*, trans. Jonathan Trejo-Mathy (New York: Columbia University Press, 2013)를 보라.
14. 이 중 처음 네 가지 지구화에 대한 "정의"는, 롤런드 로버트슨(Roland Robertson)이 "세계의 압축"이라고 부른, 지구화의 객관적 과정에 대한 것이고, 마지막 것은 인간의 인식에 대한 것이다. 로버트슨은 그것을 "세계가 하나의 전체라는 의식의 강화"라고 했다 [*Globalization: Social Theory and Global Culture* (London: Sage, 1992), 8를 보라. 『세계화』(한국문화사)].
15. David Singh Grewal, "The World Isn't Flat—It's Networked", accessed May 20, 2014, http://www.theguardian.com/commentisfree/2008/jul/29/globalisation. globaleconomy. 이러한 입장에 대한 자세한 논의로는 David Singh Grewal, *Network Power: The Social Dynamics of Globalization* (New Haven: Yale University Press, 2008)을 보라.
16. Nicholas Crafts, "Globalisation and Economic Growth: A Historical Perspective", *World Economy* 27, no. 1 (2004): 45-58를 보라. 지구적 차원에서 나타나는 소득 불균등의 경향에 대한 논의로는 Isabel Ortiz and Matthew Cummins, "Global Inequality: Beyond the Bottom Billion" (Social and Economic Policy Working Paper, UNICEF, April 2011); Branko Milanović, "Global Income Inequality by the Numbers: In History and Now" (Policy Research Working Paper 6259, World Bank Development and Research Group Poverty and Inequality Team, November 2012)를 보라.
17. Jan Aart Scholte, *Globalization: A Critical Introduction*, 2nd ed. (Basingstoke, U.K.: Palgrave Macmillan, 2005), 279-315를 보라. 지구화와 평화와 안보의 관계에 대해서는 Katherine Barbieri and Rafael Reuveny, "Economic Globalization and Civil War", *Journal of Politics* 67 (2005): 1228-1247; Roger G. Blanton and Clair Apodaca, "Economic Globalization and Violent Civil Conflict: Is Openness a Pathway to Peace?" *Social Science Journal* 44 (2007): 599-619; Indra de Soysa and Hanne Fjelde, "Is the Hidden Hand an Iron Fist? Capitalism and Civil Peace, 1970-2005", *Journal of Peace Research* 47 (2010): 287-298; Indra de Soysa and Krishna Chaitanya Vadlamannati, "Does Being Bound Together Suffocate, or Liberate? The Effects of Economic, Social, and Political Globalization on Human Rights, 1981-2005", *Kyklos* 64 (2011): 20-53를 보라.

지구화와 국제 범죄에 대해서는 Willem van Schendel and Itty Abraham, eds., *Illicit Flows and Criminal Things: States, Borders, and the Other Side of Globalization*

(Bloomington: Indiana University Press, 2005); H. Richard Friman, "The Great Escape? Globalization, Immigrant Entrepreneurship and the Criminal Economy", *Review of International Political Economy* 11 (2004): 98-131; Ralph Rozema, "Forced Disappearance in an Era of Globalization: Biopolitics, Shadow Networks, and Imagined Worlds", *American Anthropologist* 113 (2011): 582-593를 보라.

18. 지구화와 문화적 동질성 사이의 복합적 관계에 대해서는 Appadurai, *Modernity at Large*, 32-47; Luke Martell, *The Sociology of Globalization* (Cambridge: Polity, 2010), 89-104; Robert Holton, "Globalization's Cultural Consequences", *Annals of the American Academy of Political and Social Science* 570 (July 2000): 140-152를 보라.

지구화가 언어들의 멸종을 가속화하는 핵심 요인이라고 여러 학자가 지적했지만[예를 들어, Daniel Nettle and Suzanne Romaine, *Vanishing Voices: The Extinction of the World's Languages* (Oxford: Oxford University Press, 2000. 『사라져 가는 목소리들』(이제이북스)], 지구화는 지역 언어와 멸종 위기 언어에 다양한 영향을 미치는 것 같다. 예를 들어, Salikoko S. Mufwene, "Language Birth and Death", *Annual Review of Anthropology* 33 (2004): 201-222; Nicholas Faraclas, "Globalization and the Future of Creole Languages", *Journal of Language and Politics* 4 (2005): 331-365를 보라.

19. Appadurai, *Modernity at Large*, 43-45를 보라.
20. James K. Boyce, "Green and Brown? Globalization and the Environment", *Oxford Review of Economic Policy* 20 (2004): 105-128; Robin M. Leichenko and Karen L. O'Brien, *Environmental Change and Globalization: Double Exposures* (Oxford: Oxford University Press, 2008); Arthur P. J. Mol, *Globalization and Environmental Reform: The Ecological Modernization of the Global Economy* (Cambridge, Mass.: MIT Press, 2001)를 보라.
21. Anthony Elliott and Charles Lemert, *The New Individualism: The Emotional Costs of Globalization*, rev. ed. (Abingdon, U. K.: Routledge, 2009)를 보라. 물론 고통에 대한 국제적인 관심이 새로운 현상은 아니다. 예를 들어 1세기에 사도 바울은 자신이 설립한 그리스어권 교회에서 "예루살렘에 있는 성도들 중에 가난한 사람들"을 위해서 헌금을 거두는 것을 자기 사역의 중요한 부분으로 여겼다(롬 15:26; 행 11:27-30; 고후 8-9장을 보라). 그러나 이러한 관심도 (바울의 경우는 로마 시대 지중해 지역의 "지구화", 그리고 우리의 경우는 현재의 지구화처럼) 어느 정도의 상호 연결성을 전제로 하며, 최근에 그러한 경향이 더 증가했다는 증거가 있다. 예를 들어, 미국인들이 국제단체에 기부하는 금액은 2010년에 약 15퍼센트 증가했다. 그러나 이것도 미국의 전체 기부금에 비하면 적은 액수다. Susan Froetschel, "Global Causes Attract Growing Share of US Giving", *YaleGobal Online*, January 10, 2012, accessed May 7, 2015,

http://yaleglobal.yale.edu/content/global-causes-attract-growing-Share-us-giving 를 보라.

22. 기업의 정보 수집에 대해서는 Jaron Lanier, *Who Owns the Future?* (New York: Simon & Schuster, 2013)를 보라. 『미래는 누구의 것인가』(열린책들). 미국 국가안보국(U.S. National Security Agency)이 전화 통화 내역의 "메타데이터"와 주요 인터넷 기업의 서버로부터 정보를 수집했다는, 2013년 5월과 6월의 보도 소식은 국가가 정보를 수집할 수 있는 능력이 어느 정도인지를 암시한다.

23. 지구화가 기술혁신에 미치는 다양한 영향에 대한 논의는 Daniele Archibugi and Simona Iammarino, "The Globalization of Technological Innovation: Definition and Evidence", *Review of International Political Economy* 9 (2002): 98-122를 보라. 기후변화와 유전자 조작 생물과 같은 기술혁신에서 파생하는 간접적인 결과도 위협 요소지만, 핵무기와 생화학 무기처럼 인간의 생명을 직접적으로 위협하는 기술도 위협 요소다. 다양한 위험들에 대해서는 Nick Bostrom and Milan M. Ćirković, eds., *Global Catastrophic Risks* (Oxford: Oxford University Press, 2008)를 보라.

24. Chanda, *Bound Together*, 23. 이 네 가지 지구화의 동력에 대해서는 Appadurai, *Modernity at Large*, 28도 보라.

25. Immanuel Wallerstein, *Geopolitics and Geoculture* (Cambridge: Cambridge University Press, 1991), 223. 『변화하는 세계체제』(백의). 이에 대해서는 Nicholas Boyle, *Who Are We Now? Christian Humanism and the Global Market from Hegel to Heaney* (Edinburgh: T & T Clark, 1998), 70-77를 보라. 제법 널리 인용되는 한 논문에서는 [Kevin H. O'Rourke and Jeffrey G. Williamson, "When Did Globalization Begin?" *European Review of Economic History* 6 (2002): 23-50] 지구화의 "빅뱅"을 국제적인 소비재 무역이 급격하게 상승한 1820년대로 잡는다.

26. Chanda, *Bound Together*, 105-144.

27. Vinaya-Pitaka, Mahāvagga, I.11.1, in *Vinyana Texts*, trans. T. W. Rhys Davids and Hermann Oldenberg, vol. 13 of *The Sacred Books of the East*, ed. F Max Müller (Oxford: Clarendon, 1881), 112-113.

28. 어떤 사람들은 세계종교, 특히 유일신교가 신앙의 영역에서 진리와 거짓의 범주를 나눈다는 이유 하나만으로 외부인과 내부인의 분리를 조장한다고 주장한다[예를 들어, Jan Assmann, *The Price of Monotheism*, trans. Robert Savage (Stanford: Stanford University Press, 2010)를 보라]. 그러나 세계종교는 보편 진리를 주장하고 그것을 도덕 영역에도 적용하기 때문에 — 도덕 영역은 신앙의 핵심 영역이다 — 세계종교는 보편적인 도덕규범 안에서 작동하며, 그 대표적 예가 황금률이다. 황금률의 핵심은 모든 사람을 포함한다는 가정이다.

29. 적어도 소크라테스 때부터 그리스철학에도 인류의 하나됨에 대한 인식이 나타나며,

세네카와 같은 스토아학파의 저자들은 그것을 정교하게 표현하기도 했다[Lucius Annaeus Seneca, *Epistles*, vol. 3, trans. Richard M. Gummere (Cambridge, Mass.: Harvard University Press, 1925), 특히 95.51-53를 보라]. 이에 대한 좋은 논의로는 Michelle Lee, *Paul, the Stoics, and the Body of Christ* (Cambridge: Cambridge University Press, 2006), 62-65를 보라.

30. 또한 Jonathan Sacks, *The Dignity of Difference: How to Avoid the Clash of Civilizations* (London: Continuum, 2002), 43도 보라. 그러나 그는 이 책 개정판에서 이러한 주장을 "성경적 유일신론"에 국한시킨다[(London: Continuum, 2003), 43]. 『차이의 존중』(말글빛냄).

31. 얀 아스만(Jan Assmann)은 지구화와 보편주의를 구분한다. "지구화는 이전에는 서로 격리되었던 여러 지역이 상호 연결되고 상호 의존적인 하나의 체계로 뭉치는 과정이라고 나는 이해한다. 여기에서는 모든 것, 즉 모든 민족과 제국과 부족과 나라가 정치적·경제적·문화적 관계로 어떻게든 서로 뭉친다. 반면 보편주의는 보편적 유효성을 주장하는 이론과 사상과 신념의 부상을 뜻한다. 따라서 보편주의란 지적이고 영적인 현상이라고 나는 이해한다. 반면 지구화는 (영적이라기보다는 물질적 문화를 함의하는) 정치적이고 경제적이며 문명적인 과정이다"["Cultural Memory and the Myth of the Axial Age", in *The Axial Age and Its Consequences*, ed. Robert N. Bellah and Hans Joas (Cambridge, Mass.: Belknap, 2012), 376. 『사회 변동의 상징구조』(삼영사)]. 반면 나는 세계성과 지구화는 보편적 유효성의 주장을 포함하고 또한 인류는 하나라는 인식도 포함한다고 보는 것이 맞다고 생각한다.

32. 경제를 사회의 지배적 목적으로 점차 만드는 데 대한 국가의 역할을 다룬 간략한 논의는 Charles Taylor, *Modern Social Imaginaries* (Durham: Duke University Press, 2004), 72-73를 보라. 『근대의 사회적 상상』(이음). 여러 세기를 지나오면서 애초부터 자기 민족의 복지를 지향했던 "민족 국가"는 시장 세력을 지원하거나 혹은 저지할 수 있었다. 그러나 미국 헌법 이론가인 필립 보빗(Philip Bobbitt)이 설득력 있게 주장하듯, 오늘날 민족 국가는 시장을 통해 기회를 확장하는 기제로 자기 자신을 보는 "시장 국가"가 되었다[*The Shield of Achilles: War, Peace, and the Course of History* (New York: Random House, 2002); *Terror and Consent: The Wars for the Twenty-First Century* (New York: Random House, 2008)를 보라].

33. David Singh Grewal, *The Invention of Economy: The Origins of Economic Thought* (Cambridge, Mass.: Harvard University Press, 2014); David Singh Grewal, "From Love to Self-Love: Toward a Political Theology of *Homo Economicus*"[2014년 5월 9일 예일대에서 열린 "자본의 시대의 사랑: 종교의 주제로 본 관계성과 소모품화"(Love in a Time of Capital: Relationality and Commodification as Subjects of Religion) 콘퍼런스에서 발표한 논문]를 보라.

34. Kathryn Tanner, "Is Capitalism a Belief System?" *Anglican Theological Review* 92 (2010), 623-627를 보라.
35. 시장이 얼마나 인간 삶의 근본적 성격에 대한 신념과 그 삶의 도덕적 가치와 이상에 대한 신념에 영향을 받는지에 대해서는 같은 책 617-635를 보라.
36. 시장의 지배 때문에 인간이 만족을 모르게 되었다는 뜻이 아니다. 곧 설명하겠지만, 전도서의 저자는 만족을 모르는 인간 때문에 씨름했다. 플라톤도 "부에 대한 사랑과 절제의 정신은 공존할 수 없다"고 생각했다. "최대한 부자가 되려고 하는 욕망은 충족을 모른다"고 그는 말했다[*Republic*, trans. Benjamin Jowett (New York: Random House, 1960), 555b-c]. 나의 요지는 인간의 불만족이 소비 상품을 향하게 하는 것은 불가피하지 않고 도덕적으로 바람직하지도 않다는 것이다. 시장은 경쟁 구조를 통해서 그리고 만족을 모르는 것을 미덕으로 칭송함으로써 소비적 불만족을 자극한다["The End of Capitalism and the Wellsprings of Radical Hope", *Nation*, June 29, 2011에 나오는 Eugene McCarraher의 '탐심'(*pleonexia*)에 대한 논의를 보라. http://www.thenation.com/article/161237/end-capitalism-and-wellsprings-radical-hope#].
37. Robert Wuthnow, *Meaning and Moral Order: Explorations in Cultural Analysis* (Berkeley: University of California Press, 1987) 66-96; Christian Smith, *Moral, Believing Animals: Human Personhood and Culture* (Oxford: Oxford University Press, 2003), 23-24를 보라. 칼 폴라니(Karl Polanyi)가 *The Livelihood of Man* (New York: Academic, 1977), 5-17에서 주장하듯, 모든 인간 사회에 나타나는 일반적 경제 법칙의 구현을 경제적 이윤 추구의 "자연스러운" 결과로 보는 것은 "경제학적 오류"를 범하는 것이다. 『사람의 살림살이』(풀빛).
38. Michael J. Sandel, *What Money Can't Buy: The Moral Limits of Markets* (New York: Farrar, Straus & Giroux, 2012)를 보라. 『돈으로 살 수 없는 것들』(와이즈베리).
39. Andrew Glyn, *Capitalism Unleashed: Finance, Globalization, and Welfare* (Oxford: Oxford University Press, 2006), 156-183. 『고삐 풀린 자본주의, 1980년 이후』(필맥); David Harvey, *A Brief History of Neoliberalism* (Oxford: Oxford University Press, 2005). 『신자유주의』(한울); George DeMartino, *Global Economy, Global Justice: Theoretical and Policy Alternatives to Neoliberalism* (London: Routledge, 2000)을 보라. 데이비드 루다(David Rueda)와 요나스 폰투슨(Jonas Pontusson)은 복지국가, 고용 조건에 대한 정부의 규제, 고도로 제도화된 집단 협상을 갖춘 사회주의 시장경제는, 이러한 특징을 갖추지 않은 자유주의 시장경제보다 임금의 불평등을 덜 유발한다는 것을 증명했다["Wage Inequality and Varieties of Capitalism", *World Politics* 52 (2000): 350-383]. 이와는 달리 자유주의적 자본주의를 옹호하는 사람들은 **최소한**의 규제를 받는 시장경제가 다른 체제보다 불평등을 **덜** 유발한다고 주장한다[예를 들어,

Milton Friedman, *Capitalism and Freedom*, 3rd ed. (Chicago: University of Chicago Press, 2002), 169. 『자본주의와 자유』(청어람미디어)].

40. Tariq Ramadan, *Globalization: Muslim Resistances* (Lyon: Tawhid, 2003); *Alternative Globalization Addressing Peoples and Earth (AGAPE)* (Geneva: World Council of Churches, 2005).

41. "Two Theories of Modernity"에서 찰스 테일러는 근대성에 대한 순전히 "탈문화적"인 설명과 순전히 "문화적"인 설명 모두에 반대하면서, 주어진 사회적 공간에서 일어나는 (시장과 같은) "탈문화적인 과정"과 (자기와 사회적 관계와 선에 대한 기존의 설명들과 같은) "문화적 요인들"의 교차 지점에서 생기는 복수의 근대성들이 있다고 주장한다. Charles Taylor, "Two Theories of Modernity", in *Alternative Modernities*, ed. Dilip Parameshwar Gaonkar (Durham: Duke University Press, 2001), 172-196를 보라. 여기에서 그는 슈무엘 아이젠스타트(Shmuel Eisenstadt)["Multiple Modernities", *Daedalus* 129.1 (2000): 1-29]가 주창한, 단 하나의 세속적 근대성이 아닌 복수의 근대성들이라는 논제를 발전시킨다. 근대성에 대한 테일러의 주장은 지구화에도 적용된다. 그래서 나는 여러 층위에서 나타나는 하나의 지구화라는 표현을 쓴 것이다. 그러나 우리가 지구화를 어떠한 층위에서 접하든 그것은 한편으로는 시장과 거기에 내재된 가치, 그리고 또 한편으로는 주로 세계종교가 형성한 기존의 문화적 자원들이 교차된 결과다. 따라서 "지구화"라고 할 때 내가 지칭하는 것은 시장과 전통문화의 벡터가 교차하는 지점에서 전개되는 지구화의 모든 층위다.

42. Charles Taylor, *Sources of the Self: The Making of the Modern Identity* (Cambridge, Mass.: Harvard University Press, 1989), 14, 211-302. 『자아의 원천들』(새물결). 또한 Charles Taylor, *A Secular Age* (Cambridge, Mass.: Belknap, 2007), 370-374도 보라.

43. Adam Smith, *Lectures on Justice, Police, Revenue and Arms*, ed. E. Cannan (New York: Random House, 1896), 338. 20세기 중반에 "노동"(경제적 발전)을 강조한 사람과 "실천"(정치적이고 예술적이라고 폭넓게 볼 수 있는 활동들)을 강조한 사람들이 마르크스주의를 놓고 논쟁한 주요 이슈는 바로 마르크스의 비전을 "일상적" 삶에 대한 것으로 제시할 것인가, 아니면 "고상한" 삶에 대한 것으로 제시할 것인가였다(물론 이 논쟁에서 "고상한 삶"이란 유물론의 틀에서 이해한 삶이다). Joseph Femia, "Western Marxism", in *Twentieth-Century Marxism: A Global Introduction*, ed. Daryl Glaser and David M. Walker (New York: Routledge, 2007), 95-117를 보라.

44. Taylor, *Sources of the Self*, 215. 칼빈주의와 루터교 그리고 그것이 국가권력의 형태와 그 권력의 행사에 미친 영향에 대해서는 Philip Gorski, *Disciplinary Revolution: Calvinism and the Rise of the State in Early Modern Europe* (Chicago: University of Chicago Press, 2003), 15-22, 114-155를 보라.

45. 경제적 지구화에 대한 기독교의 비판에 대해서는 정의, 평화, 창조(Justice, Peace and

Creation) 팀이 2006년 총회를 위해 준비한 세계교회협의회의 문서를 보라: *Alternative Globalization Addressing Peoples and Earth (AGAPE)*. 지구화에 대한 이슬람의 비판에 대해서는 Ramadan, *Globalization*을 보라. 비슷한 맥락에서 지구화를 비판하는 글로는 Michael Hardt and Antonio Negri, *Empire* (Cambridge, Mass.: Harvard University Press, 2000), 『제국』(이학사); Naomi Klein, *No Logo* (New York: Picador, 2000), 『슈퍼 브랜드의 불편한 진실』(살림Biz); Luis Suarez-Villa, *Globalization and Technocapitalism* (Farnham, U.K.: Ashgate, 2012); 그리고 *Globalization, the State, and Violence*, ed. Jonathan Friedman (Walnut Creek, Calif.: AltaMira, 2003)에 수록된 글들을 보라. 아미쉬, 하레딤(Haredim: 전통적 유대교 율법을 엄격하게 지키는 정통 유대교의 여러 분파의 일원들을 일컫는 말—옮긴이), 타블리히 자마아트(Tablighi Jamaat: 정통 이슬람으로 돌아갈 것을 촉구하는 수니파 이슬람 단체—옮긴이)는 "고립"을 택하여 대안적 공동체를 구성하는 종교 공동체의 예다[Sara Heitler Bamberger, "Retaining Faith in the Land of the Free", in *The Impact of Globalization on the United States*, ed. Michelle Bertho (Westport, Conn.: Praeger, 2008), 1:231-232를 보라]. 사무엘 하일만(Samuel Heilman)은 "[유대교]의 제한적인 문화적 고립지(enclave) 속에서 보호받고자"하는 하레딤과 같은 유대교 그룹들의 의도를 설명하기 위해서 '고립주의'(enclavist)라는 용어를 사용했다[*Sliding to the Right: The Contest for the Future of American Jewish Orthodoxy* (Berkeley: University of California Press, 2006), 4]. 고립주의 그룹들을 설명하면서 밤베르거(Bamberger)는 그들이 "지구화의 영향을 부인하거나 무시하려 하지만 경제적 현실은 완전한 차단은 불가능하게 한다"고 지적한다("Retaining Faith in the Land of the Free", 234).

46. Max Stackhouse, *Globalization and Grace: A Christian Public Theology for a Global Future*, vol. 4 of *God and Globalization*, ed. Max Stackhouse, Peter Paris, Don Browning, and Diane Obenchain (New York: Continuum, 2007)를 보라. 『지구화와 은총』(북코리아). 종교적이지 않은 입장에서 지구화를 옹호하는 글로는 Jagdish Bhagwati, *In Defense of Globalization* (Oxford: Oxford University Press, 2007)을 보라.

47. 어떠한 문화에 대해서든 이러한 입장을 취하는 기독교적 관점에 대한 논의로는 Miroslav Volf, *A Public Faith: How Followers of Christ Should Serve the Common Good* (Grand Rapids, Mich.: Brazos, 2011), 77-97를 보라.

48. John Paul II, "Address of John Paul II to the Pontifical Academy of Social Sciences", April 27, 2001, no. 4, accessed July 15, 2014, http://www.vatican.va/holy_father/john_paul_ii/speeches/2001/documents/hf_jp-ii_spe_20010427_pc-social-sciences_en_html; John Paul II, "Address of His Holiness John Paul II (at the Fiftieth General Assembly of the United Nations Organization)", October 5, 1995,

no. 7, accessed July 15, 2014, http://www.vatican.va/holy_father/john_paul_ii/speeches/1995/october/docuemtns/hf_jp-ii_spe_05101995_address-to-uno_en.html.

49. John Paul II, "From the Justice of Each Comes Peace for All: Message of His Holiness, Pope John Paul II for the Celebration of the World Day of Peace", January 1, 1998, no. 1, no. 8, accessed July 15, 2014, http://www.vatican.va/holy_father/john_paul_ii/messages/peace/documents/hf_jp-ii_mes_08121997_xxxi-world-day-for-peace_en.html.

50. 같은 문서, no. 8.

51. John Paul II, "Address of John Paul II", no. 2.

52. 같은 문서, no. 3.

53. 같은 문서, no. 4; John Paul II, "Address of His Holiness John Paul II", no. 13; John Paul II, "From the Justice", no. 3. 인간을 "수단"으로 취급하지 않는다는 요한 바오로 2세의 말은 인간을 **단순한** 수단으로 취급하지 않는다는 말이라고 나는 해석한다. 이것은 이마누엘 칸트의 말에 정확하게 상응하는 것으로서, 바오로 2세는 암묵적으로 칸트의 사상에 기대고 있다[Immanuel Kant, *Grounding for the Metaphysics of Morals: On a Supposed Right to Lie Because of Philanthropic Concerns*, trans. James W. Ellington (Indianapolis: Hackett, 1993)를 보라. 『윤리형이상학 정초』(아카넷)]. 왜냐하면 사회적 교환에서 인간을 수단으로 전혀 취급하지 않기란 불가능하기 때문이다.

54. 이어지는 분석은 텐진 갸초(Tenzin Gyatso)의 유명한 강연, "The Global Community and the Need for Universal Solidarity", *International Journal of Peace Studies* 7 (2002): 1-14에 기초한 것이다.

55. Milan Kundera, *The Unbearable Lightness of Being*, trans. Michael Henry Heim (New York: Harper Perennial Classics, 1999). 『참을 수 없는 존재의 가벼움』(민음사).

56. Immanuel Kant, *Critique of the Power of Judgment*, trans. Paul Guyer and Eric Matthews (Cambridge: Cambridge University Press, 2000), #85. 『판단력 비판』(아카넷); Plato, *Republic* 555b: "최대한 부자가 되고자 하는 욕망은…충족될 수 없다." 또한 Georg W. F. Hegel, *Elements of the Philosophy of Rights*, trans. H. B. Nisbet (Cambridge University Press, 1991), #190도 보라. 『법철학 강요』(지만지).

57. 욕망과 만족은 필멸성의 경험에 근거하기 때문에 전도서의 저자가 말하는 것과 같은 우리의 필멸성에 대한 평가는 지나치게 부정적이라는 주장에 대해서는 Martin Hägglund, *Dying for Time: Proust, Woolf, Nabokov* (Cambridge, Mass.: Harvard University Press, 2012)를 보라. 하글룬트(Hägglund)가 이 중요한 책에서 하는 주장들을 중점적으로 논의할 자리는 아니기에, 왜 내가 그의 주장이 크게 설득력이 없다고 보는지만 말하겠다. 그는 일단 욕망의 일시적 구조는 제대로 잘 강조하면서

소크라테스에서부터 자크 라캉까지 서구에서 널리 받아들여진 가정, 즉 욕망은 영원한 만족을 목표로 한다는 가정을 공격한다(여기에서 소크라테스와 라캉의 큰 차이는 소크라테스는 영원한 만족이 가능하다고 보았고, 라캉은 그렇지 않다고 보았다는 점이다). 그러나 하글룬트는 유한성과 한시성, 유한성과 필멸성을 범주적으로 구분하지 않는다. 필멸성은 내가 보기에 욕망이 가능할 수 있는 그리고 욕망이 만족될 수 있는 조건이 아니다(물론 우리가 필멸의 존재가 아니라면 욕망할 수 없고 만족할 수 없는 것들이 있지만 말이다). 그 대신에 필멸성은 의미 있음과 즐거움에 대한 우리의 지각을 완전히 없애지 않으면서 전복시킨다. 또한 그는 만족시킬 수 없는 인간 욕망의 중요성을 과소평가한다. 욕망하는 대상보다 더 많은 것을 그리고 그것과는 또 다른 것을 늘 욕망한다는 것이, 만족시킬 수 없는 인간 욕망의 특이한 현상이다. 인간 욕망의 이러한 특징은, 유한하고 한시적인 존재의 욕망은 하나님 안에서 역동적인 쉼을 찾을 수 있다고 하는 주장과 연결된다. (여기에서 나는 연결된다고 말할 뿐, 이러한 특징이 이러한 주장을 유발한다고 하는 게 아니다.) 여기에서 하나님은 하나님의 영원성 – 하글룬트가 제대로 지적하듯 그것은 한시적 존재인 인간이 존재와 욕망을 다 멈추는 영원한 만족을 뜻한다 – 이 아니라 하나님의 무한성(욕망과 만족의 영원한 움직임)을 의미한다. 주 64번을 보라. 나가는 글에서 나는 한 걸음 더 나아가서 창조주 하나님과 맺는 관계는 유한하고 일시적인 존재가 유한하고 일시적인 것들, 그리고 관계들을 더 즐길 수 있게 해 준다고 주장할 것이다.

58. 전도서 저자와 불만족과 필멸성의 인간 조건에 대해서는 Miroslav Volf, "Hunger for Infinity: Christian Faith and the Dynamics of Economic Progress", in *Captive to the Word of God: Engaging the Scriptures for Contemporary Theological Reflection* (Grand Rapids, Mich.: Eerdmans, 2010), 151-178를 보라. 『하나님의 말씀에 사로잡혀』 (국제제자훈련원).

59. John Kenneth Galbraith, *The Affluent Society* (Boston: Houghton Mifflin, 1958), 154. 『풍요한 사회』(한국경제신문).

60. 같은 책, 155, 153. Robert Skidelsky and Edward Skidelsky[*How Much Is Enough? Money and the Good Life* (New York: Other Press, 2012). 『얼마나 있어야 충분한가』(부키)]는 현대의 불만족은 돈을 얻는 것이 좋은 인생의 목적에 더 이상 종속되지 않는 데서 상당 부분 기인한다고 주장한다.

61. 모든 경제 발전에도 불구하고 인간의 행복 수준은 선사시대 이후로 증가하지 않았다고, 어쩌면 다소 과장되게 지적하는 Gregory Clark[*A Farewell to Alms: A Brief Economic History of the World* (Princeton: Princeton University Press, 2007), 16. 『맬서스, 산업혁명 그리고 이해할 수 없는 신세계』(한즈미디어)]를 보라. 또한 Barry Schwartz, *Paradox of Choice* (New York: Ecco, 2003)도 보라. 그는 "한 사회의 1인당 부의 수준이 가난에서 적절한 생존의 수준으로 일단 넘어 가면 국부의 증가는 행복에 거의

아무런 영향을 미치지 못한다"고 말한다(106).
62. Smith, *Lectures*, 160.
63. Galbraith, *The Affluent Society*, 158.
64. 니사의 그레고리(Gregory of Nyssa)는 완벽의 상태는 무한한 진보의 상태라고 주장했다 [*Against Eunomius I and VIII*; 또한 Paul M. Blowers, "Maximus the Confessor, Gregory of Nyssa, and the Concept of 'Perpetual Progress,'" *Vigiliae Christianae* 46 (1992), 151-153도 보라]. 진보가 있다면 욕망은 계속 있을 수밖에 없고, 욕망이 계속 있다면, 만족의 문제가 즉각 부상한다. 불교에서 말하는 욕망의 소멸은 이 문제를 다루는 한 가지 방식이다[Jacob N. Kinnard, *The Emergence of Buddhism: Classical Traditions in Contemporary Perspective* (Minneapolis: Fortress, 2011), 45를 보라]. 기독교 전통에서는, 영원한 삶을 영원히 지속되는 삶이 아니라 시간을 벗어난 삶으로 생각하는 것도 한 가지 선택 가능한 방법이다. 이마누엘 칸트는 이렇게 말했다. "[인간은] ([선한 일에 있어 계속 진보하고자 하는] 자신의 불변하는 성향을 의식한다 하더라도) 자신의 (도덕적이고 신체적인) 조건이 영원히 지속적으로 변화하는 것과 만족을 결합시키지 못한다. 인간이 현재 존재하는 조건은 자신이 나아갈 준비가 되어 있는 더 나은 조건과 비교할 때 언제나 악으로 남을 것이기 때문이다"["The End of All Things", in *Religion and Rational Theology*, ed. Allen W. Wood and George di Giovanni (Cambridge: Cambridge University Press, 1996), 217-232; 또한 Friedrich Schleiermacher, *The Christian Faith*, trans. H. R. Mackintosh and J. S. Stewart (Philadelphia: Fortress, 1978) §163도 보라]. 『기독교 신앙』(한길사). 반면 니사의 그레고리는 **영원한** 생명을 주장했고, "우월한 완벽을 즐기는 것은 열등했던 모든 것의 기억을 지운다"고 했다. "각 단계마다 더 위대하고 우월한 선이 그것을 즐기는 자의 주의를 사로잡아 과거를 돌아보지 못하게 하기" 때문이다[*Song of Songs*, trans. Casimir McCambley (Brookline, Mass.: Hellenistic College Press, 1987), 128].
65. Ludwig Feuerbach, *The Essence of Christianity*, trans. G. Eliot (New York: Harper & Row, 1957). 많은 사람이 그의 주장을 따랐다. 『기독교의 본질』(한길사).
66. Albert Camus, *The Myth of Sisyphus*, trans. J. O'Brien (New York: Vintage, 1955)를 보라. 『시지프 신화』(민음사).
67. 예를 들어 소크라테스는 『고르기아스』에서 욕망의 제한 없는 만족을 확언한 칼리클레스(Callicles)에 반해 절제를 조언했다. 칼리클레스는 인간의 최고선에 대한 애착 때문에 그러한 만족이 가능하다고 보았다[Plato, *Gorgias* 507a-508a를 보라. 『고르기아스』(이제이북스)].
68. Walter Benjamin, *Illuminations*, trans. Harry Zohn, ed. Hannah Arendt (New York: Schocken, 1968), 257. 『문예이론과 비평』(문예출판사). 이어지는 부분에 대해서는 Jürgen Moltmann, "Das Geheimnis der Vergangenheit: Erinnern-Vergessen-Enschuldigen-Vergeben-Loslassen-Anfangen", in *Das Geheimnis der Vergangenheit: Errinnern-*

Vergessen-Enschuldigen-Vergeben-Loslassen-Anfangen, ed. Jürgen Moltmann (Neukirchen-Vluyn: Neukirchener Verlagsgesselschaft, 2012), 118-121를 보라.
69. Max Weber, *The Protestant Ethic and the Spirit of Capitalism*, trans. Stephen Kalberg (Los Angeles: Roxbury, 2002) 181. 『프로테스탄티즘의 윤리와 자본주의 정신』(문예출판사).
70. 같은 책.
71. 예를 들어, 토머스 프리드먼(Thomas L. Friedman)은 지구화를 "시장과 민족 국가와 기술의 전례 없는 **불가항력적** 통합"이라고 정의했다[*The Lexus and the Olive Tree: Understanding Globalization*, rev. ed. (New York: Farrar, Straus & Giroux, 2000), 8; 강조는 내가 한 것]. 『렉서스와 올리브나무』(21세기북스).
72. Anthony Giddens, *Runaway World: How Globalization Is Reshaping Our Lives* (New York: Routledge, 2010), 19. 『질주하는 세계』(생각의나무).
73. 우리가 사실은 철창에 사는 것이 아니라는 주장에 대해서는 Charles Taylor, *The Ethics of Authenticity* (Cambridge, Mass.: Harvard University Press, 1992), 93-108를 보라. 또한 Taylor, *Modern Social Imaginaries*, 31-48도 보라.
74. 기독교 신앙이 경제적 이미지의 영향을 받아 특정한 경제 관행을 정당화시킨 방식들에 대해서는 Devin Singh, "God's Coin: On Monetary and Divine Economies" (Ph.D. diss., Yale University, 2013)를 보라.

2장. 종교와 지구화의 도전

1. Barack Obama, 2013년 5월 23일 미국 국방대에서 한 연설에서. Accessed June 21, 2013, http://articles.washingtonpost.com/2013-05-23/politics/39467399_1_war-and-peace-cold-war-civil-war.
2. 여기에서는 여러 자료에서 찾은 내용을 요약 제시한다. 라이언 매커널리린츠(Ryan McAnnally-Linz)가 데이터를 수집하고 조합해 주었다. 데이터는 다음의 자료에서 모았다: *The World Christian Encyclopedia*, 2nd ed., ed. David B. Barrett, George T. Kurian, and Todd M. Johnson (Oxford: Oxford University Press, 2001); Pew Forum on Religion & Public Life, *The Future of the Global Muslim Population*, January 27, 2011, accessed May 7, 2015, http://pewforum.org/The-Future-of-the-Global-Muslim-Population.aspx; and *The World Christian Database, 2005*, accessed May 19, 2011, http://www.worldchristiandatabase.org.
3. 유교는 제도적 기반이나 성직자 조직이 없기 때문에 유교 인구를 측정하기가 매우 힘들다. 게다가 많은 동아시아인이 유교가 종교인지에 대해서 양가적 입장을 취하기 때문에 더욱 어렵다. 애나 선(Anna Sun)은 2007년 중국 종교를 연구한 결과에 따르면, "6,984명 중 단 12명이 유교를 믿는다"고 했다고 지적한다. 그러나 "제사에 대한 질문을

하면…인터뷰를 한 약 70퍼센트가 지난해 조상의 묘를 방문했다고 말했다." 따라서 선은 조상의 묘를 방문하는 것과 같은 특정한 종교 관습을 검토하는 게 학자들이 유교 인구를 좀더 정확하게 파악하는 데 도움이 될 것이라고 제안한다. 비록 제사 참여가 얼마나 확실하게 유교를 반영하는 것인지 알기 힘들지라도 말이다. 그럼에도 선은 2007년의 연구를 토대로 "해마다 조상의 고향으로 가서 죽은 가족의 묘에서 의식을 행하는 사람들이 크게 늘어났다"고 주장한다. 고병익은 한국 상황도 비슷하다고 지적한다[Anna Sun, *Confucianism as a World Religion: Contested Histories and Contemporary Realities* (Princeton: Princeton University Press, 2013), 112-119; 그리고 Koh Byong-ik, "Confucianism in Contemporary Korea", in *Confucian Traditions in East Asian Modernity: Moral Education and Economic Culture in Japan and the Four Mini-dragons*, ed. Tu Wei-ming (Cambridge, Mass.: Harvard University Press, 1996), 191-192를 보라]. 선이 분석한 2007년의 연구는 "Spiritual Life Study of Chinese Residents", *Association of Religion Data Archive*, June 2007, accessed May 7, 2015, http://www.thearda.com/Archive/Files/Descriptions/SPRTCHNA.asp, 그리고 Rodney Stark and Eric Y. Liu in "the Religious Awakening in China", *Review of Religious Research* 52, no. 3 (2011): 282-289의 분석도 보라.

4. 이는 무슬림 인구가 상대적으로 크게 성장한 바에 상당 부분 기인한다. 힌두교도 상대적으로 성장했다. 기독교, 유대교, 불교는 (크게는 아니지만) 상대적으로 감소했다.
5. 세계종교 현황에 대한 2012년의 Pew 연구 결과를 보라. "Religiously Unaffiliated", December 18, 2012, accessed May 7, 2015, http://www.pewforum.org/2012/12/18/global-religious-landscape-unaffiliated.
6. *Sacred and Secular: Religion and Politics Worldwide* (New York: Cambridge University Press, 2004)에서 피파 노리스(Pippa Norris)와 로널드 잉글하트(Ronald Inglehart)는 전반적으로 세계가 종교적으로 변하고 있다는 주장을 지지하는 연구를 제시한다. 반면 부유한 사회는 갈수록 세속적으로 변하고 있다고 한다(53-79, 215-239).
7. Asra Nomani, "Amr Khaled", *Time*, May 3, 2007, http://content.time.com/time/specials/2007/*time100*/article/0,28804,1595326_1615754_1616173,00.html을 보라.
8. Feuggang Yang and Helen Rose Ebaugh, "Transformation in New Immigrant Religions and Their Global Implications", *American Sociological Review* 66, no. 2 (2001), 270.
9. *God Is Back: How the Global Revival of Faith Is Challenging the World* (New York: Penguin, 2009)에서 존 미클스웨이트(John Micklethwait)와 아드리안 울드리지(Adrian Wooldridge)는 기독교가 교육을 많이 시키고 부유하며, 다원주의와 종교의 자유를 옹호하는 근대성이 이슬람과 긴장 상태에 있기 때문에 결국에는 기독교가 수적으로 이슬람을 이길 것이라고 주장한다(265-296). 그러나 종교와 부, 교육, 근대성과의 긍정적

혹은 부정적 관계가 종교에 미치는 영향은 측정하기 힘들고 모든 예측은 불확실하다. 이슬람이 지구화와 충돌만 하기보다는 이슬람 자체가 변할 가능성도 크다. Olivier Roy, *Globalized Islam: The Search for a New Ummah* (New York: Columbia University Press, 2004)를 보라.

10. 특별히 종교적 신념과 관련해서 정보와 지성을 갖춘 논쟁자들과의 의견 불일치의 인식론적 중요성에 대해서는 John Pittard, "Conciliationism and Religious Disagreement", in *Challenges to Moral and Religious Belief: Disagreement and Evolution*, ed. Michael Bergmann and Patrick Kain (Oxford: Oxford University Press, 2014), 80-97를 보라.

11. Monica Duffy Toft, Daniel Philpott, Timothy Samuel Shah, *God's Century: Resurgent Religion and Global Politics* (New York: Norton, 2011), 3.

12. 예언적 종교와 신비적 종교의 구분에 대해서는 Fredrich Heiler, *Prayer: A Study in the History and Psychology of Religion* (1932; repr., Oxford: Oneworld, 1997), 6장을 보라.

13. Christopher S. Queen and Sallie B. King, ed., *Engaged Buddhism: Buddhist Liberation Movements in Asia* (Albany: State University of New York Press, 1996). 『평화와 행복을 위한 불교지성들의 위대한 도전』(참여불교재가연대); Arnold Kotler, ed., *Engaged Buddhist Reader* (Berkeley, Calif.: Parallax, 1996). 『이 세상은 나의 사랑이며 또한 나다』(양문); Christopher Queen, Charles Prebish, and Damien Keown, eds., *Action Darma: New Studies in Engaged Buddhism* (London: RoutledgeCurzon, 2003)을 보라.

14. 간디는 또한 신은 누구에게나 동등하고 동일하게 존재하신다는 관점을 자신의 사회적·정치적 행동의 동기로 삼았다. Joan Valerie Bondurant, *Conquest of Violence: The Gandhian Philosophy of Conflict* (Berkeley: University of California Press, 1965), 109-112. 『간디의 철학과 사상』(현대사상사); Miriam Sharma and Jagdish P. Sharma, "Hinduism, Sarvodaya, and Social Change", in *Religion and Political Modernization*, ed. Donald Eugene Smith (New Haven: Yale University Press, 1974), 227-242; 그리고 Gene Sharp, "Gandhi's Political Significance", in *Gandhi as a Political Strategist* (Boston: Porter Sergeant, 1979), 8-14를 보라. 스와미 비베카난다(Swami Vivekananda, 1863-1902) 전통의 참여적 힌두교에 대해서는 Anantanand Rambachan, *A Hindu Theology of Liberation* (Albany: State University of New York Press, 2015); 그리고 Anantanand Rambachan, "Vivekananda: 'For One's Freedom and for the Well-Being of the World,'" *Huffington Post*, September 30, 2013, http://huffingtonpost.com/anantanand-rambachan/vivekananda-for-oners-free_b_4013859.html을 보라.

15. Anthony Giddens, *Runaway World: How Globalization Is Reshaping Our Lives* (New York: Routledge, 2010), 68.
16. 민주주의 이상의 전파에 대해서는 Toft, Philpott, and Shah, *God's Century*, 48-120를 보라.
17. José Casanova, *Public Religions in the Modern World* (Chicago: University of Chicago Press, 1994)를 보라. 또한 José Casanova, "Rethinking Secularization: A Global Comparative Perspective", *Hedgehog Review* 8 (2006), 20도 보라.
18. Alexis de Tocqueville, *Democracy in America*, trans. Arthur Goldhammer (New York: Library of America, 2004), 172-173를 보라. 『미국의 민주주의』(한길사).
19. Miroslav Volf, *Allah: A Christian Response* (San Francisco: HarperOne, 2011), 221-231를 보라. 『알라』(IVP).
20. 높은 비율의 무슬림들이 이슬람의 법규인 샤리아를 자기 나라의 공식 법으로 삼는 것을 선호했지만(아프가니스탄에서는 99퍼센트, 이라크에서는 91퍼센트), 그 법이 무슬림만이 아닌 모든 시민에 적용되어야 한다고 생각하는 사람은 절반 미만이었다. 하루에 일곱 번 기도하는 사람과 같이 적극적으로 종교적 실천을 행하는 무슬림들이 샤리아를 나라 법으로서 선호하는 확률이 더 높았다(Pew Forum on Religion & Public Life, *The World's Muslims: Religion, Politics and Society*, April 30, 2013, http://www.pewforum.org/2013/04/30/the-worlds-muslims-religion-politics-society-overview/를 보라). 이처럼 샤리아와 종교의 자유, 즉 이슬람의 자유를 옹호하는 것은 서로 공존 불가능하지 않다.
21. Peter Berger, "The Desecularization of the World: A Global Overview", in *The Desecularization of the World: Resurgent Religion and World Politics*, ed. Peter L. Berger (Grand Rapids, Mich.: Eerdmans, 1999), 1-18를 보라. 『세속화냐? 탈세속화냐?』(대한기독교서회).
22. 내가 아래에 분석하는 여섯 가지 특징을 지닌 세계종교에 힌두교, 유교, 유대교를 포함시키는 것에 반박하는 사람도 있을 것이다. 어떤 사람들은 힌두교를 **세계종교**는 물론이고 하나의 종교로 설명하는 것조차 거부한다. 왜냐하면 **힌두교**로 지칭되는 것들이 주로 지리적으로 규명 가능한 매우 다양한 종교 현상이기 때문이다. 아난타난드 람바찬(Anantanand Rambachan)은 이렇게 쓴다. "힌두교를, 여러 특징을 공유하되 각 일원의 풍부한 고유성은 보존하는 매우 오래되고 여러 갈래로 확장된 가족으로 보는 게 도움이 된다"(2014년 1월 14일에 한 개인적 대화에서). [예를 들어 비나야크 다모다르 사바카르(Vinayak Damodar Savarkar)의 작업에서처럼] 힌두교는 때로 지역 종교로 보일 때가 있다. 그와는 달리 아드바이타 베단타(Advaita Vedanta)의 전통에서는 (예를 들어 스와미 비베카난다의 작업에서처럼) 세계종교로 나타나기도 한다[Anantanand Rambachan, "Hinduism, Hindutva and the Contest for the Meaning of Hindu

Identity: Swami Vivekananda and V. D. Savarkar", in *The Cyclonic Monk: Vivekananda in the West*, ed. S. Sengupta and M. Paranjape (New Delhi: Samvad, 2005), 121-128를 보라].

유교를 "세계종교"는커녕 "종교"라고 할 수 있는지에 대해서는 논란이 많다. 그러나 내가 접한 유교는 이 주제에 대한 학술적 논쟁의 결과와 큰 상관이 없었다. 나는 조세프 아들러(Joseph Adler)가 유교를 "확산 종교"(diffused religion)라고 명명한 것을 따르는 데 만족한다["Confucianism as Religion/Religious Tradition/Neither: Still Hazy After All These Years" (2010년 6월 23일 중국 중앙민족대학교에서 발표한 논문); 유교를 세계종교로 보는 것에 대한 논쟁에 대해서는 선의 연구 *Confucianism as a World Religion*을 보라]. 그러나 내가 보기에 이 문제는 유교가—혹은 더 정확하게는 유교에 대한 일부 중요한 해석들이—내가 규명한 여섯 가지 세계종교의 특징을 가지고 있느냐의 여부에 달려 있다. 이런 면을 볼 때, 공자는 예수나 무함마드보다는 소크라테스에 더 가까울 수 있다. 소크라테스의 철학에는 이 여섯 가지 특징이 있고, 오늘날 그것이 널리 퍼진 인생철학이었다면 이 책에서 논의하는 종교에 포함되었을 수도 있다. 적어도 몇 가지 해석에서 보자면 비록 확실히 이원론적이진 않지만, 유교는 실재를 "두 개의 세계"로 설명한다. 하늘(天)은 인간 본성에 본질적 선함을 부여했고(그 선함을 계발하고 실현하는 것이 인간 삶의 궁극적 목표다) 뚜 웨이밍(Tu Wei-ming)이 "초월적 정박지"(transcendental anchorage)라고 부른 것을 인간에게 부여한다[*Centrality and Commonality: An Essay in Confucian Religiousness* (Albany: State University of New York Press, 1989), 69; 또한 Shu-Hsien Liu, "The Confucian Approach to the Problem of Transcendence and Immanence", *Philosophy East and West* 22, no. 1 (1972), 48; Benjamin I. Schwartz, "The Age of Transcendence", *Daedalus* 104, no. 2 (1975), 2-3도 보라]. 비록 개인을 "[자신의] 사회적 관계에 따라 구성되는" 것으로 보기는 하지만, 유교는 그럼에도 사람을 개인으로 지칭하여 "사회의 완성"과 하나인 "자기완성"의 과정으로 들어가도록 부른다(2014년 2월 9일에 조세프 아들러와의 개인적 대화에서). 인생의 초월적 정박지로서 유교는 진리를 주장하며 유교가 모든 인간에게 유효하며 인류 전체에 적합한 삶의 방식이라고 본다. "유교의 길(도)은…인생의 최고이자 최상의 길이며 모든 인간에게 열려 있었다"[아들러와의 개인적 대화에서. 또한 Hsu Cho-Yun, "Rethinking the Axial Age—The Case of Chinese Culture", in *Axial Civilizations and World History*, ed. Johann P. Arnason, S. N. Eisenstadt, and Björn Wittrock (Leiden: Koninklijke Brill, 2005), 457-458도 보라]. 또한 유교는 일상적 번영 너머의 선함도 염두에 둔다. 건강, 부, 번창과 같은 문제가 매우 중요하다는 점을 인정하면서도 유교는 사람이 일상적 번영의 문제를 "초월하게 되는" "의식의 내적 변화" 없이는 "마음의 불만족이 결코 사라지지 않을 것"이라고 주장한다(Shu Hsien, "Transcendence and Immanence", 51). 게다가 비록 "정치적 종교"로 기능했지만, 원래 유교는 국교로 부상하지 않았으며 정치와는 구분되는 문화체계다(유교와 정치의 관계에 대해서는 5장의 주 68번을 보라). 마지막으로, 유교의 현자가 되는 길은 일상적 실재의 변화와 관련이 있다. "고전적 유교의 두 가지 목표는 사실 자기완성과 사회의 완성이며, 그 둘은 상호의존적이다. 맹자 이래로 현자는 사회와 세상의 변화(化)에 영향을 미치는 사람으로 이해된다"(아들러와의 개인적 대화에서).

어떤 사람들은 세계종교의 여섯 가지 특징이 유대교에도—특히 유대교가 이스라엘 민족이라고 하는 특정 민족과 유기적 관계를 맺고 있는 사실로 미루어 볼 때—부합하는지 의문을 제기할 것이다. 유대교의 시초에서부터 그것이 세계종교가 되기까지의 역사적 발전 과정을 여기에서 논하는 것은 주제에서 너무 벗어난다. 그러나 적어도 이사야가 구사한 온전한 유일신론 이후로, 그리고 그로부터 수 세기 후 예루살렘 성전 함락 후로는 유대교가 세계종교의 모든 특징을 갖추었다고 비교적 자신 있게 말할 수 있다 (유대교의 변화에 성전 파괴가 끼친 역할에 대해서는 Guy G. Stroumsa, *The End of Sacrifice: Religious Transformations in Late Antiquity*, trans. Susan Emanuel (Chicago: University of Chicago Press, 2009), 56-83를 보라]. 첫째, 이 세상을 창조하신 하나님을 믿는다는 특징을 지닌 최초의 유일신교로서 유대교는 내가 여기에서 "실재를 두 개의 영역으로 설명한다"고 표현한 특징을 확실하게 가지고 있다. 둘째, 유일신교가 불가피하게 종교의 영역에서 진리의 문제를 제기하는 것처럼[아스만은 이러한 유일신교의 특징을 "모세식의 구분"이라고 불렀다(*The Price of Monotheism*, trans. Robert Savage (Stanford: Stanford University Press, 2010)를 보라]. 유대교는 보편적 진리 주장을 한다. 비록 유대교가 노아의 언약과 아브라함의 언약을 구분하기는 하지만, 여전히 유대교는 야훼가 하나뿐인 참 하나님이라고 주장하며, 모든 인간의 종말론적 운명은 하나님의 명령에 순종하는 것과, 이스라엘의 하나님에 대한 사람들의 입장에 달려 있다고 주장한다[Jacob Neusner, "Theological Foundation of Tolerance in Classical Judaism", in *Religious Tolerance in World Religions*, ed. Jacob Neusner and Bruce Chilton[Conshohocken, Pa.: Templeton Foundation, 2008), 193-195, 213-216; Terrence L. Donaldson, *Judaism and the Gentiles: Jewish Patterns of Universalism (to 135 CE)* (Waco: Baylor University Press, 2007), 499-505를 보라]. 셋째, 비록 유대교에서 생물학적 족보가 중요한 역할을 하기는 하지만, 종교로서의 유대교를 인종적 관점에서 우선적으로 이해해서는 안 된다. 뉴스너에 따르면, "바울의 시대부터 오늘날까지 규범이 된 유대교는 이스라엘을 결코 인종적으로 이해하지 않고 오직 초월적 의미로만 이해한다"[*Children of the Flesh, Children of the Promise: A Rabbi Talks with Paul* (Cleveland: Pilgrim, 1995), vii.]. 랍비들은 "개종자들을—그들이 속했던 과거 종족과는 무관하게—완전히, 전적으로, 이스라엘로 본다"(41). 그에 상응하여 이방인이 유대교로 개종하는 것은 집단적 행위가 아니라 개인적 행위다(Donaldson, *Judaism and the Gentiles*, 483-492를 보라). 조세프 솔로

베이치크(Joseph Soloveitchik)는 "신앙의 사람은 역사적으로 늘 고독한 존재였다"고 주장하면서, 이 현상을 "존재론적 외로움"이라 부르고, 유대교에서는 그것이 "초월적 외로움과 신적 고독의 하나님"에 대한 관계와 연결된다고 했다[*The Lonely Man of Faith*, rev. ed. (Jerusalem: Magid Books, 2012), 3-4]. 넷째, 앞에서 논의한 세 가지 특징에서 우리는 유대교가 특정 인종 그룹과 그들의 정치적 통치와 분리 불가능하게 얽혀 있지 않다는 점을 알 수 있다. 종교로서 유대교는 인종이나 정치와 구분되는 문화 체계이며, 따라서 다른 세계종교 못지않게 이식이 가능하다. 다섯째, 죽은 자의 부활과 영혼의 불멸에 대한 논쟁적 질문을 제쳐둔다 하더라도[Jon D. Levenson and Kevin J. Mattigan, *Resurrection: The Power of God for Christians and Jews* (New Haven: Yale University Press, 2008), 201-220를 보라], 율법을 지키는 것은 (건강, 부, 장수, 다산과 같은) 일상적 번영을 능가하는 더 높은 선이다. 극단적이고 부당한 고통 앞에서 하나님을 저주할 것인가를 중점적으로 다루는 욥기는 그러한 입장을 매우 설득력 있게 보여 준다. 마지막으로, 종교로서 유대교는 자기와 세계의 변화에 깊이 관여한다. 유대교는 최초의 예언적 종교이며, "세상을 보수하는 것"이 고유한 특징이다.

23. 특히 종교학 분야에서 논쟁이 일고 있는 **종교**라는 용어에 대한 변호에 대해서는 들어가는 글 주 1번을 보라.

24. "1차" 그리고 "2차" 종교의 범주에 대해서는 Theo Sundemeier, "Religion, and Religions", in *Dictionary of Mission: Theology, History, Perspectives*, ed. K. Müller et al. (Maryknoll, N. Y.: Orbis, 1997); Theo Sundemeier, *Was ist Religion? Religionswissenschaft im theologischen Kontext* (Gütersloch: Gütersloher Verlagshaus, 1999)를 보라. 1차/지역 종교, 2차/세계종교의 구분은 모두 막스 베버가 "공동체 제의"(community cults)와 "구원의 종교"(religions of salvation)를 구분한 데 기초한 것이다["The Social Psychology of the World Religions", in *From Max Weber: Essays in Sociology*, ed. H. H. Gerth and C. Wright Mills(Abingdon, U. K.: Routledge, 1991), 272-273].

25. 오늘날 우리는 "축"이라는 개념을 독일 철학자 칼 야스퍼스(Karl Jaspers, 1883-1969)와 연결시킨다. 비록 "축의 시대"라는 용어를 그가 처음 쓴 것은 아니지만, 이 말은 대략 주전 5세기에 세계 곳곳의 종교들에서 비슷한 변화들이 일어나면서 세계종교가 형성된 하나의 시대를 일컫고 2차 세계대전 후에 야스퍼스가 대중화시켰다[*The Origin and Goal of History*, trans. Michael Bullock (London: Routledge & Kegan Paul, 1953), 1-21]. 그는 서로 동시에 일어난 것으로 보이는 이 변화들을 축으로 삼는 것이, 아우구스티누스부터 헤겔까지 서구 사상가들이 주장해 온 그리스도의 탄생을 축으로 세계사를 구분하는 것보다 더 낫다고 생각했다. 그래서 그는 그 시기를 "중심축"이라고 불렀다. 근래의 여러 학자들[예를 들어, *The Axial Age and Its Consequences*, ed. Robert N. Bellah and Hans Joas (Cambridge, Mass.: Belknap, 2012)에 나오는 몇몇 저자들]과 마찬가지로 나는 "축의 시대"보다는 "축의 돌파"(axial breakthrough) 혹은

"축의 변화"라는 용어를 쓰는 게 더 낫다고 생각한다. 우선 축의 종교와 철학이 동시에 나타나는 현상은 실제적이기보다는 현상적이다. 축의 **시대**는 사실 존재하지 않았을 수도 있다. 가장 널리 알려진 두 축의 종교인 기독교와 이슬람은 1세기에 7세기에 생겼는데, 둘 다 축의 시대 한참 후의 일이다. 마찬가지로, 축의 시대 한참 전에 일어난 사건을 통해서도 하나의 축의 돌파는 설명할 수 있다. 바로 주전 13세기 이집트에서 있었던 아케나텐(Akhenaten)의 "유일신" 혁명이다[Jan Assmann, *Moses the Egyptian: The Memory of Egypt in Western Monotheism* (Cambridge, Mass.: Harvard University Press, 1997), 23-55를 보라. 『이집트인 모세』(그린비)]. 비록 아케나텐의 사례가 파라오라는 인물에 정치와 종교가 병합된 것이라서 축의 돌파가 불완전할지라도 말이다[Eric Voegelin, *The Political Religions*, trans. T. J. DiNapoli and E. S. Easterly III (Lewiston, N. Y.: Edwin Mellen, 1986), 18을 보라]. 둘째로, 나는 소위 중립적 입장에서 세계사의 축을 규명할 수는 없다고 생각한다. 야스퍼스 자신이 내 입장을 설명한다. 그는 근대성과 연관된 핵심적인 문화 특징들이 당시에 나타났다고 보았기 때문에 자신이 규명한 시대를 "중심축"이라고 했다. 그러나 그러한 특징을 지닌 어떤 시대를 "중심축"이라고 명명하는 것은 근대성을 역사의 우선적 목표로 보는 것이다. "축의 변화"라는 용어가 더 나은 이유는 종교의 성격이 달라진 것에 주목하도록 만들기 때문인데, 이 용어도 사실은 문제가 있다. 나는 가능한 그 용어를 사용하지 않으며, "지역" 종교와 "세계" 종교라는 표현을 선호한다(때로 "1차"와 "2차"라는 표현을 쓰기도 한다). "축의 변화"라는 용어를 피하는 이유는 종교와 연관된 세계사의 축이라고 하는 것이 있는지, 있다면 그것을 어디에 둘 것인지의 문제를 용어의 차원에서 열어 두고 싶기 때문이다.

26. 축의 영성에 남아 있는 "구형"(old mold) 종교에 대해서는 Charles Taylor, *Modern Social Imaginaries* (Durham: Duke University Press, 2004), 61를 보라. 역사적으로 중요한 시기인 고대 후기에 일어난 종교적 변화에 대한 설득력 있는 설명으로는 Stroumsa, *The End of Sacrifice*를 보라.

27. Friedrich Nietzsche, *Will to Power*, trans. Walter Kaufmann and R. J. Hollingdale (New York: Random House, 1968), #507. 『권력에의 의지』(청하). Hans Joas, "The Axial Age Debate as Religious Discourse", in Bellah and Joas, *The Axial Age*, 11를 보라.

28. Charles Taylor, *A Secular Age* (Cambridge, Mass.: Belknap, 2007), 147. Charles Taylor, "What Was the Axial Revolution?" in Bellah and Joas, *The Axial Age*, 31도 보라.

29. 고대 후기에 종교가 시민적 특징에서 개인적 특징으로 옮겨 간 예에 대해서는 Stroumsa, *The End of Sacrifice*, 84-109를 보라. 여기에서 "개인"이란 근대의 개인주의라는 의미로 쓰인 게 아니다. 루이스 듀몬트(Louis Dumont)의 용어로 말하자면, 이때의 개인은 사회적 세계가 개인에 의해 구성된다는 것을 전제로 하는 근대의 "세상 안의 개인"이

아닌, "세상 밖의 개인"이다[*Essays on Individualism* (Chicago: University of Chicago Press, 1986), 26를 보라].

30. 세계종교가 개인을 지칭한다는 말은 종교적 소속을 "선택"으로 축소시키려는 것이 아니다. 적어도 우리가 흔히 그 말을 사용하는 의미처럼, 주권적 선택자가 자신을 위해 선택하는 여러 선택지 중 하나가 종교가 아니라는 뜻은 아니다. 세계종교가 비록 개인을 지칭하고 개인이 그것을 받아들이는 것이라 하더라도, 그것은 "개인의 선택 문제가 아니라 주어진 것이고, 신성함의 본질적 주장에 따라 그것에 충성해야 한다"[Rowan Williams, *Faith in the Public Square* (London: Bloomsbury, 2012), 141].

31. Taylor, *A Secular Age*, 150을 보라.

32. 같은 책, 151.

33. 유대교처럼 어떤 세계종교는 그 추종자들이 하나의 국가나 제국 안에서 소수자로 살아야 하는 상황에 던져졌을 때 비로소 내가 말하는 의미의 세계종교로 완전히 성장했다(Jonathan Sacks, "On Creative Minorities", the 2013 Erasmus Lecture, October 21, 2013, accessed May 7, 2015, http://www.rabbisacks.org/erasmus-lecture-creative-minorities). 역으로 이슬람은 무함마드가 메카에서 메디나로 옮긴 후 보편적 비전을 가지고 이슬람 국가를 세웠을 때 정치적 종교의 요소를 획득했다. 혹은 "신자들의 공동체의 정치적 영역"이 처음부터 이슬람에 중요했다는 것이 사실이라면, 이슬람이 원래 가지고 있던 정치적 종교의 요소가 그때 강화되었다(Stroumsa, *The End of Sacrifice*, 107). 불교나 기독교와 같은 종교들은, 문화적·정치적으로 종교와 통치의 긴밀한 연합이 중요했던 환경에 속한 다수의 인구를 수용했을 때 정치적 종교가 되었다. 예를 들어, 제국적 세력의 기독교화는 기독교를 국가 종교로 바꾸었고 따라서 기독교 신앙이 어느 정도 "제국화"되는 것을 의미했다.

34. Assmann, *The Price of Monotheism*, 2를 보라.

35. Friedrich Nietzsche, "What I Owe to the Ancients", in *Twilight of the Idols*, trans. R. J. Hollingdale (London: Penguin, 1990), 4-5를 보라. 『우상의 황혼』(아카넷).

36. W. E. H. Stanner, "On Aboriginal Religion, II: Sacramentalism, Rite and Myth", *Oceania* 30 (June 1960), 276.

37. 윌리엄 제임스(William James)에 따르면, 모든 세계종교의 핵심은 "보이지 않는 질서가 있고, 우리의 최고선은 우리 자신을 그 세계에 조화롭게 적응시키는 데 있다는 신념"이다[*The Varieties of Religious Experience: A Study in Human Nature* (New York: Modern Library, 1929), 53]. 『종교적 경험의 다양성』(한길사).

38. 축의 돌파에 대한 논의에서 인골프 달퍼스(Ingolf Dalferth)는 초월성의 개념이 복합적임을 잘 지적했다("The Idea of Transcendence", in Bellah and Joas, *The Axial Age*, 147-188를 보라). 초월성 — 한 하나님 — 에 대한 설명에서 기독교와 이슬람의 차이점과 유사점에 대해서는 Volf, *Allah*를 보라.

39. David Martin, *Does Christianity Cause War?* (Oxford: Oxford University Press, 1997)를 보라. 5장에서 나는 종교와 폭력의 관계를 논하면서 모티브의 레퍼토리라는 그의 주장을 사용한다.

40. 종교의 특징들에 대해서는 Clifford Geertz, "Religion as a Cultural System", in *The Interpretation of Cultures: Selected Essays* (New York: Basic, 1973), 91-125를 보라. 『문화의 해석』(까치).

41. 허무주의에 대한 니체의 비판에 대해서는 나가는 글을 보라. 또한 Hubert Dreyfus and Sean Dorrance Kelly, *All Things Shining: Reading the Western Classics to Find Meaning in a Secular Age* (New York: Free Press, 2011), 118-133도 보라. 『모든 것은 빛난다』(사월의책).

42. 연민(*karuna*)은 모든 불교 학파에서 두드러지는 요소다. Ruben L. F. Habito, "Wisdom into Compassion: Buddhism Practice", in *Divine Love: Perspectives from the World's Religious Traditions*, ed. Jeff Levin and Stephen G. Post (Radnor, Pa.: Templeton, 2010), 108-130; Ruben L. F. Habito, "Compassion out of Wisdom: Buddhist Perspective form the Past Toward the Human Future", in *Altruism and Altruistic Love: Science, Philosophy, and Religion*, ed. Stephen Post, Lynn G. Underwood, Jeffrey P. Schloss, and William B. Hurlbut (New York: Oxford University Press, 2002), 362-375; Samdhong Rinpoche, "On Compassion: The Buddhist Approach", and Geshe Lakh Dor, "Compassion-A Complement to Wisdom", both in *Compassion in the World's Religions: Envisioning Human Solidarity*, ed. Anindita Balslev and Dirk Evers (New Brunswick, N.J.: Transaction, 2010), 11-20, 21-40를 보라.

43. 예를 들어 타이티리야 우파니샤드(Taittiriya Upanishad, 1.11)를 보라. "그에게 베다를 가르친 후 스승은 학생에게 '진리를 말하고, 의를 따르고, 공부를 게을리 하지 말라. 스승에게 선물을 준 후 가족의 대를 끊지 말라. 진리를 무시하지 말고 의를 무시하지 말라. 건강을 소홀히 하지 말고, 부를 무시하지 말고, 공부와 가르침을 게을리 하지 말라. 신들과 선조에 대한 의무를 소홀히 하지 말라. 네가 네 어머니를 영예롭게 하고 존경하는 사람이 되기를 바라고, 네가 아버지를 영예롭게 하고 존경하는 사람이 되기를 바라고, 네가 네 스승을 영예롭게 하고 존경하는 사람이 되기를 바라고, 네가 이방인을 영예롭게 하고 존경하는 사람이 되기를 바란다'고 말했다." (아난타난드 람바찬의 도움으로 이 자료를 알게 되었다.)

44. 기독교는 역사적으로 고귀한 삶과 일상적 삶의 관계를 정확히 어떻게 이해할 것인지 계속 논쟁해 왔다. 그러나 이 논쟁은 대부분 이중적 신념의 기준 안에서 이루어졌다. 즉 (1) 고귀한 삶이 일상적 삶보다 우선이지만 (2) 일상적 삶의 선함을 무효화하지는 않는다는 신념이다. 우선순위의 질서에 대한 가장 영향력 있는 신학적 공식은 아우구스티누스의 "사랑의 질서"(*ordo amoris*) 교리다. *De Doctrina Christiana*(*On*

Christian Doctrine)에서 아우구스티누스는 사랑의 대상을 네 가지로 구분한다: 우리 위에 있는 것, 우리 자신, 우리와 동등한 수준에 있는 것, 우리 밑에 있는 것(아우구스티누스의 경우 여기에는 우리 몸도 포함되었다). 우선순위는 우리 위에 있는 것(즉 하나님)이고, 그다음에 우리 자신과 우리 이웃, 그다음에 우리 밑에 있는 것이다(1.23.22). 아우구스티누스는 이렇게 요약했다. "사물을 편견 없이 평가하고, 애정을 엄격히 통제하여, 사랑해서는 안 될 것을 사랑하지도, 사랑해야 할 것을 사랑하지 못하지도, 덜 사랑해야 할 것을 더 사랑하지도, 더 혹은 덜 사랑해야 할 것을 동등하게 사랑하지도, 동등하게 사랑해야 할 것을 더 혹은 덜 사랑하지도 않는 사람은 정의롭고 거룩한 삶을 사는 사람이다. 그 어느 죄인도 죄인으로 사랑해서는 안 되며, 하나님으로 인해 모든 사람을 사람으로 사랑해야 한다. 그러나 하나님은 오직 하나님 자체 때문에 사랑해야 한다. 그리고 만약 하나님을 그 어떤 사람보다 더 사랑하려면 각 사람은 자기 자신보다 하나님을 더 사랑해야 한다. 마찬가지로 우리는 다른 사람을 우리 자신의 몸보다 더 사랑해야 한다. 왜냐하면 모든 것을 하나님과 관련해서 사랑해야 하는데, 다른 사람은 우리와 교제하고 하나님을 즐거워할 수 있지만 우리 몸은 그렇게 할 수 없기 때문이다. 몸은 오직 영혼을 통해서만 살며, 우리는 영혼을 통해서 하나님을 즐거워하기 때문이다"(1.27.28). 인간의 사랑에는 순서가 있어야 하고 하나님에 대한 사랑이 가장 우선이어야 한다는 사상은 아우구스티누스의 저작들을 관통하는 사상이다(예를 들어, *City of God* 15.22를 보라). 아우구스티누스의 교리는 상당한 주석과 논쟁을 야기했다. 몇 가지 대표적인 예를 들자면 다음과 같다. Hannah Arendt, *Love and St. Augustine*, ed. Joanna Vecchiarelli Scott and Judith Chelius Stark (Chicago: University of Chicago Press, 1996).『사랑 개념과 성 아우구스티누스』(텍스트); Oliver O'Donovan, *The Problem of Self-Love in St. Augustine* (New Haven: Yale University Press, 1980); Raymond Canning, *The Unity of Love for God and Neighbor in St. Augustine* (Leuven: Augustinian Historical Institute, 1993); Eric Gregory, *Politics and the Order of Love: An Augustinian Ethic of Democratic Citizenship* (Chicago: University of Chicago Press, 2008).

45. 또 하나의 예는 소크라테스다(비록 그의 축의 돌파를 종교적이라고 할 수 있는지에 대해서는 논란이 있지만 말이다. José Casanova, "Religion, the Axial Age, and Secular Modernity in Bellah's Theory of Religious Evolution", in Bellah and Joas, *The Axial Age*, 205를 보라). 그는 일상적 삶을 추구하는 것보다 보편적 윤리의 원칙들("신에게 순종하는 것")이 우선이라고 주장했고 그대로 살았다. 그는 국가의 신들에 대해 의문을 제기하여 국가의 번창을 침해했다는 판결을 받아 사형을 언도받는 대가를 치르고도 미덕을 희생시키려 하지 않았다(*Apology*를 보라). 그리고 비록 그 판결이 잘못되었다고 생각했지만, 기회가 주어져도 감옥에서 도망치길 거부했다. 왜냐하면 (당시에 널리 수용되었던 국가의 합법적 근거를 부인했음에도 국가에 대해서는

순종해야 한다는 원칙을 포함하여) 자신의 원칙이 그것을 허용하지 않았고, 자신의 윤리적 원칙을 희생하느니 차라리 자신의 생명을 희생할 것을 택했기 때문이다(*Crito*를 보라). 소크라테스는 음식, 와인, 집, 배와 같은 "즐거운 것들"을 거절하지는 않았지만, "즐거운 것"과 "선한 것" 사이의 바른 질서를 주장했다. "즐거운 것은 선한 것을 위해 추구해야 하며, 즐거운 것을 위해 선한 것을 추구해서는" 안 되었다(*Gorgias* 506c를 보라). 초월적인 것이 일상적인 것에 우선한다는 순서에 대해서는 소크라테스와 예수가 비슷하다. 그러나 죽음에 대한 그들의 관점에서 볼 수 있듯이, 일상적 삶의 가치에 대한 견해는 상당히 다르다. 소크라테스는 죽으면서 자신이 "가치 있는 것은 아무것도 잃지 않는다"고 보았다. 죽음이 삶의 고통의 해결책인 것이다. 그러나 예수의 경우는 그렇지 않았다. 적어도 공관복음에 따르면 예수는 고통과 죽음의 쓴잔을 힘겹게 마시고 하나님께 저항했다. 그 결과 "기독교에서 부인의 행위는 부인하는 그것의 선함을 확언하는 것이 되었다"[Charles Taylor, *Sources of the Self: The Making of the Modern Identity* (Cambridge, Mass.: Harvard University Press, 1989), 219].

46. 욥의 이야기는 죄 없는 사람이 고통받는 것에 대해서 하나님을 정당화하려는 시도로 종종 읽힌다. 그러나 이는 잘못된 시도다. 선한 사람에게 왜 나쁜 일이 일어나는지에 대해서 타당한 답을 전혀 주지 못하기 때문이다. 그보다는 초월성에 대한 헌신과 일상적 번영의 관계에 대한 설명을 제시하는 이야기로 읽어야 한다.

47. 초월적 영역을 우선하되 일상적 영역을 긍정하는 현대의 유대교 사례로는 Soloveitchik, *The Lonely Man of Faith*, 63-67를 보라.

48. Nicholas Wolterstorff, *Justice: Rights and Wrongs* (Princeton: Princeton University Press, 2008), 145-147. 월터스토프가 지적한 좋은 인생의 적극적 영역(잘 이끄는 인생)과 수동적 영역(잘 풀리는 인생) 외에 나는 좋은 인생에는 또한 감정적 영역(기분 좋은 인생)도 있다고 주장했다. Miroslav Volf, "The Crown of the Good Life: Joy, Happiness, and the Good Life—A Hypothesis", October 21, 2014, accessed October 22, 2014, https://www.bigquestionsonline.com/content/what-difference-between-joy-and-happiness를 보라. 거기에서 나는 이 세 가지의 중요한 관계에 대해서 요약하고 그중에서도 기쁨이 좋은 인생의 정점이라고 주장한다.

49. Christopher Hitchens, *God Is Not Great: How Religion Poisons Everything* (New York: Twelve, 2007). 『신은 위대하지 않다』(알마).

50. 최근에 몇몇 기독교 신학자들이 기독교의 실천에 대한 내부적 비판을 중요하게 여기는 신학을 제시하였다[예를 들어 David Kelsey, *Eccentric Existence: A Theological Anthropology* (Louisville: Westminster John Knox, 2009), 12-27; Kathryn Tanner, *Theories of Culture: A New Agenda for Theology* (Minneapolis: Fortress, 1997), 61-92를 보라]. 이들의 작업은 새로운 것이 아니라 오랜 역사적 전통을 이어가는 것인데, 그중 단 두 명을 예로 들자면, 마르틴 루터의 은혜의 신학은 상당 부분 당대의 교회의

실천에 대한 비판이자 대안이었다[예를 들어, "The Pagan Servitude of the Church", in *Martin Luther: Selections from His Writings*, ed. John Dillenberger (New York: Anchor, 1962), 249-362를 보라. 『루터 저작선』(크리스천다이제스트)]. 그리고 루터와 비슷한 시기에 도미니코 수도회의 수사인 바르톨로메 데 라스 카사스(Bartolomé de las Casas)는 온전히 기능하는 기독교 신앙의 이름으로 스페인 식민주의자들이 미대륙에서 행하는 관습에 항의했다[*A Short Account of the Destruction of the Indies*, trans. Nigel Griffin (New York: Penguin, 1992)를 보라. 『인디아스 파괴에 관한 간략한 보고서』(시타델퍼블리싱)].

51. 특별히 공개적으로 널리 알려진 비난 사례가 두 번 있다. 팻 로버트슨(Pat Robertson) 이 2005년 2월 12일, *700 Club*에서 한 것과 (accessed May 23, 2013, http://digitaljournal.com/article/343453) 침례교 목사 제리 바인스(Jerry Vines)가 2002년 6월 남침례교 대회에서 한 것이다[Jim Jones, "Baptist Pastor's Worlds Shock Muslim Leaders", *Fort Worth Star Telegram*, June 12, 2002를 보라. 또한 Richard Cimino, "'No God in Common': American Evangelical Discourse on Islam After 9/11", *Review of Religious Research* 47 (December 2005); 162-174도 보라]. 유대교가 기독교를 우상숭배의 종교라고 평가한 것에 대해서는 Howard Kreisel, *Maimonides' Political Thought: Studies in Ethics, Law, and the Human Ideal* (Albany: State University of New York Press, 1999), 39를 보라. 크라이슬(Kreisel)은 *Laws of Idolatry* 9:4 그리고 *Laws of Forbidden Foods* 11:7 (MS Kushta); *Commentary on the Mishnah: Avodah Zarah* 1:3을 인용한다. 크라이슬은 또한 기독교에 대한 이러한 관점에도 불구하고 마이모니데스(Maimonides)의 많은 진술이 그가 그리스도인과 과거의 우상숭배자들을 구분하고 있음을 보여 준다고 지적한다. Hugh Goddard, *A History of Christian-Muslim Relations* (Chicago: New Amsterdam, 2000), 27-28를 보라.

52. 인간의 번영에 대한 다른 설명들은 특정 종교의 한 가지 전통 안에서도 나타난다. 기독교의 예를 들자면, 개신교인들 사이에서는 정의로운 전쟁론의 옹호자와 평화주의자들, 자유시장의 옹호자와 그 반대자들, "권리"라는 도덕적 언어를 주장하는 사람들과 "의무"라는 도덕적 언어가 훨씬 더 우월하다고 주장하는 사람들이 서로 격렬하게 논쟁을 벌인다. 시장경제를 반대하고 "권리"의 언어를 도덕적 타락이라고 보는 평화주의자들은 정의로운 전쟁, 자유 시장경제, 인권을 옹호하는 사람들을, 같은 개신교를 믿지만 종교를 왜곡하고 진정한 번영을 침해하는 사람들이라고 볼 것이다.

53. 특히 수피 이슬람의 관점에서는 이 두 개의 전통을 잇는 방법이 존재한다[Reza Shah-Kazemi, *Common Ground Between Islam and Buddhism: Spiritual and Ethical Affinities* (Louisville: Fons Vitae, 2010)를 보라].

54. 유교에 대해서 조세프 아들러는 이렇게 말한다. "유교 사상에서 인생의 궁극적 목표는 하늘이 준 도덕적 잠재성을 실현함으로써 자기 자신을 현인으로 변화시키는

것이다.···고전적 유교의 두 가지 목표는 사실상 자기완성과 사회의 완성이며, 그것은 상호의존적이다"(개인적 대화에서). 유교의 자기에 대해서는 또한 Shu-Hsien Liu, "The Confucian Approach to the Problem of Transcendence and Immanence", *Philosophy East and West* 22, no. 1 (1972), 47-50도 보라.

55. 실재와 인간 번영에 대한 다양한 해석은 중립적 관점으로 해결할 수 없다. 중립적 관점은 존재하기 않기 때문이다. 종교와 배타적 인본주의 사이에서 그와 같은 관점의 경쟁이 있는 것을 우리는 익히 보아 왔다. 한 가지 예를 들자면, 니체의 관점에서 볼 때 기독교가 약한 사람을 동정하는 것은 약자에 대한 거부감을 종교적으로 포장한 것에 불과하다[Friedrich Nietzsche, *On the Genealogy of Morality*, rev. ed., ed. Keith Ansell-Pearson (Cambridge: Cambridge University Press, 2007). 『도덕의 계보학』(연암서가)]. 기독교의 관점에서 볼 때 니체의 "권력에의 의지"는 인간 생명의 존엄성에 대한 냉정한 무시로서, "상한 갈대를 꺾지 아니하며 꺼져가는 심지를 끄지 아니하기를 심판하여 이길 때까지 하리라"(사 42:3을 인용한 마 12:20)는 예수의 신념과 크게 대립된다[예를 들어 Rene Girard, *I See Satan Fall Like Lightning* (Maryknoll, N.Y.: Orbis, 2001), 170-181를 보라. 『나는 사탄이 번개처럼 떨어지는 것을 본다』(문학과지성사)]. 니체의 지성의 집이나 기독교 지성의 집에서 산다면 각각 그 집이 튼튼하고 기능적이며 심지어 아름다워 보일 것이다. 그렇게 한 곳을 자기 집으로 삼은 후에 다른 곳을 방문하면 그곳은 디자인이 나쁘고 부실하며 위험해 보일 것이다. 니체는 기독교 신앙이 비합리적이고 인생에 해가 된다고 가차 없이 공격했다. 그리스도인들도 비슷하게 반응하면서 니체가 일관적이지 않고 파괴적이라고 비난했다. 두 전통 사이에 "판가름을 낼" 방법이 있을지 모르나, 그것은 간단하지도 않고 결정적이지도 않은 조처다. 폭넓게 해석된 전통들과, 정의와 합리성에 대한 그들의 차이, 그리고 그것을 비교하는 방법에 대해서는 Alistair MacIntyre, *Whose Justice, Which Rationality* (South Bend: University of Notre Dame Press, 1989) 그리고 *Three Rival Versions of Moral Inquiry: Encyclopedia, Genealogy, and Tradition* (South Bend: University of Notre Dame Press, 1991)을 보라.

56. 탈세속화(*de-secularization*)라는 용어에 대해서는 Berger, "The Desecularization of the World", 1-18를 보라.
57. Taylor, *A Secular Age*, 3.
58. Casanova, "Religion, the Axial Age, and Secular Modernity", 214를 보라.
59. Taylor, *A Secular Age*, 539-593를 보라.
60. Charles Taylor, *Varieties of Religion Today: William James Revisited* (Cambridge, Mass.: Harvard University Press, 2002), 33-60를 보라. 또한 Peter Berger, *The Heretical Imperative: Contemporary Possibilities of Religious Affirmation* (New York: Anchor, 1980)도 보라. 『이단의 시대』(문학과지성사).

61. 스티븐 제이 굴드(Stephen Jay Gould)는 "겹치지 않는 학문 범주"(nonoverlapping magisteria) 혹은 줄여서 "NOMA"의 관점을 지지한 것으로 유명하다. 이 관점에 따르면 종교와 과학은 겹치지 않는 두 개의 서로 다른 영역이라 경쟁의 가능성이 없기 때문에 종교와 과학의 관계에 대한 논쟁은 전부 오도된 것이다[그의 "Nonoverlapping Magisteria", *Natural History* 106, no. 2 (1997): 16-22를 보라]. 과학과 종교의 공존 가능성에 대한 논의로는 Del Ratzsch and John Worrall, "Does Science Discredit Religion?" in *Contemporary Debates in Philosophy of Religion*, ed. Michael L. Peterson and Rayond J. Vanarragon (Malden, Mass.: Blackwell, 2004), 59-94를 보라. 신적 원인과 과학에 대한 논의로는 Alvin Plantinga, "Divine Action in the World: The Old Picture", in *Where the Conflict Really Lies: Science, Religion, and Naturalism* (New York: Oxford University Press, 2011), 68-90; William P. Alston, "Divine Action: Shadow or Substance?" in *God Who Acts: Philosophical and Theological Explorations*, ed. Thomas F. Tracy (State College: Penn State University Press, 2010), 41-62를 보라.

62. Augustine, *Confessions* 1.1.1. 유대교의 경우는 시편 42편과 63편을 보라. 그리고 이슬람의 경우, 그와 비슷한 개념을 '피트라'(*fitrah*)라고 하는데, 신이 모든 인간의 마음에 두신 기본적 성향을 일컫는다. "실로 하나님을 염원할 때 마음이 평안하니라"[알-라이드 13:28; 이러한 사상에 대해서는 예를 들어 Said Nursi, *The Damascus Sermon* (Istanbul: Sölzer, 2012), 30-31를 보라]. 욕망의 소멸을 강조하는 불교에서는 아우구스티누스가 "불안"이라고 부른 것이 모든 갈망에 있다고 보고 갈망하는 것이 완전히 멈추면 섬에 이른다고 말한다. 모든 달마를 포함하는 '네 개의 고귀한 진리'(Four Noble Truths)의 두 번째와 세 번째는 다음과 같이 말한다. "그렇다면 불행의 기원의 거룩한 진리는 무엇인가? 그것은 바로 환생으로 이끄는, 기쁨과 탐욕을 수반하고, 이제는 여기 또 이제는 저기에서 기쁨을 추구하는, 즉 감각적 체험을 갈망하고, 자신을 존속시키려 갈망하고, 소멸되길 갈망하는 그 갈망이다. 그렇다면 모든 불행을 멈추는 것의 거룩한 진리는 무엇인가? 그것은 그 갈망을 완전히 멈추는 것, 그것에서 물러나는 것, 그것을 저버리는, 던져 버리는 것, 그것에서 해방되는 것, 그것에 집착하지 않는 것이다"[*Buddhist Scriptures* (New York: Penguin, 2004), 186-187에 인용됨]. 힌두교도 역시 초월성에 대한 개방성을 인간의 구조적 성향이라고 본다. 예를 들어 찬도기아 우파니샤드(Chandogya Upanishad) 7.21.3에서는 인간은 오직 무한에 의해서만 만족된다고 말하며, 브리하다란야카 우파니샤드(Brihadaranyaka Upanishad) 2.4.5에서는 사랑과 (모든 욕망 이면의) 욕망의 최종적 대상은 궁극이라고 말한다. 유교에서는 하늘이 인간에게 도덕적 잠재성을 주었고 "인생의 궁극적 목표는…도덕적 잠재성을 실현하고,…따라서 스스로를 현자로 변화시키는 것"이며, 이것이 인간 본성의 "초월적 정박지"라고 말한다(아들러와의 개인적 대화에서. 뒤의 문구는 뚜 웨이밍이

Centrality and Commonality, 69에서 쓴 말이다).
63. 신과의 연결성이 인간의 근본적 성격이라는 사상은 우리가 세속화에 접근하는 방식에 시사하는 바가 있다. 세속화 이론은 인간이 기본적으로 종교적이지 않다는 설명을 기반으로 한다. 이 경우에 본질적으로 종교적이지 않은 사람들이 종교를 받아들이는 이유를 설명해야 한다. 그러나 만약 초월성에 대한 개방성이 인간의 구조적 특징이라면, 종교의 지속이 아니라 종교의 부재를 설명해야 한다.
64. "갇혀 있다"(cage)는 은유는 막스 베버가 『프로테스탄티즘의 윤리와 자본주의 정신』 마지막 부분에 쓴 말에서 왔다. "비어 있다"(hollow)는 은유는 엘리엇(T. S. Eliot)이 인간을 "형태 없는 모양, 색채 없는 그늘"(shape without form, shade without color)로 만드는 도구적 이성과 실용주의적 계산을 비판한 표현에서 왔다["The Hollow Men", in *Poems: 1909-1925* (London: Faber & Faber, 1934), 123-128]. "가볍다"(light)는 은유는 프리드리히 니체에게서 왔는데 밀란 쿤데라의 『참을 수 없는 존재의 가벼움』을 통해서 알려졌다.
65. 종교는 실재에 대한 설명을 상당 부분 과학에 맡길 수 있고, 세상의 많은 변화하는 부분을 기술에 맡길 수 있다. 종교의 주된 긍정적 기능은 인간을, 그 정의상 과학 영역 너머에 있는 초월적 영역에 연결시키는 것이며, 일상적 영역에서 인생에 의미를 주고 방향을 제시하는 것이다. 종교의 이러한 두 기능은 과학과 기술의 발전이 건드리지 않는 영역이다.
66. 종교가 이러한 역할을 충족시키지 않는다면, 프란치스코 교황이 교황으로 선출된 후 2013년 3월 14일에 가톨릭교회에 대해서 말한 것처럼, 종교는 "연민 많은 NGO"가 될 것이다. Accessed May 8, 2015, http://www.bbc.co.uk/news/world-europe-21793224. 또한 전 캔터베리 대주교인 로완 윌리엄스(Rowan Williams)가 2013년 8월 15일에 한 논평도 보라. Accessed May 8, 2015, https://www.theguardian.com/uk-news/2013/aug/15/rowan-williams-persecuted-christians-grow-up.
67. 지역 종교에 대한 지구화의 영향은 다를 수 있다[Lionel Obadia, "Globalization and the Sociology of Religion", in *The New Blackwell Companion to the Sociology of Religion*, ed. Bryan S. Turner (Malden, Mass.: Wiley-Blackwell, 2010), 487를 보라. 또 Carlos Gigoux and Colin Samson, "Globalization and Indigenous Peoples", in *The Routledge International Handbook of Globalization Studies*, ed. Bryan S. Turner (New York: Routledge, 2010), 301-303를 보라].
68. 세계종교가 생태학적 문제를 다루는 다양한 방식에 대해서는 Mary Evelyn Tucker, *Worldly Wonder: Religions Enter Their Ecological Phase* (Chicago: Carus, 2003), 27-54를 보라.
69. 현대 사상가들 중에서는 헤겔(Georg W. F. Hegel)이 이러한 입장을 가장 설득력 있게 표현했다. 특히 그의 *Philosophy of Right*, trans. Alan White (Indianapolis: Hackett,

2002)를 보라. 『법철학』(한길사). 또한 *Lectures on the Philosophy of History*, trans. Robert F. Brown and Peter C. Hodgson (Oxford University Press, 2011)를 보라. 『역사 철학 강의』(동서문화동판). Nicholas Boyle, *Who Are We Now?: Christian Humanism and the Global Market from Hegel to Heaney* (Edinburgh: T&T Clark, 1998) 84-86를 보라.

70. Joel Baden, *The Historical David: The Real Life of an Invented Hero* (San Francisco: HarperOne, 2014), 165-169를 보라.

71. Thomas Banchoff, "Introduction: Religious Pluralism in World Affairs", in *Religious Pluralism, Globalization, and World Politics*, ed. Thomas Banchoff (New York: Oxford University Press, 2008), 13-17를 보라. 소수자 그룹과 그 외에 비슷한 생각을 하는 전 세계의 사람들을 연결시키고 그들의 입장을 구현할 수 있는 수단을 제공함으로써 지구화는 또한 대다수의 사람들이 그들의 인식과는 달리 다원적 사회 환경에서 살고 있음을 깨닫게 해 준다(9-11).

72. 종교적 민족주의에 대해서는 Philip Gorski and Gulay Türkmen-Dervişoğlu, "Religion, Nationalism and Violence: An Integrated Approach", *Annual Review of Sociology*, 39 (2013), 193-210를 보라.

73. Patrick Grand, *Buddhism and Ethnic Conflict in Sri Lanka* (Albany: State University of New York Press, 2009); Stanley J. Tambiah, "Buddhism, Politics, and Violence in Sri Lanka", in *Fundamentalisms and the State: Remaking Polities, Economies, and Militancy*, vol. 3 of *The Fundamentalism Project*, ed. Martin E. Marty and F. Scott Appleby (Chicago: University of Chicago Press, 1993), 589-619를 보라.

74. Motti Inbari, *Messianic Religious Zionism Confronts Israeli Territorial Compromises* (New York: Cambridge University Press, 2012), 95-132; Aviad Rubin, "Religious Actors in a Democratic Civil Society: Turkey and Israel Compared", in *Secular State and Religious Society: Two Forces in Play in Turkey*, ed. Berna Turam (New York: Palgrave Macmillan, 2012), 181-187를 보라.

75. 복음주의자들이 말하는 "기독교 국가"의 뉘앙스에 대한 논의로는 Christian Smith, *Christian America: What Evangelicals Really Want* (Berkeley: University of California Press, 2000), 21-60를 보라. 또한 Daniel K. Williams, *God's Own Party: The Making of the Christian Right* (Oxford: Oxford University Press, 2010)도 보라.

76. Sayyid Qutb, *Milestones* (Chicago: Kazi, 2007), 14. 『진리를 향한 이정표』(평사리).

77. Toft, Philpott, and Shah, *God's Century*, 48-120를 보라.

78. 기독교 신앙과 관련하여 이 점에 대해서는 Nicholas Wolterstorff, *The Mighty and the Almighty: An Essay in Political Theology* (Cambridge: Cambridge University Press, 2012), 83-104를 보라.

79. Williams, *Faith in the Public Square*, 4에서 칼 바르트를 인용하며.
80. Friedrich Nietzsche, "The Anti-Christ", #16 in *Twilight of Idols*, 138. 니체 자신은 그러한 세계시민적 신에 대해 매우 비판적이었고, 개인과 공동체 전체가 "이교적" 자기주장으로 회귀하는 것을 추구했다.
81. 모든 세계종교가 "태생지"를 떠나서 종교적으로 다원화된 환경에서 소수자 혹은 때로 주류로 살아가는 "디아스포라" 신자들이 늘고 있다. 이것은 지구화, 즉 사람들의 지구적 이주와 종교 사상의 초국가적 수용의 결과다[Mark Juergensmeyer, "Thinking Globally about Religion", in *Global Religions: An Introduction*, ed. Mark Juergensmeyer (Oxford: Oxford University Press, 2003), 5-7를 보라].
82. Olivier Roy, *Globalized Islam: The Search for a New Ummah* (New York: Columbia University Press, 2004), 99.
83. Max Weber, *Economy and Society: An Outline of Interpretive Sociology* (Oakland: University of California Press, 1978), 541-544.
84. David Singh Grewal, "From Love to Self-Love: Toward a Political Theology of *Homo Econmicus*" (2014년 5월 9일, 예일대에서 열린 "자본의 시대의 사랑: 종교의 주제로서 관계성과 상품화" 학회에서 발표한 논문)를 보라.
85. Jeremiah Burroughs, *The Rare Jewel of Christian Contentment* (Scotts Valley, Calif.: CreateSpace, 2013) 1. 『만족, 그리스도인의 귀한 보물』(생명의말씀사). Weber, *The Protestant Ethic and the Spirit of Capitalism*, 103-125를 보라.
86. Theodore Roosevelt Malloch, *Doing Virtuous Business: The Remarkable Success of Spiritual Enterprise* (Nashville: Thomas Nelson, 2008); Michael Novak, *The Catholic Ethic and the Spirit of Capitalism* (New York: Free Press, 1993), xiv-xvii, 1-14를 보라.
87. Kenneth Copeland, *The Laws of Prosperity* (Fort Worth: Kenneth Copeland, 1974). 『형통한 삶을 사는 비결』(사랑의메세지); Gloria Copeland, *God's Will is Prosperity* (Tulsa: Harrison House, 1989); John Avanzini, *The Wealth of the World: The Proven Wealth Transfer System* (Tulsa: Harrison House, 1989)를 보라. 이와 비슷하게 다양한 형태의 뉴에이지 영성도 "자신이 원하는 대로 자신을 만들어 내는 기술"을 가르친다[David Gerschon and Gail Straub, *Empowerment: The Art of Creating Your Life as You Want it* (New York: Dell, 1989)].
88. 이것이 바로 수잔 커티스(Susan Curtis)가 사회적 복음 운동에 대해 비판하는 핵심이다. "사회적 복음주의자들은 비록 개혁가들이기는 했지만, 현대 자본주의를 비판한 것이 아니라, 자본주의가 약속한 물질적 풍요 안에서 소비하는 신앙을 만들어 냈다"고 그는 말한다[*A Consuming Faith* (Baltimore: Johns Hopkins University Press, 1991), 278]. 커티스가 라우션부시(Rauschenbusch: 사회적 복음 운동을 주도한 미국의 신학자—편집자)를

제대로 이해했을 수도 있고 그렇지 못했을 수도 있지만, 경제적 불평등에 대한 비판이 물질적 상품에 부여되는 가치에 도전하지 못할 경우 그 안에 잠재할 수도 있는 모순적 가능성을 잘 포착했다.

89. 여러 해 전에 알렉시 드 토크빌은 『미국의 민주주의』에서 미국인들이 "자기 이익에 기초해서 종교를 믿으며" 종종 "다음 세상보다는 지금 세상을 위한 종교를 사람들이 따르게 만드는 자기 이해를 보여 준다"고 했다. 사제들이 그리스도인이 "이곳에서 행복하게 살 수 있는" 방법에 대한 관심은 별로 없이 "오직 다른 생애"에 대해서만 이야기하던 중세와는 달리, 미국의 설교자들은 "이 세상에 대해서 끊임없이 이야기하고, 정말로 아주 힘들게 노력해야만 그들의 눈을 거기에서 돌릴 수가 있다. 청중에게 더 효과적으로 다가가기 위해서 그들은 종교적 신앙이 어떻게 자유와 공적 질서를 만들어 내는지 계속해서 강조하는데, 그들의 말을 듣다 보면 종교의 주요 목적이 다른 세상에서의 영원한 행복을 보장하는 것인지, 아니면 이 세상에서 잘 사는 것인지를 알기 힘들 때가 많다"(616). 토크빌은 사회를 통합하고 ("자유와 공적 질서를 만들어 내고") 일상적 번영을 증진시키는 것("이 세상에서 잘 사는 것")을 최우선 목표로 만드는 미국 종교의 경향을 지적했다. 이것은 내가 앞에서 지적한 종교의 두 가지 큰 기능장애다. 종교의 다원성 때문에 종교의 통합적 기능 – 종교가 사회적 질서 및 국가와 맺는 관계 – 은 어려워졌지만, 지구화는 종교를 그저 일상적 번영을 지원하는 것으로 보려 하는 유혹을 증가시켰다.

90. Ramadan, *Globalization*을 보라.

91. Lamin Sanneh, *Whose Religion Is Christianity? The Gospel beyond the West* (Grand Rapids, Mich.: Eerdmans, 2003)를 보라. 그는 획일적인 이슬람적 지구화(경전을 자기 모국어로 번역하지 못하게 하는 것)와 경제 주도의 지구화(맥도널드화)와 달리, 세계 기독교의 핵심은 종교적 차이에 대한 존중, 즉 서로 다른 여러 문화를 축하하고 강화하는 것이라고 강조한다.

92. *Globalization and Grace*에서 맥스 스택하우스(Max Stackhouse)는 기독교 신앙과 지구화의 과정을 **제휴시킨다**. 그는 지구화를 기독교 비전의 실현으로 볼 수 있다고 생각한다. "세계 발전의 주요 원동력이, 기독교 사상이 문화적·사회적 제도를 형성하고 삶의 패턴을 변화시킨 방식에서 비롯되기" 때문에[*Globalization and Grace: A Christian Public Theology for a Global Future*, vol. 4 of *God and Globalization*, ed. Max Stackhouse, Peter Paris, Don Browning, and Diane Obenchain (New York: Continuum, 2007), 2. 『세계화와 은총』(북코리아)], "인류가 가진 가장 유효한 세계관 혹은 형이상학적 도덕적 비전"(7)이라고 그가 생각하는 기독교 신앙이 "지구화 과정을 이끄는 내적 도덕의 결을 형성 혹은 재형성해야 한다"(2)는 것이다. 오늘날 지구화의 보편주의와 기독교 신앙의 보편주의는 이상적으로 서로 병합된다고 그는 주장한다. 당연히 그 둘은 다른 보편주의들과 적어도 부분적으로는 충돌할 것이다. 그 충돌을

완화하려면 스택하우스는 로버트 넬슨(Robert H. Nelson)이 스택하우스의 책에 대한 논평에서 제안한 것처럼 "기독교의 메시지가 계속해서 세계적 영향을 미치려면, 기독교의 메시지를 수많은 '세속' 이데올로기와 종교들로 위장하고 원래의 기독교 언어와 제도적 배경과는 분리되어야 한다"고 주장해야 할 수도 있다["A Covenant for Globalization?" *Review of Faith and International Affairs* 6, no. 4(2008), 74]. 스택하우스의 입장은 지난 세기 중반에 아렌트 반 루웬(Arend van Leeuwen)이 기술, 도시화, 민주주의, 인권의 사회역사학적 힘은 예언적 기독교의 전제가 전 세계적으로 가져온 효과라고 주장한 것뿐 아니라(스택하우스는 실제로 반 루웬의 입장을 분명하게 지지한다. Max Stackhouse, "The Theological Challenge of Globalization", Religion-online, accessed July 12, 2014, http://www.religion-online.org/showarticle.asp?title=60을 보라), 그럼으로써 기독교가 모든 특정 신조들의 한계를 초월할 지구적 세속주의로 모든 종교를 이끌고 있다고 주장한 것을 반영한다[Arend T. van Leeuwen, *Christianity in World History* (London: Edinburgh House, 1964)를 보라]. 이들의 견해와는 달리 나는 기독교 신앙과 지구화의 관계는 훨씬 더 모호하다고 생각한다. 둘 사이에는 제휴와 긴장과 배타성이 모두 존재한다. 기독교 신앙과 다른 세계종교들 사이에 제휴와 긴장과 배타성이 있는 것처럼 말이다.

93. 문명의 충돌에 대한 책으로 유명한 사무엘 헌팅턴(Samuel Huntington)은 다른 문명들을 더 깊이 이해하고 문명들 사이의 "공통적 요소"를 규명해야 할 필요를 인정하지만, 전반적으로 그는 문명과 문명을 떠받치는 종교가 서로 배타적이라고 본다["The Clash of Civilizations?" *Foreign Affairs* 72, no. 3 (1993): 22-49]. 그의 작업은 세계 문명들은 서로 약분될 수 없고 번역될 수 없다는 오즈월드 슈펭글러(Oswald Spengler)의 주장을 반영한다[*The Decline of the West*, trans. Charles Francis Atkinson, abridged ed. (Oxford: Oxford University Press, 1991). 『서구의 몰락』(책세상)].

94. Wilfred Cantwell Smith, *Towards a World Theology* (Philadelphia: Westminster, 1981), 124. 또한 N. Ross Reat and Edmund F. Perry, *A World Theology: The Central Spiritual Reality of Humankind* (Cambridge: Cambridge University Press, 1991)도 보라.

95. 마지막으로 쓴 책들 중에서 니니언 스마트(Ninian Smart)는 "서로 다른 세계종교의 집적 외에, 그것을 모두 아우르는 질서나 존중의 의식이 반드시 필요할 것"이라고 주장했다. 그는 이러한 더 높은 질서가 부상하면 그것이 "세계적 세계관"이 될 것이라고 보았다("The Global Future of Religion", in Juergensmeyer, *Global Religions*, 130). 무슬림의 관점에서 보자면, 압둘아지즈 사체디나(Abdulaziz Sachedina)도 비슷한 주장을 했다. 그는 지역적·세계적 차원의 민주적 다원주의는 "일반 종교" 즉 "배타적이고 그 결과 관용하지 못하는 제도적 종교성"을 넘어서는 종교를 필요로 한다고 주장했다[*The Islamic Roots of Democratic Pluralism* (Oxford: Oxford University Press,

2001), 7].
96. S. Mark Heim, *Salvations: Truth and Difference in Religion* (Maryknoll, N.Y.: Orbis, 1995)를 보라.
97. Miroslav Volf, Ghazi bin Muhammad, and Melissa Yarrington, eds., *A Common Word: Muslims and Christians on Loving God and Neighbor* (Grand Rapids, Mich.: Eerdmans, 2010). 이 제안에 대한 논의로는 Volf, *Allah*를 보라.
98. 이 구절에 대해서는 Mun'im Sirry, "'Compete with One Another in Good Works': Exegesis of Qur'an Verse 5.4 and Contemporary Muslim Discourses on Religious Pluralism", *Islam and Christian-Muslim Relations* 20 (2009):423-438를 보라. 『현자 나탄』(*Nathan the Wise*, 지만지)에서 고트홀드 에프라임 레싱(Gotthold Ephraim Lessing)은 유일신 종교들의 화해를 위한 프로그램 전체를 이 구절에 근거해서 쓴다. *Nathan the Wise: A Dramatic Poem in Five Acts* (Leipzig: Bernhard Tauchnitz, 1868):89-93를 보라.
99. (자신의 종교적 비전을 다른 사람에게 강요하는) "강압성"과 (개인의 공간으로 물러서는) "게으름"을 종교의 기능장애로 보는 것에 대해서는 Volf, *A Public Faith*, 3-54를 보라.

3장. 존중의 정신, 존중의 체제

1. Chris Seiple and Denis R. Hoover, "Religious Freedom and Global Security", in *The Future of Religious Freedom: Global Challenges*, ed. Allen D. Hertzke (New York: Oxford University Press, 2013), 315-330를 보라.
2. U.S. Commission on International Religious Freedom, *Annual Report 2013*, April 2013, accessed May 8, 2015, http://www.uscirf.gov/sites/default/files/resources/2013%20USCIRF%20Annual%20Report%20(2).pdf. 또한 the Pew report *Global Restriction on Religion*, December 2009, accessed May 8, 2015, http://www.pewforum.org/files/2009/12/restrictions-fullreport1.pdf; the Pew report *Rising Tide of Restrictions on Religion*, September 20, 2012, accessed May 8, 2015, http://www.pewforum.org/Government/Rising-Tide-of-Restrictions-on-Religion-findings.aspx; 그리고 *Article 18: An Orphaned Right: A Report of the All Party Parliamentary Group on International Religious Freedom*, June 2013, accessed May 8, 2015, https://freedomdeclared.org/media/Article-18-An-Orphaned-Right.pdf도 보라.
3. Brian J. Grimm, "Restrictions on Religion in the World: Measures and Implications", in Hertzke, *The Future of Religious Freedom*, 89.
4. 무슬림들이 받는 박해에 대해서는 Ibrahim Kalin, "Islamophobia and the Limits of Multiculturalism", in *Islamophobia: The Challenge of Pluralism in the 21st century*

(New York: Oxford University Press, 2011), 3-20를 보라.
5. *Article 18*, 2. 더 자세한 내용을 위해서는 Rupert Shortt, *Christianophobia: a Faith under Attack* (London: Rider, 2012)을 보라.
6. Pierre Bourdieu, *Firing Back: Against the Tyranny of the Market 2* (London: Verso, 2003), 86; Pierre Bourdieu, *Pascalian Meditations* (Stanford: Stanford University Press, 2000), 71를 보라. 『파스칼적 명상』(동문선).
7. Pope Benedict XVI, "Lecture of the Holy Father—Faith, Reason and the University: Memories and Reflections", September 12, 2006, accessed August 14, 2013, http://w2.vatican.va/content/benedict-xvi/en/speeches/2006/september/documents/hf_ben-xvi_spe_20060912_university-regensburg.html을 보라.
8. Mahathir Mohamad, May 4, 2001, accessed May 8, 2015, http://www.mahathir.com/malaysia/speeches/2001/2001-05-04.php. 또한 Naveed Sheikh, *Body Count: A Quantitative Review of Political Violence across World Civilizations* (Amman: Royal Islamic Strategic Studies Centre, 2009)도 보라.
9. 버마에 대해서는 Mikael Gravers, "Spiritual Politics, Political Religion, and Religious Freedom in Burma", *Review of Faith and International Affairs* 11, no. 2 (2013): 46-52를 보라. 스리랑카에 대해서는 Bradley S. Clough, "A Policy of Intolerance: The Case of Sinhala Buddhist Nationalism", in *Religious Tolerance in World Religions*, ed. Jacob Neusner and Bruce Chilton (Conshohocken, Pa.: Templeton Foundation, 2008), 331-359를 보라.
10. Taylor, *Varieties of Religion Today: William James Revisited* (Cambridge, Mass.: Harvard University Press, 2002), 89. "부드러운 상대주의"가 도덕적 이상이라면, 관용을 끝까지 밀어붙일 수는 없고 어디에선가는 한계에 부딪혀야 한다. 테일러보다 도덕적 판단이 더 비관적인 알래스데어 매킨타이어(Alasdair MacIntyre)는 "실제로는 모든 그룹이 관용의 한계를 가지고 있으며 어떠한 방식으로든 그 한계를 강제한다"고 타당하게 주장한다["Toleration and the Goods of Conflict", in *Ethics and Politics: Selected Essays* (Cambridge: Cambridge University Press, 2006), 2:206].
11. Karl Marx and Friedrich Engels, *The Communist Manifesto*, in *Karl Marx: Selected Writings*, ed. David McLellan (Oxford: Oxford University Press, 1977), 224.
12. Joseph Ratzinger, "Mass for the Election of the Roman Pontiff", homily, Vatican Basilica, April 18, 2005, accessed May 8, 2015, http://www.vatican.va/gpII/documents/homily-pro-eligendo-pontifice_20050418_en.html을 보라.
13. John Locke, *A Letter Concerning Toleration, in Two Treatises of Government and a Letter Concerning Toleration*, ed. Ian Shapiro (New Haven: Yale University Press, 2003), 215. 『관용에 관한 편지』(책세상). 일방적 관용보다는 상호적 관용에 대한 로크의

강조에 대해서는 Richard Vernon, ed., *Locke on Toleration* (Cambridge: Cambridge University Press, 2010), xxxi를 보라.

14. 근대 자유주의 국가가 어떻게 기독교 신앙의 전사회적 실천을 전복하는지를 폭로하는 데에 관심 있는 신학자들에게는 존 로크가 악당이다. 그들의 관점에서 보면 로크의 관용에 대한 설명과 교회를 자발적 연합체로 보는 것, 교회와 국가의 분리 주장은 국가가 교회를 지배할 수 있는 근거가 된다[John Milbank, *Theology and Social Theory* (Oxford: Basil Blackwell, 1990), 13; William Cavanaugh, "The Wars of Religion and the Rise of the State", *Modern Theology* 11 (1995), 407; William Cavanaugh, *The Myth of Religious Violence: The Secular Ideology and the Roots of Modern Conflict* (Oxford: Oxford University Press, 2009), 78-80를 보라]. 나는 로크를 다르게 읽는다. 이후에 더 분명하게 이야기하겠지만, 나는 니콜라스 월터스토프와 찰스 테일러의 견해를 따른다. 즉, 나는 특정 부류의 정치적 자유주의를 기독교 정치 철학의 책임 있는 형태로 보고 그러한 정치적 자유주의는 다른 세계종교가 가진 요소와도 조화를 이룰 수 있다고 본다. 또한 제니퍼 허트(Jennifer Herdt)가 캐버너(Cavanaugh)와 밀뱅크(Milbank)가 로크를 읽는 방식에 반박한 것에 나도 동의한다["Locke, Martyrdom, and the Disciplinary Power of the Church", *Journal of the Society of Christian Ethics* 23 (2003); 19-35를 보라].

15. "Revocation of the Edict of Nantes", in *The Huguenot Connection: The Edict of Nantes, Its Revocation, and Early French Migration to South Carolina*, ed. Richard M. Golden (Dordrecht: Springer Netherlands, 1988), 137.

16. 영국에서의 박해와 관용의 역사에 대해서는 John Coffey, *Persecution and Toleration in Protestant England, 1558-1689* (Harlow, U.K.: Pearson Education, 2000)을 보라.

17. Mark Goldie, introduction to *Letter Concerning Toleration and Other Writings*, by John Locke (Indianapolis: Liberty Fund, 2010), ix.

18. Locke, *A Letter* in *Two Treatises of Government*, ed. Shapiro, 215.

19. Augustine, "Concerning the Correction of the Donatists", in *The Works of Saint Augustine: Letters 156-210*, trans. Roland Teske (Hyde Park, N.Y.: New City, 2004), 185를 보라. 아우구스티누스는 종교의 문제에서 강압을 사용할 경우 그것은 순전히 처벌적이기보다는 교육적이어야 한다고 보았고, "과도하지 않은 훈육"을 동반해야 한다고 보았다(195). "잔인함"은 강압을 당하는 자의 유익에 따라 사용 여부가 결정되었다[Peter R. L. Brown, "St. Augustine's Attitude to Religious Coercion", *Journal of Roman Studies* 54 (1964), 114를 보라]. 게다가 강압은 사랑에서 비롯되어야 하며 강압을 **당하는 자**에 대한 사랑의 관점에서 정당화되었다. 이것은 중세 십자군 전쟁 때 위험에 처한 같은 그리스도인들**만**에 대한 형제애에 호소함으로써 비그리스도인을 죽이는 것을 정당화한 많은 사람과 아우구스티누스 사이의 차이다[Jonathan Riley-Smith,

"Crusading as an Act of Love", in *Medieval Religion: New Approaches*, ed. Constance H. Berman (New York: Routledge, 2005), 49-67를 보라]. 존 볼린(John Bowlin)의 주장처럼, 아우구스티누스는 또한 교회에 소속되는 것과 시민 공동체의 관계에 대해서도 걱정했다. (하지만 그의 염려는, 만약 이 책의 주장이 맞다면, 근본적으로 틀리다.) "도나투스파들은 나가고 싶어 한다. 그들이 타락했다고 여기는 교회에 더 이상 속하고 싶어 하지 않는다. 그러나 동시에 그들은 정치 공동체에는 속하고 싶어 하고 그 소속이 주는 이익, 무엇보다도 자신들의 종교적 다름에 대한 관용을 누리고 싶어 한다"["Tolerance among the Fathers", *Journal of the Society of Christian Ethics* 26, no. 1 (2006), 30].

20. 물론 종종 인용되는 이 비유보다 더 많은 성경적 논쟁이 있었다[이 비유에는 또한 핵심 단어의 라틴어 번역이 *cogo*(모으다)인지 아니면 *compelle*(강제하다)인지에 대한 논쟁도 따랐다]. 사람들은 사도 바울의 회심에 근거해서도 주장했다. 하늘의 빛이 그를 말에서 떨어뜨리고 일시적인 눈 멈으로 그에게 고통을 가했기 때문에 그가 제정신으로 돌아온 것 아니냐는 것이다. 신약성경 본문에 대한 이러한 해석은 그 자체만으로는 다소 무리가 있어 보여도, 교회와 이스라엘의 유비의 맥락에서 보면 말이 되었다. 즉 교회는 새 이스라엘이고 따라서 순수 종교에 대한 선지자적이고 왕권적인 구약성경의 매우 비관용적인 변호 패턴을 따라야 한다는 것이다[종교적 비관용에 대해서는 Jacob Neusner, "Theological Foundation of Tolerance in Classical Judaism", in Neusner and Chilton, *Religious Tolerance*, 193-195를 보라; 교회가 이런 식으로 이스라엘을 모방하는 것에 대해서는 Eric Nelson, *The Hebrew Republic* (Cambridge, Mass.: Harvard University Press, 2010), 88-137; 그리고 Joan Lockwood O'Donovan, "Nation, State, and Civil Society in the Western Biblical Tradition", in *Bonds of Imperfection: Christian Politics, Past and Present*, ed. Oliver O'Donovan and Joan Lockwood O'Donovan (Grand Rapids, Mich.: Eerdmans, 2004), 276-295를 보라].

21. Locke, *A Letter*, 216.
22. 같은 책, 219.
23. Jonas Proast, *The Argument of the "Letter Concerning Toleration" (1690), "A Third Letter Concerning Toleration" (1691), "A Second Letter to the Author of the Three Letters for Toleration", (1704)* (New York: Garland, 1984)을 보라.
24. Locke, *A Letter*, 219.
25. John Locke, *Two Treatises of Government*, ed. Peter Laslett (Cambridge: Cambridge University Press, 1989), 271.
26. John Locke, *A Third Letter for Toleration: To the Author of the Third Letter Concerning Toleration*, in *Works of John Locke* (Aalen: Scientia, 1963), 6:212.
27. Locke, *A Letter*, 215-217, 220-223. 로크는 분명하게 말한다. "이 사회[즉 교회]의

일원이 의무를 지키게 하는 무기는 권고, 충고, 조언이다"(223).
28. 같은 책, 217-220. 후자의 예로는 "재산 압수, 투옥, 괴롭힘" 등이 있는데 그 어느 것도 "사람이 사물에 대해 정한 내적 판단을 바꾸게 하는 데는 효과가 없다"(219).
29. 같은 책, 239.
30. 같은 책, 249-250. 로크가 제시하는 국가에서 로마 가톨릭교도, 무슬림, 무신론자 들은 이교도나 유대인만큼 좋은 대우를 받지 못한다. 그 이유는 종교적 비관용이 아니라 사회적 안정에 대한 염려 때문인데, 그 종교들이 충성하는 정치적 대상이 다르다는 이유도 한몫한다. 가톨릭은 외적 권위(바티칸에 있는 교황)에 충성하며 따라서 충성의 대상이 나뉜다. "그 기반에 세워진 교회로 들어가는 사람은 결과적으로 다른 왕을 섬기게 되고 그의 보호에 자신을 맡기기 때문에 그 교회는 관용의 대상이 될 권리가 없다." 무슬림도 마찬가지로 충성의 대상이 나뉜다고 로크는 생각했다. 그들이 "콘스탄티노플의 법관" 혹은 "오토만 제국"에 귀속되기 때문이다(245-246). 무신론자들은 "인간 사회의 결속인 약속, 언약, 맹세가 아무런 의미가 없다"고 보았다(245-246). 적어도 오늘날의 맥락에서는 이 세 입장 모두 문제가 있다.
31. United Nations, *The Universal Declaration of Human Rights*, December 10, 1948, accessed August 14, 2013, http://www.un.org/en/documents/udhr/index.shtml#a18.
32. 예를 들어 칸트가 그의 유명한 "계몽이란 무엇인가?"에서 설명한 종교를 보라. 칸트는 "계몽"을 "스스로 유발한 보호로부터 자유로워지는 것", "보호"를 "다른 사람의 지도 없이는 자신의 이해력을 사용하지 못하는 것"이라고 정의한 후, 종교의 자유를 방해하지 않는 왕을 칭찬하면서 다음과 같이 명확하게 말했다. "내가 계몽―사람이 스스로 유발한 보호에서 벗어나는 것―의 요점을 종교와 관련해서 이야기한 이유는 우리의 통치자들이 예술과 과학에서는 보호자의 역할을 하는 데 관심이 없기 때문이다. 또한 종교적 무능은 가장 해로울 뿐 아니라 가장 천박한 것이기 때문이다." 국가는 "이제 기계를 능가하는 인간을 그들의 존엄성에 맞게 대하는 것을 자신에게 유익한 일로 여겨야" 할 것이다[*Practical Philosophy: The Cambridge Edition of the Works of Immanuel Kant*, ed. Mary J. Gregor (Cambridge: Cambridge University Press, 1996), 11-22].
33. Locke, *A Letter*, 246.
34. 1장을 보라. 거기에서 나는 현재의 시장 주도 지구화는 15세기에 시작되었다고 주장했다.
35. C. B. Macpherson, *The Political Theory of Possessive Individualism: Hobbes to Locke* (Oxford: Clarendon, 1962)를 보라. 『소유적 개인주의의 정치이론』(인간사랑). 본질적 권리를 강조하는 소유적 개인주의의 부상을 비판하는 신학적 설명에 대해서는 Joan O'Donovan, "Rights, Law and Political Community: A Theological and Historical Perspective", *Transformation* 20, no. 1 (2003): 30-38를 보라.
36. 초기 기독교를 내향성에 반하는 것으로 읽는 지배적인 경향에 반대하는 주장으로는 Michal Beth Dinkler, "'The Thoughts of Many Hearts Shall Be Revealed': Listening

in on Lukan Interior Monologues"(2014년 11월 22-25일에 샌디에이고에서 열린 Society of Biblical Literature 연례 학회에서 발표된 논문)를 보라. 초기 기독교가 가졌던 내적이고 비물질적인 자기의 영역을 무시하고 외적이고 물리적인 자기의 측면을 강조한 것에 반대하는 주장에 대해서는 François Bovon, "The Soul's Comeback: Immortality and Resurrection in Early Christianity", *HTR* 103 (2010): 387-406를 보라.

37. Tertullian, *Ad Scapulum* II [볼린(Bowlin)이 "Tolerance among the Fathers", 27에서 인용했다]. AD 300년 경, 디오클레티아누스의 박해 기간 동안에 그리스도인 변증가 락탄티우스(Lactantius)는 "종교만큼 자유의지가 핵심 문제인 것이 없다.…예배자의 정신이 거기에 훈련된다면 종교는 곧 사라지고 더 이상 존재하지 않을 것"이라고 주장했다(*Divine Institutes*, v. 20. 볼린이 "Tolerance among the Fathers", 18에서 인용). 고대와 중세의 관용에 대해서는 Rainer Forst, *Toleration in Conflict: Past and Present*, trans. Ciaran Cronin (Cambridge: Cambridge University Press, 2013), 36-95를 보라.

38. Robert Louis Wilken, *The Christian Roots of Religious Freedom* (Milwaukee: Marquette University Press, 2014), 12-14를 보라.

39. 가톨릭교회의 공식 가르침에 있어서 종교의 자유는 1965년에 수용되었다[Vatican Council II, "*Dignitatis Humanae* (Declaration of Religious Freedom, Promulgated by Pope Paul VI)", December 7, 1965, accessed August 14, 2013, http://www.vatican.va/archive/hist_councils/ii_vatican_council/documents/vat-ii_decl_19651207_dignitatis-humanae_en.html]. 종교의 자유에 대한 프로테스탄트의 이른 지지에 대해서는 Thomas Helwys, *A Short Declaration of the Mystery of Iniquity*, ed. Richard Groves (Macon: Mercer University Press, 1998); 그리고 Roger Williams, *The Bloudy Tenent of Persecution, for Cause of Conscience*, ed. Richard Groves (Macon: Mercer University Press, 2001)를 보라.

40. 힌두교의 관점에서 주장한 종교의 자유에 대해서는 Anantanand Rambachan, "Hinduism and Dialogue"(비출간 문서, 2014)를 보라.

41. "*Kalama Sutta* (To the Kalamas)", in *Anguttara Nikaya: Discourses of the Buddha: An Anthology*, trans. Nyanaponika Thera and Bhikkhu Bodhi (Kandy: Buddhist Publication Society, 2010), 32-33.

42. Vincent J. Cornell, "Theologies of Difference and Ideologies of Intolerance in Islam", in Neusner and Chilton, *Religious Tolerance*, 288-290를 보라. 사실 일부 무슬림 스승들은 **이슬람의 진리가 자명하다는 주장 하나에 근거해서 강제를 주장한다.** 자명한 것을 받아들이지 않는 사람은 고집스러운 것이고 따라서 강제할 수 있다는 것이다. "그러한 힘의 사용은 (알셰이크 무함마드) 알사디키 박사(Dr. al-Shaykh Muhammad al-Sadiqi)에 따르면 사실상 강제가 아니라, 사람을 자기 본성과 건전한 합리성(*al-'aqliyya al-salib*)에 부합하게 하는 것이다. 그리고 어쨌든 그들이

마음으로 믿는 것은 전혀 강압의 대상이 아니다"[Patricia Crone, "'No Compulsion in Religion': Q. 2:256 in Mediaeval and Modern Interpretation", in *Le Shi'isme imamite quarante ans après: Hommage à Etan Kohlberg*, ed. Mohammad Ali Amir-Moezzi, Meir M. Bar-Asher, and Simon Hopkins (Turnhout: Brepols, 2009), 152]. 기독교에서는 아우구스티누스가 비슷한 주장을 사용해서 강제를 정당화했다. 이단들과 분리주의자들은 자기 입장에 대한 이유가 빈약하기 때문에 시민적 처벌은 그들이 자신의 입장을 재고하고 정통 신앙의 진리를 보게 하는 촉진제가 되어 그들로 하여금 나약함과 교만과 게으름에서 벗어나게 할 수 있다는 것이다[Augustine, "Letter 93", in *The Works of Saint Augustine: Letters 1-99*, trans. Roland Teske (Hyde Park, N.Y.: New City, 2001), 376-409; 또한 Coffey, *Persecution*, 34-35를 보라].

43. Ibrahim Kalin, "Sources of Tolerance and Intolerance in Islam: The Case of the People of the Book", in Neusner and Chilton, *Religious Tolerance*, 263에 인용된 대로임. 크론(Crone)은 그러나 이것이 알라지(al-Razi)가 아부 무슬림(Abu Muslim)을 인용하는 것일 수도 있다면서, 알-바카라(al-Baqarah) 2:256에 대한 알라지의 무타질라(Mu'tazila) 학파 해석이 실제로 **인간**의 강제에 대한 것인지 의문을 제기하고 알라지가 말하는 강제는 **신**의 강제라고 주장한다. 그렇게 되면 알-바카라 2:256은 결정론에 대한 반대가 된다("No Compulsion in Religion", 134를 보라).

44. 알-바카라 2:256을 해석하면서 귈렌(Gülen)은 함디 야지르(Hamdi Yazir)의 다음 주장을 받아들인다. "강제적으로 행해진 모든 종교 행위는 아무런 보상이 없다. 그리고 자유의지로 행하지 않은 예배는 예배에 해당하지 않는다"[Fethullah Gülen, "Islam as the Embodiment of Divine Mercy and Tolerance", in *Abraham's Children: Liberty and Tolerance in an Age of Religious Conflict*, ed. Kelly James Clark (New Haven: Yale University Press, 2012), 248].

45. 히브리 성경에 나오는 다른 종교에 대한 관용의 양가성에 대해서는 Baruch A. Levine, "Tolerance in Ancient Israelite Monotheism", in Neusner and Chilton, *Religious Tolerance*, 15-28를 보라. 제이컵 뉴스너는 토라에서는 양가성이 거의 나타나지 않으며 오직 정죄만 있다고 주장한다("Theological Foundation of Tolerance in Classical Judaism", 193-195를 보라).

46. 미합중국의 헌법 제정자 중 한 사람인 제임스 매디슨(James Madison)은 종교의 자유를 "창조주에게 마땅히 표해야 하는 모든 사람의 의무이며, 오직 그것만이 하나님께 합당한 것"이라고 했다["A Memorial and Remonstrance Against Religious Assessments", in *The Selected Writings of James Madison*, ed. Ralph Ketcham (Indianapolis: Hackett), 22]. 이에 대해서는 Michael W. McConnell, "Why Is Religious Liberty the 'First Freedom?'" *Cardozo Law Review* 21 (1999-2000): 1247-1248를 보라. 뉴먼 추기경은 이 입장을 간략하고 정확하게 표현했다: 양심은 "의무가 있기에 권리가 있다"[John

Henry Newman, *A Letter Addressed to His Grace the Duke of Norfolk* (New York: Catholic Publication Society, 1875), 75]. 또한 Allen D. Hertzke, "Advancing the First Freedom in the 21st Century", in Hertzke, *The Future of Religious Freedom*, 6도 보라. 나의 주장은 개인의 존엄성과 자율성에서 종교의 자유를 도출하여 그것을 인권으로 보는 것이 잘못이라는 게 아니라, "하나님의 권리"에 호소하는 것으로도 종교의 자유를 타당하게 주장할 수 있다는 것이다.

47. Abu Zaid Abdullah ibn Umar ibn Isa al-Dabusi, *Taqwim al-Adillah fi Usul al-Fiqh* (Beirut: Dar al-Kutub al-Ilmiyyah, 2001), 417. Recep Şentürk, "Human Rights in Islamic Jurisprudence: Why Should All Human Beings Be Inviolable?" in Hertzke, *The Future of Religious Freedom*, 296에 인용됨. 이 글에서 샨투크(Şentürk)는 인격성에 대한 침해 불가능을 같은 원칙의 이슬람 인권의 기초로 발전시킨다.
48. 종교개혁 시기와 그 이후의 종교의 자유와 강압에 대해서는 Coffey, *Persecution*, 21-46를 보라.
49. 그러한 조건하에서 관용의 가능성과 불가능성에 대해서는 Bernard Williams, "Tolerating the Intolerable", in *The Politics of Toleration: Tolerance and Intolerance in Modern Life*, ed. Susan Mendus (Edinburgh: Edinburgh University Press, 1999), 72-73를 보라.
50. G. W. F. Hegel, *Phenomenology of Spirit*, trans. A. V. Miller (Oxford: Clarendon, 1977), 111-119를 보라.
51. Jan Assmann, *The Price of Monotheism*, trans. Robert Savage (Stanford: Stanford University Press, 2010), 2를 보라; 또한 Jan Assmann, *Herrschaft und Heil: Politische Theologie in Altägypten, Israel und Europa* (Munich: Carl Hanser Verlag, 2000)도 보라.
52. 이것은 "구형"(old mold)의 종교적 감수성이 세계종교에 오랫동안 영향을 미쳤기 때문에 축의 변화의 효과가 나타나지 못한 한 가지 예다[Charles Taylor, *Modern Social Imaginaries*, (Durham: Duke University Press, 2004), 61를 보라].
53. 이스라엘에서 종교 공동체와 정치 공동체의 정체성이 강압적 비관용의 기반이 된 것에 대해서는 Levine, "Tolerance in Ancient Israelite Monotheism"을 보라.
54. 기독교에서 종교적 강요의 전통을 결정적으로 형성한 아우구스티누스는 종교에 있어서 내적 확신의 중요성을 강조했다. 아우구스티누스가 누가복음의 "강제해 들이라"는 본문으로 설교한 것 중 유일하게 남아 있는 설교의 마지막 문장은 다음과 같다. "외부에서 강요하고, 내부에서 의지가 생기게 하라"(Brown, "St. Augustine's Attitude to Religious Coercion", 112를 보라). 무슬림 형제단(Muslim Brotherhood)의 주요 사상가 중 한 사람인 사이드 쿠트브(Sayyid Qutb)도 비슷한 주장을 한다. 이슬람은 "무력으로 신앙을 강요하는 것을 금지한다"고 그는 말한다. 그러나 그와 동시에 이슬람은 "백성과 이슬람 사이를 가로막는 모든 정치적·물질적 권력을 없애고자" 적극적인 지하드에 참여할 것을 명령한다고 그는 말한다[*Milestones* (New Delhi: Millat Book Centre, n.d.), 57].

궁극적으로 무력은 내적 확신에 봉사한다는 것이다. 그러나 이러한 입장에는 문제가 있다. 실천의 일치를 강제하는 것이 합법적이라는 주장은 사실상 외적 실천이 **아닌** 내적 확신이 초월적 부름에 대한 올바른 반응이라는 종교의 해석을 전제하는 것이다. 만약 실천이 초월적 부름에 대한 반응이라고 한다면, 그것을 그렇게 이해하지 않는 사람에게는 합법적으로 강요할 수가 없다. 실천의 일치를 **강제**하면 내적 확신을 낳을 것이기 때문에 그것은 정당하다는 주장은, 믿음이 요구하는 실천을 하는 것은 내적으로 믿음을 가지는 데 도움이 된다고 주장하는 것과는 범주가 다른 주장이다. 두 번째의 경우는 실천과 내적 확신 모두가 **자유롭게** 받아들이는 것인 반면, 첫 번째의 경우는 그렇지 않다. 이슬람에서 믿음의 실천이 확신에 이르게 한다는 주장에 대해서는 Ghazi bin Muhammad, *What Is Islam and Why?* (Amman: Mabda, 2012), 32-34를 보라.

55. 현재 전 세계 무슬림들은 배교를 불법화하는 것을 압도적으로 지지하는 반면, 그리스도인들은 압도적으로 반대한다. Ann Black, Hossein Esmaeili, and Nadirsyah Hosen, *Modern Perspectives on Islamic Law* (Northampton, U.K.: Edward Elgar, 2013), 268-274를 보라; Abdulaziz Sachedina, *The Islamic Roots of Democratic Pluralism* (New York: Oxford University Press, 2001), 97-101를 보라. 세계 여러 종교 전통에서 배교를 불법화하는 것에 대해서는 Pew Forum on Religion & Public Life, *Laws Penalizing Blasphemy, Apostasy and Defamation of Religion Are Widespread*, November 21, 2012, accessed May 8, 2015, http://www.pewforum.org/2012/11/21/laws-penalizing-blasphemy-apostasy-and-defamation-of-religion-are-widespread/를 보라. 그리스도인들도 역사적으로 오랫동안 배교가 심한 처벌을 받아 마땅한 범죄라고 보았다[J. Oropeza, *Paul and Apostasy: Eschatology, Perseverance, and Falling Away in the Corinthian Congregation* (Tübingen: Mohr Siebeck, 2000), 1-33를 보라].

56. Ghazi bin Muhammad, "On 'A Common Word Between Us and You'", in *A Common Word: Muslims and Christians on Loving God and Neighbor*, ed. Miroslav Volf, Ghazi bin Muhammad, and Melissa Yarrington (Grand Rapids, Mich.: Eerdmans, 2010), 6.

57. 세예드 호세인 나스르(Sayyed Hossein Nasr)는 기독교의 전도와 무슬림의 '다와'(*da'wa*: 이슬람 전파—옮긴이) 모두 "서로를 망하게 하려는" 시도라고 말한다["We and You: Let Us Meet in God's Love", (2008년 11월 6일, 로마에서 교황 베네딕토 16세와 함께 한 Common Word 회의에서 발표한 논문), 14]. 세속적 물질보다 궁극적 충성이 더 중요하기 때문에 다른 종교에 영혼을 잃는다는 것은 다른 나라에 주권을 잃는 것보다 더 나쁜 일로, 소유물 심지어 생명을 잃는 것보다 더 심한 파멸로 보일 수 있다.

58. So Şentürk, "Human Rights in Islamic Jurisprudence", 306. 이슬람에서 보는 배교에 대해서는 Mohammad Hashim Kamali, "Freedom of Religion in Islamic Law", *Capital*

University Law Review 21 (1992): 70-74를 보라.
59. 여러 종교가 공존하는 상황에서 증언하는 것에 대한 기독교적 관점에 대해서는 Miroslav Volf, *A Public Faith: How Followers of Christ Should Serve the Common Good* (Grand Rapids, Mich.: Brazos, 2011), 99-117를 보라.
60. 종교적으로 다원화된 사회에서 증언하는 것에 대한 에큐메니컬 기독교의 입장에 대해서는 2011년에 세계기독교협의회(World Council of Churches), 종교 간 대화를 위한 교황 위원회(Pontifical Council for Inter-religious Dialogue), 그리고 세계복음주의연맹(World Evangelical Alliance)이 발간한 "Christian Witness in a Multi-religious World: Recommendations for Conduct"라는 문서를 보라. June 28, 2011, accessed July 23, 2013, http://www.oikoumene.org/en/resources/documents/wcc-programmes/interreligious-dialogue-and-cooperation/christian-identity-in-pluralistic-societies/christian-witness-in-a-multi-religious-world. 또한 J. Dudley Woodberry, "Comparative Witness: Christian Mission and Muslim Da'wa", *Review of Faith and International Affairs* 7 (2009), 71를 보라.
61. 자세한 설명은 Volf, *Allah: A Christian Response*, 201-218를 보라.
62. "종교의 자유에 대한 존중"과 "종교에 대한 존중"을 내가 여기에서 구분한 것은 포르스트(Forst)가 *Toleration and Conflict*, 27-32에서 말한 두 가지 의미의 관용과 잘 맞는다. 관용의 "허용적 개념"(권위자나 다수가 소수를 관용하는 것)과 "공존의 개념"(대략 비슷한 힘을 지닌 그룹들이 관용을 실천하는 것)을 구분하는 것에 덧붙여 그는 "존중의 개념"(자율적인 혹은 동등한 권리를 지닌 정치 공동체의 일원으로 서로를 존중하는 것)과 "존경의 개념"(다른 사람의 신념과 실천을 윤리적으로 소중한 것으로서 존경하는 것)도 구분했다.
63. 인간의 존엄성에 대한 칸트의 입장을 설명하면서 알렌 우드(Allen Wood)는 다음과 같이 썼다. "(자신이 생각할 수 있는) 최악의 인간도 최고로 이성적인 인간과 그러한 면에서 (혹은 다른 어떤 면에서도) 동일한 존엄성 혹은 절대적 가치를 가진다"[*Kant's Ethical Thought* (Cambridge: Cambridge University Press, 1999), 132].
64. William Shakespeare, *Measure for Measure*, in *Riverside Shakespeare*, ed. G. Blakemore Evans (Boston: Houghton Mifflin, 1974), 560. 『자에는 자로』(동인).
65. 루터가 사람과 행위를 구분한 것에 대해서는 Gerhard Ebeling, *Luther: An Introduction to His Thought*, trans. R. A. Wilson (Philadelphia: Fortress, 1970), 148-158를 보라.
66. Ghazi bin Muhammad, *Love in the Holy Qur'an* (Chicago: Kazi, 2010), 71. 가지(Ghazi)의 말은 아우구스티누스가 *De Doctrina Christiana*에서 한 말과 비슷하다. "그 어떤 죄인도 죄인으로 사랑해서는 안 된다"(1.27.28).
67. 같은 책, 기독교와 이슬람 모두를 아는 사람은 사랑(기독교)과 긍휼(이슬람)의 중요한

변형들이 서로 비슷하게 기능한다는 것을 알 것이다.
68. 같은 책, 78.
69. 비관용과 관련하여 반대, 수용, 거절에 대해서는 Forst, *Tolerance in Conflict*, 18-25를 보라.
70. Jonathan Sacks, *The Dignity of Difference*, 20.
71. Jonathan Sacks, *The Dignity of Difference*, 2nd ed. (London: Continuum, 2003), 21. 이 책 1판에서 색스(Sacks)는 종교 자체가 존엄하고 존중받아 마땅하다고 더 강하게 주장했다.
72. 이 질문에 대한 답은 또한 세계종교를 믿는 사람이 어떻게 진리 주장을 하느냐에도 달려 있다. 이와 관련해서는 두 가지 문제가 중요하다. 하나는 그 주장을 하는 방식이다. 예를 들어, 잠정적으로 주장했는지 혹은 절대적으로 주장했는지, 겸손하게 주장했는지 교만하게 주장했는지와 같이 말이다. 또 다른 문제는 종교 간 겹치는 진리 주장에 대해서 어떤 의미를 부여하느냐다. 어떠한 세계종교든 자신이 가장 우월하다고 주장하더라도, 다른 모든 종교가 **전적으로** 틀렸다고 주장할 수는 없기 때문이다[Friedrich Schleiermacher, *The Christian Faith*, trans. H. R. MacKintosh and J. S. Stewart (Philadelphia: Fortress, 1928), §7.3에 이미 이러한 입장이 나타나 있다.
73. Robin S. Dillon, "Respect: A Philosophical Perspective", *Gruppendynamik und Organisationsberatung* 38, no. (2007), 203.
74. 같은 책, 204.
75. "평가 존중"에 대해서는 Stephen L. Darwall, "Two Kinds of Respect", *Ethics* 88, no. 1 (1977), 38-39, 41-47를 보라.
76. Charles Taylor, *Multiculturalism: "The Politics of Recognition"*, ed. Amy Gutmann (Princeton: Princeton University Press, 1994), 72-73. 신앙인들은 실재에 대한 비종교의 해석보다 다른 종교의 해석을 더 받아들이기 힘들어한다. 예를 들어, 많은 나라의 배교법은 무신론-배타적 인본주의-을 또 하나의 "종교"로 대하기보다 종교들 사이의 중립 지대로 대하는데 이것은 옳지 않다는 것이 내 생각이다.
77. 다른 종교에 대한 편견과 이해에 대해서는 Volf, *Allah*, 203-205를 보라.
78. 루터와 이슬람에 대해서는 같은 책, 60-76를 보라.
79. Rowan Williams, *Faith in the Public Square* (London: Bloomsbury, 2012), 141.
80. 일곱 가지 노아의 율법에 대해서는 Babylonian Talmud, Sanhedrin, 56a를 보라.
81. HC Q/A 100; "The Heidelberg Catechism", in *Book of Confessions*, part 1 of *The Constitution of the Presbyterian Church (U. S. A.)* (Louisville: Office of the General Assembly, 1999), 4. 100(p. 46)를 보라.
82. *The Charter Granted by Their Majesties King William and Queen Mary, to the*

Inhabitants of the Province of the Massachusetts-Bay in New-England (Boston: S. Kneeland, 1759), 72.

83. Paul Marshall and Nina Shea, *Silenced: How Apostasy and Blasphemy Codes Are Choking Freedom Worldwide* (Oxford: Oxford University Press, 2011), 86에 인용됨.
84. 같은 책, 177-226를 보라.
85. http://www.buddhisma2z.com/content.php?id=40#sthash.quyiAe00.dpuf (accessed May 8, 2015)를 보라.
86. Tom Heneghan, "Thai Buddhists Seek Blasphemy Law to Punish Offences Against Their Faith", October 25, 2007, accessed May 11, 2015, http://blogs.reuters.com/faithworld/2007/10/25/thai-buddhists-seek-blasphemy-law-to-punish-offences-against-their-faith를 보라.
87. T. W. Rhys David and J. Estlin Carpenter, eds. *Digha-Nikaya* (Oxford: Pali Text Society, 1995), 1:1-3.
88. Gerd Theissen and Annete Merz, *The Historical Jesus: A Comprehensive Guide*, trans. John Bowden (Minneapolis: Fortress, 1998), 464를 보라.
89. 예를 들어 Nasr Hamid abu-Zayd, "Renewing Qur'anic Studies in the Contemporary World", in Marshall and Shea, *Silenced*, 293를 보라.
90. 합법성이 단순히 보호되어야 하는 경우보다는 확립되어야 하는 상황에서 합법성과 신성모독법 사이의 관계가 드러난다. 1977년에 군사 쿠데타로 줄피카르 알리 부토(Zulfikar Ali Bhutto)를 해임시키고 권력을 잡은 지아 울하크(Zia ul-Haq) 장군의 예를 보라. 그는 민주주의적 합법성이 부족했기 때문에 파키스탄의 이슬람화를 가속시켰는데, 신이 파키스탄에 이슬람 국가를 세우라는 요구를 하는 꿈을 꾸고 그렇게 하는 것이라고 주장했다. 그가 바로 파키스탄에 악명 높은 신성모독법을 제창했다 (Marshall and Shea, *Silenced*, 85).
91. 그러나 유대교에서는 성전이 파괴되고 유대교가 정치적 통치를 잃고 난 후에도, "유대교 법정이 형사 재판권을 행사하는 한" 신성 모독을 하는 사람에게 사형을 언도했다 ["Blasphemy", in *The Jewish Encyclopedia* (New York: Funk & Wagnalls, 1907), 3:237].
92. Marshall and Shea, *Silenced*. 또한 Abdurrahman Wahid, "God Needs No Defense", in Clark, *Abraham's Children*, 212도 보라.
93. Richard Webster, *A Brief History of Blasphemy: Liberalism, Censorship and the Satanic Verses* (Southwold, U.K.: Orwell, 1990), 129.
94. Williams, *Faith in the Public Square*, 147.
95. 마이클 왈저(Michael Walzer)는 다섯 가지 "관용을 가능케 하는 정치적 장치"의

유형을 분석하는데, 이러한 정치적 장치는 역사적으로 두드러지는 서구의 "관용 사회의 모델들"이다. 이 모델들은 관용을 제도화하는 방법은 여러 가지임을 상기시켜 주는데, 존중을 제도화하는 것도 마찬가지다. *On Toleration* (New Haven: Yale University Press, 1997), 8-13를 보라.

96. Nicholas Wolterstorff, "The Role of Religion in Decision and Discussion of Political Issues", in *Religion in the Public Square: The Place of Religious Convictions in Political Debate*, ed. Robert Audi and Nicholas Wolterstorff (Lanham, MD: Rowman & Littlefield, 1997), 73.

97. 이 문구에 대해서는 Thomas Jefferson, "To Messrs. Nehemiah Dodge, Ephraim Robbins, and Stephen S. Nelson, a Committee of the Danbury Baptist Association, in the State of Connecticut", in *Thomas Jefferson: Political Writings*, ed. Joyce Appleby and Terence Ball (Cambridge: Cambridge University Press, 1999), 397를 보라.

98. Locke, *Two Treatises of Government and a Letter Concerning Toleration*; John Rawls, *Political Liberalism* (New York: Columbia University Press, 2005)을 보라. 『정치적 자유주의』(동명사).

99. http://www.independent.co.uk/news/world/middle-east/isis-declares-new-islamic-state-in-middle-east-with-abu-bakr-albaghdadi-as-emir-removing-iraq-and-syria-from-its-name-9571374.html (June 30, 2014, accessed May 11, 2015).

100. Jocelyn MacLure and Charles Taylor, *Secularism and Freedom of Conscience*, trans. Jane Marie Todd (Cambridge, Mass.: Harvard University Press, 2011), 5.

101. 같은 책, 19-26.

102. Wolterstorff, "The Role of Religion in Decision and Discussion of Political Issues", 67-120; Forst, *Toleration in Conflict*, 539-540를 보라. 또한 이 문제에 대한 위르겐 하버마스(Jürgen Habermas)와 찰스 테일러의 대화를 보라: http://blogs.ssrc.org/tif/2009/11/20/rethinking-secularism-jurgen-habermas-and-charles-taylor-in-conversation (November 20, 2009, accessed May 11, 2015).

103. Williams, *Faith in the Public Square*, 61.

104. 같은 책, 27.

4장. 종교적 배타주의와 정치적 다원주의

1. 많은 그리스도인이 예수 그리스도에 대한 기독교적 신념이 아니라, **예수 그리스도** 그분을 벗어나서는 오직 거짓의 어둠밖에 없다고 말할 것이다. 이것은 예수 그리스도는 신이시며, 영원하신 말씀으로서 창조주시라는 기독교 신앙에서 비롯한 입장이다. 창조주

하나님으로서 예수는 모든 진리의 근원이시며 그 진리의 참 구현이시다. 기독교 초기의 교부인 순교자 저스틴 때부터 많은 그리스도인은 영원하신 말씀은 모든 사람의 생명이며 빛이시기 때문에 어떠한 철학이나 종교에서 발견되는 진리도 모두 영원하신 말씀에서 파생된다고 믿었다. 그리스도 안에서 영원하신 말씀은 육화되셨고, 소크라테스와 같은 현인들은 그 말씀의 "씨앗"을 가지고 있는 것이며 이 씨앗을 통해서 다른 종교와 철학들은 진리의 어떤 면들을 접할 수 있다[이러한 관점과 그 함의에 관한 간략한 논의에 대해서는 Miroslav Volf, *A Public Faith: How Followers of Christ Should Serve the Common Good* (Grand Rapids, Mich.: Brazos, 2011), 112-113를 보라.

2. 여기에서 내가 설명하는 종교적 배타주의는 온건한 배타주의다. 소수이지만 어떤 사람들은 더 강경한 배타주의를 지지한다(예를 들어 존 맥아더의 가르침을 보라. John MacArthur, "Nothing but the Truth", *Grace to You*, January 2015, accessed May 11, 2015, http://www.gty.org/resources/articles/A213/NOthing-but-the-Truth). 『전도, 그 이상의 축복』(소망사). 이들은 자기들만이 진리를 가지고 있다고 생각한다. 다른 종교나 철학이 어떠한 진리를 가지고 있건 그것은 왜곡되었고 틀린 목적을 위해 사용되었기 때문에 거짓으로 바뀌었다는 것이 이들의 주장이다. 자신의 신념과 다른 사람들의 신념이 겹치는 부분에 대해서는 이 종교들에 영감을 준 악마의 교활함의 표시라고 말한다[이슬람이 악마의 영감으로 생긴 종교라는 최근의 주장에 대해서는 Joel Richardson, *The Islamic Antichrist: The Shocking Truth about the Real Nature of the Beast* (Los Angeles: WorldNetDaily, 2009). 『마지막 때와 이슬람』(순전한나드); 그리고 Terry Jones, *Islam Is of the Devil* (Lake Mary, Fla.: Creation House, 2010)을 보라].

3. Friedrich Schleiermacher, *The Christian Faith*, trans. H. R. Mackintosh and J. S. Steward (Philadelphia: Fortress, 1978), §10, postscript.

4. Frithjof Schuon, *The Transcendent Unity of Religions* (Wheaton, Ill.: Quest, 1984); John Hick, *An Interpretation of Religion* (New Haven: Yale University Press, 1991)을 보라.

5. 프리트조프 슈온(Frithjof Schuon)은 서로 다른 종교 전통은 인간 존재의 본질적 다양성을 반영하는 것이라고 본다. 각 전통은 단 하나뿐인 고유한 진리가 특정한 유형의 인간에게서 표현되는 방식이라는 것이다[*The Essential Frithjof Schuon*, ed. Seyyed Hossein Nasr (Bloomsington, Ind.: World Wisdom, 2005), 149-153를 보라].

6. 나치주의와 스탈린주의에 대해서는 Hannah Arendt, *The Origins of Totalitarianism* (New York: Harcourt, 1951)을 보라. 『전체주의의 기원』(한길사).

7. 이 통계는 다음의 자료에 근거해서 분석했다. Ipsos MORI Global @dvisor survey: "Views on Globalization and Faith", April 2011, accessed June 20, 2014, http://www.fgi-tbff.org/randp/casestudies/religion-globalisation; Pew Global

Attitudes Project, "Chapter 3: Views of Democracy and the Role of Islam", in *Arab Spring Fails to Improve U.S. Image*, May 17, 2011, accessed May 11, 2015, http://www.pewglobal.org/2011/05/17/chapter-3-views-of-democracy-and-the-role-of-islam; Pew Global Attitude Project, *Egyptians Embrace Revolt Leaders, Religious Parties and Military, as Well*, April 25, 2011, accessed May 11, 2015, http://www.pewglobal.org/2011/04/25/egyptians-embrace-revolt-leaders-religious-parties-and-military-as-well; Pew Global Attitudes Project, *Public Opinion in Pakistan: Concern about Extremist Threat Slips*, July 29, 2010, accessed May 11, 2015, http://www.pewglobal.org/2010/07/29/concern-about-extremist-threat-slips-in-pakistan; Gallup, *Importance of Religion among Predominantly Islamic Countries*, April 16, 2002, accessed May 11, 2015, http://www.gallup.com/poll/5821/Importance-Religion-Among-Predomianatly-Isalmic-Countires.aspx?utm_source=Importance%20of%20Religion@20among%20Predominantly%20Islamic&utm_medium=serach&utm_campaign=tiles; Pew Forum on Religion & Public Life, *Tolerance and Tension: Islam and Christianity in Sub-Saharan Africa*, April 15, 2010, accessed May 11, 2015, http://www.pewforum.org/2010/04/15/executive-summary-islam-and-christianity-in-sub-saharan-africa; Gallup, *Iranians, Egyptians, Turks: Contrasting Views on Sharia*, July 10, 2008, accessed May 11, 2015, http://www.gallup.com/poll/108724/Iranians-Egyptians-Turks-Contrasting-Views-Sharia.aspx?utm_source=Iranians,%20Egyptians,%20Turks:%20Contrasting%20Views%20on%20S7utm_medium=serach&utm_campaign=tiles; Gallup, *Majorities See Religion and Democracy as Compatible*, October 3, 2007, accessed May 11, 2015, http://www.gallup.com/poll/28762/Majorities-Muslims-Americans-See-Religion-Law-Compatible.aspx?utm_source=Majorities%20See%20Religion%20and%20Democracy%20as%20Compatibl&utm_medium=search&utm_campaign=tiles; World Public Opinion Surveys, 2008, 2009, 2010, accessed May 11, 2015, www.worldpublicopinion.org/.

8. Jan Assman, *The Price of Monotheism*, trans. Robert Savage (Stanford: Stanford University Press, 2010), 1-2를 보라.
9. 복음서를 보면, 그러나 예수는 신명기 6:5에 근거한 이 명령의 긍정적 해석을 일관되게 선호하셨다. "계명 중에 첫째가 무엇이니이까?"라는 질문에 예수는 "첫째는 이것이니 이스라엘아 들으라 주 곧 우리 하나님은 유일한 주시라. 네 마음을 다하고 목숨을 다하고 뜻을 다하고 힘을 다하여 주 너의 하나님을 사랑하라 하신 것이요"라고 대답하셨다(막 12:28-30). 거짓 신과 거짓 종교에 대한 거부를 암시하고 있지만 명시적이지는 않다.

10. John Hartley, "Religious Exclusivists Taking Inclusive Action" (Ph.D. diss., Yale University, forcecoming).
11. Peter Berger, *A Far Glory: The Quest of Faith in an Age of Credulity* (New York: Free Press, 1992), 39. 더 최근에 버거는 자신의 이론을 약간 수정했다. 위의 인용에 따르면 다원주의의 상황은 사람이 믿는 "무엇"을 바꾼다. 한 종교의 진리를 믿는 사람은 우선 모든 종교의 진리를 보게 되고 그다음에 마침내 진리를 버리고 상대주의를 택한다는 것이다. 그러나 2006년에 어느 인터뷰에서 버거는 "무엇"을 믿느냐에 대한 부분은 오류였다고 말했다. 원래의 입장을 언급하면서 그는 이렇게 말했다. "내가 처음에 이 이론을 제시할 때 잘 이해하지 못했던 것은—그게 벌써 40년 전이군요—[다원주의의 맥락에서] 무엇을 믿는지 반드시 달라지는 것이 아니라는 점입니다. 어떻게 믿느냐가 달라지는 것이지요. 어떤 사람이 '나는 교황이 인정하는 것은 다 믿는다'라는 정통 가톨릭 신앙을 표방할 수 있지만, 그가 어떻게 그것을 믿느냐는 달라집니다. 다원주의와 그것의 사회적·심리학적 역동은 확신하는 것을 더 힘들게 만듭니다. 그것이 바로 제가 말하는 어떻게 믿느냐가 달라진다는 의미입니다. 더 취약해지는 것이지요. 무엇을 믿느냐는 본질적으로 달라지지 않을 수 있지만, 어떻게 믿느냐는 다른데, 그 차이는 확신하기가 더 어려워지거나 혹은 억지스러운 과정을 통해서만 확신할 수 있다는 것입니다. 후자의 대표적인 예가 근본주의지요."[Charles T. Matthews, "An Interview with Peter Berger", *Hedgehog Review* 8 (2006), 153].
12. Berger, *A Far Glory*, 39-40를 보라.
13. 이 논쟁의 간략한 요약으로는 Hans Joas, *Do We Need Religion? On the Experience of Self-Transcendence*, trans. Alex Skinner (Boulder: Paradigm, 2008), 26-27를 보라.
14. Berger, *A Far Glory*, 45.
15. Gavin d'Costa, *Meeting of Religions and the Trinity* (Maryknoll, N.Y.: Orbis, 2000); Jung H. Lee, "Problems of Religious Pluralism: A Zen Critique of John Hick's Ontological Monomorphism", *Philosophy East and West* 48 (1998): 453-477; Paul R. Eddy, "Religious Pluralism and the Divine: Another Look at John Hick's Neo-Kantian Proposal", *Religious Studies* 30 (1994): 467-478를 보라.
16. 계획적으로 세속주의를 택하는 국가와 과정적으로 세속주의를 택하는 국가의 차이에 대해서는 Rowan Williams, *Faith in the Public Square* (London: Bloomsbury, 2012)를 보라.
17. Karl Popper, *The Open Society and Its Enemies II: Hegel and Marx* (Princeton: Princeton University Press, 1971), 225. 『열린 사회와 그 적들 2』(민음사).
18. 같은 책, 243.
19. 같은 책, 235.
20. Karl Popper, *The Open Society and Its Enemies I: Plato* (Princeton: Princeton University

Press, 1966), 200-201. 『열린 사회와 그 적들 1』(민음사).
21. 앤서니 크론먼(Anthony Kronman)은 *Education's End: Why Our Colleges and Universities Have Given up on the Meaning of Life* (New Haven: Yale University Press, 2007), 199에서 같은 주장을 한다. 『교육의 종말』(모티브북).
22. 포퍼의 위대한 영웅은 소크라테스다. 포퍼에 따르면 소크라테스의 주요 통찰 중 하나는 합리적 논쟁에 대한 사랑을 인간에 대한 사랑과 연결시키고, 역으로 합리적 논쟁에 대한 증오를 인간에 대한 증오와 연결시킨 것이다(Plato, *Pheado* 89d - 포퍼가 소크라테스의 말을 오독했을 가능성도 있다: "인간을 싫어하는 사람이 있듯, 사상을 싫어하는 사람도 있다. 그리고 그 두 가지는 모든 같은 원인에서 나온다. 바로 세상에 대한 무지다"). 소크라테스의 보다 온화한 제자인 플라톤은 포퍼의 최고의 악인이다. 열린 사회를 선호하는 소크라테스의 평등주의와 민주주의의 입장을 플라톤이 왜곡시켜서 자신이 제시하는 닫히고 평등하지 않은 사회의 비전을 정당화하는 데 사용했기 때문이다.
23. Popper, *Open Society II*, 23.
24. 얀 아스만은 다르게 설명한다. 초기 기독교가 평등하긴 했지만 비관용적이었다는 것이다. 모든 이차적이고 배타적인 종교가 원래 그랬듯이, 기독교의 비관용도 처음에는 수동적이었다. 진정한 신앙과 양립할 수 없는 신념과 실천을 받아들이기보다는 신앙 때문에 죽는 쪽을 택한 것이다. 이것은 타협을 하나님을 저버리는 것이자, 동화의 한 형태로 본 희생자 입장의 비관용이었다. 그러나 기독교가 권력의 중심이 되고 로마제국의 국교가 되자 수동적 비관용은 적극적 비관용으로 바뀌었다. "이방신들에게 제물로 드려진 동물의 고기를 먹지 않겠다는 엄격한 태도가 이제는 그러한 제사 자체를 금지하는 것으로 바뀌었다"(Assmann, *The Price of Monotheism*, 21). 묘사의 차원에서 보자면 아스만은 옳거나 혹은 거의 옳을 수 있다. 그러나 그는 나중에 그리스도인 신학자들이 초기 기독교에 두드러졌던 (비폭력과 관용의 신념과 같은) 중요한 모티브들은 억압하고 (국가와의 관계와 같은) 다른 모티브들은 수정했다는 점을 간과하는 것 같다. 기독교의 "모티브"와 그것의 강조, 억압, 수정에 대해서는 5장을 보라.
25. Jean-Jacques Rousseau, *The Social Contract*, ed. Lester G. Crocker (New York: Washington Square, 1989), 146. 『사회계약론』(문예출판사).
26. 같은 책, 146.
27. Berger, *A Far Glory*, 37.
28. Rousseau, *The Social Contract*, 146-147.
29. 실제로 그러한지 - 종교적 다원주의가 정치적 다원주의와 정말로 유사성이 있는지, 어떠한 종류의 종교적 다원주의가 정치적 다원주의와 유사성이 있는지 - 는 면밀히 검토해야 한다. 예를 들어, 고대 로마는 제국주의적이면서도 종교적으로는 다원적이었다. 종교적 다원주의가 제국주의에 사용된 것이다[Jörg Rüpke, "Roman Religion-Religions of Rome", in *A Companion to Roman Religion*, ed. Jörg Rüpke (Malden, Mass.:

Wiley-Blackwell, 2007); Janet Huskinson, *Experiencing Rome: Culture, Identity and Power in the Roman Empire* (New York: Routledge, 2000)를 보라].

30. John Barry, *Roger Williams and the Creation of the American Soul: Church, State, and the Birth of Liberty* (New York: Viking Penguin, 2012), 389.

31. Izaak Walton, *The Life of Mr. Richard Hooker* (Ann Arbor, Mich.: Text Creation Partnership, 2003), 47, accessed May 11, 2015, http://quod.lib.umich.edu/e/eebo/A67470.0001.001/1:26?rgn=div1;view=fulltext.

32. Roger Williams, *The Bloudy Tenent of Persecution*, in *The Complete Writings of Roger Williams* (Eugene, Ore.: Wipf & Stock, 2007), 3:321.

33. 암스테르담에 유배를 함께 간 존 스미스(John Smyth, 1554-1612)와 함께 토머스 헬위스(Thomas Helwys)는 침례교의 *Declaration of Faith*(1611)를 작성했다. 비슷한 시기에 그는 종교의 자유의 원칙을 처음으로 형식화한 내용을 담은 *A Short Declaration of the Mystery of Iniquity* (1611-1612)라는 책을 완성해서 제임스 왕에게 보냈다. 책의 기본 논제는 왕에게는 좋은 소식이 아니었고, 결국 왕은 헬위스를 수감하는 것으로 보답했다. 그 책의 논제는 다음과 같다. "왕은 신이 아니라 필멸하는 인간이다. 따라서 신민의 불멸의 영혼에 대해 아무런 권력이 없고, 그들을 위해 법과 명령을 만들거나 그들 위에 영적 주인을 임명할 권한이 없다"[(Macon: Mercer University Press, 1998), xiv]. 이 논제는 혁명적이었다. "이단적" 그리스도인이건 유대인이건 무슬림이건 무신론자건 모든 "불멸의 영혼"은 신앙의 문제에 관한 한 국가의 개입으로부터 자유롭다는 의미였기 때문이다. 윌리엄스의 최근 전기 작가 존 배리(John Barry)가 주장하듯이 윌리엄스의 관점은 영국의 이 첫 침례교도들에게서 파생된 것일 수도 있다. 왜냐하면 그들은 "윌리엄스의 집 근처에서 예배를 드렸고, 많은 사람이 윌리엄스의 집에서 몇 백 미터밖에 떨어져 있지 않은 뉴게이트 감옥에 보내졌기 때문이다. 그중 한 사람인 토머스 헬위스는 그 감옥에서 죽었다"(Barry, *Roger Williams*, 152). 그러나 헬위스가 정치적 의미에서 개인의 종교적 자유를 처음으로 표현했다면, 윌리엄스는 처음으로 그 신념에 따라 정부를 세운 사람이다.

34. Rainer Forst, *Toleration in Conflict: Past and Present*, trans. Ciaran Cronin (Cambridge: Cambridge University Press, 2013), 183.

35. Roger Williams, "Queries of Highest Consideration", query 12, in *Complete Writings*, 2:273.

36. Williams, *The Bloudy Tenent*, 3:421; *The Bloudy Tenent Yet More Bloudy*, in *Complete Writings*, 4:154도 보라.

37. William, *The Bloudy Tenent Yet More Bloudy*, 4:154.

38. Barry, *Roger Williams*, 394.

39. 윌리엄스는 자신의 종교적 틀에서 서로 다른 종교와 비종교들 사이의 **상호적** 관용에 대한

주장이 어떻게 나올 수 있는지는 제시하지 않았다.
40. Emil Oberholzer Jr., *Dominion and Civility: English Imperialism and Native America* (Ithaca: Cornell University Press, 1999), 218를 보라[오버홀저(Oberholzer)는 이러한 면에서 윌리엄스가, 자신이 판단하기에 진정으로 계몽주의의 사람이고 따라서 "세속적" 인물인, 제퍼슨보다 열등하다고 본다].
41. John Plamenatz, *Man and Society: A Critical Examination of Some Important Social and Political Theories from Machiavelli to Marx* (London: Longmans, 1963), 51.
42. 예를 들어, "Vast Right-Wing Conspiracy", *American Prospect* 14 (June 2003): 9; E. L. Doctorow, "Why We Are Infidels", in *Reporting the Universe* (Cambridge, Mass.: Harvard University Press, 2004), 83-88; Kevin Phillips, *American Theocracy: The Peril and Politics of Radical Religion, Oil, and Borrowed Money in the 21st Century* (New York: Penguin, 2007), 99-263를 보라. 존 실즈(Jon Shields)는 기독교 우파를 강하게 비판하는 경향에 대해서 간략하게 요약하고 많은 예를 제시한다[*The Democratic Virtues of the Christian Right* (Princeton: Princeton University Press, 2009), 13-15].
43. 예를 들어, Randall H. Balmer, *Thy Kingdom Come: How the Religious Right Distorts the Faith and Threatens America* (New York: Basic, 2006), 181를 보라. 기독교 우파를 지지하는 보수적 목사이자 활동가인 D. 제임스 케네디(D. James Kennedy)는 "어떤 의미에서" 윈스럽의 "언덕 위의 도시"라는 표현은 "독창적으로 자유롭고 기독교적인 미국의 틀을 만들게 도와주었다"고 말했다. 그는 독자들에게 이러한 미국을 재건해야 한다고 주장한다[D. James Kennedy and Jerry Newcombe, *What If America Were a Christian Nation Again?* (Nashville: Nelson, 2003), 15].
44. Shields, *The Democratic Virtues*, 1.
45. 같은 책, 5.
46. 같은 책, 2.
47. 같은 책.
48. 같은 책, 3.
49. Ralph Reed, "A Strategy for Evangelicals", *Christian American*, January 1993, 14.
50. Shields, *The Democratic Virtues*, 24.
51. 같은 책, 68-69.
52. 위에서 논의한 카를 포퍼 외에 John Dewey, *Logic: The Theory of Inquiry*, vol. 12 of *The Later Works of John Dewey*, ed. JoAnn Boydston (Carbondale: Southern Illinois University Press, 2008), 481-505도 보라.
53. Shields, *The Democratic Virtues*, 2.
54. 인간 삶에 대한 개인적 책임에 대해서는 Ronald Dworkin, *Is Democracy Possible*

Here? (Princeton: Princeton University Press, 2006), 17를 보라. 『민주주의는 가능한가?』(문학과지성사).

5장. 갈등, 폭력, 화해

1. Steven Pinker, *The Better Angels of Our Nature: Why Violence Has Declined* (New York: Penguin, 2011), xxi. 『우리 본성의 선한 천사: 인간은 폭력성과 어떻게 싸워 왔는가』(사이언스북스).
2. 토머스 홉스(Thomas Hobbs)가 자연스러운 상태는 모두가 모두에 대항해 전쟁을 벌이는 상태라고 주장한 것과는 달리[*Leviathan*, ed. C. B. MacPherson (New York: Penguin, 1968), 185-186. 『리바이어던』(서해문집)] 루소는 자연스러운 상태에서는 "우리 자신의 보존을 챙기는 것이 다른 사람의 보존을 최대한 덜 간섭하는 것"이라고 했고, 따라서 자연스러운 상태가 "평화에 가장 우호적"이라고 주장했다[Jean-Jacques Rousseau, *Discourse upon the Original and Foundation of Inequality among Mankind*, ed. Lester G. Crocker (New York: Washington Square, 1967), 200. 『인간 불평등 기원론』(책세상)]. 그는 "난폭성을 만족시키기 위해서 끊임없이 서로를 죽이는 자들로 야만인을 제시하는 것은 터무니없다"고 생각했다(206). 믿을 만한 정보가 없었기 때문에 그가 그렇게 추측했다고 하는 게 맞을 것이다. 현대의 고고학적 연구는 비국가 상태로 살던 인간이 현대인보다 더 혹은 적어도 현대인만큼 폭력적이었음을 보여 주었다[Lawrence H. Keeley, *War Before Civilization: The Myth of the Peaceful Savage* (New York: Oxford University Press, 1997)를 보라. 『원시전쟁』(수막새)].
3. Pinker, *Better Angels*, 52.
4. Richard Dawkins, *The Selfish Gene* (Oxford: Oxford University Press, 1976). 『이기적 유전자』(을유문화사).
5. Pinker, *Better Angels*, 32-33.
6. 박애주의 혁명과 이성의 증진에 대해서는 같은 책, 647-657, 690-692를 보라.
7. 적어도 그의 통계 일부에 대해서는 더러 의문을 제기했다(John Gray, "Delusion of Peace", *Prospect*, September 21, 2011, accessed April 28, 2013, http://www.prospectmagazine.co.uk/magazine/john-gray-steven-pinker-violence-review).
8. 세라 코클리(Sarah Cokely)가 2012년 기포드 강좌에서 지적했듯이, 진화론적 설명에 **협동**을 다시 등장시키는 혁명이—"그 안에서 갈등을 빚으며 폭발하는" 무엇이—현재 진화생물학에서 일어나고 있다["Stories of Evolution, Stories of Sacrifice" (2012 Gifford Lectures at Aberdeen University, April 17, 2012), 5, accessed May 11, 2015, http://www.abdn.ac.uk/cass/sarah-coakley-524.php]. 이것은 그룹 차원의 선택적 압력과 적응에 대한 논의를 허용하고자 하는 새로운 경향과 밀접한 관련이 있다[David Sloane Wilson, "Altruism and Organism: Disentangling the Themes of Multilevel

Selection Theory", *American Naturalist* 150 (1997); S122-S133; Martin A. Nowak and Roger Highfield, *Supercooperators: Altruism, Evolution and Why We Need Each Other to Succeed* (New York: Free Press, 2011. 『초협력자』(사이언스북스); Edward O. Wilson, *The Social Conquest of Earth* (New York: Liveright, 2012. 『지구의 정복자』(사이언스북스)].

9. 이 문구와 그것의 정당화에 대해서는 Christian Smith, *Moral, Believing Animals: Human Personhood and Culture* (New York: Oxford University Press, 2003)를 보라.

10. 도덕성을 비용과 이익의 계산법으로 축소시키는 핑커와 그 외 사람들은 연민하라거나 원수를 사랑하라는 명령과 같은 깊은 도덕적 신념은 "이익"에 해당한다고 번역할 것이다. 논쟁의 요지는 그러한 번역이 이와 같은 도덕적 신념을 제대로 설명하는가 하는 점이다. 찰스 테일러는 예를 들어 이러한 번역이 전제하는 선의 동질화를 거부한다. 선에는 다른 선과 같은 차원에 둘 수 없는, 테일러가 "과잉 선"(hyper-goods)이라고 부르는, 선이 있다. *Sources of the Self: The Making of the Modern Identity* (Cambridge, Mass.: Harvard University Press, 1989), 63-75를 보라.

11. 폭력의 동기에 대해서 보자면, "지도자나 추종자 모두 물리적 동기와 상징적 동기의 혼합에서 폭력을 행사한다는 것을 사례 연구는 전반적으로 보여 준다"[Philip S. Gorski and Gulay Türkmen-Dervişoğlu, "Religion, Nationalism and Violence: An Integrated Approach", *Annual Review of Sociology* 39 (2013), 193-210].

12. Bruce Russett and John Oneal, *Triangulating Peace: Democracy, Interdependence, and International Organizations* (New York: Norton, 2001).

13. 핑커는 1939년에 독일에서 출판된 노버트 엘리아스(Nobert Elias)의 획기적인 작업에 기대 칸트가 제시한 평화의 조건을 재해석했다[영역판 제목은 *The Civilizing Process: Sociogenetic and Psychogenetic Investigations*, trans. Edmund Jephcott (Malden, Mass.: Blackwell, 2000)이다]. 핑커는 또한 칸트가 제시한 조건을 좀더 현대적으로 해석하고, 진화생물학과 인간 본성에 대한 최근의 과학적 연구의 성과에 기초한 인간 지성의 이론으로 그 조건을 보충한다.

14. Immanuel Kant, *Toward Perpetual Peace*, in *Immanuel Kant, Practical Philosophy*, trans. and ed. Mary J. Gregor (Cambridge: Cambridge University Press, 1996), 322. 이러한 면에서 칸트는 "전쟁의 본질은 실제로 싸우는 데 있는 게 아니라, 전쟁을 일으키고자 하는 본성에 있으며 지금까지 그 반대의 확신은 없었다"(*Leviathan*, 186)고 주장한 홉스에 가깝다. 그러나 칸트의 입장이 루소의 "고귀한 야만인"(noble savage)의 사상에 딱히 반대되는 것도 아니다. 루소는 자연 상태의 인간은 비사회적 개인이라고 보았고 자연 상태의 평화를 사회적 인맥의 부재와 직접 연관시켰다. 인간이 사회적 존재가 됨으로써 악해졌다고 본 것이다(*Discourse*, 210). (그다지 설득력이 없는) 루소에 따르면 "원시적 인간"은 "전쟁도 몰랐고 사회적 관계도 몰랐으며, 동료도 필요 없었고,

따라서 그들을 해칠 욕망도 없었다"(207-208). 여기에서 그는 동료 인간이 필요 없는 것과 그들을 해칠 필요가 없는 것을 직접 연결시킨다.
15. 칸트가 전쟁 문제를 다루는 책의 제목을 "지속적 평화"라고 붙인 최초의 사람은 아니다. 1713년, 생피에르 수도원장은 *Projet pour rendre la paix perpétuelle en Europe* ('paix perpétuelle'이 영어로 'perpetual peace', 즉 "지속적 평화"에 해당 — 옮긴이)라는 제목의, 많은 논의를 촉발한 책을 출간했다.
16. Kant, *Toward Perpetual Peace*, 323, 336. 물론 한 지역사회 안에서는 법을 시행하면서 그 밖에서는 무법함을 보여 주는 오랜 정치적 전통이 있다[Paul W. Kahn, *Political Theology: Four New Chapters on the Concept of Sovereignty* (New York: Columbia University Press, 2011), 43-45를 보라].
17. Kant, *Toward Perpetual Peace*, 328.
18. 같은 책, 333, 336-337. 칸트 자신은 상업의 정신을 인간이 확립해야 하는 평화의 조건이 아니라 "심지어 인간의 의지에 반해서까지 인간들 사이의 불화를 통해서 협의를 가져오는" 자연의 의도적 결과라고 보았다(331). 오늘날 경제체제를 자연의 의도적 결과로 생각하는 사람은 거의 없다(혹은 마르크스처럼 역사적 진보의 변증법적 결과라고 보는 사람도 거의 없다). 그 대신 경제체제를 인간이 만들고 형성하는 문화적 산물로 보기 때문에, 러셋(Russett)처럼 칸트의 영향을 받은 정치학자들은 상업의 정신을 자연의 결과에서 인간이 형성하는 평화의 조건으로 수정했다.
19. Political Instability Task Force, "Polity IV Individual Country Regime Trends, 1946-2013", June 6, 2014, accessed July 15, 2014, http://www.systemicpeace.org/polity/polity4.htm를 보라.
20. Immanuel Kant, *Toward Perpetual Peace*, 326.
21. Daniel Philpott, *Just and Unjust Peace: An Ethic of Reconciliation* (Oxford: Oxford University Press, 2012), 1-2.
22. 예를 들어, *Handbook of Ethnic Conflict: International Perspectives*, ed. Dan Landis and Rosita D. Albert (New York: Springer, 2012)에 나오는 사례 연구를 보라.
23. 가톨릭의 사회적 가르침의 영향을 많이 받아, 낙태가 사람에 대한 치명적 폭력의 행위라고 보는 논평가들은 해마다 전 세계적으로 행해지는 약 4,200만 건의 낙태(World Health Organization, *Unsafe Abortion: Global and Regional Estimates of the Incidence of Unsafe Abortion and Associated Mortality in 2008*, 2011 accessed May 11, 2015, http://apps.who.int/iris/bitstream/10665/44529/1/97892415011 18_eng.pdf를 보라)도 현대 세계의 폭력의 만연 정도의 평가에 포함시켜야 한다고 주장한다. Dallas A. Blanchard, *Religious Violence and Abortion: The Gideon Project* (Gainesville: University of Florida Press, 1993), 250-272를 보라.
24. 자유주의의 근본적 논리에 있는 폭력과 평화의 얽힘에 대해서는 David Martin, "Axial

Religions and the Problem of Violence" in *The Axial Age and Its Consequences*, ed. Robert N. Bellah and Hans Joas (Cambridge, Mass.: Belknap, 2012), 298-300의 간략한 논평을 보라.

25. (니체에 기대어) 푸코는 이것을 "법" 자체의 본성에 근본적으로 내재하는 역동이라고 보았다[Michel Foucault, "Nietzsche, Genealogy, History", in *The Foucault Reader*, ed. Paul Rainbow (New York: Pantheon, 1984), 85].

26. https://www.oxfam.org/en/pressroom/pressreleases/2015-01-19/richest-1-will-own-more-all-rest-2016(January 19, 2015, accessed May 11, 2015)를 보라.

27. World Bank, World Development Indicators, May 2011, accessed May 11, 2015, http://chartsbin.com/view/1114; 그리고 Charles A. S. Hall and John W. Day Jr., "Revisiting the Limits to Growth After Peak Oil", *American Scientist* 97 (2009): 230-237를 보라.

28. 이 데이터에 대해서는 논란이 있다. 물과 같은 핵심 자원의 예를 보자. 가장 최근의 미국의 정보 보고에 따르면 세계적으로 수자원 갈등이 커지고 있다. 특히 30년 후에는 확실히 그 갈등이 증가할 것이다(Intelligence Community Assessment, "Global Water Security", February 2, 2012, 3, accessed April 29, 2013, https://www.dni.gov/files/documents/Special%20Report_ICA%20Global%20Water%20Security.pdf). 그러나 또 다른 사람들은 그러한 갈등이 일어날 가능성이 별로 없다고 본다. 예를 들어, Meredith A. Giordano and Aaron T. Wolf, "Sharing Water: Post-Rio International Water Management", *Natural Resources Forum*, 27, no. 2 (2003): 163-171를 보라.

29. 힌두교, 불교, 유대교, 기독교, 이슬람에서 만족을 어떻게 보는지에 대한 비교적 관점에 대해서는 Peggy Morgan and Clive Lawton, eds., *Ethical Issues in Six Religious Traditions* (Edinburgh: Edinburgh University Press, 2007), 27-29, 80-82, 181-182, 238-240, 307-310를 보라.

30. "자유주의적 평화"의 핵심 요소에 대한 확언과 동시에 그것만으로는 부족하다고 보는 대니얼 필포트(Daniel Philpott)의 견해에 나는 동의한다(*Just and Unjust Peace*, 70-73). 그는 자유민주주의적 평화 이론에 대한 중대한 논의에서 자신의 화해 윤리를 제시했고, 자유주의 평화의 핵심 요소들, 특히 인권의 중요성을 자기 윤리 안에 통합시켰다.

31. 이 관찰에 대해서는 켄터키 주의 겟세마니 수도원(Abbey of Gethsemani)의 마이클 카사그램 수사(Fr. Michael Casagram)의 도움을 받았다.

32. 법원에서 우리에게 유리하게 판결을 내린 경우도 마찬가지다. 왜냐하면 법원은 피해자를 충분히 만족시키지 못하는 경우가 많고, 가해자는 법원의 판결이 부당하다고 여기는 경우가 많기 때문이다. 정의의 문제에 있어서는 합의하기가 힘들다.

33. 지난 10년 동안 정치적 사과가 확실히 증가했음을 보여 주는 목록에 대해서는 Graham G. Dodds, "Political Apologies: Chronological List", April 28, 2013, accessed May

11, 2015, http://reserve.mg2.org/apologies.htm을 보라.
34. 대니얼 필포트의 *Just and Unjust Peace*는 정치적 화해를 탐구한 예다.
35. 내가 쓴 *Exclusion and Embrace: A Theological Exploration of Identity, Otherness and Reconciliation* (Nashville: Abingdon, 1996)은 무엇보다도 이러한 화해를 다루고 있다. 『배제와 포용』(IVP).
36. 루이스 스미디즈(Lewis Smedes)의 *Forgive and Forget* (San Francisco: HarperSanFrancisco, 1996)이 예가 될 수 있다. 『용서의 기술』(규장).
37. 이 주제에 대한 더 자세한 논의는 Miroslav Volf, *The End of Memory: Remembering Rightly in a Violent World* (Grand Rapids, Mich.: Eerdmans, 2006). 『기억의 종말』(IVP); Miroslav Volf, "Remembering Wrongs Rightly: On Memories of Victims and Perpetrators", in *Das Geheimnis der Vergangenheit: Erinnerne-Vergessen-Enschuldigen-Vergeben-Loslassen-Anfangen*, ed. Jürgen Moltmann (Neukirchen-Vluyn: Neukirchener Verlagsgesellshcaft, 2012), 29-47를 보라.
38. 예를 들어, 르완다에서 기억의 진실이 논쟁이 된 것에 대해서는 Ervin Staub, *Overcoming Evil* (Oxford: Oxford University Press, 2011)을 보라. 그는 이렇게 썼다. "그러나 진리를 확립하고 그것을 모든 관계자가 받아들이게 하는 일은 어렵다. 극심한 폭력의 생존자들은 자신의 고통에 초점을 맞춘다. 그들은 주로 자신은 무고하고 상대방은 악하며 그들에게 모든 책임이 있다고 본다.…화해를 위해서는 서로가 서로 때문에 당한 고통을 인정해야 한다. 르완다의 경우, 1959년 이전 벨기에의 식민 통치 시절에는 투치족이 후투족을 가혹하게 지배했다는 게 진실이다. 그러나 후투족이 1959년에 권력을 쥐었을 때, 그리고 1962년 나라가 독립함으로써 공식 권력을 쥐었을 때, 후투족은 더 평등한 사회를 만드는 대신 투치족을 차별하고 자주 그들에게 대량 학살 수준의 폭력을 가한 것 또한 진실이다. 이와 같은 끔찍한 대량 학살이 진실의 큰 부분을 차지한다. 내전 기간에는 '르완다 애국 전선'(RPF: Rwandan Patriotic Front)이, 내전 후에는 '르완다 애국 부대'(RPA: Rwandan Patriotic Army)가 후투족을 살해했다. 르완다 군대는 1990년대 후반 콩고에서 침입한 부대와 싸우면서 후투족 민간인을 살해했고, 콩고에서도 후투족 난민을 살해했다. 화해를 위해서 진실은 이 모든 사실을 반드시 인정해야 한다. 이것은 대량 학살에는 못 미치지만 그래도 매우 중요한 진실의 일부다"(442-443).
39. Richard von Weizsäcker, "Speech in the Bundestag on 8 May, 1985 During the Ceremony Commemorating the 40th Anniversary of the End of War in Europe and National-Socialist Tyranny", *MediaCulture Online*, accessed April 29, 2013, https://www.lmz-bw.de/fileadmin/user_upload/Medienbildung_MCO/fileadmin/bibliothek/weizsaecker_speech_may85/weizsaecker_speech_may85.pdf.
40. Barber Bevernage, *History, Memory and State-Sponsored Violence: Time and*

Justice (New York: Routledge, 2011), 8를 보라.
41. Desmond Tutu, *No Future Without Forgiveness* (New York: Doubleday, 1999)를 보라. 『용서 없이 미래 없다』(홍성사).
42. Volf, *Exclusion and Embrace*, 120-122를 보라.
43. Pinker, *Better Angels*, 537.
44. Hannah Arendt, *The Human Condition: A Study of the Central Dilemmas Facing Modern Man* (Garden City, N.Y.: Doubleday, 1959), 212-213.
45. Miroslav Volf, *Free of Charge: Giving and Forgiving in a Culture Stripped of Grace* (Grand Rapids, Mich.: Zondervan, 2006), 129-130. 『베풂과 용서』(복있는사람). 용서에 대한 비슷한 정의에 대해서는 Nicholas Wolterstorff, *Justice in Love* (Grand Rapids, Mich.: Eerdmans, 2011), 169를 보라.
46. Arendt, *Human Condition*, 216.
47. 용서와 처벌, 보복의 관계에 대해서는 Volf, *Free of Charge*, 169-171를 보라.
48. 처벌은 뒤를 돌아보는 것으로, 재활, 반면교사, 보호는 앞을 내다보는 것으로 보는 관점에 대해서는 Wolterstorff, *Justice in Love*, 198를 보라. 처벌을 엄격하게 이해하는 두 가지 주요 근거는 보복과 질책이다. 용서는 보복과 양립할 수 없다. 용서의 정의가 보복을 포기한다는 뜻이기 때문이다. 그러나 질책과는 양립불가능하지 않다. 용서한다는 것은 암묵적으로 용서받은 그 행위를 정죄하는 것이기 때문이다.
49. 다른 전통, 특히 유대교와 이슬람 전통에서는 일반적으로 회개와 사과를 용서의 조건으로 본다[Yehudith Auerbach, "Forgiveness and Reconciliation: The Religious Dimension", *Terrorism and Political Violence* 17 (2005): 479-481]. 그러나 최근에는 일부 유명한 기독교 철학자들이 기독교 사상에서도 회개가 용서의 조건이라고 주장하고 있다(예를 들어, Wolterstorff, *Justice in Love*, 171-175를 보라).
50. 이에 대해서는 Aaron Lazare, *On Apology* (Oxford: Oxford University Press, 2004), 163를 보라. 『사과 솔루션』(지안).
51. 잘못의 결과를 없애는 것, 사과, 보상의 두 측면(하나는 가해자가 피해자에게 행한 의도적인 행위에서 비롯되는 피해를 다루는 것이고, 또 하나는 그 행위 자체를 다루는 것)에 대해서는 Richard Swinburne, *Responsibility and Atonement* (Oxford: Clarendon, 1989), 80-81를 보라.
52. John Hare, *The Moral Gap: Kantian Ethics, Human Limits, and God's Assistance* (Oxford: Clarendon, 1996), 231.
53. Jürgen Moltmann, "Das Geheimnis der Vergangenheit: Erinnern-Vergessen-Enschuldigen-Vergeben-Loslassen-Anfangen", in Moltmann, *Das Geheimnis der Vergangenheit*, 109-110.
54. Hobbes, *Leviathan*, 185.

55. 같은 책.
56. 예를 들어, Pinker, *Better Angels*, 678를 보라. 그러나 내가 3장과 4장에서 주장했듯이, 토머스 헬위스, 로저 윌리엄스, 존 로크와 같은 사람들이 주창한 관용의 초기 형태들은 명백하게 종교적 근거에 바탕을 두고 관용을 옹호했다. 종교의 자유에 대한 기독교적 기원에 대해서는 Robert Wilken, *The Christian Roots of Religious Freedom* (Milwaukee: Marquette University Press, 2014)을 보라.
57. Keith Ward, *Religion and Human Nature* (Oxford: Clarendon, 1998), 1-9; "Sin" in *The Concise Oxford Dictionary of World Religions*, ed. John Bowker (New York: Oxford University Press, 2003), 545를 보라.
58. 마크 위르젠스마이어[Mark Juergensmeyer, *Terror in the Mind of God: The Global Rise of Religious Violence* (Berkeley: University of California Press, 2003)]는 "혼돈"과 "악"의 세력에 대한 "우주적 전쟁"의 이미지는 모든 종교에 있고, 그것이 종교가 폭력적 성향을 나타내는 데 기여한다고 본다.
59. Miroslav Volf, *A Public Faith: How Followers of Christ Should Serve the Common Good* (Grand Rapids, Mich.: Brazos, 2011), 37-45를 보라.
60. 내가 여기에서 따르는 데이비드 마틴(David Martin)의 논의는 다음과 같다. "나는 기독교를 독특한 방식으로 안에서 구현되어 겉으로 특정적인 모습을 갖추게 하는, 그러나 신약성경과 '원시적 전통'을 어떠한 식으로든 참고하기 때문에 식별 가능한, 여러 모티브가 서로 연결된 특별한 레퍼토리로 본다"[*Does Christianity Cause War?* (Oxford: Oxford University Press, 1997), 32].
61. 같은 책, 120.
62. Hobbes, *Leviathan*, 168, 173. 통치자들이 종교를 이처럼 오용한 데 대한 유명한 적대적 반응은 디드로(Diderot)가 한 것으로 알려진 다음의 말이다. "마지막 왕의 목을 마지막 사제의 내장으로 감아 매달지 않고서는 인간은 자유로울 수 없다!" 종교를 지배하려는 국가의 경향에 대해서는 Monica Duffy Toft, Daniel Philpott, and Timothy Samuel Shah, *God's Century: Resurgent Religion and Global Politics* (New York: Norton, 2011), 48-81를 보라.
63. Kant, *Toward Perpetual Peace*, 336. 물론 이것이 칸트가 종교에 대해서 말한 전부는 아니다. 칸트는 "하나의 종교"와 "역사적으로 다른 **신조**"를 대조시킨다. (칸트에 따르면) 도덕은 서로 다른 여러 개가 아니라 단 하나만 있을 수 있기 때문에, 제대로 말하면 서로 다른 종교가 있는 게 아니라 "모든 인간과 모든 시대를 위한 단 하나의 **종교**"만 있을 수 있다. "시간과 장소에 따라" 달라지는 역사적 신조는 기껏해야 그 한 종교의 도구에 불과하다. 이 역사적 신조들은 사람들을 분리시키고, 증오와 전쟁으로 치우치는 경향이 있다. 분리 세력이자 갈등의 원동력으로서 신조는 연합의 근원으로서 하나의 종교와 대조될 뿐 아니라 "전쟁과 공존할 수 없는" "돈의 권력" 혹은 "상업의 정신"과도

대조된다(336).
64. 전 유고슬라비아에서 종교가 전쟁에서 정체성의 표지가 된 것에 대해서는 Volf, *Allah: A Christian Response* (San Francisco: HarperOne, 2011), 189를 보라. 아요디아에서 종교가 정체성의 표지가 된 것에 대해서는 Ragini Sen and Wolfgang Wagner, "History, Emotions and Hetero-Referential Representations in Inter-group Conflict: The Example of Hindu-Muslim Relations in India", *Papers on Social Representation* 14 (2005): 2를 보라.
65. Martin, *Does Christianity Cause War?* 134.
66. Émile Durkheim, *Elementary Forms of Religious Life*, trans. Carol Cosman (Oxford: Oxford University Press, 2001)를 보라. 『종교 생활의 원초적 형태』(민영사). 종교적 폭력에 대한 뒤르켐식 관점에 대해서는 Philip S. Gorski, "Religious Violence and Peace-Making: A Meso-Level Theory", *Practical Matters Journal* (2012), accessed May 11, 2015, http://practicalmattersjournal.org/2012/03/01/critical-responses를 보라.
67. 종교, 민족주의, 폭력의 관계에 대한 이슈와 접근에 대한 개요로는 Gorski and Türkmen-Dervişoğlu, "Religion, Nationalism and Violence", 19를 보라.
68. 성서의 자기 재현을 보면 유대교는 처음부터 특정한 인종 그룹, 정치권력(모세, 다윗)과 연관이 있었고, 종교적 전쟁이 중요한 역할을 한 종교였다. 유배 시절과 디아스포라 동안 정치권력과의 얽힘(혹은 정치권력에 가까이 가려는 열망)을 일단 포기하자 유대교는 재구성되어 훨씬 더 평화로운 종교가 되었다[Ron E. Hassner and Gideon Aran, "Religion and Violence in the Jewish Traditions", in *The Oxford Handbook of Religion and Violence*, ed. Mark Juergensmeyer, Margo Kitts, and Michael Jerryson (Oxford: Oxford University Press, 2013), 78-99; Michael S. Berger, "Taming the Beast: Rabbinic Pacification of Second-Century Jewish Nationalism", in *Belief and Bloodshed: Religion and Violence across Time and Tradition*, ed. James K. Wellman Jr. (Lanham, Md.: Rowman & Littlefield, 2007), 47-62를 보라]. 오늘날 일부 유대교의 형태는, 특히 시온주의의 종교 해석을 지지하는 경우, 다시 폭력과 연결되고 있다[Robert Eisen, *The Peace and Violence of Judaism: From the Bible to Modern Zionism* (New York: Oxford University Press, 2011), 141-204를 보라].

기독교 역사도 비슷한 패턴을 보이는데, 다만 방향이 반대다. 사회 주변부에서 일어난 종교운동으로 시작한 기독교는 처음에는 평화적이었다. 그러나 콘스탄티누스의 회심 후 일단 정치권력과 얽히자 변형되었다. 기독교의 핵심 상징인 십자가가, 죄인과 고통받는 사람들과 자신을 동일시하시는 하나님을 상징하는 표시일 뿐 아니라, 콘스탄티누스가 보았다는 비전에서처럼 지배자가 자신의 적을 정복한다는 표시도 되었다[Roland H. Bainton, *Christian Attitudes Toward War and Peace: A Historical*

Survey and Critical Re-evaluation (New York: Abingdon, 1960).『전쟁, 평화, 기독교』(대한기독교서회)]. 최근에는 기독교가 콘스탄티누스 이전에는 확고하게 평화주의적이었다가 나중에 폭력을 허용하고 정치권력과 동일시하게 되었다는 주장에 대한 반박들도 나왔다[예를 들어, Alan Kreider, "Military Service in the Church Orders", *Journal of Religious Ethics* 31 (2003): 415-442; Louis J. Swift, "Early Christian Views on Violence, War, and Peace", in *War and Peace in the Ancient World*, ed. Kurt A. Raaflaub (Malden, Mass.: Blackwell, 2007), 279-296]. 그러나 논란의 여지가 없으면서 나의 개괄적 주장을 (다소 약화시키기는 하지만 그래도) 뒷받침하는 사실은 4세기 이전에는 정의로운 전쟁 이론에 대한 논의가 없었고, 성스러운 전쟁의 교리를 지지한 흔적도 없다는 것이다[Jonathan Riley-Smith, *The Crusades: A History*, 2nd ed. (London: Continuum, 2005); Frederick H. Russell, *The Just War in the Middle Ages* (Cambridge: Cambridge University Press, 1977); Paul Stephenson, "Imperial Christianity and Sacred War in Byzantium", in Wellman, *Belief and Bloodshed*; Christopher Tyerman, *God's War: A New History of the Crusades* (Cambridge, Mass.: Belknap, 2009)를 보라].

이슬람은 처음부터 정치권력과 거리를 두기도 했고 가까이하기도 했다. 메카에서 박해받는 소수를 구성하는 신자의 무리와 함께할 당시의 무함마드는 보복을 하지 말라고 했다. 무함마드의 추종자들이 그를 영적·정치적 지도자로 여기는 하나의 민족으로 구성되었을 때, 그의 계시는 백성을 위한 "헌법"의 요소를 제공했을 뿐 아니라, 보복을 금지하는 것에서 하나님의 이름으로 이슬람의 적과 싸울 것을 촉구하는 것으로 바뀌었다[Bruce B. Lawrence, "Muslim Engagement with Injustice and Violence", in Juergensmeyer, Kitts, and Jerryson, *Oxford Handbook of Religions and Violence*, 126-152; Reuven Firestone, "Conceptions of Holy War in Biblical and Qur'ānic Tradition", *Journal of Religious Ethics* 24 (1996), 108-109를 보라].

유교는 역사적으로 여러 시기에 국가권력에 가까이 가거나 심지어 거의 동일시되기도 했다. 실제로 유교는 한나라 때, 국가 이데올로기로 제정되었고 [소위 신유교(Neo-Confucianism)로 불리는] 송나라 때의 부흥 이후에 또 다시 국가 이데올로기가 되었다. 각각의 경우 국가권력은, 뚜 웨이밍이 "삶의 방식으로서의 유교"라고 부른 것을 "정치적 유교"로 왜곡시켜 유교를 권위주의적 정권을 정당화하는 도구로 만들었다[Tu Wei-ming, *Centrality and Commonality: An Essay in Confucian Religiousness* (Albany: State University of New York Press, 1989), 24; 그리고 Joseph A. Adler, "Confucianism in China Today" (2011년 4월 14일, Pearson Living Religions Forum, New York에서 발표한 논문); Sor-hoon Tan, *Confucian Democracy: A Deweyan Reconstruction* (Albany: State University of New York Press, 2003), 7-8을 보라]. 유교의 평화주의가 군사적으로 온순한 중국을 만들었다는 일반적 관점과는 달리, 돈

와이엇(Don Wyatt)은 일단 유교가 국가와 연계되면 유교의 위계적 세계관에 내재하는 온정주의(paternalism)가 확장되어 속국으로 여기는 이웃 나라들에 대한 중국의 군사적 침략을 "벌을 주는 것"으로 설명하며 정당화하는 데까지 이르렀다는 것을 보여 주었다. "이러한 위계적 관점은…인간관계에서 국가 간 관계까지 강제되었고, 따라서 제국주의적 조공 제도의…기초가 되었다. 이 제도를 통해서 이웃의 속국들은 중국의 주권자를 주인으로 섬기며 영적 경의를 표했고…. 그 관계에서 한 쪽이…의무의 불이행과 같은 배은망덕한 행위를 했을 경우 가벼운 외교적 질책에서부터 전면적인 군사 침략에 이르기까지 우월한 권력이 취하는 교정 행위를 [정당화했다]"["Confucian Ethical Action and the Boundaries of Peace and War", in *The Blackwell Companion to Religion and Violence*, ed. Andres R. Murphy (Malden, Mass.: Blackwell, 2011), 237-248].

69. Michael K. Jerryson and Mark Juergensmeyer, *Buddhist Warfare* (Oxford: Oxford University Press, 2010).
70. Stanley J. Tambiah, "Buddhism, Politics, and Violence in Sri Lanka", in *Fundamentalisms and the State: Remaking Polities, Economies, and Militancy*, vol. 3 of *The Fundamentalism Project*, ed. Martin E. Marty and F. Scott Appleby (Chicago: University of Chicago Press, 1993), 616.
71. 같은 책, 600, 601.
72. 폭력 사태가 일어나기 전에 몇 년 동안 르완다에서도 비슷한 역동이 있었다. 후투족이 통치하는 동안(1961-1994) 교회의 리더십은 후투족, 국가권력과 밀접하게 얽혀 있었다[Timothy Longman, *Christianity and Genocide in Rwanda* (New York: Cambridge University Press, 2011)를 보라]. 로저 에체가라이(Roger Etchegaray) 추기경은 "부족주의의 피"가 "세례의 물보다 더 깊이 흐르는 것"은 아닌지 모르겠다는 유명한 말로 자신의 심정을 표현했다[Chris McGreal, *Chaplains of the Militia* (London: Guardian, 2014), 제2장, 전자책에서 인용됨].
73. Volf, *A Public Faith*, 40.
74. 여기에서 우리는 "같음"의 의미에 대해서 복잡한 철학 논쟁을 시작할 필요가 없다. 이 문제는 아주 오래되었다. 그리스의 철학자들도 낡은 판자를 서서히 새 것으로 교체한 유명한 테세우스의 배가 교체 과정 동안에 계속해서 같은 배였는지 고민했다. 마찬가지로, 그러나 더 급진적으로, 토마스 홉스는 교체된 판자로만 만들어진 배는 과연 원래의 배와 같은 것이라 할 수 있는지를 물었다[Roderick M. Chisholm, *Person and Object: A Metaphysical Study* (London: Routledge, 2002), 89-92를 보라].
75. 2장을 보라. 거기에서 지적했듯이, 종교에 대한 이러한 설명은 니니언 스마트(Ninian Smart)가 종교를 "상징과 행위를 통해서 인간의 감정과 의지를 동원하는 믿음의" 체계인 "세계관"으로 이해하고 정의한 데서 비롯된다[*Worldview: Cross-Cultural Explorations of Human Beliefs* (New York: Scribner's, 1983), 2-3].

76. 사회적 다원주의가 종교적 신념의 활성화에 미치는 영향에 대해서는 3장을 보라.
77. 혹자는 지구화의 또 다른 특징이 이러한 갈등을 악화시킨다고 주장한다. 현대의 의사소통 수단이 세계 전체를 우리의 가시권 안에 가져다주었지만, 우리와는 다른 사람들에 대한 지식을 확장시켜 주는 것과는 반대의 효과를 가져오는 경우가 많다는 것이다. 특정 관중을 대상으로 하는 인터넷과 미디어는 사람들로 하여금 다른 종교를 믿고, 다른 정치 그룹에 속하고, 다른 하위문화로 형성된 사람들에 대해 실제적 지식을 접하거나 도전받는 일이 전혀 없이, 자신이 친하게 지내기로 선택한 사람들의 가상 공동체 안에 스스로를 가둘 수 있게 해 준다. 또한 이 주장에 따르면, 사람들이 같은 지리적·도시적 공간에 있을 때도 마찬가지다. 지리적으로 가깝고 상호 의존적인 그들은 종종 대안적 가상 실재 속에 살면서 서로의 입장과 태도를 왜곡한다. 그 결과 갈등은 깊어지고 그 갈등을 풀 수 있는 해결책은 얻기가 더 어려워진다. 그러나 경험적 증거를 보면 인터넷을 통해 그렇게 자기를 분리시키고 그럼으로써 갈등을 유발한다는 주장은 의문의 여지가 있다[Matthew Gentzkow and Jesse M. Shapiro, "Ideological Segregation Online and Offline", *Quarterly Journal of Economics* 126 (2011): 1799-1839를 보라].
78. Philpott, *Just and Unjust Peace*, 97-167.

나가는 글: 하나님, 허무주의, 번영

1. Osama bin Laden, "Letter to America", *Guardian*, September 24, 2002, accessed March 13, 2015, http://www.theguardian.com/world/2002/nov/24/theobserver를 보라.
2. Klaus Schwab, preface to *The Global Agenda 2009* (Geneva: World Economics Forum, 2009), 9, accessed March 12, 2015, http://www3.weforum.org/docs/WEF_GAC08_Report.pdf.
3. Pedro Nicolaci da Costa, "Bernanke: 2008 Meltdown Was Worse Than Great Depression", *Wall Street Journal*, August 26, 2014, accessed March 13, 2015, http://blogs.wsj.com/economics/2014/08/26/2008-meltdown-was-worse-than-great-depression-bernanke-says/?mod=WSJ_hp_Europe_EditorsPicks.
4. Plato, "Phaedrus", in *Gorgias and Phaedrus*, trans. James H. Nichols Jr. (Ithaca: Cornell University Press, 1998), 184-188를 보라. 예수의 경우, 마태복음 6:33과 5:27-28을 생각해 보라. 부처의 경우는 물론 욕망이 핵심이다. 현대 철학에서 보는 욕망에 대해서는 George Wilhelm Friedrich Hegel, *The Philosophy of History* (New York: Dover, 1956), 23; 그리고 David Hume, *A Treatise of Human Nature*, ed. L. A. Selby-Bigge, 2nd ed. revised by P. H. Nidditch (Oxford: Clarendon, 1978), 415를 보라. 『인간이란 무엇인가』(동서문화동판).

5. Friedrich Nietzsche, *On the Genealogy of Morality*, ed. Keith Ansell-Pearson, trans. Carol Diethe (Cambridge: Cambridge University Press, 2007), 27-31.
6. Hubert Dreyfus and Sean Dorrance Kelly, *All Things Shining: Reading the Western Classics to Find Meaning in a Secular Age* (New York: Free Press, 2011), 131. 이들의 주장은 우리가 일상적인 것들 이면에 있는 "더 깊은 무엇"을 찾기 위해서 일상적인 것을 지나치면 그 이면에는 아무것도 없다는 사실을 발견할 것이고, 그 안에 있는 즐거움도 놓친다는 것이다. *Paradiso*에 대한 이러한 해석은 내가 보기에 오류다. 평생 단테를 가르친 예일대의 내 동료 피터 호킨스(Peter Hawkins)는 베아트리체는 무관하다는 주장에 강력하게 반대한다. "신의 비전은 땅이나 지상의 애정을 무관하게 만들지 않는다. *Paradiso* 14에서 솔로몬은 단테에게 복된 영혼은 자신의 육신(정확하게 어떤 육신을 의미하는지는 모르지만 영광스럽게 된 육신)과 재결합되는 때인 시간의 종말을 갈망한다고 말한다. 이것은 자신의 완성만을 갈망하는 게 아니라, 자신의 '엄마, 아버지, 모든 소중한 사람들'의 '다시 입은 육신'을 갈망한다.…이 시 전체가, 지상의 것은 사라진다고 주장하는 게 아니라 모든 사랑이 서로 나란히 만족스럽게 채워질 것이라고 주장한다. 단테가 *Purgatorio* 13에서 베아트리체를 봤을 때 그는 그녀의 눈을 들여다보면서 거기에 반영된 '영원히 살아 있는 빛'인 하나님의 빛을 본다. 베아트리체, 그리고 이 지상의 것은 사라지는 게 아니라 투명해진다"(2015년 5월 2일에 그와 나눈 개인적 대화에서).
7. Friedrich Nietzsche, *The Will to Power*, trans. Walter Kaufmann and R. J. Hollingdale (New York: Random House, 1968), 17-18, 38를 보라.
8. Friedrich Nietzsche, *Thus Spoke Zarathustra*, trans. Walter Kaufmann (New York: Viking, 1966), 17-18. 『차라투스트라는 이렇게 말했다』(민음사).
9. Dreyfus and Kelly, *All Things Shining*, 20, 71, 133, 142.
10. "수평선을 지우는"이라는 표현은 니체의 *The Gay Science*, trans. Walter Kaufmann (New York: Vintage, 1974), 181의 유명한 "신의 죽음"에 대한 문단에 나온다. 『즐거운 지식』(청하).
11. Slavoj Žižek, "Are the Worst Really Full of Passionate Intensity?" *New Statesman*, May 2015, accessed May 11, 2015, http://www.newstatesman.com/world-affairs/2015/01/slavoj-i-ek-charlie-hebdo-massacre-are-worst-really-full-passionate-intensity.
12. Nietzsche, *Thus Spoke Zarathustra*, 137-140.
13. 이 책의 근간이 되는 종교의 상호적 참여라는 새로운 방법론에 대해서는 들어가는 글을 보라.
14. Margaret Farley, *Just Love* (London: Bloomsbury, 2006), 239-240를 보라. 또한 Philip Zimbardo, "The Demise of Guys?" TEDTalk, August 5, 2011, accessed March 13,

2015, http://www.youtube.com/watch?v=FMJgZ4s2E3w&feature=youtube_gdata_player; 그리고 Gary Wilson, "The Great Porn Experiment", TEDxGlasgow, May 16, 2012, accessed March 13, 2015, http://www.youtube.com/watch?v=wSF82AwSDiU&feature=youtube_gdata_player도 보라.

15. Maurice Merleau-Ponty, *Phenomenology of Perception*, trans. Colin Smith (London: Routledge, 1962), 405. 『지각의 현상학』(문학과지성사). 그는 이렇게 썼다. "문화적 사물에서 나는 익명성의 베일 아래 있는 다른 사람의 존재를 가까이에서 느낀다." Komarine Romdenh-Romluc, *Routledge Philosophy Guidebook to Merleau-Ponty and Phenomenology of Perception* (London: Routeldge, 2011), 130-131를 보라.

16. Paul Bloom, *How Pleasure Works: The New Science of Why We Like What We Like* (New York: Norton, 2010), 24. 『우리는 왜 빠져드는가』(살림).

17. 같은 책, 3.

18. 같은 책, xxi.

19. 선물을 주는 것에 대한 신학적 설명에 대해서는 Miroslav Volf, *Free of Charge: Giving and Forgiving in a Culture Stripped of Grace* (Grand Rapids, Mich.: Zondervan, 2006)를 보라.

20. 여기에서 나는 예를 들어 바츨라프 하벨(Václav Havel)이 감옥에서 경험했던 것과 같은 "공현"적 체험을 말하는 게 아니다. 그는 자기 경험을 이렇게 설명했다. "나는 궁극적 행복의 느낌, 그리고 이 세상과 또한 나 자신과의 조화, 그 순간과의 조화, 내가 기억할 수 있는 모든 순간과의 조화, 그 이면에 있는 의미를 가진 모든 보이지 않는 것들과의 조화의 느낌으로 가득 찼다"[*Letters to Olga* (New York: Knopf, 1988), 332]. 내가 말하는 것은 이 세상이 하나님의 선물이라고 인식하면서 이 세상과 이 세상 안에 있는 것을 일상적으로 경험하는 것이다. 이러한 경험은 그냥 우리에게 오거나 우리를 압도하는 경험이 아니라, 우리가 양육할 수 있고 우리의 일상적 삶에 통합시킬 수 있고, 실제로 우리의 일상적 삶 **자체**인 경험이다.

21. 샤바트 식사를 함께하면서 알론 고센고트슈타인(Alon Goshen-Gottstein)은 예루살렘에 기반을 둔 슬로님의 하시드파 랍비의 가르침에 기초해 이와 같은 샤바트의 관점에 대해서 이야기해 주었다. 슈무엘 베레좁스키(Shmuel Berezovsky) 랍비는 다음과 같이 썼다(히브리어에서 발췌한 이 부분의 번역은 알론 고센고트슈타인이 했다). "안식일에 기뻐하라는 명령은 없지만, 기쁨은 우리의 의도와 상관없이 그냥 온다. 유대인이 완벽하게 쉬면서 거하는 안식일의 실재 자체가 그에게 행복과 기쁨을 가져다준다. 기쁨에는 원인이나 특별한 행동이 필요 없다. 영혼의 평화가 자리 잡기 위해서, 기분 좋기 위해서, 사람이 져야 할 짐이 없다는 것으로 충분하고, 그것이 그를 행복하게 한다. 결국 하나님은 창조의 실재 자체가 사람의 마음에 기쁨을 불러일으키도록 이 세상을 창조하셨기 때문이다.…고요하고 평화로운 상태에서 영혼은 창조에 대한 기쁨으로부터 스스로를

기쁨과 즐거움으로 채운다"[*Darche Noam* (Jerusalem, 2014), 1:61-62].
22. 사물이 선한 것과 그것을 선한 것으로 경험하는 것이 연합된 것을 기쁨으로 보는 관점에 대해서는 Miroslav Volf, "The Crown of the Good Life", in *Joy and Human Flourishing*, ed. Miroslav Volf and Justin Crisp (Minneapolis: Fortress, 2015)을 보라.

인명 찾아보기

Abdullah II, King 150
Adler, Joseph 283-284n54
al-Baghdadi, Abu Bakr 171
Alexander the Great 125
al-Razi, Fakhr al-Din 145
Arendt, Hannah 221
Asad, Talal 253-255n1
Assmann, Jan 100, 264n31, 307n24
Augustine, Saint 140, 149, 280n44, 293-294n19, 298-299n54

Barry, John 194, 308n33
Barth, Karl 119
Baxter, Richard 86
Benedict XVI, Pope 134, 136
Benedict, Saint 215
Benjamin, Walter 83-84
Berezovsky, Rabbi 322n21
Berger, Peter 51, 182, 306n11
Bernanke, Ben 240
Bhutto, Zulfiqar Ali 302n90
bin Laden, Osama 91
Blair, Tony 29
Bloom, Paul 248

Bobbitt, Philip 264n32
Bonhoeffer, Dietrich 38
Bos, Wouter 168
Bourdieu, Pierre 133
Bowlin, John 293-294n19
Buddha 100, 116

Calvin, John 73
Casanova, José 98
Chanda, Nayan 65, 259n1
Churchill, Winston 30
Clark, Gregory 269n61
Confucius 100, 116
Cotton, John 194
Curtis, Susan 288n88

Dabusi 147
Dalai Lama 62
Dante 242, 321n6
David, King 110, 118
Dawkins, Richard 206
de Klerk, F. W. 219
Diderot, Denis 316n62
Dreyfus, Hubert 242

Engels, Friedrich 58, 65

Falwell, Jerry 197
Faulkner, William 218
Forst, Rainer 193
Francis, Pope 34, 91
Friedman, Thomas L. 271n71
Fukuyama, Francis 30, 36

Galbraith, John Kenneth 82
Gandhi, Mahatma 97, 227, 273n13
Ghazi bin Muhammad, Prince 150, 156, 163
Giddens, Anthony 87, 98
Goshen-Gottstein, Alon 163, 322n21
Gould, Stephen Jay 285n61
Gregory of Nyassa 270n64
Gülen, Fethullah 145

Hägglund, Martin 268-269n57
Hare, John 224
Havel, Václav 322n20
Hawkins, Peter 321n6
Hegel, Georg W. F. 87, 148, 185
Helwys, Thomas 193, 308n33
Henry IV, King 138
Hick, John 253-255n1
Hitchens, Christopher 109
Hobbes, Thomas 319n74
Hooker, Richard 192
Huntington, Samuel 290n93
Huxley, Julian 39

James, William 32-33, 279n37
Jaspers, Karl 277-278n25
Jefferson, Thomas 170

Jones, Terry 91-92

Kant, Immanuel 81, 142, 154-155
Kelly, Sean 242
Kennedy, D. James 309n43
Khaled, Amr 95
King, Martin Luther, Jr. 227
Klee, Paul 83

Lactantius 296n37
Lenin, Vladimir 70
Locke, John 170, 193, 293n14, 295n30
Louis XIV, King 137-138
Louis-Philippe, King 57
Luckmann, Thomas 51
Luther, Martin 40, 73, 155, 162

MacIntyre, Alasdair 292n10
MacLure, Jocelyn 172
Madison, James 297-298n46
Mao Tse-tung 70
Marshall, Paul 167
Martin, David 229, 231, 316n60
Marx, Karl 32, 36, 39, 185, 241
McLuhan, Marshall 209, 260-261n12
Merleau-Ponty, Maurice 247-248
Micklethwaite, John 272-273n9
Mohamad, Mahathir 134
Moltmann, Jürgen 37, 225
Moses 49
Muhammad 100, 116, 279n33

Nathan (Jewish prophet) 110
Neusner, Jacob 253-255n1
Nietzsche, Friedrich 100, 102, 105, 120

Oneal, John 207

Parham, Charles 256n11
Paul, Apostle 44, 143-144, 262-263n21, 294n20
Philpott, Daniel 238
Pinker, Steven 204-207, 220, 311n10
Plamenatz, John 195
Plato 80, 185, 265n36, 307n22
Pontusson, Jonas 265-266n39
Popper, Karl 307n22
Proast, Jonas 140

Qoheleth 80
Qutb, Sayyid 119, 298-299n54

Rambachan, Anantanand 163
Rawls, John 170, 172
Reed, Ralph 198
Robertson, Roland 261n14
Roy, Olivier 120
Rueda, David 265-266n39
Rushdie, Salman 167
Russett, Bruce 207, 312n18

Sachedina, Abdulaziz 290-291n95
Sacks, Jonathan 158
Schleiermacher, Friedrich 177
Schwab, Klaus 240
Seymour, William 33, 256n11
Shea, Nina 167
Shields, Jon 196
Skidelsky, Edward 269n60
Skidelsky, Robert 269n60
Smart, Ninian 290-291n95
Smith, Adam 67-69
Smith, Wilfred Cantwell 126

Smyth, John 308n33
Socrates 66, 187, 270n67, 281-282n45, 307n22
Soloveitchik, Joseph 276-277n22
Stackhouse, Max 289n92
Staub, Ervin 314n38
Sun, Anna 217

Tambiah, Stanley 232
Taylor, Charles 71, 100, 112, 134, 160, 172
Terry, Randall 197
Tertullian 143
Tocqueville, Alexis de 98, 289n89
Tutu, Desmond 220

ul-Haq, General Zia 302n90

van Gogh, Theo 216

Walzer, Michael 169, 302-303n95
Weber, Max 33, 86, 122
Webster, Richard 168
Weizsäcker, Richard von 219
Westergaard, Kurt 167, 216
Williams, Roger 191
Williams, Rowan 174
Winthrop, John 192, 194, 196, 309n43
Wooldridge, Adrian 272n9
Wolterstorff, Nicholas 108
Wyatt, Don 318-319n68

주제 찾아보기

가톨릭 교회 111
  유고슬라비아의 32
  또한 교황 베네딕토 16세, 교황 프란치스코,
    교황 요한 바오로 2세를 보라.
갈등
  과 번영의 대안적 비전들 215, 234-237
  다양한 사회 속에서의 215
  기술이 악화시키는 320n77
  에 대한 홉스의 관점 226-227
  과 화해 215-217
  또한 화해, 폭력을 보라.
개인주의 143
개종 150-154
경제: 시장경제를 보라.
계명: 십계명을 보라.
계시와 기독교 신앙 177-178, 187
고린도전서 45, 247
공산주의 87
  와 지구화 31-32, 70
  하에서의 종교 33-34
  또한 칼 마르크스를 보라.
『공산주의 선언』 57-60, 65
공적 생활 169-171
  에서 종교의 배제 169-173

하나의 종교만을 허용하는 170-174
과 세계종교 96-99, 118-122
공정노동협회 61
"공통의 말씀" 127
교황 요한 바오로 2세
  가 보는 지구화 75-79
교회와 국가의 분리 140-141, 170-173, 190-191, 293n14
국가
  와 세계종교 118-122, 137, 170-174, 317n68
  의 편애 없음 173
  와 시장 264n32
  또한 종교적 자유, 정치적 배타주의, 정치적
    다원주의를 보라.
국가 간 이주
  가 세계종교에 미치는 영향 95
그리스도의 재림 37
그리스도인 94
  과 연루된 갈등 231
  에 대한 박해 131-132, 143
  종교적 배타주의자로서 175-178
  또한 예수 그리스도, 로저 윌리엄스를 보라.
글로벌어젠다위원회 239-241
금욕주의 102

기독교 29, 99, 178, 279n33, 317-319n68
    와 일상적 삶에 대한 긍정 72-73, 106-108, 242-251, 280-281n44
    가 보는 배교 150-151
    가 보는 신성 모독 164-165
    와 자본주의 경제 122-123
    와 좋은 인생의 요소 108-109
    안의 논쟁 103
    안의 분리 118, 141
    와 지구화 37, 41-45, 53, 289n92
    와 이슬람 127, 133-134, 272-273n9
    에 대한 니체의 관점 284n55
    와 다른 세계종교들 46-48, 102
    와 화해 222, 227
    와 종교적 비관용 133-134, 307n24
    와 계시 177-178, 187
    의 한 측면으로서 기다림 36-38
    또한 가톨릭 교회, 기독교 우파, 성공회, 오순절파, 종교적 배타주의, 종교적 다원주의를 보라.

기독교 우파 309n43
    종교적 배타주의자로서 195-199
    정치적 다원주의자로서 195-199

기술
    과 환경 212
    과 지구화 114, 263n23, 320n77
    과 상호 연결성 61-64

꾸란 128, 145, 155-156
    에 나오는 신성 모독 164
    을 태움 91-92
    또한 이슬람, 무슬림을 보라.

남아프리카공화국
    에서의 화해 219, 220, 227
    의 진리와화해위원회 227

낭트칙령 138

냉전의 종식 32

누가복음 45, 72, 80, 190, 214, 249, 298-299n54

다니엘서 125

다원주의: 정치적 다원주의, 종교적 다원주의를 보라.

달라이 라마
    가 본 지구화 74-79

디모데전서 123

레위기 42, 165, 249

로마서 44, 143, 190

로저 윌리엄스
    『양심을 박해하는 피의 원칙』 193
    와 정치적 다원주의 191-195, 308n33

르완다 319n72
    에서의 대학살 314n38

리바이어던
    정치권력의 상징으로서 210-211, 214-215, 238

마가복음 166, 305n9

마르크스주의 253-255n1, 266n43

마태복음 42, 49, 66, 106, 153, 190, 235

만족 116, 270n64

맘몬
    경제적 이익의 상징으로서 210-211, 214-215, 238

메사추세츠 만 식민지
    의 종교적 배타주의 165, 191-192

무슬림 92-93
    이 연루된 갈등 231
    소수자로서 120-121
    과 다원주의적 민주주의 98-99
    종교적 배타주의자로서 180-181
    서구 유럽의 216

유고슬라비아의 34
　또한 이슬람을 보라.
무신론과 신성 모독에 대한 법(1697) 165
무함마드
　묘사와 관련한 신성모독법 165, 167
　또한 이슬람, 무슬림을 보라.
미국
　과 기독교 신앙 119
　의 기독교 우파 196-199
미국 국가안보국(NSA) 263n22
미국 원주민의 권리 191
미래
　에 대한 종교적 관점 36-38
미로슬라브 볼프
　의 출생지 31
　『광장에 선 기독교』 46, 233
　의 종교적 배경 32-35
민권운동 227
민주주의 209
　와 세계종교 98-99, 136, 170
　또한 정치적 다원주의를 보라.
밀라노칙령 144

반유대주의 132
　또한 유대교를 보라.
배교 150-154, 163, 299n55
　와 기독교와 이슬람의 관계 150-151
번영
　에 대한 비전 49, 283n52
　과 갈등 215, 234-237
　의 한 측면으로서 만족 212-215
　과 지구화 43-45, 52, 72-73, 251
　과 초월성과 범속성 사이의 긴장 104-109, 213
　과 세계종교 28, 44-45, 52, 85-86, 108-109, 115, 124, 212-215

범죄 네트워크
　와 지구화 64
베드로전서 166
베를린 장벽의 붕괴 31
보편주의 264n31
부
　의 불균형 (혹은 불평등) 59-60, 240, 265-266n39
　세계종교가 보는 116-117
　지구화와 관련된 63
　와 갈등의 가능성 211-213
　와 세계시장 70
"부를 축복하는 복음" 124
　또한 부의 불균형을 보라.
불교 29, 99, 102, 178, 279n33, 285-286n62
　와 일상적 삶에 대한 긍정 105
　에서 보는 신성 모독 166
　와 관련된 폭력 232-233
불교인 92-94
　과 공적 책임 97
　과 종교적 비관용 134
　스리랑카의 119, 134, 232
불만족 81-82, 265n36, 268-269n57, 269n60
　과 시장경제 83-84
붓다
　가 본 배교 150
　의 세계적 메시지 66
　가 말하는 종교의 자유 144-145
비관용: 종교적 비관용을 보라.

사과 222-225, 315n49, 315n51
사도행전 170
사무엘상 110
사회적 규약
　에 미치는 지구화의 영향 42-43, 44-45
사회적 복음 운동 288n88

삼성 61
상대주의
    와 세계종교 135-136, 292n10, 306n11
    또한 종교적 다원주의를 보라.
상호 연결성
    과 지구화 63, 70
상호 의존성
    과 지구화 63, 70, 217
상호성 173, 226, 237
샤리아 274
    또한 이슬람을 보라.
샤바트의 의미 250, 322-323n21
    또한 유대교를 보라.
선교사 66
    또한 세계종교를 보라.
성공회 35
세계경제포럼 239
세계시장
    과 지구화 67-71
    의 도덕적 성격 68-70
    과 일상적 삶 71-72
    과 세계종교 70
세계 신학 126-127
세계인권선언 142
세계종교
    화해의 행위자로서 53
    가 신경쓰는 배교 150-154, 164
    와 신성 모독 163-169
    와 기독교 46-48
    들 사이의 충돌과 갈등 112, 125-128, 231-234, 235-238
    가 신경 쓰는 개종 150-154
    의 결정적 특징들 99-104
    와 민주주의 98-99, 136, 170
    지역 종교와 구분되는 100-102
    서로 구분되는 102-104, 108-109
    의 다양성 53-54, 111-112, 229-230
    와 경제 122-125
    의 배타주의적 해석들 175
    의 이름으로 행해지는 악 109-110
    와 번영 28, 44-45, 52, 85-86, 89, 101, 108-109, 115, 125, 213-214
    의 추종자들 91-93
    의 창시자들 66
    와 선 75, 78, 88
    세계적 영향을 미치는 98-99
    의 성장 93-96
    의 기능장애 109-112, 120, 289n89
    미디어에 나오는 91-92, 95
    에 대한 니체의 관점 242-243
    와 일상적 삶 71-74
    와 정치적 다원주의 175
    가 공유하는 원칙들 127-128
    공적 영역에서의 96-99
    와 화해 203, 227, 237-238, 239
    의 상관성 95-96
    와 종교적 자유 142-149
    에 대한 존중 141, 154, 157-163, 168-170, 290-291n95
    들 사이의 경쟁 111-112
    지구화에 영향을 미치는 (혹은 지구화를 형성하는) 67, 85-89
    의 여섯 가지 공통된 특징들 48, 99-104, 274-277n22
    와 국가 118-122, 138, 172
    와 초월성 40-41, 100-102, 104-109, 115-116, 164, 213-214, 279n38, 286n65
    지구화와 관련해서 일어나는 변형 (혹은 변화) 117
    와 인간의 보편적 가치 67
    와 관련된 폭력 53, 120, 203-204, 227-234, 317-319n68

삶의 방식으로서 234-238
　　또한 지구화와 세계종교, 종교적 자유, 종
　　　교적 비관용, 종교적 관용, 진리, 특정
　　　종교별 항목을 보라.
세속적 인본주의 39-41
세속화 112, 286n63
셰익스피어
　『자에는 자로』 155
소비주의 116, 213, 233
수피파 103
스리랑카
　의 불교 승려들 119, 134, 232
시온주의 119, 317n68
시장경제
　와 기독교 122-123
　와 지구화 86-87
　와 불만족 82-83
　와 세계종교 122-125
시토수도회 215-216
신명기 42, 49, 249, 305n9
신성 모독 165-169
　안에 내재하는 비존중 168-170
　에 반대하는 법 166-167, 302n90
십계명 42, 192, 305n9

아드벤투스 37
아우구스티누스
　『고백록』 114-115
아이폰 60-63
　지구화를 예시적으로 보여 주는 61
아프리카의 기독교 180
애덤 스미스
　가 본 일상적 삶 71
애플: 아이폰을 보라.
양심의 자유 141, 143, 195
언약궤 118

에베소서 54
"역사의 종말"의 여러 의미 30, 36-38
"역사의 천사" 83
연민 66, 83
　불교에서의 105, 214, 280n42
　의 중요성 78
열왕기상 167
영성 253-255n1
예수 그리스도 99, 116, 303-304n1
　의 세계적 메시지 66
　인간성의 척도로서 38
　와 일상적 삶 72
　의 부활 36
　와 소크라테스 281-282n45, 303-304n1
　의 가르침 105-108, 214, 235
　또한 기독교, 누가복음, 마태복음을 보라.
예언주의 102
오순절파 33-36
　다른 기독교 교단들에 영향을 미치는 33
요한계시록 36-37
요한복음 50, 176, 247
욥의 이야기 107-108, 122, 282n46
용서 217, 220-222, 225, 315n48
　기독교에서의 222
우상숭배 42
우파니샤드 280n43
유고슬라비아 31, 32, 255n8
　의 종교적 구성 34-35
유교 29, 100, 102, 176, 271-272n3, 274-277n22,
　　283-284n54, 285-286n62, 317-319n68
유대교 27, 94, 103, 108, 274-277n22, 279n33,
　　317-319n68
　와 일상적 삶에 대한 긍정 72-73
　가 보는 신성 모독 164-165
　와 종교적 비관용 133-134
　와 이스라엘 국가 111

삶의 방식으로서 253-255n1
유대인 94
  에 대한 박해 34, 132
  종교적 배타주의자로서 181
  또한 유대교를 보라.
유럽연합 32
유스티티아
  법치의 상징으로서의 210-211, 214-215, 238
의미와 쾌락 246
  일상적 삶에서의 246-251
이마누엘 칸트
  가 본 만족 270n64
  가 본 사회 속의 종교 231, 295n32, 300n63
  가 본 상업의 정신 312n18
  『영원한 평화를 위하여』 207-208, 311-312n14
이사야서 109-110, 167
이스라엘 국가
  와 유대교 118-119
이슬람 27, 99, 102, 162, 178, 285-286n62, 317-318n68
  시장 주도 지구화의 대안으로서 125
  이 보는 배교 150-151
  이 보는 신성 모독 164-169, 302n90
  과 기독교 127, 133-134, 272-273n9
  안의 논쟁 103
  안의 분리 120-121
  의 정치적 표현 118-122, 171, 279n33
  과 종교적 강제 296-297n42, 298n54
  과 종교적 비관용 133-134
  과 샤리아 274n20
  또한 무슬림을 보라.
이슬람 국가 171
이슬람 협력 기구 166
이웃에 대한 사랑 38, 42-45, 108, 127, 138, 190,
213-214, 249, 258-259nn29-30
이타주의 79
인간 존재
  의 존엄성 154-155
  개인으로서 100-101
  에 대한 존중 154-155
  자신의 행위와 구분되는 154-155
인과응보적 정의 220-221, 315n48
인권 209-210
  과 종교적 자유 142-144, 148-149
인도네시아
  의 무슬림들 180-181
인류
  의 근본적 연합성 66-67, 263-264n29
  와 초월성 79
인생
  에서의 종교의 역할 104-109
  또한 일상적 삶을 보라.
인지의 오염 182
일상적 삶
  에 대한 긍정 71-74, 104-105
  과 지구화 71-74, 80-81
  의 의미와 쾌락 246-251
  과 세계시장 71-72
  과 세계종교 71-74

자기
  에 대한 다양한 관점들 75, 77-78, 98
자본주의 255n6
  에 대한 양가성 32
  와 지구화 31-32, 37
  와 세계종교 118-120
  또한 시장경제, 세계시장을 보라.
자유주의 30-31
자이나교 206-207
장 자크 루소

『인간 불평등 기원론』 204-205, 310n2
와 종교적 배타주의 185, 188-190
『사회계약론』 185, 187-188
가 본 자연의 상태 310n2, 311-312n14
전도서 80-81
전체주의 179
정치적 다원주의 180, 290-291n95
    의 기원 191-195
    와 종교적 배타주의 185, 190-191
    와 세계종교 175
정치적 배타주의
    와 종교적 배타주의 185-191
    와 전체주의 179-180
존 로크
    『관용에 관한 편지』 137-143
    『통치론』 140
존중
    과 신성 모독 168-169
    의 마음 141
    다른 사람에 대한 154-157, 173
    의 체제 170-174
    나의 종교와는 다른 종교에 대한 141, 154, 157-163, 290-291n95, 300n62
종교
    에 대한 증언 153
    의 문제에서 강요 (혹은 강제) 138-140, 149, 293-294n19, 296-297n42
    자유로운 선택으로서 151-154
    의 다양한 의미 253-255n1
    의 기능 114, 231-232
    공통적 (혹은 공동체의) 정체성의 표지로서 231-232, 317n64
    와 정치적 배타주의 179
    와 정치권력 118-120, 231-234
    에 대한 세속적 대안들 112-114
    의 "심층적" 버전과 "표층적" 버전 233

또한 교회와 국가의 분리, 지역 종교, 세계종교, 종교적 자유를 보라.
종교와 구분되는 신앙 235-255n1
종교의 자유: 종교적 자유를 보라.
종교적 관용 157, 300n62, 302-303n95
    에 대한 로크의 관점 137-141, 293n14
    또한 종교적 자유를 보라.
종교적 다원주의 178, 287n71, 306n11
    의 이점 95
    에 대한 긍정 182
    고대 로마의 307-308n29
    에 대한 무슬림의 입장 99, 121
    의 만연 121-122
    와 종교적 배타주의 182-184
    에 대한 존중 170-174
종교적 배타주의 170-174, 304n2
    와 기독교 175-178
    와 지구화 184, 200
    메사추세츠 만 식민지에서의 192-193
    와 정치적 배타주의 185-191, 194, 199
    와 정치적 다원주의 185, 190-191, 196-201
    의 만연 180-182
    와 종교적 다원주의 182-184
종교적 배타주의에서의 합리주의 184-188
종교적 비관용 131-137, 162
    에 대한 로크의 관점 138-139
    에 대한 루소의 관점 188
    과 국가권력의 응집 141, 149
종교적 자유 42, 142-149, 170-172, 295n32, 296n37, 297-298n46, 308n33
    와 배교와 개종 153
    에 대한 불교의 입장 144-145
    추론해 낼 수 있는 146-147
    인권으로서 142-143
    에 대한 로크의 관점 143, 293n14
    에 대한 무슬림의 관점 145, 147-148

주제 찾아보기 335

에 대한 존중 154, 237
　　안에 내재하는 긴장 147-149
죽음: 필멸성을 보라.
중국
　　의 기독교 180
　　의 노동 착취 기업 61
　　또한 유교를 보라.
지구적 연대 79, 83, 86, 201, 215, 251
지구화
　　에 대한 평가 75-79
　　의 시초 65-67
　　에 대한 기독교의 관점 37-38, 41-45
　　와 연결성 62
　　의 문화적 효과 79-82
　　와 폭력의 감소 210, 212-215
　　와 서로 다른 영향 62-64, 85-86
　　라는 용어의 초기 사용 57-58, 259n1
　　와 환경 64
　　와 번영 43-45, 52, 72-73, 251
　　와 선 75, 78, 88
　　와 관련된 역경 85-86
　　비관용적인 134-135
　　에 대한 요한 바오로 2세의 입장 75-76
　　에 대한 마르크스의 관점 58-60
　　의 복합적 양상 29, 261n14, 266n41
　　와 일상적 삶 71-74
　　와 화해 215-217, 225-226
　　의 개혁 76
　　와 종교적 배타주의 184, 200
　　와 종교적 자유 42
　　와 자기 75-76
　　의 형성 85-89
　　와 사회적 관계 75, 89
　　와 세계종교의 변형 117
　　와 보편주의 264n31
　　와 폭력 203-204

　　와 세계시장 67-71
　　또한 지구화와 세계종교를 보라.
지구화와 세계종교
　　사이의 양가적 관계 73-74
　　사이의 관계 27-30, 49-54, 65-67, 73, 78-79,
　　　　85-89, 93, 112-118
　　에서 행위성의 역할 51
　　와 민주주의의 확산 98-99
　　와 국가 118-122
　　사이의 관계에 내재하는 긴장 135-136
　　또한 지구화, 지역 종교, 세계종교를 보라.
지역 종교
　　세계종교와 구분되는 100-102
진리
　　와 기억 217-220, 314n38
　　와 화해 217-220
　　와 개종 150-154
　　와 종교적 자유 146-149
　　와 종교적 다원주의 182-183
　　와 존중 161
　　에 대한 보편적 주장 160, 172, 263n28,
　　　　274-277n22, 301n72, 306n11
　　또한 종교적 배타주의를 보라.

창세기 247
청교도 148
초월성 40, 74, 100, 101, 115, 213-214, 279n38
　　과 지구화 113
　　과 인간의 연대 79
　　하나님의 사랑으로서 42
　　과 범속성 104-109, 170, 281-282n45,
　　　　286n65
　　과 오순절파 34-35
　　과 관용 53
축의 변화
　　종교와 관련한 99, 277n25, 298n52

출애굽기 164, 181

칼 마르크스
    가 본 지구화 57-60, 65, 67-69, 87, 135
칼 포퍼
    의 합리주의적 관점 185-187
    와 종교적 배타주의 185-190
칼리프 영토 121, 171
    또한 이슬람을 보라.
콩고민주공화국 61
쾌락: 의미와 쾌락을 보라.
크리스천 콜리션 198

타나크 107
터키의 무슬림 180
토머스 홉스
    『리바이어던』 226-227, 311-312n14
    가 본 사회 속의 종교 231-233

파키스탄의 신성모독법 166-167, 302n90
평화
    를 위한 조건 207-212
    와 인간의 번영 212-213
포옹과 화해 225-226
포커스 온 더 패밀리 198
폭력
    의 감소 77, 203-207, 209-211
    과 지구화 209-210, 214-215
    에 대한 루소의 관점 204
    와 세계종교 51, 120, 203-204, 226-230,
        231-234, 317-319n68
폭스콘 61
푸투룸 37
프로테스탄트
    에 대한 박해 138
    또한 그리스도인을 보라.

프로테스탄트 종교개혁 118
프리드리히 니체
    가 본 기독교 284n55
    가 본 허무주의 241-246
필멸성 80-85, 268-269n57

하나님
    에 대한 믿음 94
    창조주로서 40-41, 247
    사랑으로서 246
    의 사랑 38, 43-45, 108, 127, 155-156, 214, 249,
        251, 263-264nn29-30, 280-281n44
    또한 세계종교를 보라.
『하나님의 세기』 97
하이델베르크 교리문답 164
행위에 대한 책임 155
허무주의
    사회에 위협이 되는 241-246, 251
화해
    와 사과 222-224
    문화적 217
    의 요소 217-226
    와 포옹 225-226
    와 용서 217, 220-222, 225
    지구화된 세계에서의 215-217, 225
    개인적 217
    정치적 217
    와 기억하기 217-220
    와 보상 222-224
    르완다에서의 314n38
    남아프리카공화국에서의 219-220, 227
    의 자원으로서 세계종교 203, 227, 237-238,
        239
환경
    에 미치는 지구화의 영향 64
    과 갈등의 가능성 212-213

과 세계종교　117-118
황금률　153, 173, 190, 237, 263n28
회개　222, 315n49
히브리 선지자들　100, 110, 116
　　또한 유대교를 보라.
힌두교　27, 99, 102, 274-275n22, 285-286n62
　　와 일상적 삶에 대한 긍정　105

　　가 보는 배교　150
힌두교인　94
　　이 연루된 폭력　231
　　과 공적 책임　97
　　종교적 배타주의자로서　181

2008년의 경기 침체　239-240

옮긴이 **양혜원**은 서울대 불문과를 졸업하고 수년간 기독교 서적 전문 번역가로 일했다. 이화여대 대학원에서 여성학 석사를 수료했으며 미국 Claremont Graduate University에서 종교학 석사 및 박사 학위를 받았다. 지은 책으로 『유진 피터슨 읽기』(IVP), 『교회 언니, 여성을 말하다』(포이에마)가 있고, 옮긴 책으로 『현실, 하나님의 세계』를 제1권으로 하는 유진 피터슨의 영성 시리즈, 『나는 왜 그리스도인이 되었는가』, 『주님과 거닐다』, 『마침내 드러난 하나님 나라』, 『눈뜬 자들의 영성』(이상 IVP), 『거북한 십대, 거룩한 십대』, 『쉐퍼의 편지』(이상 홍성사) 등이 있다. 『너를 사랑하기 때문에』와 『토비아스의 우물』로 제19회 기독교출판문화상 어린이 부문 번역상을 수상한 바 있다.

인간의 번영

초판 발행_ 2017년 5월 16일

지은이_ 미로슬라브 볼프
옮긴이_ 양혜원
펴낸이_ 신현기

펴낸곳_ 한국기독학생회출판부
등록번호_ 제313-2001-198호(1978.6.1)
주소_ 04031 서울시 마포구 동교로 156-10
대표 전화_ (02)337-2257 팩스_ (02)337-2258
영업 전화_ (02)338-2282 팩스_ 080-915-1515
홈페이지_ http://www.ivp.co.kr 이메일_ ivp@ivp.co.kr
ISBN 978-89-328-1474-2

ⓒ 한국기독학생회출판부 2017

책값은 뒤표지에 있습니다.
무단 전재와 복제를 금합니다.